Programação Neurolinguística Para leigos

A Programação Neurolinguística (PNL) se resume a aumentar suas opções em vez de ficar restrito à sua experiência e dizer: "esse é o jeito que eu faço as coisas e é assim que deve ser". Para beneficiar-se da PNL, seja corajoso, abra-se ao questionamento e desafie suas normas.

ASSUMINDO AS RESPONSABILIDADES PARA EMPODERAR A SI MESMO

Quando culpamos outras pessoas, cedemos nosso poder. Permitimos que elas afetem nosso ambiente, comportamento e bem-estar, os resultados que alcançamos e como nos sentimos. Culpar os outros é incrivelmente debilitante, porque nos tira o controle, fazendo-nos sentir impotentes e indefesos.

LEMBRE-SE

Assumir a responsabilidade é algo incrivelmente libertador e empoderador, porque reconhecemos que decidimos como nos sentir, como reagimos às circunstâncias e o que escolhemos fazer — ou, na verdade, não fazer. Por outro lado, perceber que temos que lidar com as consequências de nossas decisões, sem o luxo de sermos capazes de culpar as circunstâncias ou as outras pessoas, pode ser muito assustador.

CONSIDERANDO SE ÂNCORAS NEGATIVAS O ESTÃO RESTRINGINDO

Podemos nos ver paralisados com medo de cometer erros e de sermos repreendidos. Infelizmente, erros são uma das certezas da vida, especialmente se decidimos vivê-la ao máximo e correr riscos.

DICA

Quando temos medo de fazer algo, vale a pena perguntar se estamos nos impedindo de fazê-lo por medo da reação prévia de alguém; se estamos permitindo que uma experiência anterior afete nosso pensamento atual; se estamos nos permitindo ficar ancorados a um evento passado onde nos vimos como um "fracasso" e revivendo sentimentos negativos.

Programação Neurolinguística Para leigos

OBSERVANDO PADRÕES DE COMPORTAMENTO

A Programação Neurolinguística (PNL) reconhece que as pessoas usam padrões inconscientes de comportamento como estratégias de sobrevivência. É muito útil tornar-se consciente desses padrões para que possamos fazer mais o que funciona e mudar os que atrapalham nosso sucesso.

DICA

Se sua estratégia para lidar com erros é torturar-se com suas consequências negativas, é possível mudar esse padrão de comportamento vendo os erros como um feedback em vez de um fracasso. Pergunte-se o que aprendeu com cada experiência e o que faria de diferente no futuro.

PROGRAMAÇÃO NEUROLINGUÍSTICA: SÊ FIEL A TI MESMO

Não dirija pela vida com um pé no freio porque está tentando satisfazer as expectativas alheias. Assumir a responsabilidade e avançar de verdade fica muito mais fácil quando entendemos quem somos de verdade e o que queremos alcançar na vida.

LEMBRE-SE

Podemos agir quando o que fazemos nos permite viver a vida com propósito e faz nossa alma cantar.

Programação Neurolinguística

Para leigos

Programação Neurolinguística

Para leigos

Tradução da 3ª Edição

Romilla Ready
Kate Burton

ALTA BOOKS
EDITORA
Rio de Janeiro, 2019

Programação Neurolinguística Para Leigos® — Tradução da 3ª Edição

Impresso no Brasil — 1ª Edição, 2019 - Edição revisada conforme o Acordo Ortográfico da Língua Portuguesa de 2009.

Obra disponível para venda corporativa e/ou personalizada. Para mais informações, fale com projetos@altabooks.com.br

Produção Editorial
Editora Alta Books

Gerência Editorial
Anderson Vieira

Produtor Editorial
Thiê Alves

Produtor Editorial (Design)
Aurélio Corrêa

Marketing Editorial
Silas Amaro
marketing@altabooks.com.br

Editor de Aquisição
José Rugeri
j.rugeri@altabooks.com.br

Vendas Atacado e Varejo
Daniele Fonseca
Viviane Paiva
comercial@altabooks.com.br

Ouvidoria
ouvidoria@altabooks.com.br

Equipe Editorial
Adriano Barros
Aline Vieira
Bianca Teodoro
Gabriel Teixeira
Ian Verçosa
Illysabelle Trajano
Juliana de Oliveira
Kelry Oliveira
Paulo Gomes
Rachel Guarino
Thales Silva
Viviane Rodrigues

Tradução
Juliana França

Copy com Tradução
Samantha Batista

Revisão Gramatical
Ana Paula da Fonseca
Wendy Campos
Hellen Suzuki

Revisão Técnica
Beatriz Dias Pereira
Master Practitioner em programação neurolinguística pela Nova Conexão Treinamentos e Consultoria

Diagramação
Luisa Maria Pereira

Erratas e arquivos de apoio: No site da editora relatamos, com a devida correção, qualquer erro encontrado em nossos livros, bem como disponibilizamos arquivos de apoio se aplicáveis à obra em questão.

Acesse o site www.altabooks.com.br e procure pelo título do livro desejado para ter acesso às erratas, aos arquivos de apoio e/ou a outros conteúdos aplicáveis à obra.

Suporte Técnico: A obra é comercializada na forma em que está, sem direito a suporte técnico ou orientação pessoal/exclusiva ao leitor.

Dados Internacionais de Catalogação na Publicação (CIP) de acordo com ISBD

R287p Ready, Romilla

Programação neurolinguística para leigos / Romilla Ready, Kate Burton ; traduzido por Samantha Batista. - Rio de Janeiro : Alta Books, 2019.
432 p. : il. ; 16cm x 23cm.

Tradução de: Neuro Linguistic Programing For Dummies
Inclui índice e anexo.
ISBN: 978-85-508-0488-0

1. Neurolinguística. 2. Programação Neurolinguística. I. Burton, Kate. II. França, Juliana. III. Título.

2018-1310 CDD 616.89
CDU 615.851

Elaborado por Vagner Rodolfo da Silva - CRB-8/9410

ALTA BOOKS
EDITORA

Rua Viúva Cláudio, 291 — Bairro Industrial do Jacaré
CEP: 20.970-031 — Rio de Janeiro (RJ)
Tels.: (21) 3278-8069 / 3278-8419
www.altabooks.com.br — altabooks@altabooks.com.br
www.facebook.com/altabooks — www.instagram.com/altabooks

Sobre as Autoras

Romilla Ready é palestrante, treinadora e facilitadora apaixonada por ajudar pessoas a intensificarem sua resiliência, influência e seu impacto pessoal, tanto em casa quanto no trabalho.

Ela não aceita o mito da dicotomia do "equilíbrio entre vida pessoal e trabalho". Ela acredita que o trabalho e a vida pessoal são apenas facetas que formam uma pessoa inteira e brilhante. Infelizmente, os dragões psicológicos dos medos e crenças inconscientes que atormentam a maioria de nós mantêm-nos presos, com medo de pedir o que realmente desejamos, dizer o que queremos ou fazer conexões que enriqueçam e nutram nossas almas. Ela trabalha com seus clientes para que possam viver e trabalhar de acordo com seus valores e comunicarem-se de forma poderosa e clara, para que sua mensagem seja ouvida e compreendida.

Romilla é a criadora e arquiteta de sua própria marca de treinamento e coaching, "Relationship Wizardry®" —, porque nossos relacionamentos, especialmente o que temos com nós mesmos, nos definem e ditam o quanto nos sentimos bem conosco e com nossas vidas. Ela usa uma mistura poderosa de ciência da mente e emoções e sabedoria antiga do Havaí no conteúdo de seus cursos, que são fortemente adaptados para satisfazer as necessidades de seus clientes. O ethos central da experiência de aprendizado é única, fresca e divertida, com elementos da psicologia humana, meditação criativa e técnicas para melhorar o poder pessoal, bem como a dança havaiana, hula.

Ela trabalhou em ambientes de muito estresse voltados ao cliente para empresas multinacionais e é a diretora de sua empresa, Ready Solutions Ltd.

Kate Burton é master coach com certificação internacional em PNL, autora e mentora de workshops, desafia indivíduos e organizações a criar vidas de sucesso sustentáveis e divertidas. Sua carreira profissional começou em publicidade corporativa e marketing com a Hewlett-Packard. Desde então tem trabalhado com variados negócios, indústrias e culturas para acelerar seu crescimento e sucesso. O que Kate mais ama é trabalhar com programas de treinamento feitos sob medida. Seu incentivo é apoiar pessoas a aumentarem sua motivação, autoconhecimento e confiança. Ela acredita que todas as pessoas possuem talentos, habilidades e valores únicos. O segredo está em honrá-los ao máximo.

Além da coautoria em *Programação Neurolinguística Para Leigos* e *Exercícios de Programação Neurolinguística Para Leigos* com Romilla, Kate escreveu um guia popular de coaching para resiliência e sucesso de carreira — *Live Life. Love Work* (Viva a Vida. Ame o Trabalho, em tradução livre), publicado por Capstone, bem como *Coaching com PNL Para Leigos*. Também é coautora de *Confidence For Dummies* com Brinley Platts. Seu último livro ainda em construção é *Café Coaching Conversations*, baseado em seus workshops abertos de mesmo nome que possibilitam que pessoas em qualquer campo tenham conversas de melhor qualidade.

Agradecimentos das Autoras

De Romilla: A emoção de encontrar *Programação Neurolinguística Para Leigos* nas livrarias é tão nova quanto da primeira vez que o vi em nossa livraria local. A realização desse sonho não teria sido possível sem a ajuda e o apoio de várias pessoas a quem quero agradecer de coração. À minha parceira no crime, Kate Burton: estou tão feliz por você ter concordado em colaborar neste projeto, quando eu, casualmente, perguntei se você gostaria de escrever um livro sobre PNL comigo. Obrigada à minha família, especialmente à minha irmã, Angela, sempre presente em tempos de tristeza e alegria; meu filho, Derwent, que me socorre quando eu tenho problemas com tecnologia e nunca me deixará desistir; aos amigos queridos como Jill e Christina, para citar apenas dois, que me ajudaram a aprender e expandir meus horizontes; a três grandes catalizadores em minha jornada de desenvolvimento pessoal — minha professora de yoga, Swami Ambikananda Saraswati, meu treinador de PNL, David Shephard e meu professor de sabedoria havaiana, o maravilhoso Serge Kahili King. Por último, mas não menos importante, gostaria de agradecer à equipe maravilhosa da Wiley por sua ajuda e apoio ao longo dos anos.

Derek, "o vento em minhas asas", se foi, mas guardarei memórias de nossa vida juntos.

De Kate: Quando Romilla e eu decidimos escrever o livro original, nossa intenção era aprender e nos divertir; nós nunca previmos o prazer que este livro nos traria. A cada nova edição, adoramos aprender mais. Portanto, meu agradecimento à Romilla — que continuemos a desfrutar desta profunda compreensão e amizade. Toda a minha família tem meu agradecimento por seu amor e força incondicionais. Aos meus amigos especiais, obrigada por sua paciência e apoio — agradeço a Ian, Robert, Penny e James, e a tantos outros maravilhosos praticantes da PNL por compartilharem seu conhecimento com tanta integridade; eu continuo impressionada com suas habilidades e comprometimento — e Jan, por demonstrar uma alegria pura em dominar as técnicas de PNL da melhor forma. Aos meus clientes e colegas, agradeço as oportunidades infinitas de aprender e praticar a PNL com vocês. Aos fabulosos profissionais da Wiley por transformarem ideias em realidade; vocês certamente demonstram o poder das crenças. Nunca esperamos que *Programação Neurolinguística Para Leigos* fosse virar um best-seller, com tantos outros livros e oportunidades depois, então, acima de tudo, meu agradecimento vai aos nossos leitores pelo apoio e votos de sucesso. Este livro nasceu porque quisemos incentivar outras pessoas com o poder da PNL, e eu espero que vocês continuem a ficar intrigados e inspirados ao perceberem que existe tanto a aprender e pôr em prática.

Sumário Resumido

Sumário

Introdução

Seja bem-vindo à tradução da terceira edição de *Programação Neurolinguística Para Leigos*, que está cheia de ideias e dicas para aumentar seu sucesso e felicidade. Provavelmente, você está lendo este livro por já ter ouvido a respeito de programação neurolinguística (PNL) no seu dia a dia — em empresas, faculdades e cafés. Escrevemos a versão original deste livro porque nossa experiência com PNL transformou nossas vidas. Quisemos despertar a curiosidade das outras pessoas a respeito do que pode ser feito com PNL. Também acreditamos que já era hora de a PNL sair da linguagem acadêmica e empresarial e partir para a vida real, para o bom e simples português, e ser utilizada por todos que desejam melhorar suas vidas.

Nos últimos anos, temos observado a PNL se tornar mais popular. Parte disso se deve aos momentos de insights que ela nos oferece; parte por simplesmente fazer sentido. Ainda assim, o nome em si pode ser um pouco repulsivo e o jargão associado pode representar uma barreira para os leigos em PNL. Então, é melhor darmos uma pequena explicação:

- **Programação:** Trata-se dos padrões repetitivos de comportamento, eficazes ou não, que você aprende e reproduz.
- **Neuro:** Está relacionado com o que se passa em sua mente.
- **Linguística:** Se refere tanto às palavras que você utiliza na sua comunicação quanto a sua linguagem corporal e como você a utiliza.

Alguns descrevem a PNL como "o estudo da estrutura da experiência subjetiva"; outros a chamam de "a arte e ciência da comunicação". Preferimos dizer que a PNL o permite entender o que o faz funcionar: como pensa, sente e decifra o seu dia a dia no mundo que o cerca. De posse desse entendimento, toda a sua vida, seu trabalho e lazer podem ser renovados.

É difícil pensar que já se passou uma década desde o lançamento da primeira edição deste livro. Ao longo desse tempo, *Programação Neurolinguística Para Leigos* nos trouxe oportunidades, que vieram principalmente na forma de clientes incríveis que dividiram conosco suas vidas, problemas e sucessos. Pudemos desenvolver essas ideias em vários workshops e programas de coaching para públicos diferentes. Nesta nova edição, incorporamos algumas lições de trabalhos mais recentes, bem como de outros livros que escrevemos para a série *Para Leigos* sobre coaching, confiança e mudança de carreira. Em particular, alguns dos maiores desenvolvimentos a que nos referimos nesta nova edição estão no campo da neurociência, onde a tecnologia, como a imagiologia cerebral, está aumentando constantemente o conhecimento e as possibilidades. Graças às mídias sociais e ao mundo digital, a maneira pela qual as pessoas se conectam e se comunicam mudou dramaticamente nos últimos dez anos, o que torna a compreensão de como criar conexões e lidar com relacionamentos algo ainda mais importante. À medida que o mundo em que vivemos evolui, esperamos que você encontre mais ideias novas aqui para ajudá-lo a mitigar os efeitos negativos do estresse e se divirta experimentando a aplicação das ferramentas de PNL.

Sobre Este Livro

Este livro tem como objetivo atingir positivamente qualquer um que seja fascinado por pessoas. Por esse enfoque experimental, a PNL encoraja as pessoas a tomarem as rédeas das próprias vidas. Atrai aqueles com desejo de novas experiências e de abrir a mente a novas possibilidades.

Tentamos tornar a PNL agradável, pragmática, acessível e útil para você. Esperamos que você possa mergulhar neste livro em qualquer capítulo e rapidamente encontrar ideias práticas de como usar a PNL para resolver questões e proporcionar mudanças em sua vida.

Para demonstrar a utilidade da PNL, nossa escolha de conteúdo é seletiva. Pretendemos oferecer um "menu" atrativo, caso você seja um novato. Para aqueles com mais conhecimento, esperamos que este livro possa ajudá-lo a assimilar o que já sabe, bem como colocá-lo em contato com algumas ideias e aplicações novas. Para esse fim, tornamos as informações importantes, como as que seguem, fáceis de visualizar:

- » Como descobrir o que é importante para alcançar seus objetivos com energia e convicção.
- » Quais são os pressupostos principais da PNL e por que eles são importantes para você.
- » Quais são os melhores caminhos para entender o estilo das outras pessoas, ajudando-o a passar a sua própria mensagem.
- » Quando construir o *rapport* (estabelecimento de confiança, harmonia e cooperação em um relacionamento) e quando rompê-lo.
- » Como fazer seu inconsciente e seu consciente trabalharem juntos, formando um time forte.

Além disso, por ser a experiência o melhor caminho para aprender a PNL, aproveite todas as oportunidades para praticar os exercícios apresentados. Algumas das ideias e dos exercícios deste livro podem ser um pouco diferentes das suas atividades habituais, mas não desanime. O enfoque da PNL é deixar de lado sua descrença, experimentar e perceber seu potencial.

Convenções Usadas Neste Livro

Para ajudá-lo a se localizar, estabelecemos algumas convenções:

- » O *itálico* é usado para enfatizar e ressaltar novas palavras ou termos que são definidos.
- » O **negrito** é usado para indicar a parte da ação em passos numerados.
- » A `monofont` é usada para endereços da web.

Só de Passagem

Escrevemos este livro para que você entenda com facilidade o que quer descobrir sobre PNL. Mesmo depois de escrever tudo isso, que gostaríamos de acreditar que você lerá até a última palavra, facilitamos para que identifique as partes "puláveis". Esse é o material que, embora interessante e relacionado a um tópico próximo, não é essencial saber:

- » **Boxes cinzas:** São caixas sombreadas que aparecem em algumas partes do livro. Elas dividem histórias pessoais e observações, mas não são essenciais para a leitura.
- » **A página de créditos:** Sem brincadeira, não há nada de interessante, a menos que você seja inexplicavelmente um admirador da linguagem legal e de informações sobre impressão!

Penso que...

Ao escrever este livro, fizemos umas poucas suposições a seu respeito. Presumimos que você seja um ser humano normal que quer ser feliz. Provavelmente, está interessado em aprendizado e ideias. Você pode ter ouvido falar em PNL, talvez já tenha trabalhado com os conceitos ou, talvez, seja apenas um assunto novo e intrigante para você. Não é necessário ter um conhecimento prévio sobre PNL, mas você precisa ler este livro caso algum dos itens a seguir traga à sua lembrança algo familiar:

- » Está cansado ou farto da forma como algumas coisas estão para você agora.
- » Está interessado em como levar sua experiência de vida a novos níveis de realização, felicidade, aventura e sucesso.

- Está curioso sobre como influenciar os outros com ética e desenvoltura.
- Você é alguém que adora aprender e crescer.
- Está pronto para transformar seus sonhos em realidade.

Ícones Usados Neste Livro

Os ícones usados neste livro irão ajudá-lo a encontrar informações específicas que poderão ser úteis:

ALERTA DE JARGÃO NA PNL

Este ícone é utilizado para sinalizar um termo da PNL, que pode soar como um idioma estrangeiro, mas tem um significado claro no campo da PNL.

EXPERIMENTE

Este ícone sugere ideias e atividades que proporcionarão a prática de técnicas da PNL e o pensamento.

DICA

Este ícone sinaliza conselhos práticos para colocar a PNL a seu serviço.

LEMBRE-SE

Este ícone é um lembrete amigável de pontos importantes para anotar.

CASOS E CAUSOS

Este ícone indica experiências reais da prática da PNL. Algumas são reais, algumas pessoas tiveram seus nomes trocados; e outras são personagens inventados.

CUIDADO

Este ícone sinaliza coisas a serem evitadas em seu entusiasmo de experimentar as habilidades da PNL por conta própria.

Além Deste Livro

Além do livro impresso que está lendo agora, você também pode se beneficiar da leitura de recursos acessíveis de qualquer lugar pela web. Você pode acessar a Folha de Cola Online no site da Editora Alta Books. Procure pelo título do livro. Ela contém um resumo simples dos pontos-chave contidos neste livro. Você pode imprimi-la e carregá-la consigo no dia a dia, para mergulhar na PNL sempre que precisar.

Você também pode acessar artigos exclusivos sobre PNL, além deste livro. Para isso, visite `www.dummies.com/extras/NLP` (conteúdo em inglês).

De Lá para Cá, Daqui para Lá

Você não precisa ler este livro do início ao fim, mas será muito beneficiado se acompanhar o ritmo na ordem do que é correto para você. Use o sumário para ver o que mais chama a sua atenção. Por exemplo, se está interessado em entender uma outra pessoa, vá primeiro ao Capítulo 6. Se gostaria de saber o que o faz funcionar, vá ao Capítulo 5 e descubra o poder dos sentidos. Sinta-se à vontade para viajar para lá e para cá.

Uma vez que você tenha lido o livro e quiser descobrir mais, recomendamos que torne sua experiência em PNL mais completa por meio de workshops e coaching.

1

Introdução à PNL

NESTA PARTE...

Obtenha uma visão geral da PNL e do que ela trata.

Descubra o poder de sua mente inconsciente e entenda como suas crenças podem impactar sua realidade.

Descubra como criar o futuro que você deseja.

NESTE CAPÍTULO

» **Iniciando a jornada da PNL**

» **Explorando os temas centrais da PNL**

» **Aprendendo o máximo da PNL**

Capítulo 1

Conhecendo a PNL

Veja uma pequena fábula sobre um homem e um tigre.

Um tigre faminto perseguia um homem que, desesperado, voltou-se para o animal e gritou: "Por que você não me deixa em paz?" O tigre respondeu: "Por que você não para de ser tão apetitoso?"

Em qualquer comunicação entre duas pessoas ou, neste caso, entre o homem e a fera, há sempre mais de uma perspectiva. Algumas vezes as pessoas não conseguem entender este fato, pois não sabem como mudar seu próprio comportamento para se comunicar de forma a conseguir o que querem.

A Programação Neurolinguística (PNL) é uma das metodologias mais sofisticadas e eficientes disponíveis atualmente para nos ajudar a nos comunicarmos de forma eficaz. A PNL é centrada na comunicação e na mudança. Na atualidade, todos nós precisamos de habilidades que desenvolvam a flexibilidade pessoal. Jeitinhos e truques publicitários não são o suficiente; precisamos de algo real.

Então, seja bem-vindo ao início desta viagem. Neste capítulo, você terá uma rápida amostra dos temas centrais da PNL.

Uma Introdução à PNL

Todos os seres humanos com corpos sãos nascem com o mesmo sistema neurológico básico.

ALERTA DE JARGÃO NA PNL

Seu *sistema neurológico* transmite as informações recebidas do seu ambiente até o seu cérebro através dos seus sentidos. *Ambiente*, neste contexto, é tudo o que for externo a você, mas também inclui seus órgãos, como seus olhos, ouvidos, pele, estômago e pulmões. Seu cérebro processa as informações e transmite mensagens de volta aos seus órgãos. Com seus olhos, por exemplo, o resultado disso pode ser uma piscada. As informações também podem criar emoções, e você pode chorar ou rir. Resumindo, seus processos de pensamento o fazem se comportar de uma determinada maneira.

Nossa capacidade de realizar qualquer tarefa na vida, seja nadar em uma piscina, preparar uma refeição ou ler este livro, depende de como reagimos ao estímulo do nosso sistema nervoso. Portanto, muito da PNL é dedicada à aprendizagem de como pensar e comunicar-se de forma mais eficiente consigo mesmo e com os outros.

A seguir, uma explicação detalhada do termo *programação neurolinguística*:

ALERTA DE JARGÃO NA PNL

- **Programação** se baseia fortemente na teoria da aprendizagem e aborda como codificamos ou representamos mentalmente nossas experiências. A programação pessoal consiste em processos internos e estratégias (padrões de pensamento) que utilizamos para tomar decisões, resolver problemas, aprender, avaliar e obter resultados. A PNL nos mostra como recodificar nossas experiências e organizar nossa programação interna para que possamos alcançar o resultado desejado.
- **Neuro** refere-se ao nosso sistema neurológico. A PNL baseia-se na ideia de que experienciamos o mundo através de nossos sentidos, que traduzem informações sensoriais em processos de raciocínio tanto conscientes quanto inconscientes. Os processos de raciocínio ativam o sistema neurológico, que afeta a fisiologia, as emoções e o comportamento.
- **Linguística** refere-se ao modo como os seres humanos utilizam a linguagem para interpretar o mundo, capturar e conceituar essa experiência e comunicá-la aos outros. Na PNL, linguística é o estudo de como as palavras que você utiliza e sua linguagem corporal influenciam a sua experiência.

EXPERIMENTE

Para ver esse processo em ação, comece a perceber como você pensa. Imagine um dia quente de verão. Você está em pé na sua cozinha segurando um limão que retirou da geladeira. Olhe-o por fora, sua casca brilhante amarela com marcas verdes nas extremidades. Sinta como está gelado. Leve o limão ao nariz e cheire-o. Hummm... Aperte-o levemente e perceba o peso em sua mão. Agora, pegue uma faca e corte-o ao meio. Ouça como o suco começa a escorrer e perceba que o cheiro está mais forte agora. Morda-o profundamente e deixe que o suco se espalhe pela sua boca.

LEMBRE-SE

As palavras têm o poder de ativar suas glândulas salivares. Ao som da palavra "limão", seu cérebro entra em ação. As palavras dizem ao seu cérebro que você tem um limão na mão. Nós podemos pensar que as palavras descrevem apenas significados, mas elas, na verdade, criam nossa realidade — um conceito que exploraremos no decorrer deste livro.

Algumas definições rápidas

A PNL pode ser descrita de várias formas. A definição convencional é "o estudo da estrutura da nossa experiência subjetiva". Eis mais algumas formas de responder à difícil pergunta "o que é PNL?":

- A arte e ciência da comunicação
- A chave da aprendizagem
- A maneira de entender como você mesmo e outras pessoas funcionam
- O caminho para alcançar os resultados desejados em todas as áreas da vida
- A maneira de influenciar os outros com integridade
- O manual do seu cérebro
- O segredo das pessoas de sucesso
- O método para criar seu próprio futuro
- O caminho para ajudar as pessoas a entenderem suas realidades
- A caixa de ferramentas para a mudança pessoal e organizacional

Considerando onde tudo começou e para onde caminha

A PNL começou na Califórnia, no início da década de 1970, na University of Santa Cruz. Lá, Richard Bandler, um estudante de Ciências da Informação e Matemática, juntou-se ao Dr. John Grinder, um professor de Linguística, para estudar pessoas que eles consideravam ser excelentes comunicadores e brilhantes em ajudar seus clientes a mudar. Eles ficaram fascinados pela maneira como algumas pessoas criavam condições para alcançar pessoas consideradas difíceis ou doentes, com as quais outros haviam falhado para se conectar.

Então, a PNL tem sua origem no ambiente terapêutico graças a três psicoterapeutas renomados mundialmente que Bandler e Grinder estudaram: Virginia Satir (fomentadora da Terapia Familiar Conjunta), Fritz Perls (o fundador da Psicologia da Gestalt) e Milton H. Erickson (responsável pelo avanço da

Hipnoterapia Clínica). Em seu trabalho, Bandler e Grinder também fizeram uso das habilidades dos linguistas Alfred Korzybski e Noam Chomsky, além do antropólogo social Gregory Bateson e do psicanalista Paul Watzlawick.

Desde aquela época, o campo da PNL explodiu e englobou muitas disciplinas em muitos países por todo o mundo. Seria impossível citar todos os grandes professores e praticantes da PNL hoje em dia, mas certamente se pode encontrar muitas informações online.

Na década de 1980, Grinder ficou insatisfeito com alguns trabalhos anteriores acerca de códigos em colaboração com Bandler, ao que ele agora se refere como Código Clássico. Junto com Judith DeLozier, ele iniciou alguns novos modelos conhecidos como Novo Código (documentado em seu livro *Whispering in the Wind*) e continua este trabalho com Carmen Bostic St. Clair.

Então, qual é o futuro da PNL? É certo que foi uma grande caminhada desde Santa Cruz nos idos dos anos 1970, e desde que escrevemos a primeira edição deste livro o interesse pela PNL não dá sinais de desaparecer. Assim, muitos outros pioneiros continuaram a história e levaram-na em frente — tornando-a prática e ajudando a transformar a vida de pessoas reais. Novos conhecimentos neurocientíficos oferecem explicações científicas para muitas ideias que os praticantes de PNL desenvolveram mais intuitivamente. Em particular, o mundo do coaching é fortemente influenciado pela PNL. Hoje, podemos ver a PNL ser aplicada por médicos, enfermeiros, motoristas de táxi, vendedores, coaches, contadores, professores, adestradores, pais, operários, aposentados e adolescentes da mesma forma. No Capítulo 21, listamos algumas dessas aplicações práticas.

Cada geração se aproveita de ideias atuais, peneirando-as e aperfeiçoando-as, acrescentando conhecimento obtido por suas próprias experiências e as comunicam de maneira própria. Informações sobre PNL são distribuídas atualmente via LinkedIn, YouTube, Twitter, Facebook e assim por diante — meios de comunicação que não existiam antigamente.

Muito do desenvolvimento da PNL hoje acontece em torno das aplicações, em vez de em torno de modelos centrais; especialistas em áreas específicas incorporam as ferramentas da PNL e as utilizam em suas áreas de atuação. Se a PNL incentiva uma nova forma de raciocínio, novas escolhas e reconhece intenções positivas por trás de todas as ações, então tudo o que podemos dizer é que o futuro está repleto de possibilidades. O restante depende de nós.

Uma nota sobre integridade

Você pode ouvir as palavras integridade e manipulação associadas à PNL, por isso gostaríamos de deixar algo claro desde já. Você influencia os outros o tempo todo. Quando você faz isso conscientemente para conseguir o que quer, levanta-se a questão da integridade. Você está manipulando outros para conseguir o que quer à custa deles?

Para se certificar de que está se comportando com integridade, faça a si mesmo esta pergunta: qual é a sua intensão positiva em relação à outra pessoa nessa interação? Se a intensão é beneficiar a outra parte (talvez em uma situação de venda), você é íntegro — uma situação de benefício mútuo. Se sua intenção é apenas para benefício próprio, é manipulação. Quando você se dirige ao benefício mútuo, está na trilha do sucesso. E como você sabe, a vida dá voltas!

Encontrando os Pilares da PNL: Simples e Fáceis de Entender

A programação neurolinguística é baseada em quatro pilares (veja a Figura 1-1). Eles podem ser descritos da seguinte forma:

- **Rapport:** Como construir um relacionamento com os outros e consigo mesmo é, provavelmente, o presente mais importante que a PNL oferece a você. Dado o ritmo no qual a maioria de nós vive e trabalha, uma grande lição sobre rapport é como você diz "não" às solicitações e ainda conserva amizades ou relações profissionais. Para descobrir mais sobre rapport — como construí-lo e quando rompê-lo — veja o Capítulo 6.
- **Percepção sensorial:** Você já percebeu, quando visita a casa de outra pessoa, como as cores, os sons e cheiros são sutilmente diferentes da sua? Ou quando aquele colega parece preocupado quando fala do trabalho? Talvez você perceba a cor do céu à noite ou das folhas verdes e frescas quando a primavera começa. Como o famoso detetive Sherlock Holmes, você começa a notar como o nosso mundo é muito mais rico quando prestamos atenção em todos os sentidos. O Capítulo 5 descreve o poder de suas percepções sensoriais e como é possível usar sua capacidade natural de visão, audição, tato, sensação, paladar e olfato em benefício próprio.
- **Resultados do pensamento (meta):** Resultado é um termo muito mencionado ao longo do livro. Este termo refere-se a começar a pensar no que queremos em vez de nos prender em um modo de pensamento negativo. Os princípios para uma abordagem de resultado podem ajudá-lo a tomar as melhores decisões e fazer escolhas melhores — seja sobre o programa do final de semana, executar um projeto importante no trabalho ou encontrar um propósito real para a sua vida. Vá ao Capítulo 4 para conseguir os resultados que merece.
- **Flexibilidade comportamental:** Diz respeito a como fazer algo diferente quando o que se costuma fazer não funciona mais. Ser flexível é a chave para praticar a PNL; você encontrará ferramentas e ideias para essa prática em cada capítulo. Nós o ajudaremos a encontrar perspectivas novas e incorporá-las ao seu repertório. É possível encontrar informações, exercícios e exemplos de como maximizar sua própria flexibilidade no decorrer do livro.

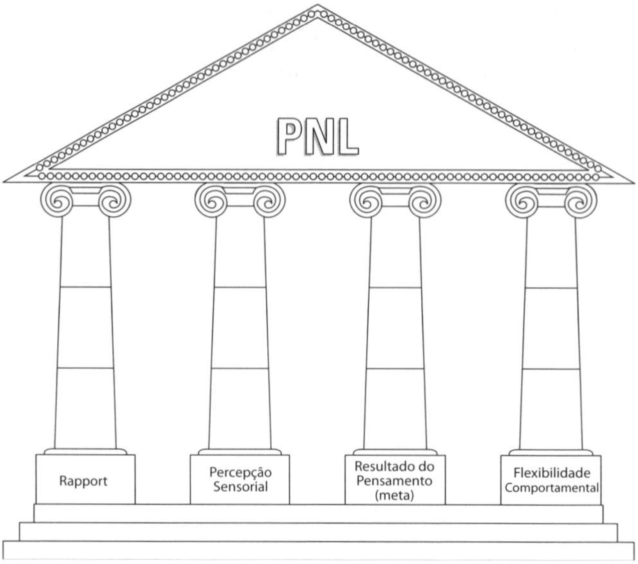

FIGURA 1-1: Os quatro pilares da PNL.

Veja um exemplo do que estes quatro pilares podem significar para você no cotidiano. Suponha que você tenha encomendado um software para armazenar todos os nomes, endereços e números de telefones de amigos ou clientes. Você o transfere para o seu computador, usa-o algumas vezes e, então, ele para de funcionar sem motivo aparente. Há um bug no sistema, mas você já investiu muitas horas na instalação e digitação de todos os seus contatos. Você telefona para o fornecedor, e as pessoas do serviço de atendimento ao cliente não ajudam, ao ponto de serem grosseiras.

Você precisa aplicar todas as suas habilidades em construir *rapport* com o serviço de atendimento ao cliente antes que alguém ouça a sua queixa. Você precisará *envolver seus sentidos* — especialmente seus ouvidos para escutar com atenção o que o fornecedor está dizendo —, perceber como controlar seus sentimentos e escolher a melhor resposta. Precisará ser muito claro quanto aos *resultados* desejados — o que quer que aconteça depois da sua reclamação? Por exemplo, pretende uma devolução integral do dinheiro ou a troca do software? E, por fim, pode haver a necessidade de ser *flexível no seu comportamento* e considerar opções diferentes se você não alcançar o que quer na primeira tentativa.

Descobrindo Modelos e Modelagem

Como descrevemos na seção anterior, "Considerando onde tudo começou e para onde caminha", a PNL começou como um molde de como as pessoas se comunicam e partiu de estudos a respeito de grandes comunicadores. Portanto, o conceito de modelos e modelagem é o coração da PNL.

A premissa da PNL é a seguinte: se você pode encontrar alguém que seja bom na atividade que realiza, então pode observar esse modelo e aprender com ele. Você pode seguir os passos de quem quer que admire — altos executivos ou personalidades do esporte, a garçonete do seu restaurante preferido ou seu personal trainer extremamente energético. Você pode encontrar mais informações sobre modelagem no Capítulo 19.

Empregando o modelo de comunicação da PNL

O modelo da PNL explica como processamos as informações que recebemos. De acordo com a PNL, você se movimenta não pela resposta ao mundo à sua volta, mas pela resposta ao seu modelo ou mapa daquele mundo. Daremos exemplos do modelo no Capítulo 8.

O princípio fundamental da PNL é que "o mapa não é o território" e que cada indivíduo possui mapas diferentes do funcionamento do mundo. Isso significa que você e eu podemos vivenciar a mesma situação, mas percebê-la de forma diferente.

Imagine que você vá a uma festa — se diverte, encontra amigos, degusta boa comida e bebida e talvez dance um pouco. Contudo, se perguntarmos a você e à outra pessoa que estivesse na mesma festa sobre a experiência, cada um contaria uma história diferente, pois as representações internas que fazemos sobre os eventos externos são diferentes do evento em si: "o mapa não é o território".

Ou imagine que, de repente, você seja transportado para uma cultura completamente diferente, do outro lado do mundo. Os pensamentos e preceitos dos seus novos vizinhos a respeito de como a vida funciona serão muito diferentes dos seus.

LEMBRE-SE

A PNL não muda o mundo — ela simplesmente ajuda a mudar o modo como você observa e percebe o mundo. A PNL o ajuda a construir um mapa diferente, que o ajuda a ser mais eficiente. Ela lhe dá uma compreensão de padrões de comportamento para que possa parar conscientemente de fazer o que o atrapalha e comece a fazer mais do que o ajuda a alcançar suas metas e desejos.

CASOS E CAUSOS

John é um arquiteto que aluga um escritório caro no centro da cidade. Ele costumava reclamar que os escritórios não eram limpos o bastante, de acordo com seu alto padrão, a equipe era preguiçosa, e nunca estava satisfeito com a gerência. Ao encontrar John em seu escritório, descobrimos que ele trabalhava no caos, todas as superfícies disponíveis no escritório estavam cheias de papeladas e ele claramente não arrumava coisa alguma. Ele costumava trabalhar noite adentro e reclamava se o interrompiam, então os faxineiros trabalhavam sem se atreverem a incomodá-lo.

John, através do coaching, percebeu que não considerava que alguém tivesse um ponto de vista diferente do seu e não percebia a tarefa difícil que era limpar o escritório ao seu redor. Seu mapa da realidade era totalmente diferente do mapa do administrador do escritório e dos profissionais da limpeza. Depois disso, construiu um novo mapa, que incorporou a realidade de como era a vida no escritório para seus colegas, e passou a ter mais consideração para com eles. Ao mudar apenas esse mapa de experiência, outros aspectos da vida de John também melhoraram, e ele se tornou mais consciente dos efeitos de sua desorganização. Por exemplo, agora ele se sente mais confortável ao convidar namoradas para seu apartamento arrumado.

Modelando a excelência

O modelo de excelência é outro tema que discutiremos a fundo neste livro, pois muito da PNL é orientado ao futuro e aplicado para criar mudanças positivas — não importa se é uma melhor qualificação pessoal, maior qualidade de vida ou um mundo melhor para a próxima geração.

O enfoque da PNL é o de que você pode aprender melhor se encontrar outra pessoa que já tenha se sobressaído em qualquer coisa que queira aprender. Ao modelar outra pessoa, você pode dividir seu aprendizado em suas partes componentes. Esta é uma perspectiva poderosa, e encoraja a transformar grandes e cansativos projetos em vários pequenos e descobrir pessoas que já passaram por isso e que podem indicá-lo o melhor caminho.

Usando a PNL para Obter Resultados Melhores

Como descobrirá ao longo deste livro, a PNL trata de aumentar as suas opções em vez de mantê-lo por sua experiência dizendo: "é assim que eu faço as coisas e é assim que deve ser". Para obter benefícios da PNL, você precisa estar aberto ao questionamento e a desafiar suas normas. Esta seção fornece algumas dicas sobre como adotar essa mentalidade.

Entendendo que as atitudes vêm em primeiro lugar

A essência da PNL é uma atitude positiva em relação à vida e suas possibilidades em vez de se lamentar dos problemas. A PNL fornece as ferramentas e o apoio necessários para ajudá-lo a mudar qualquer coisa em sua vida que não reflita quem você quer ser hoje. Muito é possível se você tem a mentalidade e as atitudes para apoiar o seu sucesso, acessando sua desenvoltura humana natural. Se suas atitudes não o apoiam a levar uma vida rica e recompensadora, então você pode querer considerar a mudança. Mudar sua mente e atitude realmente muda a sua vida.

LEMBRE-SE

Muitas pessoas gastam muito tempo dando atenção ao lado negativo de suas vidas — como detestam seus empregos ou o quanto querem parar de fumar ou emagrecer. Ao condicionar a si mesmo a se concentrar no que *realmente* quer, você pode atingir resultados positivos bem rápido.

Estar curioso e confuso é bom para você

Há dois atributos úteis para carregar consigo: *curiosidade* — aceitar que você não conhece todas as respostas — e uma *disposição para ficar confuso*, porque como disse o grande hipnoterapeuta Milton Erickson: "O esclarecimento é sempre precedido pela confusão".

DICA

Se você acha que as ideias contidas neste livro o deixam confuso, agradeça ao seu inconsciente, pois a confusão é o primeiro passo da compreensão. Tome o sentimento de confusão como um sinal de que você está processando informações para avaliar e encontrar o caminho adiante e que, intuitivamente, já sabe mais do que percebe conscientemente.

Mudar é uma escolha sua

Já se foram os dias em que você precisava ficar preso numa espiral descendente de comportamentos e reações repetitivas, entediantes e ineficazes. Hoje, a PNL trata da produção de resultados mensuráveis, que elevam a qualidade de vida das pessoas sem a longa e dolorosa jornada de volta ao passado.

Enquanto lê os capítulos deste livro, você descobre a natureza experimental da PNL — que trata de novas experiências, tentativas. Teste as ideias do seu jeito — não o faça apenas baseado em nossas palavras.

A responsabilidade pela mudança é sua, e este livro é o facilitador. Se você não está aberto à mudança, não aproveitará este livro ao máximo. Por isso, nós o encorajamos a realizar os exercícios, observar seu novo processo e compartilhá-lo com os outros, pois explicar algo à outra pessoa significa aprender duas vezes e, assim, realmente absorver o conhecimento. No momento em que terminar o livro, você pode se surpreender com o quanto já mudou.

LEMBRE-SE

A rede neural que forma seu cérebro tem uma capacidade incrível de mudar e fazer novas conexões (veja o Capítulo 3 para mais sobre a estrutura do cérebro). Você pode mudar com qualquer idade graças a essa neuroplasticidade — que pensamento encorajador!

Divertindo-se no caminho!

Quando Clint Eastwood foi entrevistado por Michael Parkinson na TV, ele deu um bom conselho: "Vamos levar o trabalho a sério e não a nós mesmos". A PNL envolve muita diversão e risadas. Se você se programa para se tornar perfeito, coloca uma pressão enorme e pouco realista sobre si mesmo. Então tome consciência de seu próprio bom humor enquanto viaja e tenta perceber um mundo de mudanças: aprender é um trabalho sério, que é seriamente divertido.

NESTE CAPÍTULO

» Entendendo os pressupostos da PNL

» Testando os pressupostos da PNL

» Seguindo as trilhas dos outros

» Desenvolvendo flexibilidade a fim de assumir 100% de responsabilidade em qualquer relação

Capítulo 2

Identificando Alguns Princípios Básicos da PNL

Belinda tem uma filha única e muito amada, Mary. A garota era um pouco mimada, pois havia chegado após Belinda e seu marido terem perdido as esperanças de ter um bebê. Infelizmente, ela era propensa a ter acessos de raiva, jogar-se no chão, gritando e se debatendo.

Belinda não obteve progresso com o mau humor de Mary, até que o dia em que decidiu juntar-se a ela. Belinda pegou duas panelas do armário e começou a batê-las no chão; ela chutava e gritava muito mais do que Mary. Adivinha o que aconteceu? Mary, deitada no chão, ficou atônita olhando para a mãe. Ela percebeu que a mãe era a birrenta mais experiente e que perderia a competição de fúria todas as vezes. Ela entendeu que seguir com aquele tipo de atitude era inútil e, a partir daquele momento, os ataques de fúria cessaram. Belinda tomou o controle da sua interação com Mary ao mostrar uma flexibilidade maior de comportamento.

Esse caso ilustra como "a pessoa mais flexível do sistema influencia o sistema". Essa afirmação não é resultado de um experimento conduzido em laboratório. É um *pressuposto* da PNL (ou suposição), que, se praticado e adotado, pode ajudar a facilitar sua jornada pela vida. A história acima mostra apenas um dos muitos pressupostos — também chamados de pontos de vista convenientes — que são a base da PNL.

ALERTA DE JARGÃO NA PNL

Esse pressuposto é conhecido como a Lei da Variedade Requerida e deriva da teoria dos sistemas. Ela foi formulada por Ross Ashby, um psiquiatra inglês que também foi pioneiro no campo da cibernética. De forma simples, a Lei da Variedade Requerida significa que a habilidade de uma pessoa dentro de um sistema de ter sucesso é diretamente proporcional ao nível de flexibilidade de comportamento que ela escolhe exibir.

No contexto da comunicação, se alguém não entende o que você tenta comunicar, mostre flexibilidade e criatividade e mude o que está dizendo e como diz até que seja compreendido. Apenas elevar os decibéis enquanto usa as mesmas palavras não é uma estratégia recomendada.

Introduzindo os Pressupostos da PNL

Os pressupostos da PNL nada são além de generalizações sobre o mundo, que podem se mostrar úteis quando você as toma como verdade. Nas seções seguintes, descrevemos alguns dos pressupostos que consideramos serem os mais influentes dentre todos os desenvolvidos pelos fundadores da PNL.

O mapa não é o território

Um dos primeiros pressupostos é o de que "o mapa não é o território". Esta afirmação foi publicada em *Science and Sanity,* em 1933, por Korzybski, um conde e matemático polonês. Korzybski referia-se ao fato de vivenciarmos o mundo através dos sentidos (visão, audição, tato, olfato e paladar) — o território. Pegamos, então, esse fenômeno externo, o passamos por filtros mentais (o Capítulo 3 fala mais sobre isso), como valores, crenças e experiências de vida, e fazemos uma representação interna (RI) disso dentro de nosso cérebro — o mapa.

Esse mapa interno que criamos do mundo externo, formado pelas nossas percepções, nunca é exatamente igual ao mapa formado por outra pessoa que vive no mesmo ambiente. Em outras palavras, o que está do lado de fora pode não ser a mesma coisa que está na nossa mente ou na de outra pessoa.

Imagine a seguinte analogia. Se perguntarmos a um botânico o que significa Belladonna, ele poderá dizer o nome original da planta e descrever as flores e seu cheiro sutil, enquanto forma uma imagem da planta em sua própria mente. Uma homeopata poderá explicar o uso medicinal da planta no tratamento de certos sintomas, enquanto imagina um paciente que tratou. Se perguntarmos a uma autora de livros de mistério sobre Belladonna, talvez ela diga que é um veneno.

Lembre-se de um feriado em que realmente tenha gostado da comida e decidiu que um prato específico era o seu favorito. Ao voltar para casa, você pode decidir recriar a experiência visitando um restaurante que você sabe que serve o prato que amou. Você fica cheio de expectativas enquanto lê as opções do cardápio e elas evocam imagens, sons, cheiros e sensações do seu feriado. Você pede o que decidiu ser sua refeição favorita; vê o garçom indo em direção à sua mesa; você começa a salivar; o prato é colocado na sua frete e... a apresentação está toda "errada". Não parece nem tem o cheiro do qual se lembra. A refeição que você vê não combina com o "mapa" que você tinha em mente!

LEMBRE-SE

A questão é que dependendo do contexto e do conhecimento de cada um, pessoas diferentes formam RIs diferentes a respeito de uma mesma coisa.

Passando as percepções pelo seu filtro pessoal

Seus sentidos o bombardeiam com milhões de informações diferentes por segundo, mesmo que sua mente consciente consiga lidar com apenas alguns pedaços individualmente a qualquer momento: o resultado é que uma quantidade absurda de informação fica de fora. Este processo de filtragem é influenciado pelos seus valores, suas crenças, memórias, decisões, experiências e seu conhecimento cultural e social, para permitir apenas o que os seus filtros estão ajustados a receber.

EXPERIMENTE

Quando estiver com outra pessoa ou grupo, escolha alguma coisa do ambiente e peça que cada um descreva o que observou: por exemplo, a vista de uma janela. Note que as descrições de cada pessoa são individualmente modeladas por suas próprias experiências de vida.

Alguns europeus e norte-americanos podem experimentar um choque cultural enorme quando visitam países como Índia ou México. Por causa de sua experiência cultural, eles podem sentir-se chocados pelo nível de pobreza em algumas áreas, considerando que as pessoas do local aceitam a pobreza como parte da vida. As pessoas aceitam a familiaridade de seus próprios cenários.

Território desconhecido: Percorrendo o mapa de outra pessoa

O resultado desse filtro pessoal é que cada um de nós tem um mapa muito individual do mundo. Para facilitar a comunicação, um exercício realmente útil é, no mínimo, tentar entender a RI ou o mapa da pessoa com quem você está se comunicando.

CASOS E CAUSOS

Romilla estava comprando peixe e batata frita e pediram a ela que preenchesse um formulário sobre a qualidade, o serviço e o preço da comida. As mulheres que serviam atrás do balcão estavam muito chateadas, porque o homem que tinha acabado de sair havia se recusado, de forma grosseira, a preencher o formulário. Romilla perguntou às senhoras se elas consideraram a possibilidade de o homem ser analfabeto e de ele ter sido grosseiro pelo fato de ter se sentido envergonhado. A mudança nas duas mulheres foi surpreendente. "Eu não havia pensado nessa possibilidade", disse uma delas. O comportamento delas mudou imediatamente: de raiva e ressentimento para compaixão. Elas também se sentiram muito melhor consigo mesmas e foram capazes de esquecer todos os sentimentos negativos que estavam remoendo há horas.

O exercício a seguir o ajudará a ser tolerante ou, pelo menos, obter um pouco de compreensão quando vir-se em uma situação na qual a resposta da outra pessoa o surpreenda, irrite ou apenas o deixe intrigado.

EXPERIMENTE

1. **Conte todas as bênçãos em sua vida.**
2. **Focando sua própria sorte, seja generoso.**
3. **Pergunte-se o que pode estar acontecendo no mundo dessa outra pessoa que justificaria o comportamento.**

Uma vez que tenha começado a dominar este processo, você poderá descobrir que é mais feliz com a sua sorte e também aceitará as pessoas e suas peculiaridades com mais tranquilidade.

As pessoas reagem de acordo com seus mapas do mundo

Como todos os seres humanos, você reage de acordo com o mapa do mundo que traz na cabeça. Este mapa é baseado nas suas convicções sobre sua identidade, seus valores e suas crenças, assim como suas atitudes, memórias e seu conhecimento cultural.

Algumas vezes, a forma como o mapa do mundo de algumas pessoas opera pode não fazer sentido para você. Contudo, um mínimo de compreensão e tolerância podem ajudar a enriquecer a sua vida.

CASOS E CAUSOS

Quando a dra. Diwan era acadêmica de medicina, ela costumava visitar um hospital psiquiátrico. Um dos pacientes expressava-se muito bem, era um professor universitário de inglês extremante instruído. Um de seus pontos fracos era que gostava de caminhar à noite com um guarda-chuva aberto. Ele tinha certeza de que os raios de luar causavam a "demência da lua". Contudo, o professor sentia grande satisfação em compartilhar sua paixão pela literatura inglesa com os membros da equipe, cujas vidas eram enriquecidas pelas interações diárias com ele.

Se a equipe houvesse sido intolerante com o "professor maluco" e o ignorasse ou marginalizasse, eles poderiam não perceber, mas suas vidas seriam mais pobres sem a riqueza da literatura e do senso de humor dele, que, com frequência, referia-se a si mesmo como o "paciente impaciente".

Esse é um pressuposto particularmente poderoso quando aplicado ao coaching. Como coach, você deve monitorar seu próprio comportamento atentamente para garantir que não tente influenciar a direção de uma sessão para que os resultados se encaixem nos seus próprios valores e crenças ou seu conjunto de habilidades. Relata-se que psicólogo americano Abraham Maslow disse que se nossa única ferramenta for um martelo, trataremos tudo como se fosse um prego. Podemos ter um modelo favorito quando fazemos coaching; por exemplo, sempre passamos nossos clientes por uma sequência de passos. Se um dia nos virmos trabalhando com alguém que não combina com esse padrão de pensamento e trabalho, não seremos tão eficazes em ajudá-lo a criar as mudanças que ele deseja.

CASOS E CAUSOS

Depois de sua promoção para um cargo de gerência, Jack percebeu que estava lutando para lidar com todas as exigências e decidiu contratar os serviços de um coach. Sue foi recomendada a ele e chegou armada com uma lista de processos para que Jack seguisse. Ao tentar fazer o que ela sugeriu, Jack percebeu que estava tentando lidar com outra camada de "afazeres", que o deixaram ainda mais estressado. Ele passou, então, a trabalhar com Christina, que empregou uma abordagem mais centrada na pessoa. Jack fez avanços quando descobriu bagagens emocionais que o atrapalhavam e percebeu que podia aplicar seus próprios processos ao novo papel profissional que eram mais adequados à sua personalidade.

Não há falhas, apenas feedback

Esse é um pressuposto poderoso no qual basear a vida. Todo mundo comete erros e tem experiências frustrantes. Você pode escolher entre se permitir cair em ciladas e ter resultados indesejáveis, ou aprender as lições que se apresentam, levantar a poeira e dar a volta por cima, deixando as barreiras para trás.

O MAPA DE MUNDO DE UMA CRIANÇA

Às vezes, o mapa de mundo de uma criança pode fazer um adulto pensar duas vezes! Essa verdade é bem ilustrada pelo ótimo trecho a seguir.

Um policial estava sentado em sua viatura com seu parceiro canino quando notou um menininho os encarando. O menino perguntou se aquilo era um cachorro na viatura. O policial confirmou que o outro ocupante do carro era, realmente, um cachorro. O menino ficou extremamente intrigado e perguntou: "O que ele fez para ser preso?"

Romilla participou de um curso ministrado por um maravilhoso perito havaiano, Sege Kahili King, durante o qual ele disse que nunca cometeu erros. Essa declaração causou alguns risos, pois ninguém acreditou nele e o brilho em seus olhos se sobrepôs à falta de expressão em seu rosto. Ele, então, acrescentou que nem sempre alcançava os resultados pretendidos, mas nunca cometia erros.

Usando o exemplo de Sue, no caso acima, você deve achar que ela falhou como coach. Contudo, trabalhar com Jack poderia ter sido uma questão de mais feedback se Sue tiver a autoconsciência de perceber que ela não o ajudou a alcançar os resultados desejados. Ela teria, então, uma escolha: poderia ampliar seu conjunto de habilidades ou adaptar seu processo de entrevista para garantir que os clientes que ela aceita se enquadram no seu modelo de coaching.

CASOS E CAUSOS

Uma das mensagens que aprendemos ao ouvir a empresária e grande marketeira Liz Jackson, MBE, no evento do Dia Internacional das Mulheres, foi para não termos medo do fracasso. Liz teve que se adaptar ao desafio de perder a visão e mesmo assim consegue gerir uma empresa bem-sucedida, além de fazer parte do reality show *Secret Millionaire* e ser uma palestrante motivacional. Ela diz que o fracasso é uma das ferramentas mais poderosas para a aprendizagem. Ela inspira as outras pessoas à sua volta a superarem as barreiras para o sucesso ao falarem sobre quais são suas ambições e a saírem de suas zonas de conforto, mesmo que isso signifique ficar assustado por um tempo. Ela diz que "somente os fracassos nos ensinam".

ALERTA DE JARGÃO NA PNL

Na linguagem comum, o termo "feedback" está associado ao recebimento de informação ou resposta de outra pessoa. Entretanto, o significado de *feedback* foi expandido no contexto deste pressuposto da PNL para incluir o resultado ou consequência obtida de uma situação específica.

Você pode descobrir muito a respeito de feedback com Thomas Edison. Embora seja famoso por ter inventado a lâmpada, ele foi um inventor engenhoso. Sua genialidade residia em testar suas ideias, aprender a partir de resultados inesperados e reciclar conceitos de experimentos que não funcionaram em outras invenções. Onde as outras pessoas viam milhares de tentativas de Edison de inventar a lâmpada como fracassos, Edison via apenas como experimentação e até um outro caminho para aprender como não fazer uma lâmpada.

LEMBRE-SE

Preocupar-se com o erro o mantém focado nos aspectos negativos das experiências passadas. Em vez disso, se observar os resultados que já obteve, mesmo não sendo os esperados, você poderá transferir seu foco para as novas possibilidades e seguir em frente.

EXPERIMENTE

Ao deparar-se com um "fracasso", você poderá usar este pressuposto da PNL para encontrar oportunidades de crescimento, fazendo a si mesmo algumas perguntas.

Pense em um dos seus “fracassos” e pergunte-se:

- » O que almejo alcançar?
- » O que consegui até aqui?
- » Que feedback obtive?
- » Que lições aprendi?
- » Como posso usar as lições positivamente?
- » Como medirei o meu sucesso?

Então, recupere-se e tente outra vez!

Mas lembre-se de que as pessoas evoluem e mudam e que, às vezes, o que você quis fazer pode não se encaixar com quem você é agora. Você pode perceber que pode ter mais impacto gerenciando e dirigindo um projeto do que passando horas fazendo algo que você gosta, como programar ou testar processos, mas que não está lhe dando os resultados que você quer, tão rápido quanto quer. Se decidir mudar seu foco ou direção depois de reexaminar seus valores, reavaliar suas metas (veja o Capítulo 4 sobre como estabelecer metas realizáveis) e pesar todos os prós e contras, isso não é um fracasso; é você respondendo conscientemente ao feedback que recebeu.

O significado da comunicação é a resposta que ela evoca

Não importa quão honestas as intenções das suas comunicações sejam, o sucesso da interação depende de como a mensagem é recebida pelo interlocutor/ouvinte, não pelo que você pretendeu comunicar. Em outras palavras, o significado da comunicação é a resposta que ela evoca.

Esse é outro pressuposto muito poderoso sobre comunicação: ele coloca o ônus da responsabilidade de se fazer entender bem à sua porta, como comunicador. Ao adotar esse pressuposto, não poderá mais culpar as outras pessoas por quaisquer mal-entendidos. Se a resposta que tem não é a que esperava, então, como estudante de PNL, você tem as ferramentas para utilizar seus sentidos e perceber que a outra pessoa não entendeu a questão. Você também tem flexibilidade para fazer coisas de forma diferente, a partir de seu comportamento e suas palavras.

Assim como é sua responsabilidade garantir que sua mensagem seja compreendida, você também precisa pedir esclarecimentos se não tiver certeza sobre o que é comunicado a você. As pessoas normalmente são relutantes a pedir esclarecimentos, porque têm medo de serem vistas como burras e, portanto, ficam sem entender. Infelizmente, não entender o que é dito e agir mesmo assim é muito mais custoso. Pessoas confiantes em um tópico e em si mesmas são as que se sentem mais confortáveis em fazer perguntas incisivas.

LEMBRE-SE

Comece com o final em mente e pense no resultado que deseja para a sua comunicação. O que aconteceria se um construtor iniciasse uma obra jogando tijolos, um em cima do outro, sem um planejamento? Você, com certeza, não teria a sua catedral! Para construir um prédio com fundações firmes é necessária a visão de um arquiteto do produto final. Esse pressuposto também é útil para manter suas emoções de fora quando está envolvido em uma situação que pode ficar difícil.

No Capítulo 8, discutimos mais maneiras de praticar a flexibilidade de comportamento e damos mais algumas dicas para lidar com emoções quando as coisas complicam. Se quiser descobrir mais sobre a consciência sensorial, dê uma olhada no Capítulo 5.

Se o que você está fazendo não funciona, faça algo diferente

Este pressuposto é tão simples e, mesmo assim, nem sempre modificamos nosso comportamento quando as coisas não saem do jeito que queremos. Seguimos fazendo a mesma coisa na esperança de que algo mude. Mudar seu próprio comportamento é mais difícil do que desejar que os outros mudem. Entretanto, mudar coisas sobre você mesmo lhe dá mais controle e satisfação. Tentar mudar outra pessoa muitas vezes é uma experiência frustrante!

LEMBRE-SE

Nem todos possuem os seus recursos; o simples fato de você estar lendo este livro demonstra sua iniciativa em mudar sua vida. Sugerimos que mudar a si mesmo envolve gastar muito menos energia do que lutar para fazer com que outras pessoas se conformem com os seus ideais.

Se você aceita este princípio da PNL, reconhece que é melhor mudar de estratégia do que continuar a bater a cabeça contra a parede ou perder tempo e energia se lamentando sobre alguém e sentindo-se mal por alguém sobre quem você tem pouquíssimo controle. Ainda assim, antes que possa realmente mudar a sua tática ou fazer algo diferente, precisa entender mais sobre a sua situação atual.

ALERTA DE JARGÃO NA PNL

O SEU GUIA OU SISTEMA DE REPRESENTAÇÃO PRIMÁRIA

Você experiencia o seu mundo através dos cinco sentidos: visual (olhos), auditivo (ouvidos), cinestésico (sensações e toque), olfativo (cheiro) e gustativo (paladar). Em certas ocasiões, particularmente quando está estressado, você pode utilizar um sentido mais do que os outros para coletar dados sobre o mundo. Isso é chamado de *guia ou sistema de representação primária* e influencia como você aprende e o modo como representa o mundo externo em sua mente. Falaremos mais sobre isso no Capítulo 5.

Por que o que você está fazendo não está funcionando? Você não comunicou exatamente o que quer? Talvez o interlocutor não tenha entendido quais os recursos necessários para ajudá-lo a alcançar seu resultado. O que você pode fazer de diferente para alcançar os resultados desejados?

No que você se concentra e como dá significado a uma experiência afeta seu humor e influencia sua habilidade de criar os resultados que deseja para a vida. Assim como você pode escolher mudar como se comunicar, pode escolher em que focar e como permite que isso o afete. Por exemplo, você tem uma escolha se sentir-se excluído por seu parceiro. Pode irritar-se com pensamentos negativos e ficar emburrado ou pode, no momento adequado, explicar como se sente e perguntar ao seu parceiro o que está criando essa barreira e o que você pode fazer para ajudar.

LEMBRE-SE

O feedback positivo funciona muito bem, então, quando seu parceiro mostrar momentos de abertura, escute, responda adequadamente e certifique-se de expressar seu apreço por ser incluído na vida dele.

CASOS E CAUSOS

Patrícia era uma estudante que aprendia melhor pela sensação e pelo toque. Isso significa que ela sentia dificuldade em seguir o padrão das aulas tradicionais, que são mais adequadas às pessoas que gostam de ver uma tela e ouvir um professor falar. Como resultado, era difícil para Patrícia ser uma boa aluna na sua turma, e ela estava falhando em alcançar o seu potencial.

Um professor menos habilidoso culparia Patrícia e a estigmatizaria como uma aluna sem inteligência ou indisciplinada nos estudos. Por sorte, a professora reconheceu que Patrícia precisava aprender a estudar e a aplicar as lições de maneira mais prática. Patrícia teve sorte de sua professora ter entendido a razão de seus problemas e assumido a responsabilidade por fazer algo diferente ao ajustar seus métodos de ensino para ajudá-la a se sair bem. A professora de Patrícia fez a diferença: ela foi flexível e tornou-se responsável pela eficácia do seu ensino. Em vez de culpar Patrícia pela dificuldade de aprendizagem, a professora encontrou um outro meio de alcançar o objetivo.

Você não pode não se comunicar

Esse pressuposto é muito importante porque pode ajudá-lo a ficar ciente das mensagens sutis que você e outras pessoas transmitem involuntariamente. Você já participou de uma reunião em que se trocavam palavras cordiais, mas que existia claramente uma tensão ou resistência dissimulada? Você provavelmente percebeu isso pela linguagem corporal e tom de voz dos outros na sala. Isso porque, por mais que se tente, é impossível não se comunicar. Mesmo o silêncio transmite uma mensagem — a permissão tácita de continuar, a falta de interesse, a reprovação e assim por diante. Isso é mostrado em um estudo fascinante do professor Albert Mehrabian. Sua pesquisa demonstrou que, ao falar sobre sentimentos e atitudes — particularmente quando há uma discrepância entre a linguagem corporal e as palavras usadas —, o que dizemos tem um impacto muito pequeno em comparação ao tom que usamos ou como nos posicionamos (veja o Capítulo 6 para mais sobre o trabalho de Mehrabian).

O pôquer fornece uma ótima analogia para esse pressuposto. Um jogador pode ganhar até mesmo com uma mão fraca se souber ler as dicas sutis, físicas e mentais exibidas pelos outros jogadores. Prender a respiração ou ter um tique facial é um exemplo de uma "dica" corporal. Esse sinal pode ser relacionado a nervosismo *ou* expectativa, e só podemos ter certeza de qual observando e calibrando as reações dos outros jogadores. Uma mudança no padrão de apostas de alguém pode dar uma dica de seu estado mental aos outros jogadores e, portanto, a força da mão que aquele jogador tem.

ALERTA DE JARGÃO NA PNL

Uma *leitura de pensamentos* acontece quando supomos que sabemos o que está sendo comunicado com base em nossa própria experiência ou padrão de comportamento. Se virmos alguém franzindo a testa quando estamos falando, talvez essa pessoa esteja se concentrando no que dizemos. Se associamos o franzir de testa à irritação devido a uma experiência passada com um pai ou professor, supor que o ouvinte está irritado pode se provar algo improdutivo. Parar para perguntar por que ele está irritado quebrará sua linha de raciocínio e o deixará confuso. Supor que está irritado também pode fazer com que você se coloque em uma posição mental defensiva se você se lembrar de como se sentiu quando foi repreendido por uma infração.

CUIDADO

Não entenda errado o que uma pessoa está comunicando verbalmente ou por meio de linguagem corporal ao imaginar o que ela está insinuando.

Os indivíduos possuem todos os recursos necessários para alcançar os resultados desejados

Nós amamos este pressuposto por ele ser tão positivo! Essa expressão significa que todas as pessoas têm potencial para o desenvolvimento e crescimento. O ponto importante aqui é que você pode não ter todos os recursos internos de que precisa, mas possui os recursos internos para adquirir novos recursos internos e externos.

Um *recurso interno* pode ser relacionado a aprender a superar um comportamento que o atrapalha a alcançar suas metas. Por exemplo, pensamentos negativos como: "Ah, você é um idiota" quando você comete um erro ou se sente inseguro pode reforçar sentimentos de inadequação. Um *recurso externo* poderia ser fazer um curso para aprender uma nova habilidade ou aperfeiçoar uma já existente, ou pedir que alguém seja seu mentor ou coach para que você possa se sair melhor no trabalho.

Aprender a ser mais assertivo lhe dá mais recursos internos e externos enquanto o ensina a gerenciar sua mentalidade, bem como suas interações com os outros.

CASOS E CAUSOS

Tom, um menino de oito anos, estava sofrendo bullying na escola. Ele tinha recursos suficientes para pedir ajuda ao pai para lidar com a situação. Seu pai o orientou que ele agisse com mais firmeza e confiança. Tom não tinha ideia de como fazer isso.

O herói de Tom era Arnold Schwarzenegger, e o pai ensinou-lhe o exercício do *círculo da excelência* (que descrevemos no Capítulo 9), pedindo que Tom imaginasse ser Arnold quando entrasse no círculo. A confiança recém-descoberta de Tom mudou seu comportamento, sua linguagem corporal e sua atitude. Como resultado, o tormento de Tom desapareceu e sua credibilidade cresceu com outras pequenas vítimas, que imploravam para aprender sua técnica.

O círculo de excelência é uma técnica brilhante de ancoragem da PNL para se preparar construindo um poderoso estado de recurso. Você pode usá-la antes de fazer uma apresentação ou quando for a uma reunião de networking e vir-se hesitando do lado de fora de uma sala cheia.

Todo comportamento tem uma intenção positiva

Infelizmente, este pressuposto também se aplica a comportamentos ruins ou não produtivos. Com mau comportamento, a intenção positiva por trás dele, chamada de ganho secundário, é ofuscada.

ALERTA DE JARGÃO NA PNL

Ganho secundário é o benefício que a pessoa obtém inconscientemente a partir de um comportamento peculiar que é, em geral, considerado impróprio ou ruim. Por exemplo, uma criança pode bancar o palhaço da turma a fim de conquistar a aceitação dos seus colegas, embora os professores e pais considerem essa atitude bastante destrutiva quando desejam que ela se comporte. Infelizmente, o benefício experimentado pela pessoa que exibe o comportamento vem muitas vezes em detrimento das pessoas que tiveram que lidar com ele.

CASOS E CAUSOS

Caçula de cinco filhos, Janet sofria de dor nas costas há tanto tempo que nem lembrava quando começara, mas os médicos não entendiam a razão. Sua mãe era uma mulher descuidada e egoísta, que vivia mais interessada em festas do que na família. Quando criança, os irmãos de Janet a ajudavam a carregar os livros e tomavam conta dela.

A dor piorou depois que a filha de Janet nasceu, e então seu marido fazia as compras e cuidava do bebê. A menininha cresceu e se tornou "a pequena ajudante da mamãe" e estava sempre à disposição. Quando Janet, por fim, concordou em visitar um terapeuta, foi capaz de admitir que a dor nas costas era psicossomática. Ela percebeu que era a sua forma de conseguir o amor e a atenção que queria da mãe, mas nunca recebeu.

O comportamento de Janet é uma clara demonstração deste pressuposto, pois o ganho secundário para ela era ter a família ao seu redor, e o que ela queria de fato era ter a sua necessidade de amor e atenção suprida. Quando Janet compreendeu sua necessidade, também reconheceu que já recebia aquela quantidade massiva de amor e atenção do marido e da filha. Um dos efeitos colaterais da terapia foi que Janet foi capaz de compreender que o comportamento de sua mãe era resultado do relacionamento que ela tinha com sua avó. Janet finalmente foi capaz de assumir a responsabilidade por seu próprio comportamento. Apesar de algumas dificuldades com as mudanças em seu relacionamento com sua mãe, ela foi capaz de distanciar-se das tentativas de preencher as necessidades emocionais de sua mãe e concentrar-se no seu próprio bem-estar e no de seu marido e filha.

LEMBRE-SE

Quando identificamos a intensão positiva oculta que está levando uma pessoa a se comportar de uma forma peculiar, podemos aumentar nossa flexibilidade, além da nossa habilidade de nos comunicar de forma eficaz com aquela pessoa. Podemos, então, ajudar a mudar o comportamento indesejado ao satisfazer a intenção daquele comportamento de uma forma mais positiva, se estiver de acordo com nossos valores. Podemos, pelo menos, deixar a outra pessoa ciente do porquê de ela exibir o comportamento, o que, então, dá a ela uma escolha: continuar como está e enfrentar as consequências associadas ou fazer algo diferente.

CASOS E CAUSOS

Quando uma das autoras trabalhava em uma empresa multinacional, um gerente de vendas, Patrick, ocupava uma das mesas livres no canto da sala em suas visitas. Alguns dos termos mais gentis usados pelas pessoas para referirem-se ao Patrick eram "detestável" e "sem consideração". Ele era espaçoso. Ele se esparramava na cadeira, o que quer dizer que ela ficava longe da mesa e as pessoas precisavam se espremer para passar por ele. Ele era escandaloso, fazia exigências a todos à sua volta e era extremamente desagradável com sua secretária.

Um funcionário tagarela contou que o comportamento do coitado do Patrick era produto de uma mãe dominadora e de uma esposa ainda mais autoritária. Infelizmente, a necessidade de aceitação, e principalmente de respeito, fez com que ele se comportasse de forma a obter um resultado exatamente oposto ao que ele queria. Um ponto positivo de conhecer o histórico de Patrick foi que a maioria de seus colegas passou a pensar nele de forma um pouco mais gentil, e sua presença passou a não mais fazer as pressões subirem. Demonstrando-lhe um grau de aceitação, eles foram capazes de satisfazer um pouco suas necessidades e abrandar seu comportamento.

As pessoas são muito mais do que seus comportamentos

Romilla assistia a um programa de televisão sobre discursos de figuras históricas importantes. Ficou intrigada com a resposta de Martin Luther King a um jornalista sobre como lidar com racistas. King poderia estar se referindo ao pressuposto de que as pessoas são mais do que o comportamento delas quando disse: "Eu estou falando sobre um tipo de amor que o fará amar a pessoa que faz o mal enquanto odeia a ação que a pessoa realiza."

O ponto é que o mau comportamento não faz do indivíduo uma pessoa ruim. É realmente importante separar o comportamento do indivíduo. As pessoas podem se comportar mal devido à frustração ou sentimentos de inadequação quando não tiverem os recursos ou a capacidade para agir de forma diferente. Talvez elas estejam em um ambiente que as impeça de ser melhores. Ajudar alguém a desenvolver competências e habilidades ou mudar-se para um ambiente mais útil pode, frequentemente, transformar radicalmente o comportamento de outras pessoas, impulsionando-as para novos níveis de excelência.

CASOS E CAUSOS

Bob, um rapaz muito agradável e gentil, achava muito difícil ler e escrever. Contudo, ele adorava animais e era extremamente bondoso com aqueles que estavam machucados ou feridos. Infelizmente, devido às circunstâncias, Bob foi estigmatizado como encrenqueiro e teve problemas com a polícia por causa de drogas. Os vizinhos de Bob o viam como mau caráter. No entanto, quando Bob foi diagnosticado como disléxico, e auxiliado a modificar suas crenças sobre suas capacidades, tornou-se um colaborador muito valioso para a sociedade pelo seu trabalho de assistência aos animais.

Cada um de nós comporta-se de formas diferentes em áreas distintas das nossas vidas. Como tratado detalhadamente no Capítulo 11, as pessoas funcionam em vários níveis lógicos diferentes:

- Propósito
- Identidade
- Valores e crenças
- Capacidades e habilidades
- Comportamento
- Ambiente

À medida que Bob aumentava suas competências, suas crenças em si mesmo começaram a mudar. Essa mudança permitiu que ele mudasse para um ambiente no qual podia sentir-se valorizado. O resultado foi que Bob vivenciou uma mudança de identidade, que passou de "sou um fracasso" para "eu sou realmente capaz de contribuir". A mudança de identidade de Bob alterou seu comportamento, e o feedback dos animais e das pessoas com as quais trabalhava o fizeram sentir valorizado, o que apenas reforçou sua nova identidade. Então, embora o comportamento de Bob fosse ruim, isso não fazia dele uma pessoa ruim; ele é muito mais do que seu comportamento, ele é amoroso e gentil, como vimos. Bob fica feliz em viver cada dia sentindo-se bem consigo mesmo e sua contribuição com sua equipe humana e não humana, e ele sente que encontrou um propósito na vida.

A mente e o corpo são interligados e afetam um ao outro

A medicina holística trabalha com a premissa de que a mente afeta o corpo e o corpo afeta a mente. A fim de manter um ser humano saudável, um médico tem que fazer mais do que apenas eliminar os sintomas da doença. Ele precisa examinar a mente e o corpo, e tratar ambos de forma integrada.

Uma pesquisa recente sobre as emoções em nível celular no corpo mostra como a conexão corpo-mente funciona. Neurotransmissores são substâncias químicas que transmitem impulso junto aos nervos. Esses são os meios pelos quais o cérebro se comunica com o resto do corpo. Cada pensamento alcança a célula mais distante e minúscula do corpo via neurotransmissores.

Além disso, uma pesquisa mais recente descobriu que os mesmos neurotransmissores encontrados no cérebro também podem ser produzidos pelos órgãos internos. Então, a ideia de que as mensagens são iniciadas e transmitidas em linhas diretas ao longo dos neurônios não é mais uma verdade; essas mensagens também podem ser iniciadas e transmitidas pelos seus órgãos. A dra. Candace Pert, do National Institute of Mental Health, utiliza o termo "corpo-mente" — a mente e o corpo trabalhando integrados como uma única coisa, pois no nível dos neurotransmissores não existe separação entre as duas partes.

Para entender melhor essa conexão e vê-la em ação, siga estes passos:

EXPERIMENTE

1. **Faça um círculo com os dedos indicador e o polegar esquerdos.**
2. **Agora una os seus dedos indicador e polegar direitos através do primeiro círculo.**

   Os círculos estão interligados e somente se separarão se você puxar uma de suas mãos.

3. **Pense em alguém que você goste de verdade e puxe com força para romper os círculos.**

   Bem difícil, não é?

4. **Pense em alguém de quem você realmente não gosta e puxe com força para romper os círculos.**

   Foi um pouco mais fácil?

Muitas pessoas percebem que precisam de menos esforço para separar os círculos ao pensar em alguém de quem não gostam. Isso demonstra como um simples pensamento pode afetar o seu corpo.

O estresse é um resultado da tensão, que é criada quando as expectativas não são satisfeitas — sejam expectativas autoimpostas ou impostas por outras pessoas. Também experimentamos tensão quando nos sentimos sob pressão para fazer algo que não temos competência, em um período restrito de tempo, ou que entra em conflito com nossos valores.

ALERTA DE JARGÃO NA PNL

Estado é referente ao seu estado mental e corporal. É uma combinação de como os processos neurológicos da sua mente e corpo interagem e impactam um ao outro. Por exemplo, se você estiver cansado fisicamente, pode não ser tão flexível em como lida com uma "pessoa difícil" ou poderia ficar irritado se experimentasse uma queda no nível de glicemia sanguínea.

É útil ter consciência da sua reação às circunstâncias e às pessoas. Quando começar a ficar tenso, mude seu estado; por exemplo, você pode estar prendendo a respiração, curvando os ombros, procrastinando trabalho ou um encontro, ou pode estar se sentindo com raiva ou "mal" quando perto de certas pessoas. Você pode mudar o seu estado (tenso para relaxado) fazendo algo simples, como comer um pedaço de chocolate ou concentrar-se em sua respiração por alguns minutos. Em outras ocasiões talvez seja preciso parar e questionar o que está lhe provocando essa sensação de tensão. Reexaminar seus valores muitas vezes fornece uma dica bem rapidamente.

LEMBRE-SE

Crie o estado adequado que sirva para manter seu sentido de bem-estar.

Ter opções é melhor do que não ter

A PNL promove a escolha como um caminho de vida saudável para um indivíduo. Às vezes, você pode sentir que não tem escolha para mudar de emprego, mudar-se para outro país ou sair de um relacionamento ruim. Você pode descobrir-se dizendo "não tenho escolha" ou "tenho que fazer isso".

Medo de mudar, falta de confiança em si mesmo ou, às vezes, não saber do que é capaz são fatores que demonstram a necessidade de mudança. Para combater este problema, a PNL pergunta "e se as coisas fossem diferentes?", e objetiva abrir novos horizontes, tornando-o consciente de todos os recursos que você já tem e pode adquirir, bem como possibilidades que pode não ter considerado.

Escolhas nem sempre são uma bênção. Às vezes, ter muitas opções pode deixá-lo paralisado. Uma boa solução é fazer uma lista de todos os prós e contras e esperar alguns dias antes de tomar uma decisão.

A PNL o ajuda a explorar suas razões para querer mudanças, ainda que seja apenas um pouco de descontentamento. Mudar pode ser difícil, como surfar em uma corredeira, mas as pessoas que nós conhecemos que passaram por isso — e que fizeram essas mudanças por si mesmas — estão muito mais satisfeitas e no controle de suas vidas. O Capítulo 20 entra nos detalhes de como facilitar a mudança. Vá ao Capítulo 4 para obter ajuda para decidir o que você quer da vida e como começar a implementar isso.

CASOS E CAUSOS

Uma empresa multinacional estava demitindo muita gente. Muitos empregados esperavam, esperançosos, não serem forçados a ir embora. A indústria de TI estava em má situação e os empregos eram escassos; a crença geral era de que as pessoas não tinham outra escolha a não ser agarrarem-se ao emprego que tinham, não importando para onde a empresa os mandasse. Eles acreditavam que não tinham escolha.

Os únicos que estavam aliviados em sair daquele estresse eram os que já sabiam o que queriam do emprego e tomaram providências para migrarem para possíveis carreiras alternativas; ou aqueles que olhavam para todas as opções possíveis, não importando quão absurdas parecessem.

Modelar um desempenho de sucesso conduz à excelência

Se você deseja ser um dos melhores em qualquer campo, a PNL fornece as ferramentas que você precisa para modelar alguém, pegar o que essa pessoa faz bem e replicar. Em vez de grandes ambições, você pode ter um desejo muito simples, como modelar as habilidades de um colega que sempre finaliza os projetos no prazo ou um amigo que sempre sabe a coisa certa a dizer no momento certo. Modelar os sucessos das pessoas é uma ótima maneira de transformar potenciais sentimentos negativos de inveja em um processo construtivo para experimentar o sucesso. Encontre ferramentas práticas para modelagem no Capítulo 19.

Palavras Finais sobre os Pressupostos: Absorva e Veja

Teste os pressupostos deste capítulo por si mesmo, comportando-se como se as generalizações fossem verdadeiras. Pratique aqueles que você considera particularmente úteis até que fiquem automáticos. Ao experimentar os pressupostos da PNL, faça uma lista e, a cada dia, selecione um item da lista para vivenciar. Escolha um novo por dia. Você perceberá, de repente, que está vivenciando os pressupostos e que "a vida está mais fácil"!

DICA

Uma ótima forma de aumentar o seu entendimento sobre a PNL é explorar as suas concepções, ou pressupostos, sobre a vida. O que quer que você pense atualmente sobre pessoas diferentes e problemas, como você se comunica e o que é importante; às vezes, adotar uma nova perspectiva pode ajudar a despertar novas ações e comportamentos.

LEMBRE-SE

Não há resposta correta. Conforme descobre mais sobre cada um dos pressupostos, considere-os atentamente. Você não precisa concordar com todos. Você pode, simplesmente, experimentá-los e ver, ouvir e sentir o que acontece.

NESTE CAPÍTULO

» Entendendo o inconsciente

» Descobrindo como o cérebro funciona

» Superando os medos

» Descobrindo suas motivações

Capítulo 3

Descobrindo Quem Conduz Sua Vida

Respirar é algo que você faz inconscientemente. Até pedirmos que tome consciência da sua respiração, você não nota cada respiração, o ar passando pelo seu nariz ou o movimento do seu peito a cada inspiração e expiração. Ao prestar atenção na sua respiração, você a traz para sua consciência. Conforme continua lendo, para de perceber a sua respiração novamente, que sai da sua consciência junto a outros processos que comandam o seu corpo.

Você sabe conscientemente quando é hora de sentir sede, ou sabe realmente como pegar um copo d'água conscientemente quando está com sede? Nós o desafiamos a ativar conscientemente cada músculo do seu braço para pegar um copo d'água e levá-lo à boca. Impossível? Você precisa se formar em Anatomia ou Fisiologia antes de aventurar-se a levantar seu braço conscientemente? Esse exemplo mostra a enorme influência que o seu inconsciente opera no funcionamento do seu corpo, fora da sua mente consciente.

Se você ainda tem alguma dúvida da força do seu inconsciente sobre seu corpo, considere uma experiência conduzida pelo pesquisador Paul Thorsen, que hipnotizou um homem e disse-lhe que uma caneta específica era um espeto quente. Quando Thorsen tocou o braço do sujeito com a caneta, uma bolha se formou no local.

Neste capítulo, você conhecerá o seu inconsciente e aprenderá como usar o seu cérebro para se focar em ajudá-lo a alcançar suas metas mais fácil e rapidamente. Você entenderá a psicologia do Transtorno de Estresse Pós-Traumático e as fobias, e descobrirá como pode superá-los. E o mais importante, aprenderá sobre suas crenças e valores — os dispositivos que o motivam. Quando você descobre que suas crenças têm uma estrutura que pode ser alterada, se sentirá à vontade para assumir o controle de suas emoções, suas lembranças e a forma como escolhe responder às pessoas e aos eventos em sua vida, sem que a bagagem do passado o oprima.

Entendendo Como Seus Medos Podem Conduzi-lo à Direção Errada

Seu inconsciente não só controla o funcionamento do seu corpo, mas também pode ter um impacto tremendo nos resultados que você obtém na vida. Você já quis fazer alguma coisa conscientemente, mas acabou fazendo outra totalmente diferente? Com frequência, temer o que você não quer que aconteça pode ter um efeito debilitante (veja o Capítulo 7 para detalhes do metaprograma de PNL "afastando-se de" — focando mais em evitar o que você não quer do que movendo-se em direção ao que deseja).

Você pode decidir conscientemente que quer alcançar uma meta, mas se seu inconsciente não estiver de acordo, ele poderá "ajudá-lo" cumprindo seu próprio cronograma, que pode ser contrário ao que você conscientemente pensa que quer. Imagine o que conseguiria se estivesse em harmonia e cooperação com o seu inconsciente e apto a seguir na direção que o levaria à sua meta rapidamente.

CASOS E CAUSOS

Roger abriu sua própria empresa. A despeito de estabelecer metas e ter habilidade excepcional em seu campo, ele não estava conseguindo alavancar o negócio e ficou em pânico ao ver suas economias irem pelo ralo. A PNL o ajudou a ficar ciente de uma crença de que "eu não posso cantar o blues em uma sala com ar-condicionado". O compositor dessa música (Can't Play the Blues in an Air-Conditioned Room) descobriu que só era capaz de cantar o blues na pobreza e que o sucesso e a riqueza atrapalhavam seu estilo musical. De forma similar, Roger tinha medo de que o sucesso parasse sua experiência de vida e extinguisse sua criatividade. Quando percebeu que poderia experimentar a vida como um milionário ou como um vagabundo, seu comportamento mudou e seu negócio melhorou de forma impressionante.

LEMBRE-SE

A chave para alinhar o seu inconsciente com seus desejos e metas conscientes é entender a força que cada parte tem e como elas funcionam. As seções seguintes dirão o que você precisa saber.

Distinguindo o consciente do inconsciente

Em termos de PNL, seu consciente é a parte da mente que está ciente das coisas ao seu redor e dentro de você em qualquer momento, o que, de acordo com a pesquisa conduzida por George Miller em 1956, é uma amostra de informação escassa de sete bits (com margem de erro de mais ou menos dois). (Para mais informações sobre as descobertas de Miller, veja o Capítulo 8.) O consciente pode ser comparado à ponta de um iceberg, e o inconsciente, aos nove décimos do iceberg que estão submersos.

Seu consciente e inconsciente destacam-se em aspectos diferentes (como mostra a Tabela 3-1). Um jeito fácil de considerar a diferença entre mente consciente e inconsciente é pensar na consciente como a que está mais focada em processar atividades práticas e lógicas para realizar coisas enquanto a inconsciente se envolve no nível mais criativo, intuitivo e emocional.

TABELA 3-1 **Comparando o Consciente e o Inconsciente**

O Consciente se Sobressai em	O Inconsciente é Melhor em
Trabalhar de forma linear	Trabalhar de forma holística
Processamento sequencial	Intuição
Lógica	Criatividade
Linguagem verbal	Fazer seu corpo funcionar
Matemática	Cuidar das suas emoções
Análise	Guardar memórias

Entendendo seu inconsciente peculiar

Como com qualquer amigo e seus pequenos pontos fracos, seu inconsciente tem algumas peculiaridades interessantes que seriam úteis se fossem familiares a você para que conviva melhor com elas. O ideal seria ter seu consciente e seu inconsciente trabalhando juntos, na mesma direção.

DICA

Ao manter seu inconsciente a bordo, trabalhando com você ao invés de contra, você será capaz de alcançar muito mais na vida, como estabelecer e alcançar metas instigantes com muito menos esforço.

Seu inconsciente não consegue processar pensamentos negativos

Se dissermos a você "não pense em assistir a um filme", você pode captar a ideia de si mesmo em frente à TV ou no cinema, assistindo a um filme, antes de mudar seu pensamento e cumprir a instrução. Este exercício mostra que, antes de parar de pensar em algo, você precisa lidar com o pensamento que surge automaticamente na sua cabeça.

Seu inconsciente não consegue processar pensamentos negativos: ele interpreta tudo o que você pensa como um pensamento positivo. Então, se você pensa "eu não quero ser pobre", seu inconsciente foca no "pobre" e, por ele não processar negativas, o foco se torna "pobre" e tudo associado a isso. Ser pobre, então, torna-se o objetivo do seu inconsciente e, como uma criancinha afoita para agradar, ele o ajuda a comportar-se para se manter pobre. O que não é o resultado que você queria!

É por isso que declarar suas metas no positivo é tão importante. Nesse exemplo, ao contrário de pensar "não quero ser pobre", você deveria pensar "quero ser rico", pois isso cria as representações do que ser rico significa para você na sua mente e o ajuda a manter-se focado no que você quer. Para mais informações sobre a importância de situar metas de forma positiva, veja o Capítulo 4.

Seu inconsciente precisa de direção

Praticantes de yoga comparam o inconsciente a um macaco travesso, sempre pulando de galho em galho. Para manter o macaco ocupado e sem fazer travessura, o jeito é colocar uma vara no chão e direcionar o macaco a subir e descer a vara. Se o seu consciente não fornece uma direção para o seu inconsciente, este a procurará onde puder. Um adolescente desorientado, por exemplo, pode achar que se juntar a uma gangue de rua fornecerá uma estrutura para a sua vida e, então, sua orientação virá do líder da gangue. Seu inconsciente faz a mesma coisa, sem direcionamento e foco pode desenvolver em você comportamentos destrutivos.

Para direcionar o inconsciente, você precisa abrir canais de comunicação entre o seu consciente e o seu inconsciente. Esse canal de comunicação (rapport) é desenvolvido quando você encontra um tempo para meditação ou relaxamento e examina as lembranças apresentadas a você pelo seu inconsciente.

Seu inconsciente, o protetor das memórias

Em 1957, o estudo Penfield indicou que todas as nossas experiências são gravadas fielmente na memória. Enquanto estava acordada, o cérebro de uma mulher era estimulado com um eletrodo e, assim, Penfield descobriu que a mulher podia relembrar uma festa da sua infância nos mínimos detalhes. O armazenamento e a organização dessas lembranças são de responsabilidade do inconsciente.

LEMBRE-SE

Parte da função do inconsciente é reprimir as lembranças associadas a emoções negativas não resolvidas.

CASOS E CAUSOS

O relacionamento de Diane com Tom terminou, e ela começou a ter fortes dores estomacais, para as quais os médicos não encontravam causas fisiológicas. Em terapia, Diane lembrou o dia em que sua mãe abandonou a família por causa de um outro homem. Lembrou-se da mãe indo embora, enquanto se via falando: “Volte, mamãe, minha barriga está doendo”. Diane percebeu que a dor no estômago, que ela usava como forma de trazer sua mãe de volta, fora recriada pelo seu inconsciente como uma manobra para trazer Tom de volta. A memória ficou adormecida por todos esses anos.

Uma outra função do inconsciente é apresentar as memórias reprimidas para avaliação a fim de libertar emoções presas. Infelizmente, como uma criancinha que envergonha seus pais em público, o inconsciente nem sempre apresenta a lembrança no momento mais apropriado a ser examinada. Então, você pode estar em uma reunião familiar, gozando de sentimentos de amor e contentamento, quando seu inconsciente diz: “Lide com a memória de quando seu pai deu-lhe uma palmada no seu aniversário... agora!”, e de repente você cai em lágrimas no seu pavê, em frente aos seus parentes extremamente constrangidos.

Seu inconsciente é uma máquina de aprender

Seu inconsciente prospera com experiências novas. Ele precisa ser alimentado com novas possibilidades e causará problemas caso você o permita ficar entediado.

CASOS E CAUSOS

Você pode encontrar meios construtivos de manter sua mente ocupada, tais como ler, fazer palavras cruzadas ou praticar algum hobby. Atividades como essas fazem com que as células do seu cérebro produzam mais dendritos físicos (um ramo das células cerebrais) e o mantêm mentalmente saudável. E para acalmar a sua mente, manter os níveis de estresse à distância e aumentar sua criatividade, não há nada melhor do que mindfulness (atenção plena) e práticas de meditação.

Seu inconsciente comporta-se como um ser altamente ético

O inconsciente o mantém na linha de qualquer moral que ele aprender, impondo essa moral a você, mesmo que a sociedade a julgue como errada.

Um terrorista matará e destruirá sem receios, porque seu código moral ensina que ele luta pela liberdade. Assim, ele acredita ser uma pessoa ética na luta contra uma sociedade criminosa. Um membro de uma gangue pode matar para proteger a honra da sua gangue sem qualquer sentimento de culpa, porque aprendeu que a honra da gangue é mais importante do que o mandamento cristão “não matarás” ou do que a lei dos homens que diz que assassinato é ilegal.

Se, entretanto, seu inconsciente decide que você merece ser punido, então você será arruinado pela culpa e exibirá comportamentos autopunitivos, ainda que não haja leis para dizer que o que seu inconsciente vê como ruim de fato o é.

Em uma linha diferente, seu inconsciente pode apoiar comportamentos que criam resultados positivos em sua vida, que então reverberam na vida de outras pessoas. Homens como Gandhi e Nelson Mandela mudaram a história como resultado de suas morais fortemente arraigadas sobre liberdade e justiça. Infelizmente, mesmo grandes ideais decorrentes de um desejo de unidade e prosperidade podem ser terrivelmente distorcidos, como aconteceu no caso de Hitler.

CASOS E CAUSOS

Jane teve alguns relacionamentos insatisfatórios e estava em um relacionamento assim quando procurou Romilla. Durante uma série de sessões de avanços, Jane admitiu sentir que manipulava os homens e os descartava quando percebia que eles queriam compromisso. Investigações revelaram uma memória de quando ela tinha cinco anos e "manipulou" seu pai, que era verbalmente violento, a se desculpar com ela. Quando Romilla sugeriu que o pai de Jane realmente a amava, apesar de não demonstrar, e havia encontrado os recursos dentro de si mesmo para expressar seu amor desculpando-se com ela, Jane ficou realmente chocada.

Ao identificar os sentimentos negativos de culpa que ela sentiu no decorrer da vida, Jane conseguiu seguir em frente e deixar um relacionamento que não satisfazia suas necessidades, e modificou os comportamentos que a levavam a ter esse tipo de relacionamento.

Mergulhando Dentro do Cérebro

Nosso conhecimento sobre o cérebro está cada vez mais sofisticado e o tópico da neurociência atrai muito o interesse das comunidades de PNL, coaching e desenvolvimento pessoal. Na verdade, a neurociência é o tópico do momento para qualquer um que seja fascinado pelo potencial humano. Esta é uma ótima época para pessoas interessadas em descobrir como seus cérebros afetam suas experiências subjetivas, porque ainda temos muito a aprender e entender.

Observando as três partes principais

O cérebro humano é uma das estruturas mais complexas do Universo, com cerca de 80 bilhões de células, cada uma capaz de fazer 10.000 conexões. É um sistema fascinante de atividades, mudando constantemente de acordo com cada experiência diferente e auxiliado por um poder de processamento enorme.

O cérebro se desenvolveu em três estágios durante o processo da evolução humana:

- **Cérebro reptiliano:** A parte central do cérebro que existe quando viemos ao mundo ao nascer e que o mantém funcionando caso haja algum dano cerebral. Pense nesta parte como sendo a responsável pela respiração e por todos os reflexos físicos básicos necessários para a sobrevivência.

» **Cérebro mamífero ou límbico:** A casa do sistema de ativação reticular (veja a seção "Rastreando Informações: Seu Sistema de Ativação Reticular" posteriormente no capítulo) e da amígdala, hospedeiro de respostas emocionais, incluindo medo, estresse e amor, e do sistema de recompensas que adora comportamentos arriscados. Pense nesta parte do cérebro como o elemento instintivo e emocional.

» **Cérebro cognitivo:** A casa do córtex pré-frontal, que á responsável pela tomada de decisões, planejamento, relacionamentos sociais e gestão de riscos. Considere esta como a parte inteligente do cérebro, que integra as outras partes em um todo coerente. Imagine-a como o líder inteligente do sistema.

Reconhecendo a neuroplasticidade como a base para o desenvolvimento

Praticantes de PNL sempre desafiaram o conceito de que o cérebro é programado e não pode ser mudado: eles acreditam que as pessoas podem e mudam a maneira como pensam. Essa crença agora está confirmada por pesquisa científica. Novas tecnologias como os tomógrafos de imagem por ressonância magnética funcional (fMRI), que podem espiar os cérebros enquanto o indivíduo participa de uma variedade de experimentos, aumentaram dramaticamente nossa compreensão das funções cerebrais e de como ele se desenvolve e muda no decorrer da vida humana.

CÉREBRO EM CONSTRUÇÃO

O retrato infame de Kevin, o adolescente totalmente irracional, feito pelo comediante Harry Enfield, zomba de suas mudanças de humor e comunicação inepta. O comportamento adolescente é alvo de piadas há séculos. Agora, no entanto, essa faixa etária ridicularizada pode ser vista a partir de uma nova perspectiva. Uma pesquisa conduzida no Institute of Cognitive Neuroscience da University College London mostrou que, durante a adolescência e início da faixa dos vinte anos, o cérebro está em um estado elevado de neuroplasticidade. Estudos de cognição social mostram que os adolescentes passam por uma transição profunda em seu sentido de self e, por isso, exibem comportamentos vistos por adultos como desordeiros, egoístas, rudes e assim por diante. Adolescentes agem de maneira diferente com seus semelhantes, são altamente propensos a correr riscos e são muito sensíveis à vergonha. Estão mais interessados no que vestem e em pequenos detalhes de suas próprias vidas do que em eventos devastadores no noticiário. A adolescência é repleta de dificuldades, incluindo ficar particularmente vulnerável ao cyberbullying.

Então, em vez de não levá-los a sério por serem problemáticos e difíceis, precisamos entender a biologia que os impulsiona. Educadores devem aplicar esse conhecimento para melhorar o conceito de self dos adolescentes e impulsionar suas realizações.

Até recentemente, dez ou doze anos atrás, o pensamento comum era de que a estrutura cerebral estava totalmente formada aos três anos de idade e ficaria estagnada depois disso. Relacionado a isso, acreditava-se que apenas uma pequena parte do cérebro era usada, que ele perdia potência com o tempo, que danos eram irreparáveis e que era impossível ensinar truques novos a um cachorro velho.

Pesquisas mais recentes abandonaram essas crenças e apontam a habilidade do cérebro de mudar e se desenvolver: sua *neuroplasticidade* inata. Muito da criação do seu cérebro é parte da experiência, que pode ocorrer em qualquer idade. Em relação à PNL, isso é uma ótima notícia em termos da sua habilidade de aproveitar o poder cerebral para mudar hábitos e comportamentos consolidados, e para aprender com mais eficácia e obter resultados diferentes. A neuroplasticidade do cérebro também oferece esperanças para pessoas que sofreram danos cerebrais ou lutam com sua saúde mental.

Rastreando Informações: Seu Sistema de Ativação Reticular

Com bilhões de fragmentos de dados sendo recebidos através dos seus cinco sentidos a cada segundo, você precisa de um jeito de manter sua sanidade — algo como gerir um feed descontrolado do Twitter. Portanto, você filtra essa enxurrada de informações através de uma rede de células no seu cérebro, para que apenas uma proporção de informações por minuto seja distribuída pelo restante do cérebro. Essa rede de comunicação é chamada Sistema de Ativação Reticular ou SAR, para abreviar, e ela funciona como uma antena, observando os estímulos e alertando seu cérebro para prestar atenção. O SAR permite apenas informações que satisfaçam, no mínimo, um dos seguintes critérios:

- **A informação é importante para a sua *sobrevivência*.** Por exemplo, quando você está dormindo profundamente, mas acorda por causa de um barulho estranho na casa; ou se você está sonhando acordado enquanto atravessa a rua fora da faixa e é alertado sobre carros vindo em sua direção.
- **A informação é uma *novidade*.** Lembra-se da última vez que você decorou um cômodo? A princípio, você teve esse sentimento real de prazer a cada vez que entrou no cômodo e viu o papel de parede novinho à sua volta. Porém, depois de algumas semanas, percebeu que um quadro está torto ou um ornamento não está bem centralizado, mas não necessariamente percebe a estampa do papel de parede ou a cor da tinta. Isso acontece porque a novidade perdeu o efeito.

» **A informação tem um conteúdo emocional grande.** O aspecto de sobrevivência também se aplica aos outros; você ficará alerta instantaneamente se a respiração do seu bebê mudar, mas dormirá a noite toda com seu marido roncando.

Você consegue lembrar a última vez que se perdeu de alguém em um shopping center e ficou procurando em todo lugar, prometendo fazer as piores coisas com a pessoa por ter se perdido? E, então, como se a multidão ficasse em segundo plano, viu a pessoa à distância e concentrou-se nela sentindo apenas uma sensação enorme de alívio. Se não existisse nenhuma conexão emocional com a pessoa, ela seria apenas um outro corpo na multidão. Mas por ser uma pessoa querida, se sobressai como um farol.

O SAR opera efetivamente como um estimulante que está acima do seu limiar de observação. Ele identifica padrões incomuns e reage a eles; é um radar pessoal de detecção que leva informações relevantes à sua atenção. A rotina comum e diária se perde nesse limiar, o que o ajuda a perceber as coisas que são relevantes para as suas metas atuais ou responsabilidades.

Nós temos certeza de que você conhece pessoas cronicamente sem sorte, aquelas que dizem coisas como: "Eu nunca ganhei nada" ou "rompantes de sorte não cruzam meu caminho". O sistema de crenças dessas pessoas as impede de ver as oportunidades. Se uma oportunidade se jogasse na frente delas e desse um tabefe em suas caras, elas diriam: "É bom demais para ser verdade", e se esquivariam. Em contraste, algumas pessoas sempre caem em pé — as sortudas, aquelas que estão sempre abertas às possibilidades. Sua forma de pensar as mantém buscando o sucesso ao invés do fracasso, pois seus sistemas de crença dizem que elas merecem vencer.

Suas crenças afetam o nível de limiar do SAR. Alguém que acredita ser ruim em gramática pode não "enxergar" um anúncio para uma vaga de redator, mesmo que algumas deficiências possam ser minimizadas com a ajuda de softwares de correção gramatical, e esta pessoa pode ser bem melhor em investigação de histórias do que outras que não possuem habilidades gramaticais e que também se candidataram ao trabalho.

Ao ter consciência de suas crenças, que são essencialmente pressuposições que você acredita serem verdadeiras, é possível identificar como elas podem impedi-lo de alcançar seus objetivos.

DICA

Pense em um momento em que você realmente queria fazer alguma coisa, porém, por qualquer motivo, não foi capaz de encontrar a oportunidade de atingir seu objetivo. Agora examine suas crenças. Você pode descobrir que essas crenças o impediram de perceber as oportunidades que permitiriam que você alcançasse seu objetivo. Em vez disso, estabeleça metas e envolva todos os seus sentidos para ver, ouvir e sentir que elas estão sendo alcançadas. O Capítulo 4 mostra como estabelecer crenças empoderadoras ao torná-las "resultados bem formados".

Examinando como as Memórias São Criadas

Entender o funcionamento do seu cérebro e como as memórias são criadas é importante, pois este entendimento amplia as suas escolhas de comportamento. Contudo, ainda são necessárias muitas pesquisas para os neurocientistas que tentam descobrir a imagem científica completa de como as memórias realmente são formadas. Muitas das memórias, emoções e comportamentos decorrentes são inconscientes e até que consiga acessá-las pode ser difícil de entender quais memórias afetam sua experiência atual.

As memórias parecem ser criadas quando a informação do SAR é enviada para uma parte do cérebro chamada amígdala, onde os dados recebem um peso emocional antes de serem passados para o hipocampo. O hipocampo avalia a informação em relação àquelas mantidas na memória de longo prazo, as envia ao córtex para análise e as devolve ao arquivo da memória de longo prazo. A Figura 3-1 mostra onde são localizadas essas partes do cérebro com nomes estranhos.

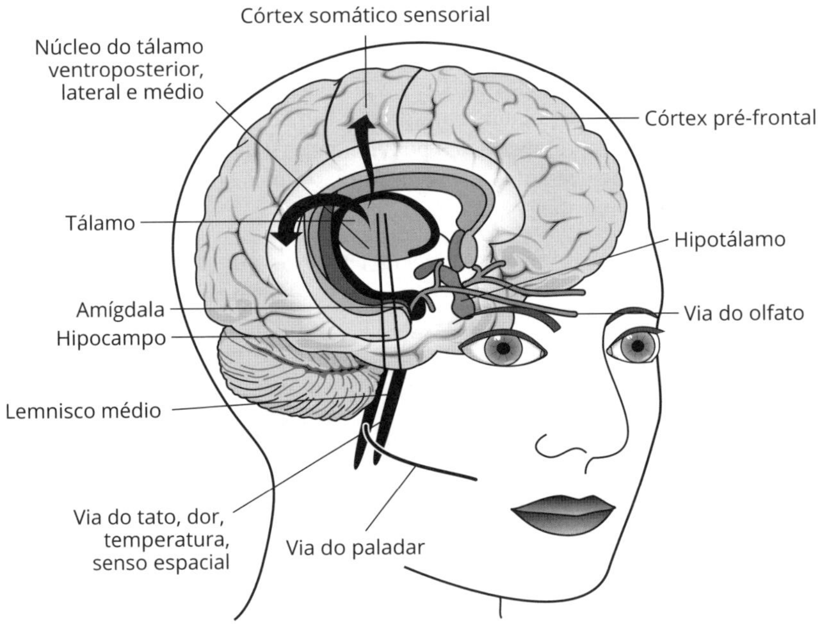

FIGURA 3-1: Encontrando seu caminho pelo cérebro humano.

DICA

Se algum dia você reclamar da sua memória ruim, considere a ideia de que envolver todos os seus sentidos de maneira atenta e consciente aumenta sua habilidade de notar e registrar experiências. Você pode precisar adotar uma nova estratégia de aprendizado para capturar informações, como uma coreografia de dança, e reforçar sua memória dela através da prática, falando o nome de cada passo ou assistindo vídeos.

Em contraste, você deve simpatizar com pessoas que lembram bastante. A *hipertimesia* é uma condição que afeta pessoas que têm uma memória biográfica elevada. Dê a elas uma data e elas saberão o que aconteceu no dia com detalhes quase perfeitos. A memória tende a focar experiências de vida pessoais ou eventos públicos particularmente relevantes e acredita-se ser um processo inconsciente em vez de um resultado do aprendizado obsessivo.

Enfrentando o Transtorno do Estresse Pós-Traumático (TEPT)

O público em geral tomou consciência do transtorno do estresse pós-traumático (TEPT) quando os filmes sobre veteranos da Guerra do Vietnã, como *O Franco Atirador* (1978) e *Apocalypse Now* (1979), começaram a ser produzidos. Hoje, estamos muito mais conscientes de que TEPT é comum entre pessoas que trabalham em serviços emergenciais, bem como pessoas que são vítimas de guerras, abusos e crimes.

O TEPT ocorre quando a amígdala cerebral recebe dados com valor emocional muito alto, entra em pânico e não é capaz de enviar a informação para o hipocampo. Por conta disso, o acontecimento traumático acaba preso dentro da amígdala e o hipocampo não é capaz de apresentar a memória ao neocórtex para avaliação, o que significa que o cérebro não toma conhecimento do evento. Como a amígdala é o órgão primariamente envolvido com a sua sobrevivência, em vítimas do TEPT ela fica em um estado constante de excitação, causando flashbacks e altos níveis de ansiedade.

Virginia Wolf escreveu o romance *Mrs. Dalloway* no início da década de 1920, e o retrato de Septimus Smith claramente o identifica como um sofredor do estresse pós-traumático depois dos horrores da Primeira Guerra Mundial. Infelizmente, na época, a medicina convencional era relativamente inexperiente em lidar com problemas psicológicos. Pacientes como Septimus Smith eram aconselhados a descansar para recuperarem-se e recebiam conselhos inúteis como "se acalme, cara".

As fobias e o TEPT fazem parte de um grupo de *transtornos da ansiedade*. Eles têm uma estrutura similar, na qual a memória fica presa na amígdala. Felizmente, nos dias atuais, temos a técnica da PNL de Cura Rápida de Fobias, que ajuda pessoas a se recuperarem desses tipos de ansiedade. Veja a seção "Aplicando a Técnica de Cura Rápida de Fobias", mais à frente neste capítulo, para mais detalhes.

Lidando com as fobias

Uma fobia é uma distorção da realidade: uma resposta não lógica a uma ameaça percebida. Os especialistas têm opiniões diferentes sobre as origens das fobias. Alguns psicólogos dizem que as fobias são o resultado de um trauma, como ter um sapo jogado nas suas costas quando criança; outros, que as fobias são uma resposta aprendida, como quando uma criança de dois anos defronta-se com uma cobra e torna-se fóbica como resultado das reações dos adultos ao seu redor. Dê uma olhada em "Aplicando a Técnica de Cura Rápida de Fobias", mais adiante neste capítulo, para ajudar a superar as fobias.

CASOS E CAUSOS

Romilla tinha uma fobia de cobras muito forte. A fobia era tão intensa que quando sonhava com cobras, o que era bem frequente, ela acordava com seus membros travados com cãibra e precisava, conscientemente, relaxar cada parte do corpo. Na verdade, ela ficou muito mal quando entrou na sala da casa de um amigo e surtou na frente de um grupo de estranhos. A razão de seu comportamento atípico foi uma cobra empalhada.

Ela superou sua fobia em um pequeno zoológico em Mombasa, Quênia. Na ocasião, ela foi convencida a deixar uma jiboia em seu pescoço na frente de alguns nativos e estava rindo com eles. (A propósito, as cobras não são pegajosas!)

Se ela conhecesse a PNL naquela época, o processo de superação de sua fobia teria sido muito menos traumático, usando a técnica de Cura Rápida de Fobias.

DIVERTINDO-SE COM AS FOBIAS

Abaixo estão algumas palavras para se divertir durante o jantar. Um aviso: por favor, não acuse membros do sexo oposto de serem portadores de fronemofobia (medo de pensar); e você pode desejar que alguém que sofra de ablutofobia (medo de banho) sente-se perto da sua sogra caso você sofra de penterofobia (medo da sogra).

- Pogonofobia — medo de barbas
- Peladofobia — medo de pessoas carecas
- Filofobia — medo de se apaixonar ou de ser amado
- Fobofobia — medo de fobias
- Xirofobia — medo de lâminas de barbear
- Galeofobia — medo de gatos
- Triscaidecafobia — medo do número 13
- Octofobia — medo do número 8

Aplicando a Técnica de Cura Rápida de Fobias

A cura rápida de fobias permite que você reviva um trauma ou uma fobia sem experimentar o conteúdo emocional do evento ou ter de enfrentar a situação que normalmente desencadearia a resposta fóbica. Você precisa assegurar-se de que trabalhará neste processo em um ambiente em que se sinta completamente seguro, na presença de uma pessoa que possa ajudá-lo a manter-se calmo, caso entre em pânico.

Este processo faz com que você examine uma experiência enquanto está duplamente dissociado da memória, criando uma separação entre você (agora) e as emoções de um trauma ou uma resposta fóbica. Na lista a seguir, a dupla dissociação é feita através da situação em que você se vê dentro um cinema (dissociação) enquanto assiste a si mesmo no telão (dupla dissociação — você pode encontrar mais sobre dissociação no Capítulo 10):

1. **Identifique quando você tem uma resposta fóbica a um estímulo ou a uma memória traumática ou desagradável que você deseja superar.**
2. **Lembre-se de que você estava seguro antes e está seguro depois da experiência desagradável.**
3. **Imagine-se sentado no cinema, assistindo a si mesmo em uma tela pequena, em preto e branco.**
4. **Agora imagine-se flutuando do "você" que está sentado na poltrona do cinema para dentro da cabine de projeção.**
5. **Agora você pode se ver na cabine de projeção, assistindo a si mesmo sentado, assistindo ao filme sobre você na tela.**
6. **Rode o filme em preto e branco na tela minúscula, começando antes de experimentar a lembrança que você deseja superar e exibindo-o até depois da experiência, quando já estava seguro.**
7. **Agora congele o filme ou deixe a tela completamente branca.**
8. **Flutue para fora da cabine da projeção, para fora do seu assento e vá para o final do filme.**
9. **Volte o filme bem depressa, em questão de um ou dois segundos, colorido, como se estivesse vivenciando o filme, direto de volta ao início, quando estava seguro.**
10. **Você pode repetir as etapas 8 e 9 até que esteja confortável com a experiência.**
11. **Agora vá para o futuro e vivencie um tempo imaginário, em que você experimentaria a resposta fóbica.**

DICA

No Capítulo 9, você descobrirá tudo sobre o estabelecimento de âncoras. Você pode utilizar as âncoras para levar a si mesmo ou a um cliente para um estado emocional de recursos antes de executar a Técnica da Cura Rápida de Fobias.

Aceitando que Crenças e Valores Fazem a Diferença

Você pode ter ouvido alguém dizer: "esses adolescentes de hoje não têm valores". Todos têm valores; eles apenas são diferentes para pessoas diferentes e para grupos diferentes. Seus valores e suas crenças são filtros inconscientes que você usa para decidir que partes das informações recebidas através dos seus sentidos absorverá e que partes serão ignoradas. Você sabe o que isso significa, não sabe? Que 90% do seu inconsciente fica quieto, construindo todo tipo de crenças e tomando todo tipo de decisões sobre você, sobre seu ambiente e você não tem nem mesmo consciência disso.

Compreendendo o poder das crenças

Suas crenças podem, literalmente, ter o poder da vida e da morte sobre você. Elas podem ajudá-lo a alcançar a saúde, a riqueza e a felicidade, ou mantê-lo indisposto, pobre e miserável.

LEMBRE-SE

As crenças de que estamos falando são diferentes das crenças religiosas — elas são generalizações que você faz sobre suas experiências de vida. Essas generalizações continuam a formar a base da sua realidade que, então, dirige o seu comportamento. Você pode utilizar uma crença de empoderamento, por exemplo, para ajudá-lo a desenvolver outra crença para o próximo nível de realização. Então, "eu sou ótimo em gramática" o ajuda a desenvolver a crença de que você gosta de palavras e é bastante articulado. Esta crença pode levá-lo a acreditar que você sabe contar histórias e, de repente, descobrir que tem coragem de enviar um pequeno conto para uma revista; e então, você vira um autor famoso.

Assim como você tem crenças positivas empoderadoras, também pode ter crenças negativas e enfraquecedoras. Se teve a infelicidade de ter sofrido bullying na escola, pode acreditar que as pessoas, em geral, são desagradáveis. Essa crença pode fazer com que se comporte de forma bastante agressiva em relação às pessoas ao conhecê-las. Se algumas pessoas, então, reagirem da mesma forma, o comportamento delas pode reforçar a ideia de que "as pessoas são desagradáveis". Você pode nem mesmo notar quando alguém reage de forma amigável, porque seus filtros de crença não estão ajustados para perceber pessoas agradáveis.

LEMBRE-SE

Esteja ciente de que pode haver uma crença limitada na espreita, caso você fale ou ouça expressões como "não consigo", "deveria", "não deveria", "poderia", "não poderia", "faria", "devo" e "não devo", como em "eu não conseguiria fazer o seu trabalho". Como Henry Ford disse: "Consegue aquele que pensa que pode, e não consegue o que pensa o contrário. Essa é uma lei inexorável e incontestável."

Sendo impactado pelas crenças dos outros

O verdadeiro pensamento amedrontador é que os preconceitos das pessoas pode dar lugar a falsas limitações sobre si mesmo, especialmente se os outros são professores, patrões, familiares e amigos.

CASOS E CAUSOS

Um estudo muito interessante conduzido com um grupo de crianças testadas e avaliadas como tendo inteligência dentro da média ilustra como a crença de um professor pode reforçar ou inibir a capacidade que uma criança tem para aprender.

Os alunos foram divididos em dois grupos ao acaso. Foi dito ao professor de um dos grupos que os alunos eram superdotados, enquanto ao outro foi dito que os estudantes tinham problema de aprendizado. Ambos os grupos fizeram um segundo teste de inteligência um ano depois. A pontuação da inteligência do grupo que o professor pensava ser de superdotados foi mais alta do que quando testados anteriormente; em contrapartida, o grupo que o professor pensava ter dificuldade de aprendizagem marcou uma pontuação menor no teste de inteligência do que antes.

Infelizmente, essas limitações não acontecem apenas em escolas superlotadas, mas existem em lares em que os pais forçam os filhos a ficarem em uma posição "aceitável". Outros exemplos incluem: quando seus amigos argumentam para que tenha cuidado ao pensar em sair de um trabalho seguro para correr atrás de um sonho, ou quando um chefe, cujo estilo de comunicação difere do seu, afeta negativamente o seu desenvolvimento profissional. Nós temos conhecimento de casos em que médicos dizem aos seus paciente que eles nunca se recuperarão e das consequências que essa negativa causa sobre a expectativa de vida de cada um. Alguns destes profissionais não só são percebidos como mais inteligentes do que você, como você também, provavelmente, os coloca em um pedestal.

Pode ser difícil para uma criança superar sem assistência paterna as deficiências de um professor, e ainda mais quando há restrição de um pai ou ambiente familiar. Como um adulto, você pode pesar os prós e os contras dos conselhos que recebe, analisando a partir do ponto de vista de outra pessoa (tratamos dessa situação no Capítulo 6, que fala sobre explorar posições perceptivas). Ao entender as razões por trás das opiniões das outras pessoas, você pode escolher seguir ou não um conselho recebido. Além disso, adquirindo esse conhecimento, você sempre poderá passar a utilizar o estilo de comunicação do seu chefe para se fazer entender e progredir na carreira escolhida.

Modificando crenças

Algumas crenças que você carrega podem capacitá-lo. Outras, podem limitar o modo como pensa e travá-lo. A boa notícia é que crenças podem mudar e mudam. Tome o exemplo da milha de quatro minutos. Por anos, os atletas não acreditavam ser possível correr uma milha (1,6km) em quatro minutos. Roger Bannister alcançou esse feito em maio de 1954. Logo depois, esse mesmo recorde foi quebrado várias vezes.

Você deve estar pensando: "Por que eu iria querer mudar alguma coisa que forma quem eu sou?" Sim, as crenças formam quem você é, mas é para melhor ou para pior? Se uma crença o restringe, mude-a. Se você acha que precisa da segurança de uma velha crença, sempre poderá mudá-la de volta.

Quando pensa em uma crença, você pode imaginar uma cena, sentir, ouvir algo ou experimentar algumas combinações de todas as três sensações. Essas qualidades das suas crenças — visual (imagens), auditiva (sons) e sinestésica (sentimentos) — são chamadas de *modalidades*, que podem ser adaptadas ao se utilizar as *submodalidades*: qualidades como brilho, tamanho e distância, para imagens; ruído e tom, para sons; pressão, aquecimento e localização, para sensações. Veja o Capítulo 5 para mais a respeito de sensações e modalidades.

Uma forma de mudar uma crença é ajustar suas submodalidades. Esse processo é útil, pois o ajuda a se livrar das amarras que uma crença limitante impõe sobre você e reforça os efeitos de uma positiva, para promover o desenvolvimento de uma crença mais encorajadora. Suponha que você se sinta muito intimidado por pessoas e ouve com frequência que ser subjetivo é uma característica ruim — alterar sua crença para "eu me dou bem com pessoas" pode fazer uma grande diferença para sua autoconfiança ao lidar com os outros. Da mesma forma, se você sabe que é bom em artes, essa convicção pode ajudá-lo a optar por uma carreira com maiores influências artísticas. Você pode ler mais sobre mudança de crenças no Capítulo 10.

ALERTA DE JARGÃO NA PNL

Como membro da raça humana, quais crenças estão retendo seus preconceitos (sexismo, discriminação etária, racismo) e quais deles estão travando você? Um grupo de crenças é chamado de sistema de crenças. Uma crença ou um sistema de crenças pode sustentar um valor específico. Valores são os *motivos* pelos quais você age de certa maneira. As crenças direcionam seu comportamento, que, então, o ajuda a satisfazer um valor — contanto que, é claro, seu inconsciente não crie conflitos.

Trabalhando com seus valores

Os valores são os atalhos que conduzem todos os seus comportamentos e são seus motivadores e desmotivadores inconscientes: você age por causa dos seus valores. Após tomar qualquer atitude, você utiliza esses valores para julgar se a ação foi boa ou ruim. Por exemplo, se valoriza a honestidade, pode decidir ficar com uma carteira que encontrou na rua por segurança e entregá-la à polícia.

DICA

Quando pensar a respeito de seus valores, pergunte-se "o que é importante para mim?" Suas respostas serão um reflexo de seus valores.

Os valores afetam a sua escolha de amigos e parceiros, os tipos de produtos que você adquire, os interesses que busca e como passa o seu tempo livre. Sua vida tem muitas facetas. Você provavelmente é membro de uma família, uma equipe no trabalho, e talvez pertença a um clube relacionado a seu hobby. Cada uma dessas áreas de sua vida tem seus próprios valores hierárquicos, com o valor mais importante no topo. Os valores no topo da hierarquia são geralmente mais abstratos do que aqueles que estão na base e exercem mais influência em sua vida. Por exemplo, na Figura 3-2, família e amigos são completamente concretos, considerando que a felicidade é mais intangível.

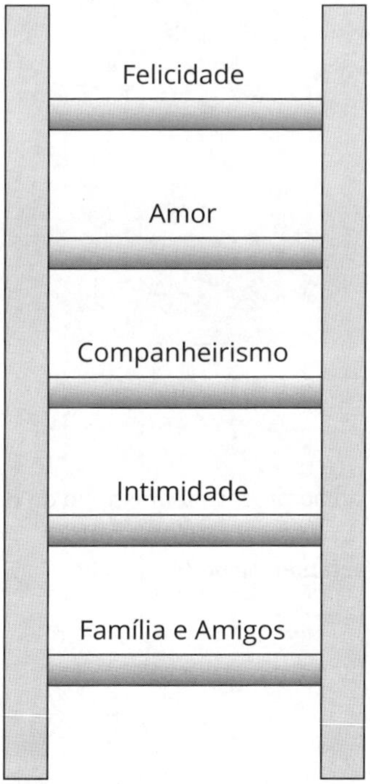

FIGURA 3-2: Uma escada de valores..

Identificando os valores "meios para um fim"

Os valores podem ser tanto valores de *fim* como valores de *meio*, com valores de meio ocorrendo na base da hierarquia, funcionando como os degraus da escada que permitem que você alcance os valores de fim. Liberdade é um valor de fim, e todos os outros valores na Figura 3-3 são valores de meio. Valores de meio são aqueles que precisam ser satisfeitos para que você consiga chegar aos seus valores de fim. É mais difícil quantificar liberdade do que, digamos, dinheiro. No exemplo, você pode ter dinheiro sem ter liberdade, mas para ter liberdade, você precisa ter dinheiro. Portanto, liberdade — que é um valor de fim — depende de dinheiro, que é um valor de meio.

FIGURA 3-3: Uma escada para a felicidade.

Seus valores podem levá-lo em direção ao prazer ou afastá-lo da dor:

Valores "em direção a"	*Valores "afastando-se de"*
Amor	Culpa
Liberdade	Tristeza
Saúde	Solidão
Felicidade	Raiva
Prosperidade	Pobreza

Valores com tendências de *afastamento* são indicativos de emoções negativas, decisões negativas ou traumas emocionais que podem estar exercendo uma influência na sua vida. Essas tendências podem ser amenizadas usando técnicas como a *Terapia da Linha do Tempo* (discutida em detalhes no Capítulo 13). O propósito principal de qualquer técnica é aprender as lições que podem ser valiosas a partir de eventos negativos para que o inconsciente libere as emoções presas.

Basicamente, a terapia da linha do tempo trabalha com o princípio de que suas memórias são organizadas ao longo de uma linha do tempo e, ao mudar uma memória ao longo da linha do tempo, você pode libertar-se de algumas lembranças, o que o ajudará a obter mais controle sobre suas reações a eventos e a ter mais opções em sua vida.

Criando valores

Seus valores são essencialmente formados em três períodos da sua vida:

- O período de *gravação* ocorre da época do seu nascimento até aproximadamente os 7 anos. Nessa época, você aprende primária e inconscientemente a partir dos seus pais.
- O período de *modelagem* ocorre entre as idades de 8 e 13 anos, quando você aprende consciente e inconscientemente imitando os amigos. Alguns de seus valores mais importantes, valores essenciais, são formados quando você tem por volta de dez anos de idade.
- O período de *socialização* ocorre entre as idades de 14 e 21 anos. É nessa época que você apreende valores que afetam os seus relacionamentos.

Trazendo seus valores à tona

Se há áreas na sua vida que acha que poderia melhorar, você pode examinar os seus valores para obter uma pista que pode ajudá-lo a fazer mudanças positivas. Seguindo os passos a seguir, você poderá descobrir o que o está impedindo de conseguir o que quer:

EXPERIMENTE

1. **Tome uma área (ou contexto) da sua vida com a qual não está feliz ou quer melhorar.**

   Por exemplo, você está morando ou trabalhando em um ambiente do qual não gosta e quer torná-lo mais enriquecedor?

2. **Faça uma lista do que é importante para você nesse contexto.**

   Note que os primeiros valores virão à sua mente muito rápido. Permaneça com eles e perceba que outra série de valores aparecerá.

3. **Coloque esses valores em ordem de importância para você, com os mais importantes aparecendo no topo.**

   Se tiver dificuldade em reorganizar a lista, pergunte-se: "Se eu pudesse ter A, mas não B, estaria tudo bem?" Se a resposta for sim, A é mais importante do que B; se a resposta for não, então B precisa ser colocado acima do A. Por exemplo, na lista de valores abaixo, que está relacionada ao seu emprego, você pode decidir que segurança é muito mais importante para você do que a aventura:

   Sucesso

   Poder

   Realização

   Aventura

   Segurança

   Assim que você colocar tudo isso em ordem de importância, provavelmente identificará o que tem maior significado para você.

4. **Depois de organizar seus valores, pergunte-se se há um valor que seria útil para ter nessa área de sua vida, mas que está faltando. Onde ele se encaixa na lista de valores existentes?**

   Por exemplo, se você valoriza seu emprego, mas não consegue alcançar o nível de sucesso que quer, talvez precise do elemento "satisfação" nesta hierarquia. Na verdade, ao passar por este processo, você pode decidir que a sua nova hierarquia fique da seguinte maneira:

   Sucesso

   Satisfação

   Realização

   Aventura

   Segurança

DICA

Você pode achar o passo 3 mais fácil de fazer escrevendo seus valores em pedaços de papel para mudá-los como quiser.

Conflito de valores

LEMBRE-SE

Quando seus valores de meio estão alinhados (veja a seção anterior), é muito mais fácil alcançar seus valores de fim. Infelizmente, seus valores podem acabar em conflito. Você acha que quer mover-se em direção a um resultado, mas seu inconsciente tem outras ideias que, na verdade, o afastam de seu objetivo.

Você pode ter passado por uma infância financeiramente pobre e ter um forte valor de *distanciamento da pobreza*, o que está em conflito direto com o valor de *aproximação da riqueza*. Então, você quer ser rico, mas mantém o pensamento "não quero ser pobre", que é o que seu inconsciente o ajuda a criar em sua vida.

Outro conflito pode ocorrer quando quer mover-se rumo a dois resultados simultaneamente e pensa que pode apenas ter um ou outro: por exemplo, você quer emagrecer, mas também quer ser capaz de desfrutar da comida.

Existe um valor de substituição que o está impedindo de obter satisfação em outras áreas da sua vida? Por exemplo, ter dinheiro como seu valor número um poderá deixá-lo incrivelmente rico, no entanto, pode prejudicá-lo em relação a um relacionamento satisfatório.

DICA

Certifique-se de não gastar tanto tempo buscando seus valores de meio que se esqueça de alcançar seu valor de fim!

Mudando valores

Quando pensa em seus valores, pode criar imagens, sons ou sentimentos. Nesta seção, nós o encorajamos a mudar a hierarquia dos seus valores ao alterar as características da imagem que o valor cria. Digamos, por exemplo, que seus valores de vida aparecem na seguinte ordem de importância:

1. **Liberdade**
2. **Realização**
3. **Segurança financeira**
4. **Diversão**
5. **Família**
6. **Saúde**

Contudo, você se encontra desapontado pela saúde fraca. Você decide que é mais importante ter saúde do que diversão e resolve fazer uma troca em sua hierarquia. Você pode fazer isso usando a técnica a seguir:

1. **Quando pensa em diversão, perceba a imagem que você faz em termos do seguinte:**

    Tamanho

    Colorido/preto e branco

    Posição

    Imagem congelada ou em movimento

    Nítida ou embaçada

2. **Observe a imagem que você cria quando pensa em saúde.**

3. **Troque as qualidades das imagens.**

   Da mesma forma como mudar a qualidade da imagem de uma crença (veja o Capítulo 10), alterar as qualidades da imagem que você tem para saúde para torná-las as mesmas da imagem que você cria para diversão traz a saúde para níveis acima e a posiciona no mesmo nível que a diversão. Agora, mude a imagem da diversão até que ela tenha as mesmas qualidades que aquela que você tinha para saúde. Esse processo faz com que a diversão fique alguns níveis abaixo da saúde.

DICA

Agora que você experimentou trabalhar com imagens, tente mudar a hierarquia dos seus valores alterando os sons e sensações que experimenta.

Sonhando Acordado com Sua Realidade Futura

Ao contrário do que os seus professores podem ter falado quando o viram olhando fixamente para o lado de fora da janela da sala de aula, deixar seus pensamentos livres pode ser um poderoso primeiro passo para a realização de suas metas. Ao usar as técnicas descritas nas seções anteriores deste capítulo, você pode descobrir o que o seu coração deseja e dar os primeiros passos rumo à realização de tudo apenas sonhando acordado.

EXPERIMENTE

Então, permita-se sonhar e agir. O que você gostaria que acontecesse se uma fada madrinha aparecesse e lhe concedesse um desejo? Imagine que você tem toda a influência, contatos e recursos de que precisa para satisfazer o desejo do seu coração. Alcançou a sua meta? Agora siga estes passos:

1. **Faça uma lista do que é importante para você sobre sua meta, todas as razões por que você a quer, e as coloque em ordem de importância.**

   Você está surpreso pelos seus valores? Percebeu que alguma coisa que pensou ser importante não era tão importante afinal? Você pensou em um valor que estava faltando no começo?

   Se você não tem certeza de como executar este exercício, volte à seção anterior "Trazendo seus valores à tona", neste capítulo.

2. **Agora, enquanto ainda está sonhando acordado, imagine-se flutuando para fora do seu corpo rumo ao futuro, para um tempo em que você já tenha alcançado sua meta.**

3. **Perceba as imagens, sons e sensações e manipule-os.**

   Você pode torná-los cada vez mais fortes e vibrantes?

4. **Do futuro, dê uma olhada para o presente e deixe seu inconsciente perceber o que precisa saber para ajudá-lo a alcançar sua meta.**

   Lembre-se de observar qual seria o primeiro passo.

5. **Ao saborear o sonho por completo, volte para o presente e *dê o primeiro passo*!**

   Você pode se surpreender!

NESTE CAPÍTULO

» Entendendo que sentir-se bem ou mal é uma escolha sua

» Influenciando em como o mundo o trata

» Posicionando-se firmemente na direção da própria vida

» Trabalhando o seu cérebro para alcançar seus objetivos

» Descobrindo a fórmula do sucesso

Capítulo 4

Assumindo o Controle da Sua Própria Vida

Suas lembranças podem ser um presente maravilhoso ou um terrível castigo. Elas podem deixá-lo envolto em fios de seda ou amarrá-lo em um emaranhado de arame farpado; elas podem conduzi-lo a sonhos ou atá-lo ao passado. Com a ajuda da PNL, e ao compreender como programar sua mente, seu passado não necessariamente afetará o seu futuro de forma negativa.

Este capítulo trata de tudo o que pode torná-lo condutor, e não o passageiro, na história da sua vida. Então, coloque seu cinto de segurança e prepare-se para esta jornada!

Controlando a Sua Memória

Suas memórias são gravadas como imagens, sons e sentimentos, e ajustando a qualidade de como você enxerga, ouve e vivencia essas experiências, pode realçar as memórias positivas e deixar de lado as negativas que o atormentam (leia mais sobre o ajuste da qualidade das suas memórias no Capítulo 10). Você pode começar a exercitar os músculos de tomada de controle da sua memória com os exercícios simples descritos a seguir.

No primeiro exercício, você descobre como evocar e manipular uma lembrança positiva para que se sinta bem, ou melhor, quando quiser:

EXPERIMENTE

1. **Pense em um dia em que você estava feliz de verdade.**
2. **Observe o que vê, ouve e sente quando evoca a memória.**
3. **Se a lembrança for uma imagem, ajuste a sua qualidade ao deixá-la maior, mais brilhante, e aproximando-a.** Se estiver observando a si mesmo, tente entrar na imagem e ver se ela faz com que se sinta melhor.

   Você pode descobrir como "entrar na imagem" no Capítulo 10. Ajustar a qualidade da cena o ajudará a intensificar as emoções positivas.

4. **Preste atenção em todos os sons que podem estar na sua memória. Tornar os sons mais audíveis ou imaginar que pode ouvi-los dentro ou fora da sua mente aumenta os sentimentos positivos?**
5. **Analise todos os sentimentos que tiver.** Com que parte do seu corpo os experimentou? Eles têm cor, textura ou peso? Mudá-los de lugar ou de cor, textura e peso altera esses sentimentos? Ajuste esses parâmetros para acentuar as sensações.

Esse exercício permite que você manipule as qualidades das experiências que teve e, o mais importante, veja que pode mudar a estrutura das suas memórias para reviver e melhorar as alegres, o que significa que também pode diminuir o sentimento de experiências negativas.

EXPERIMENTE

É óbvio que nem todas as lembranças são boas. Este segundo exercício mostrará como mudar as qualidades de uma lembrança desagradável e distanciar-se dela. Ao modificar os atributos da lembrança negativa, você será capaz de libertar-se de emoções negativas às quais pode ainda estar preso. Siga as seguintes etapas:

1. **Pense em uma lembrança que seja ligeiramente desagradável.**

   CUIDADO

   Para este exercício, até você se tornar mais treinado nas técnicas da PNL, pense em uma memória que não seja muito desagradável. Por favor, deixe de lado lembranças como traumas; exteriorize-as quando estiver com um terapeuta ou praticante de PNL experiente.

2. **Observe as imagens, sons e quaisquer sensações que a memória traga.**
3. **Se você estiver na imagem, saia dela para tornar-se um observador.**

   Discutimos "entrar e sair de uma imagem" no Capítulo 10. Por ora, imagine-se atrás de uma câmera, filmando a si mesmo na memória.

4. **Torne todos os sons mais suaves, ou talvez faça com que as pessoas na cena falem com vozes engraçadas.**

   Se houver sons como sirenes ou choro, reduza o volume e a sensação ruim deles. Se ouvir alguém dizer algo desagradável, faça com que fale com a voz de um desenho animado para suavizar as palavras duras.

5. **Ajuste a qualidade da imagem.** Torne-a menor, mais escura e em preto e branco; afaste-a até que se torne um ponto e fique quase invisível. Você pode querer imaginar enviá-la em direção ao Sol e vê-la desaparecer. Desta forma, você tem a experiência de destruir as amarras que aquela lembrança tinha sobre você.

LEMBRE-SE

Modificar as lembranças não significa que aquela experiência não tenha acontecido. Contudo, isso prova que você tem uma escolha sobre como a memória o afeta hoje e o impacto que tem no seu futuro.

Você Vê porque Acredita

Imagine que você faz parte de um grupo que testemunhou um assalto. Provavelmente todos deram relatos diferentes do evento à polícia.

Isso se dá porque as pessoas recebem as informações que criam sua realidade através dos seus cinco sentidos (visual/olhos, auditivo/ouvidos, cinestésico/toque, gustativo/paladar e olfativo/cheiro). Entretanto, seus sentidos bombardeiam seu cérebro com tanta informação ao mesmo tempo que, para manter sua sanidade, ele só processa uma pequena parcela das informações recebidas. O que o seu cérebro acessa é ditado por filtros, que são combinações de quem você acredita ser, seus valores, crenças e memórias. Você aprenderá mais sobre esses filtros no Capítulo 8.

Assim como seus filtros direcionam o que percebe, eles também afetam o que você projeta para o mundo. Talvez você esteja rodeado de pessoas irritadas, egoístas ou invejosas. Caso isso seja verdade, pode ser que esteja nutrindo uma raiva não resolvida, acreditando num cenário de perdas e ganhos por não haver o bastante no mundo para todos, que o sucesso de alguém depende do seu fracasso ou esteja sentindo inveja das vitórias de outra pessoa.

CASOS E CAUSOS

Uma das clientes de Romilla, Mary, estava muito infeliz no trabalho porque sofria bullying. A supervisora e a secretária de seção juntaram-se contra ela e estavam se comportando de forma muito desagradável e extremamente mesquinha.

Romilla ajudou Mary a reconhecer que a supervisora era uma mulher muito solitária, que não tinha amigos e era muito impopular no trabalho. Toda vez que Mary olhava para a supervisora, ela imaginava que a mulher segurava uma placa que dizia: "Sinto que não tenho valor e sou mal-amada." Mary passou a sentir compaixão em vez de medo. Percebeu que sua própria autoestima precisava de um ânimo e passou a ser mais firme — aprendeu a questionar suas colegas sempre que eram grosseiras com ela.

No início não foi fácil, mas Mary não apenas aumentou seu senso de valor próprio, como também não era mais afetada pelo comportamento da supervisora. Mudar seus pensamentos a respeito de suas próprias qualidades positivas aumentou sua autoconfiança, o que levou a uma alteração no comportamento das pessoas ao seu redor.

LEMBRE-SE

Uma forma de mudar as coisas à sua volta é examinando e modificando a si mesmo. Você pode conseguir isso assumindo a responsabilidade por seus pensamentos e ações, superando obstáculos, tais como culpar os outros.

Focando em culpar os outros

É muito mais fácil culpar o outro pelos nossos fracassos do que assumir a responsabilidade para colocar as coisas em ordem. Não é fácil reconhecer que, ao culpar o outro, estamos entregando nosso poder a ele. Ao culpar o outro, vestimos o manto de vítima e perpetuamos os problemas.

CASOS E CAUSOS

Mary reclamou que sua chefe se recusava a aumentar seu salário, o que era verdade. Contudo, Mary era extremamente modesta sobre suas realizações na empresa, e como sua chefe não era das mais espertas, não estava consciente do bom trabalho que Mary desenvolvia. Romilla certificou-se de que Mary se preparasse bem para a avaliação seguinte e ela apresentou, confiantemente, uma lista de seus sucessos desde a última avaliação, bem como as áreas de aperfeiçoamento. Ela falou sobre suas metas no trabalho e sugeriu maneiras para trabalhar com o gerente para alcançá-las.

ALERTA DE JARGÃO NA PNL

Em termos de PNL, quando você foca alguma coisa, você "enquadra" esta coisa. Por exemplo, ao focar o problema, "eu não posso consertar meu telhado porque não tenho o dinheiro", você se coloca em um *enquadramento de problema*. Culpar outra pessoa pelo seu problema — por exemplo, "eu não tenho o dinheiro porque o otário do meu ex fez uma dívida enorme em nosso cartão de crédito conjunto" — o coloca num *enquadramento de culpa*. Os dois tipos de enquadramento estão intimamente ligados pela tendência que apresentam em culpar alguém ou uma circunstância por um problema; e colocar enquadramentos em torno de experiências como essas limita seus pensamentos. Contudo, ao criar um novo enquadramento para uma experiência, você passa a pensar diferente e pode quebrar padrões de pensamentos restritivos.

Mary se afastou do *enquadramento de culpa* — no qual ela culpava sua chefe por não receber aumento de salário — e passou a tomar mais atitudes. Quando ela percebeu a falta de capacidade da chefe em reconhecer seus pontos positivos no trabalho, Mary demonstrou a flexibilidade de um mestre em comunicação pela mudança de seu comportamento para obter dela a resposta que desejava e, claro, recebeu o aumento e uma promoção!

LEMBRE-SE

Para alcançar uma mudança positiva para si mesmo, é preciso se afastar do enquadramento de culpa e iniciar ações que assegurem o que você quer.

Prendendo-se a um enquadramento de problema

Observar um problema que já aconteceu quando algo deu errado em um sistema é útil quando isso permitir que você encontre e corrija o que criou o problema. Por exemplo, considerando que o passado poderia revelar um erro em um processo, uma falta de comunicação entre pessoas ou departamentos ou a necessidade de treinamento da equipe. Contudo, se você se concentrar no problema, sem buscar uma solução, pode ficar preso no jogo da culpa.

Quando nos voltamos para analisar o motivo pelo qual as coisas não funcionaram da forma que gostaríamos, tendemos a focar os seguintes aspectos negativos:

- Qual é o problema.
- Há quanto tempo temos este problema.
- De quem é a culpa pelo problema.
- Por que este problema ocorreu.
- Por que não tentamos tomar uma atitude em relação ao problema.

Perguntar-se constantemente "por quê?" é uma abordagem negativa e o força a ir ainda mais fundo no problema, reagir de forma defensiva e se afastar cada vez mais de encontrar uma solução positiva.

Para se livrar do enquadramento de problema, uma abordagem mais construtiva é perguntar "o que" você pretende alcançar ao fazer algo para lidar com o problema. Adotar essa mentalidade lhe dá a oportunidade de realizar as ações positivas a seguir:

- Seguir em frente.
- Pensar no resultado desejado.
- Examinar sucessos anteriores e modelá-los para uso futuro.
- Aprender com o que funcionou para outras pessoas e imitar suas estratégias.
- Resolver um problema.

Permanecer em um enquadramento de problema alimenta um resultado indesejado — o problema. Focar o que você quer fornece resultados positivos e consistentes enquanto você "direciona" sua energia para criar o que você quer. O Capítulo 7 trata do metaprograma "em direção a/afastando-se de" para ajudá-lo a concentrar-se no que quer ao invés de no que não quer.

EXPERIMENTE

Lembre-se de uma época em que você estava tão preso a um problema que não enxergava uma solução. Talvez esteja com um problema assim neste momento. Pergunte a si mesmo se está concentrado no resultado desejado ou muito preso à emoção do momento, para ter clareza.

A ajuda está à mão na forma do processo de enquadramento de resultado, que introduzimos na seção seguinte, e na forma do processo de resultado bem formado (descrito na seção "Tornando-se mais inteligente do que SMART: Criando resultados bem formados", mais adiante neste capítulo).

Mudando para o enquadramento de resultado

A abordagem do enquadramento de resultado é um processo inteligente e construtivo, que sugere uma forma diferente de pensar sobre seus problemas; um processo que ajuda a identificar e focar o que queremos positivamente. Quando você acrescenta um processo eficiente de traçar metas e monitorar cada etapa, é possível corrigir qualquer desvio de planos para atingir os resultados fácil e imediatamente.

Frequentemente, você pode perceber que vive em um ciclo dos mesmos problemas. Em nossa experiência, este ciclo comumente indica que você tem algo a ser resolvido.

EXPERIMENTE

Sempre pergunte-se que lição precisa aprender para que este problema pare de existir.

Um dia, após um tempo fazendo essa pergunta a si mesmo — ou talvez até instantaneamente — a resposta aparecerá. De forma estranha, depois de ter aquele grande momento de realização, você poderá descobrir que não vê mais aquele problema como algo recorrente.

Talvez a mudança aconteça por você não estar mais investindo energia emocional no problema ou por você ter seguido em direção a outras lições. Qualquer que seja a razão, o processo funcionou!

Seguindo a Trilha para a Excelência

O cérebro humano é uma máquina de aprender que precisa ser mantida ocupada. Se isso não acontece, ela pode se manter focada no lado negativo e levá-lo a todos os tipos de problemas. Como ser humano, você precisa utilizar todo o seu talento para direcionar o cérebro e ajudá-lo a alcançar seus objetivos. Se você puder criar um futuro instigante e irresistível, seu cérebro o ajudará a alinhar o seu comportamento de modo a alcançar seu objetivo de forma rápida e fácil. O primeiro passo é entender o que você quer.

Conhecendo o que quer

Em *Alice no País das Maravilhas*, a protagonista pergunta ao Gato: "Você poderia me informar, por favor, qual caminho devo seguir para sair daqui?" sem ter uma ideia clara de aonde quer ir, ela quer apenas ir para algum lugar. O Gato responde à Alice que ela com certeza chegará a algum lugar se caminhar o suficiente. Como Alice, imagine o que aconteceria se pedisse uma "passagem para algum lugar" na próxima vez que fosse à rodoviária.

Quando você está tentando seguir em frente e alcançar suas metas, tudo se torna mais fácil se você passar a ser muito claro sobre o que realmente quer. Muitas vezes na vida, você fica preso no que não quer e desperdiça muita energia, tanto física quanto emocional, evitando o resultado indesejado.

Para entender o que você quer e direcionar sua energia para consegui-lo, sente-se e escreva o seu próprio obituário. Você pode, então, decidir sobre o legado que quer deixar para a posteridade e as ações que precisa realizar para cumprir o seu legado. Para mais informação sobre essa técnica, veja o Capítulo 3 e descubra que o seu inconsciente é um aliado maravilhoso para ajudá-lo a alcançar os seus objetivos.

CASOS E CAUSOS

Uma cliente, Denise, estava tentando "fugir" de seu segundo casamento. Uma de suas primeiras frases foi: "Sou péssima com relacionamentos." Ao lidar com as questões dela, descobrimos que havia perdido o avô quando era bem nova. O trauma desse evento específico ficou profundamente marcado em seu íntimo, e o medo da perda a levava a terminar os relacionamentos antes que pudesse experimentar a dor da perda outra vez. Por Denise estar, em nível subconsciente, concentrando-se no que não queria (a dor da perda), seu inconsciente estava auxiliando-a a manter comportamentos que a faziam evitar a dor. Infelizmente, essa abordagem criava outros problemas. Para que tivesse o relacionamento que desejava, ela teve que pensar e planejar exatamente o que queria em uma relação e, então, focar em criar este cenário em sua vida.

EXPERIMENTE

Um jeito de descobrir o que quer de verdade é imaginar o futuro. Imagine-se um avô/avó de cabelo grisalho, sentado em uma pedra sob as estrelas, tendo à frente uma fogueira de acampamento crepitante e os netos aos seus pés pedindo mais uma história sobre a sua vida. Você gostaria de contar-lhes sobre o tempo em que perdeu a chance de realizar um sonho por ter muito medo ou ter sido influenciado por outros, ou preferiria contar-lhes que, apesar de todas as probabilidades e mantendo os seus valores, você realizou algo espetacular?

Avance para o futuro e olhe para a sua vida agora. Faça uma lista de sonhos que você se atreveria a ter caso tivesse todo o dinheiro e influência no mundo e soubesse que não falharia.

Você pode decidir querer coisas materiais, como um bom pé-de-meia, uma casa grande, coisas tecnológicas e belos carros; pode querer uma casa e formar uma família; ou pode decidir que quer ser influente no cenário político ou na arena sem fins lucrativos. Você escolhe o que quer para sua vida. Ao passar pela próxima seção e ao ler no Capítulo 3 sobre valores, descobrirá as razões pelas quais você quer as metas que traçou e receberá ajuda para ajustar os botões certos que o levarão à meta.

Tornando-se mais inteligente do que SMART: Criando resultados bem formados

Metas SMART (em tradução livre, metas inteligentes) eram o objeto de desejo de todos há alguns anos no mundo corporativo. De acordo com o modelo SMART, as metas precisam ser Específicas (Specific), Mensuráveis, Alcançáveis, Realistas e De Duração Específica (Timed). Essa abordagem é uma ótima disciplina na medida em que ocorre. Contudo, a PNL possibilita uma maneira melhor de avançar, adicionando informação sensorial específica, que pode ajudá-lo a modificar seu comportamento ou buscar ajuda na forma de recursos extras, incluindo guias e mentores.

A PNL torna as metas SMART ainda mais inteligentes ao ajudá-lo na prática do que você quer, usando o processo de objetivos bem formados. A PNL, no enfoque SMART, o faz usar todos os seus sentidos para criar metas e ajustá-las para que sejam mais do que apenas específicas, mensuráveis, realizáveis, realistas e com duração específica.

Esse processo requer que você responda a uma série de perguntas que vão, na verdade, explorar os "comos" e "porquês" do seu resultado desejado. Seguindo o processo, você realmente começará a entender os verdadeiros motivos de querer essas metas e estará apto a pesar os prós e os contras do sucesso versus fracasso! Um exemplo bem comum de um objetivo bem formado pode ser querer um emprego mais bem remunerado.

ALERTA DE JARGÃO NA PNL

Quando o seu resultado desejado satisfaz os critérios descritos a seguir, a PNL diz que satisfaz as *condições bem formadas*. Para cada resultado que você deseja alcançar, sugerimos que faça a si mesmo as seguintes perguntas:

1. **A meta é declarada positivamente?**
2. **Foi autoiniciada, mantida e está sob meu controle?**
3. **Descreve o procedimento de evidência?**

4. **O contexto está claramente definido?**
5. **Os recursos necessários estão identificados?**
6. **Eu avaliei se a meta é ecológica?**
7. **O primeiro passo que preciso dar está identificado?**

As seções seguintes explicam esses pontos com mais detalhes.

A meta é declarada positivamente?

O que você quer? Ou, colocado de outra forma, o que preferiria ter?

Essas perguntas o ajudam a esclarecer o resultado desejado, pois você precisa saber de forma bastante clara o que quer para manter o foco e a direção. Um objetivo vago, como "quero ser mais magro" ou "eu quero mais dinheiro", não funcionará, porque o objetivo será satisfeito se você perder meio quilo ou encontrar uma nota de cinco reais no chão.

Uma meta melhor seria "quero pesar 76kg" ou "quero 1.000 reais na minha conta bancária" ou "quero um salário bruto de 35 mil reais por ano". Além disso, ter metas negativas como "não quero ficar neste emprego", pode levar seus desejos ao caminho contrário (veja o box "Insistir no negativo pode prejudicar a sua saúde"). Então, quando se pegar dizendo "eu não quero...", ao invés disso, pergunte-se: "O que eu quero?"

Nem sempre é fácil permanecer otimista. As experiências de vida e os modelos podem criar crenças limitantes ou negativas sobre seu valor próprio e se você merece ou não ter sucesso e ser feliz. Contudo, você pode fazer muito por si mesmo para desenvolver uma visão positiva da vida. Comece lidando com questões emocionais inconscientes e não resolvidas. Embora possa obter resultados mais rápidos e melhores com a ajuda de um coach que possa auxiliá-lo a examinar e lidar com esses problemas, você pode fazer algumas coisas para ajudar a si mesmo, como usar mindfulness para criar resiliência pessoal.

Mindfulness ajuda a reduzir o estresse e cria uma mentalidade pela qual você pode apreciar os prazeres simples da vida, lidar com suas emoções com mais eficácia e ver possibilidades desconhecidas. Ressonâncias magnéticas examinadas por pesquisadores da University of Pittsburgh revelam que um curso de oito semanas de mindfulness pode mudar a estrutura do cérebro. Treinamentos de mindfulness reduzem o tamanho da amígdala, a região associada ao medo e ao estresse, enquanto aumentam o córtex pré-frontal, área ligada à concentração e tomada de decisão (confira *Mindfulness Para Leigos* de Shamash Alidina para saber mais sobre o assunto).

Você também pode conferir o Capítulo 10, que mostra como mudar crenças limitantes para criar outras empoderadoras.

INSISTIR NO NEGATIVO PODE PREJUDICAR A SUA SAÚDE

Uma ameaça percebida causa respostas de "lutar ou correr" em seu corpo e a liberação de hormônios do estresse, como a adrenalina e o cortisol. Esses hormônios auxiliam em sua sobrevivência afetando suas respostas biológicas. Você fica mais alerta, seus batimentos cardíacos, pressão e fluxo sanguíneos para grupos musculares maiores aumentam e funções não essenciais, como os sistemas imunológico e digestivo, são interrompidas. Sob circunstâncias normais, os níveis hormonais normalizam quando o evento não é mais percebido como uma ameaça. No entanto, quando você fica a maior parte do tempo estressado, os hormônios do estresse não estabilizam e podem causar problemas de saúde crônicos como hipertensão, fadiga, obesidade e doenças cardíacas.

A boa notícia é que manter-se otimista o ajuda a viver por mais tempo! De acordo com pesquisas, os otimistas têm vidas mais longas e saudáveis. E uma notícia melhor ainda é que a PNL o ajuda a ver o copo meio cheio ao invés de meio vazio.

CASOS E CAUSOS

Recentemente, Romilla foi coach de uma cliente que havia sido despedida como resultado da adoção inconsciente de comportamentos prejudiciais fora do comum. Mais tarde, ao examinar a situação, sua cliente percebeu que teria se comportado de maneira diferente se tivesse focado sua energia em definir o trabalho que queria e procurar um emprego melhor. Em vez disso, ela minou sua energia permanecendo em um trabalho de que não gostava e caindo em comportamentos destrutivos e anormais que custaram sua saúde. Como era incapaz de ver a vida de uma perspectiva mais positiva, ela vivia diariamente com o estresse do baixo desempenho, falta de autorrealização, frustração e raiva.

Esta meta foi autoiniciada, mantida e está sob meu controle?

Com frequência, quando questionada, uma pessoa que quer parar de fumar responde: "Minha esposa quer que eu pare." Uma pessoa tem chances muito maiores de obter sucesso se a vontade de alcançar um resultado específico vem de dentro, por exemplo: "Eu quero desfrutar de uma vida longa e saudável", em oposição a: "Eu quero que meu parceiro me leve para tirar duas semanas de férias no mês de março." Você precisa reconhecer que seu parceiro pode ter planos diferentes e esta meta, portanto, está fora do seu controle.

Faça a si mesmo as seguintes perguntas:

» Estou fazendo isso por mim ou por outra pessoa?

» O resultado depende exclusivamente de mim?

CASOS E CAUSOS

Quando Kate começou a prestar consultorias de marketing, ela percebeu que alguns projetos envolviam trabalho direto com clientes corporativos, que eram extremamente estressados, muito ocupados e desorganizados. Ela perdia muito tempo em reuniões com os clientes que tentavam encontrar documentos em suas mesas caóticas, ou faziam ligações telefônicas para conseguir as informações para o projeto que haviam esquecido de fazer com antecedência.

Assim, o objetivo bem estruturado de Kate para futuras atribuições de clientes era "trabalhar de maneira calma, eficiente e comercial". Observando sua meta, pode parecer de início que ela não tinha o controle do resultado porque dependia que os clientes fizessem a parte deles. Contudo, ao aplicar os princípios da PNL para um resultado bem formado, ela estabeleceu expectativas mais claras com clientes desorganizados. As estratégias de Kate incluíam reuniões marcadas em escritórios tranquilos e sem distrações, ou fazer videoconferências em vez de ir até o cliente. Sua meta envolvia o estabelecimento de limites específicos, como a definição de horários de início e fim das reuniões e distribuição de um cronograma com antecedência. Além disso, ao discriminar cada ação de acordo com o tempo e ao cobrar pelo tempo gasto, ela também percebeu um impacto direto em fazer com que os outros se tornassem mais eficientes.

De início, o objetivo de Kate não parecia depender unicamente dela e, por essa razão, ao se dar conta disso, ela pode não ter sido capaz de satisfazê-lo. Contudo, ao demonstrar flexibilidade de comportamento, ela estava pronta para assumir a responsabilidade sobre aquele objetivo, influenciando os clientes com total integridade.

A meta descreve o procedimento de evidência?

Esta é apenas uma outra forma de se perguntar: "Quando saberei que alcancei a minha meta?" As perguntas a seguir são extremamente importantes, pois podem ajudá-lo a identificar os objetivos que são muito vagos, ou se você não está muito certo quanto ao resultado.

- » Como saberei que estou alcançando o resultado desejado?
- » O que estarei fazendo quando alcançá-lo?
- » O que verei, ouvirei e sentirei quando o tiver?

CASOS E CAUSOS

David, um contador, queria tornar-se autônomo. Seu único desejo claro era ganhar o bastante em três meses. Ao responder as perguntas acima, ele descobriu que não havia entendido o que realmente queria ao trabalhar por conta própria. Seu objetivo inicial, embora determinado positivamente, era muito vago para ajudá-lo a chegar a algum lugar; era tão ruim quanto dizer: "Eu sei que não quero trabalhar para mais ninguém" (uma negativa). Em vez disso, ele seguiu o processo de objetivo bem formado e entendeu o que realmente queria fazer: ensinar outros contadores autônomos a conseguir negócios, treinando-os em técnicas de vendas baseadas em PNL.

O contexto está claramente definido?

Faça a seguinte pergunta a si mesmo: "Onde, quando, como e com quem eu quero atingir a minha meta?" Essa pergunta é muito boa para ajudá-lo a ajustar o que você quer, eliminando o que não quer. Por exemplo, se você sabe que não gostou daquelas férias na Lua, então sua meta de "eu quero minha própria casa de veraneio" excluiria a Colônia Lunar imediatamente ou, se os marcianos não forem o seu tipo preferido de pessoas, você saberá que não quer se estabelecer em Marte.

Ao definir quando quer algo, você pode, ao longo do processo, identificar os passos que precisam ser tomados antes de conseguir o que quer. Por exemplo: "Eu quero minha própria casa de veraneio apenas quando puder pagar alguém para mantê-la" pode fazer com que você constate que precisa de uma renda de 50 mil reais por ano antes de comprar o seu refúgio de férias.

CASOS E CAUSOS

Quando Kate foi coach de Simon, dono de uma pequena empresa que queria expandir seu negócio no ramo de tecnologia, seu primeiro resultado esperado era construir um anexo para seu negócio nos fundos de casa. Como resposta à pergunta sobre o contexto, seu objetivo passou a ser a premissa de encontrar um escritório longe de casa. Ele percebeu que seu negócio estava afetando sua vida familiar. O resultado feliz foi que sua equipe de seis funcionários mudou-se para um luxuoso prédio comercial, próximo a uma universidade, com aluguel baixo e com espaço que permitia a expansão do negócio. A esposa e ele recuperaram os dois cômodos principais da casa, com o bônus de ter a qualidade do tempo de lazer, sem o incômodo de "morar em cima da empresa".

Os recursos necessários estão identificados?

As perguntas abaixo o ajudam a identificar o que você precisará, como pessoas, conhecimento e tudo o mais, para satisfazer o seu resultado. Elas o ajudam a recordar experiências passadas nas quais você utilizou recursos que podem ser úteis no exercício atual. Para dar a você uma noção das variadas respostas que podem ser úteis, nós também listamos aquelas que Peter (que quer aprender a voar de asa-delta, mas tem medo de altura) daria.

- **Que recursos tenho agora?**

  Peter: "Tenho o desejo de aprender e amigos que praticam voo de asa-delta que podem me orientar. Sou atlético e aprendo facilmente novos esportes. Não pode ser tão diferente de esqui aquático."

- **Que recursos preciso adquirir?**

  Peter: "Preciso superar o meu medo de altura; para isso, procurarei um terapeuta ou um hipnoterapeuta que possa me ajudar. Também preciso encontrar um clube onde possa contratar um instrutor e alugar uma asa-delta. Preciso ajustar meus horários para ter tempo de praticar meu novo hobby."

» **Tenho evidências de já ter alcançado este tipo de meta anteriormente?**

Peter: "Bem, eu aprendi a esquiar, mas como foi assustador passar por aquela primeira pista verde (de dificuldade fácil). Mas eu insisti e agora consigo fazer as descidas pretas (as mais difíceis)."

» **O que acontece se eu agir como *se* tivesse os recursos?**

Peter: "Ah, posso me sentir voando e não sinto frio na barriga quando olho para baixo. Nunca pensei em deixar a terra firme sem metal sob meus pés. Mal posso esperar para voar!"

LEMBRE-SE

Agir como se tivesse os recursos agora o ajuda a identificar e substituir as crenças que podem prendê-lo. Também permite que você experimente a dimensão do resultado — você pode mudar de ideia neste ponto. Essa abordagem é uma ajuda incrível, pois pode evitar que você gaste dinheiro em equipamentos que acabarão tomando muito espaço da sua garagem, caso, mais tarde, descubra que o novo hobby não era exatamente para você.

Eu avaliei se a meta é ecológica?

ALERTA DE JARGÃO NA PNL

O dicionário define *ecologia* como "o ramo da Biologia que trata dos hábitos, modos de vida e a relação dos seres vivos e o meio que os rodeia". Na PNL, quando falamos de *verificações ecológicas*, estamos apenas fazendo perguntas para nos certificar de que seus objetivos se encaixam a todos os aspectos da sua vida. A verificação ecológica joga um raio de luz muito forte em quaisquer intenções secretas ou ganhos secundários dos quais você pode não estar ciente quando define seus objetivos. Um *ganho secundário* ou *subproduto positivo* é definido como um comportamento que parece ser negativo ou causador de problemas, quando, na verdade, ele cumpre uma função positiva em algum nível.

As perguntas a seguir são um guia que o ajudarão a delimitar o cerne dos seus desejos. Ao fazer estas perguntas, tome consciência das imagens, sons e, especialmente, sentimentos que o seu inconsciente traz. Seja empático com as respostas e ajuste-as de acordo com os seus objetivos.

» Por que eu *realmente* quero isso?
» O que perderei ou ganharei se eu conseguir?
» O que acontecerá se eu conseguir?
» O que não acontecerá se eu conseguir?
» O que acontecerá se eu não conseguir?
» O que não acontecerá se eu não conseguir?

CASOS E CAUSOS

Um dos clientes de coach de carreira de Kate, Raz, estava com um dilema. Ele era um estudante regular e havia obtido boas notas para ingressar na faculdade e estudar Artes. Sua paixão verdadeira, entretanto, era trabalhar com madeira.

Kate o encorajou a utilizar o processo de objetivo bem formado para decidir sobre o seu futuro. Ele estava certo de que queria trabalhar com algo criativo, então a graduação em Artes era compatível. Ele conseguia enxergar-se em exposições, conversando com pessoas sobre o seu trabalho. Ele sabia que era talentoso e lia sobre o assunto, por isso tinha todos os recursos de que precisava. Entretanto, quando partiu para a verificação ecológica sobre a ida para a universidade, percebeu que não queria passar anos aprendendo teoria. Descobriu que o que queria, de fato, era trabalhar junto a um marceneiro de móveis e aprender de forma bastante prática.

A meta identifica o primeiro passo que preciso dar?

Lao-Tsé, um filósofo taoista antigo, dizia que uma jornada de milhares de quilômetros sempre começa com um simples passo. Esse é um ponto que merece ser lembrado. A mudança geralmente não se dá com um avanço dramático, mas gota a gota que, aos poucos, alcançam o ponto desejado. Você precisa dividir seu plano de ação em passos concretos que o levarão aos seus objetivos.

Se você decidiu que para ser um roteirista ganhador de um Oscar precisa ingressar em um curso e começar a escrever, mas mesmo assim sempre que sentar-se para escrever, você se permitir se distrair, seu objetivo permanecerá apenas um sonho. A fim de transformar o seu sonho em uma realidade concreta, você precisa dar o primeiro passo de vital importância, porque, sem ele, pode não desenvolver o impulso para dar o próximo passo... e o passo seguinte.

Usando a Fórmula dos Quatro Pontos para o Sucesso

A fórmula dos quatro pontos para o sucesso consolida a informação sobre criar seu resultado bem formado (que descrevemos na seção anterior "Tornando-se mais inteligente do que SMART: criando resultados bem formados"). Essa fórmula pode ser aplicada às metas de longo prazo, para toda a vida, tão efetivamente quanto às metas de curto prazo.

LEMBRE-SE

É muito mais fácil acertar um alvo claramente definido e visível. Robin Hood nunca teria conquistado a Maid Marion se não tivesse mirado em seu objetivo!

Para acertar o alvo, siga os seguintes passos:

1. **Conheça o seu resultado.**

   É importante especificar precisamente o que você quer. Você pode usar o enquadramento de resultado para ajustar o resultado desejado (confira a seção anterior "Mudando para o enquadramento de resultado") e satisfazer as condições do processo de objetivo bem estruturado (na seção anterior "Tornando-se mais inteligente do que SMART: criando resultados bem formados").

2. **Tome atitudes.**

   A menos que você dê o primeiro passo, e depois os seguintes, nada acontecerá para ajudá-lo a seguir em direção à sua meta, não importa quão claramente esteja definida.

3. **Desenvolva consciência sensorial.**

   Se você tiver consciência de ver, ouvir e sentir o que não está funcionando, pode mudar seu comportamento para atingir o resultado desejado. O Capítulo 5 mostra como desenvolver a consciência sensorial.

4. **Mantenha a flexibilidade comportamental.**

   Este passo está em consonância com o seguinte pressuposto da PNL: "Nas interações entre pessoas, aquela com maior flexibilidade comportamental controla a interação." Ou, de forma mais direta: "Se não está funcionando, faça algo diferente". Veja o Capítulo 2 para uma explicação detalhada desse poderoso pressuposto.

LEMBRE-SE

Se você sempre faz o que costuma fazer, sempre conseguirá o que costuma conseguir.

Girando a Roda da Vida

Esta seção o ajudará a identificar se você tem uma vida regrada, se há espaço para desenvolvimento e quais áreas precisam ser trabalhadas para balancear a sua vida de forma simples e efetiva.

Dê uma olhada no diagrama da roda da Figura 4-1. Se você fosse preencher as "fatias" da roda com as palavras que indicam as áreas mais importantes da sua vida, quais escolheria? Elas estão relacionadas com as que já escrevemos na figura? É comum que as pessoas escolham incluir trabalho e carreira (incluindo o trabalhar em casa), finanças e dinheiro, amigos e família, relacionamentos, crescimento pessoal e aprendizagem, diversão e lazer, espiritualidade e ambiente físico.

EXPERIMENTE

Tome o centro da roda como 0 e a outra extremidade como 10. Posicione o seu grau de satisfação em cada área da vida, traçando uma linha reta ou curva, ligando cada número, para criar um novo limite externo. O novo perímetro do círculo representa a sua roda da vida pessoal. A situação ideal, obviamente, é ter todas as seções no 10, dando-lhe uma linda roda da vida como na Figura 4-1.

Em uma vida normal, no entanto, esperar atingir 10 em todas as áreas, sempre, não é algo realista. A vida simplesmente não é assim. Quando você trabalha duro, outro aspecto da sua vida pode perder a prioridade. Se tem passado muito tempo cuidando das funções domésticas, por exemplo, é improvável que esteja socializando com os amigos. Ou, ainda, se tem estudado muito para uma prova, sua rotina de exercícios pode ter sido deixada de lado.

Ao identificar aquelas áreas da sua vida nas quais o nível de felicidade não o satisfaz, você tem a possibilidade de estabelecer um objetivo bem formado direcionado àquela área. Você, por exemplo, quer pagar as contas do seu cartão de crédito e ter uma boa vida financeira ou quer se registrar em uma agência de casamentos para ter mais romance em sua vida? Ao focar o que realmente quer, você assume o controle da sua vida ao invés de apenas reagir ao que acontece.

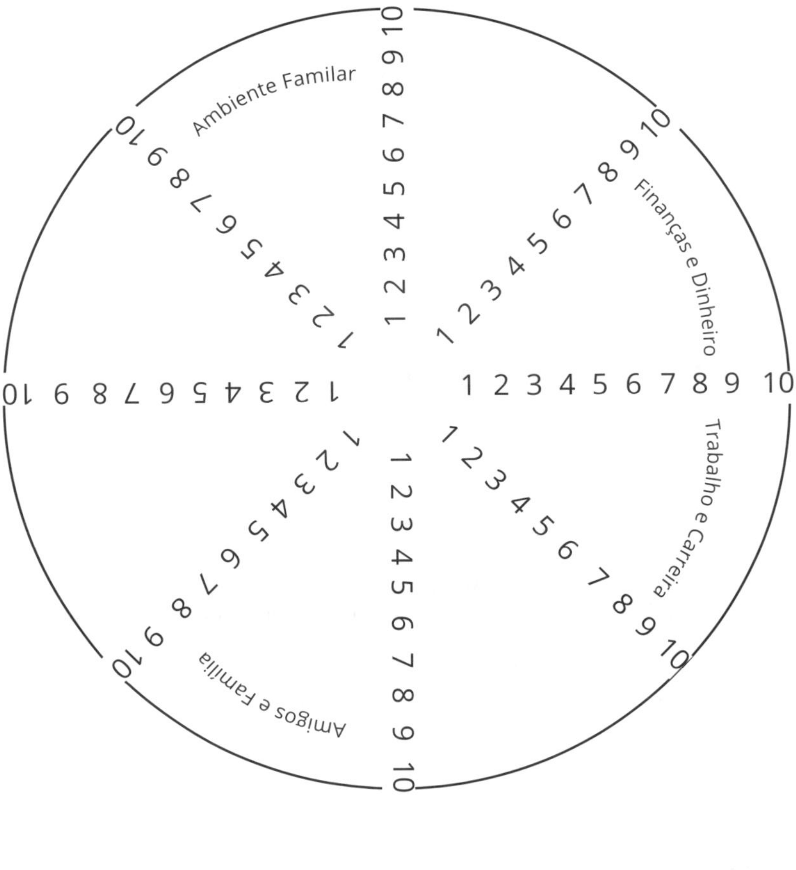

FIGURA 4-1: Um exemplo de roda da vida.

DICA

O fim do ano é sempre uma boa época para se recolher, rever toda a sua vida e estabelecer novos resultados para o ano seguinte. Você pode focar ainda mais suas metas ao desenvolver essa atividade junto a um diário de sonhos, como descrito na próxima seção.

Mantendo um Diário de Sonhos das Suas Metas

Você já marcou um compromisso e se esqueceu de anotar? Você compareceu ao compromisso mesmo assim? Em caso afirmativo, agradeça ao seu inconsciente por estar alerta. Se perdeu o compromisso, aprendeu a lição e, agora, anota todas as datas importantes?

DICA

Pense na meta como um compromisso com um resultado desejado e anote-a. A mensagem mais importante a ser tirada deste livro é: certifique-se de anotar todas as suas metas, comprometa-se com ações para alcançá-las e trabalhe em seus planos todos os dias.

ALERTA DE JARGÃO NA PNL

Você pode ler tudo sobre o seu Sistema de Ativação Reticular (SAR) no Capítulo 3. O SAR é uma rede de células nervosas que operam como um radar, direcionando sua atenção para o que é importante para você. Por exemplo, seu SAR liga a sua atenção ao carro que vem correndo em sua direção quando você está dirigindo e sua mente se distrai. SAR funciona como uma antena, filtrando oportunidades, pessoas e outros recursos que você precisará para alcançar suas metas. O seu SAR também o mantém alerta quanto a oportunidades ligadas às suas metas. Crucialmente, o ato de escrever suas metas liga o seu SAR.

Por isso, em seus workshops, Romilla recomenda que os participantes comprem ou confeccionem um "diário de sonhos". A ideia é ter um diário que seja atraente para ver e tocar, a fim de manter os participantes atraídos a ter contato com ele regularmente. Então, eles ficam mais motivados a escrever seus sonhos e aspirações e, com isso, se posicionam melhor para realizá-los.

DICA

Crie seu diário de sonhos simplesmente comprando um diário que o atraia; talvez um daqueles com a capa preta, discreta; talvez um com uma linda capa, vibrante e colorida, com fechos magnéticos.

Se você estiver num momento muito criativo, cubra um fichário comum com algum material que goste. Você pode até mesmo colocar um material acolchoado entre o fichário e o que está utilizando para cobri-lo, tornando seus sonhos uma experiência sensorial de verdade.

EXPERIMENTE

Tome algumas áreas da sua vida nas quais você gostaria de ter metas. Esse pode ser um processo um pouco envolvente, então o faça no seu tempo e saboreie cada estágio, porque o que está fazendo, de fato, é *determinar o futuro que você quer*. Basicamente, você criará seu diário de sonhos e o preencherá com seus próprios sonhos e metas. Siga estes passos:

1. **Compre ou confeccione seu diário de sonhos. Apenas esteja certo de que gostará de trabalhar com ele todos os dias; compre divisórias e canetas coloridas também.**
2. **Desenhe e preencha uma roda da vida (como a ilustrada na Figura 4-1).**
3. **Tome as áreas da vida que você quer abordar e identifique cada divisória com uma delas.**

   Você pode decidir trabalhar apenas uma ou duas áreas para começar.
4. **Pense em alguns objetivos para cada área.**

   Considere metas tanto de longo prazo (a vida toda, cinco anos, ou mais) como de curto prazo (de seis meses a um ano).
5. **Aplique o processo do objetivo bem estruturado em suas metas.**

   Relembre o assunto na seção "Tornando-se mais inteligente do que SMART: Criando resultados bem formados", anteriormente neste capítulo.
6. **Anote suas metas e inclua a data em que pretende alcançá-las.**
7. **Divida as metas em mensais, semanais e diárias, e anote-as no seu diário com as datas.**
8. **Toda noite, antes de dormir (isto leva apenas alguns minutos), olhe para os seus sonhos e faça uma lista do que fará no dia seguinte para alcançar suas metas.**

DICA

Você pode criar um quadro de visão que represente o que quer criar em sua vida. Use um quadro de cortiça ou magnético no qual possa criar uma colagem de fotografias, imagens cortadas de revistas, ou desenhadas ou pintadas por você. Você pode usar materiais como flores secas, pedaços de joias ou materiais bonitos.

DICA

Para os mais inclinados tecnicamente, você poderia criar uma versão eletrônica do seu quadro de visão, talvez como um curta com software para manter o controle das metas, atividades e lembretes.

LEMBRE-SE

Saboreie o sentimento de realização ao assinalar as metas que alcançou e o faça com gratidão tanto pelas oportunidades que está tendo quanto pelas pessoas que tem encontrado ao longo do caminho e que o ajudaram a chegar aonde está.

Só Siga em Frente

CASOS E CAUSOS

Em seus workshops "Paixão por Publicações", Kate orienta muitos novos autores em estágios variados de seus projetos; autores como Janice.

Janice investiu todo o seu tempo livre e paixão para pesquisar e escrever um guia de viagens. Em certo ponto, ela começou a perder a motivação e contou sobre um parente que diminuía seus esforços, dizendo coisas do tipo: "Não espere que alguém vá comprar este livro."

Janice estava magoada e se perguntando por que não era capaz de superar seu bloqueio de escrever. Então, ela percebeu que estava fazendo o que aquele parente negativo queria fazer, mas não conseguiu. Janice estava seguindo sua paixão, apesar de o familiar estar com uma grande inveja das suas aventuras de viagem.

Infelizmente, você encontrará pessoas no mundo que funcionam a partir de uma posição em que acreditam ter poucas ou nenhuma opção e projetam seus medos e falta de confiança nos outros. Elas odeiam o fato de os outros serem livres de tais limitações e, por isso — lembrando o pressuposto da PNL de que "não existem fracassos, apenas feedback" —, você pode ser como Janice e ter a coragem de correr atrás de seus sonhos.

2

Fazendo Amigos e Influenciando Pessoas

NESTA PARTE...

Note mais o mundo à sua volta e descubra como envolver-se melhor com ele.

Aprenda a perceber as dicas sutis que as pessoas revelam sobre si mesmas quando se comunicam.

Encontre o valor em ouvir como as pessoas usam as palavras de maneiras diferentes.

Domine as habilidades de grandes comunicadores.

NESTE CAPÍTULO

» **Explorando o surpreendente poder dos seus sentidos**

» **Entrando verdadeiramente em contato com o mundo ao seu redor**

» **Observando como as pessoas pensam de forma diferente**

» **Observando e decifrando os movimentos oculares das pessoas**

Capítulo 5

Vendo, Ouvindo e Sentindo Seu Caminho para uma Comunicação Melhor

No Capítulo 1, nós o introduzimos aos quatro pilares principais da PNL. Um destes importantes elementos é o que a PNL chama de *acuidade sensorial*, a habilidade de entender como as pessoas percebem o mundo e criam suas próprias realidades através de seus sentidos.

Por um minuto, imagine uma criatura especial com percepção pessoal altamente desenvolvida. Bem, na verdade, esta criatura é você. Você caiu neste mundo como um novo bebê humano, pronto para descobrir tudo sobre o ambiente à sua volta. A menos que tenha nascido com algum tipo de debilidade, você nasce como uma pequena máquina de aprender, com olhos, ouvidos e senso de olfato, paladar e tato; além da característica humana mais distinta — a habilidade de vivenciar uma conexão emocional com os outros.

Ao passo que se desenvolve, você forma mapas mentais do mundo e adquire hábitos de pensamento e comportamento no decorrer da infância. Descobre como aprender sobre o mundo de maneiras que funcionam mais para você ao observar, tocar, sentir o gosto e o cheiro das coisas, além de ouvir as palavras.

A PNL o estimula a se tornar curioso a respeito de como você forma esses mapas mentais. Compreender como você utiliza seus sentidos para representar suas experiências o capacita a reparar como suas percepções são delineadas, influenciando, assim, sua habilidade de se comunicar com outras pessoas. O foco da PNL na consciência sensorial se encaixa perfeitamente com o aumento recente do interesse no conceito de *mindfulness*, que defende a atenção no momento presente sem fazer qualquer julgamento sobre o que notamos.

Você já ouviu que quando não utilizamos uma habilidade nós a perdemos? Através das suas experiências de vida, você se torna condicionado, o que pode fazer com que fique um pouco preguiçoso quando o assunto é aprendizado. Ao descobrir que é bom em fazer algo de certa maneira, aquele será o método que seguirá utilizando. Então, suponha que, quando criança, você pintava quadros, cantava ou dançava, e adorava fazer isso, e recebeu apoio de um professor. Claramente, você era mais propenso a concentrar mais atenção naquela área bem-sucedida, na qual mostrava mais possibilidades do que em outras atividades.

O mesmo pode acontecer com sua acuidade sensorial. Você se torna muito bom na utilização de um método de pensamento, processamento e, de fato, em compartilhar informações em um contexto particular, que fica mais natural focar conscientemente naquele sentido do que nos outros. É claro que você utiliza seus outros sentidos, mas não está consciente deles. Por exemplo, quando assiste a um filme em 3D, pode não estar tão consciente da trilha sonora quanto das imagens em frente aos seus olhos.

Leonardo da Vinci dizia que um ser humano comum "olha sem ver, escuta sem ouvir, toca sem sentir, come sem saborear, movimenta-se sem a consciência física, inala sem a consciência do odor ou da fragrância e fala sem pensar".

Que convite para o desenvolvimento pessoal!

Neste capítulo, nós o convidamos a testar algumas maneiras novas de se envolver com o mundo, ajustando seus incríveis sentidos e percebendo que diferenças acontecem na sua vida ao fazer isso. Você pode esperar ansiosamente pela diversão e autoconhecimento ao longo do caminho.

Entendendo os Sentidos

O modelo da PNL descreve a forma pela qual você experimenta o mundo externo — que, por falar nisso, é chamado de vida real — através dos seus cinco sentidos: visão, audição, tato, olfato e paladar.

DOMINANDO SUA MENTE

Em seu livro, *Admirável Mundo São*, a comediante Ruby Wax oferece um relato honesto de sua experiência de conviver com a depressão e descreve sua jornada de aprendizado de como autorregular seus humores e emoções. Ela descreve sua depressão em termos cinestésicos, como "sendo um cadáver, sem sensação de pele ou outras extremidades, como dedos ou pernas. Sou essa coisa vazia... tudo é nada".

Ruby estava tão motivada em superar sua doença que passou a estudar mindfulness, neurociência e psicoterapia em instituições líderes, incluindo a Universidade de Oxford. Ela argumenta que somos obcecados em nos manter ocupados como distração das maiores questões filosóficas da vida que achamos difíceis de responder, como o que realmente deveríamos estar fazendo com nosso tempo limitado na Terra. Quando estamos ocupados ganhamos status e nos sentimos importantes, mas ainda assim perdemos a ligação do que realmente nos faz feliz. Com uma carreira televisiva, Ruby ficou viciada na fama, na velocidade e no desejo de fazer e ter mais; ela sofreu com uma sensação real de vergonha e vulnerabilidade quando sua popularidade diminuiu.

Ruby aprendeu a reconhecer o momento crítico de estar nas nuvens quando era criativa e produtiva até entrar em colapso como resultado de atividades excessivas focadas no sucesso. Ao aprender mindfulness, ela descobriu um antídoto para a acumulação prejudicial do hormônio cortisol que pode levá-la à depressão. Práticas de mindfulness que envolviam todos os sentidos a levavam de volta a uma base calma e a permitiam identificar sinais de aviso de exageros; elas aguçaram seu foco e a permitiram manter um estado mental saudável.

Repare o que acontece dentro da sua cabeça e no seu corpo, por exemplo, quando escrevemos: "Pense numa refeição deliciosa que você já comeu." Você pode ver uma imagem da mesa cheia de pratos coloridos, ouvir o som dos talheres e um garçom lhe falando a respeito dos pratos do dia ou um amigo batendo um papo na cozinha. Talvez você note uma expectativa gostosa dentro de você enquanto os aromas da comida enchem o ambiente, ouve o som de uma garrafa de vinho sendo aberta ou sente um copo de água bem gelada em sua mão; então, você prova a primeira garfada: uma experiência deliciosa e multissensorial. E você está apenas pensando sobre isso!

Até agora, você pode não ter pensado em *como* você pensa (o processo), apenas no *que* pensa (o conteúdo). No entanto, a qualidade do seu pensamento determina a qualidade da sua experiência. Então, o *como* é tão, ou mais, importante do que o *conteúdo*.

Esta seção faz uma introdução de algumas dimensões dos seus processos de pensamento, dos quais você pode nunca ter tomado consciência anteriormente. Ao passo que você abre sua consciência para como pensa e compreende o mundo, alguns fatos interessantes acontecem. Você passa a perceber que pode controlar como pensa sobre uma pessoa ou situação. Você também percebe que nem todo mundo pensa como você, até mesmo sobre os eventos cotidianos mais mundanos, que parecem tão claros e óbvios para você. Pode decidir que a vida pode ser bem mais gratificante quando você passa a pensar de forma diferente ao dar mais atenção a sentidos diferentes.

Filtrando a realidade

Ao vivenciar a realidade, você filtra e faz uma seleção das informações do seu ambiente em três vias, conhecidas na PNL como visual, auditiva e cinestésica — VAC, para encurtar (ou VACOG se incluir os aspectos olfativo e gustativo):

- **Dimensão visual:** Algumas pessoas enxergam *imagens* claras das *visões*.
- **Dimensão auditiva:** Outras pessoas têm afinidade com *ouvir* os *sons*.
- **Dimensão cinestésica:** Um terceiro grupo percebe os aspectos *emocionais* ou *táteis* — elas vivenciam uma *consciência corporal* (para nossos propósitos, nós incluímos o olfato e o paladar neste grupo).

Por um momento, pense na sua experiência ao ler este Para Leigos. Todos que pegam este livro percebem o visual, o som e o sentem de forma diferente. Pegue três leitores individualmente. O primeiro escolhe o livro por causa do layout simpático e charges engraçadas. O segundo aprecia o que é dito e discutido no texto. O terceiro gosta da textura ou do cheiro do papel, ou tem certeza de que será muito interessante ter contato com ele. Talvez sua experiência com o livro seja uma mistura destes três sentidos.

Confira você mesmo. Ao utilizar este livro, repare como você prefere absorver informações. Observe quais páginas prendem mais a sua atenção. O que funciona melhor para você? Você é mais influenciado pelas palavras, figuras ou sensações das páginas?

No dia a dia, você acessa naturalmente seus sentidos VAC. No entanto, em qualquer contexto específico, especialmente quando sente-se estressado, um sentido pode ser dominante. À medida que se torna mais sensível às três vias de sentidos (visual, auditiva e cinestésica) no trabalho e lazer, nós prometemos que você será beneficiado por este exercício.

Imagine, por exemplo, que você queira mudar um cômodo da sua casa. Você pode ter pensado sobre esta tarefa apenas em termos visuais — que cores escolher para as paredes ou que estampas para os tecidos. Se começar a envolver a dimensão auditiva, pode pensar sobre os sons dos objetos no cômodo, aquele piso que range, a música ou papos que quer ouvir e ter nele, e como acabar com o barulho do trânsito lá fora ou deixar entrar o som dos pássaros cantando. Ou, o que acontece se você considerar o espaço em termos de textura — a dimensão cinestésica? Talvez, então, você escolha um tapete felpudo e aveludado ou de palha. Você pode ter paredes de tijolo aparente ou preferir um novo acabamento de gesso lisinho, dependendo da sensação que mais o atrai.

No contexto do aprendizado, quando você ouve falar de VAC, pode começar a ter experiências com formas diferentes de absorver informação. Digamos que, no passado, você tenha estudado algum idioma ouvindo CDs em seu carro. Talvez agora, em vez disso, você possa fazer mais progresso ao assistir filmes e peças estrangeiras, ou ao praticar esportes, marcando jantares ou tendo aulas de dança com nativos daquela língua. Quando as pessoas descobrem como desenvolver suas habilidades de acesso a imagens, palavras e sensações, elas frequentemente descobrem talentos dos quais não tinham conhecimento.

CASOS E CAUSOS

Quando Kirsty começou a aprender italiano com sua amiga Paola, em Abruzos, ela, inicialmente, queria ver tudo por escrito para que se lembrasse da pronúncia que tinha ouvido e sentia que deveria aprender o vocabulário por repetição. Paola a encorajou a relaxar em um sofá bem confortável após cada lição, ouvir o que havia praticado anteriormente e deixar que as palavras fossem absorvidas naturalmente. Essa abordagem salvou Kirsty de ficar ansiosa sobre como lembraria todo o conteúdo e tornou a experiência divertida.

Como uma professora que estudou PNL, Paola reconheceu duas coisas importantes: alunos aprendem melhor quando estão em estado de recursos; e alunos têm suas próprias formas de aprender.

ALERTA DE JARGÃO NA PNL

Um *estado de recursos* é um daqueles estados em que você é capaz de estar aberto e curioso para aprender, e é capaz de acessar todos os recursos de que precisa para resolver qualquer problema com que esteja lidando. Os recursos que você acessa podem ser internos — como sua característica natural de desejo de aprendizado — ou externos — que incluem outras pessoas ou dispositivos técnicos. Em um estado de recursos, você tem a sensação de que está se comportando "com um propósito", em que tem opções, em vez de "por efeito", em que você se sente sem poder e que aquela vida é o que acontece com você.

ALERTA DE JARGÃO NA PNL

Na linguagem da PNL, os diferentes canais através dos quais os seres humanos representam ou codificam informações internamente utilizando seus sentidos são chamados de *sistemas representativos*, também conhecidos como *modalidades*. (Em PNL, falar sobre a modalidade visual é o equivalente a falar do sistema representativo visual.) Você também pode ouvir especialistas em PNL falarem em sistemas rep., para abreviar, preferências VAC ou sistema representativo preferencial. Características visuais, auditivas e cinestésicas formam os sistemas representativos principais. As *submodalidades* são as características de cada sistema representativo, tais como cor e brilho (visual), intensidade e tom (auditivo) e pressão e temperatura (cinestésico).

As palavras sensoriais específicas (como "imagem", "palavra", "sentimento", "cheiro" ou "paladar") que utilizamos — sejam elas substantivos, verbos ou adjetivos — são chamadas de *predicados*. Mais exemplos destes predicados são dados na Tabela 5-1, que você pode encontrar na seção "Construindo rapport através das palavras", mais adiante neste capítulo.

Ouvindo como as pessoas pensam

Seres humanos fazem naturalmente uma mistura rica e estimulante das dimensões VAC, ainda que tendam a preferir uma modalidade sobre outras.

EXPERIMENTE

Como você decide se você ou os outros têm uma preferência pela dimensão visual, auditiva ou cinestésica? Para descobrir mais sobre suas modalidades primárias, experimente o divertido questionário a seguir em você mesmo e com amigos e colegas — este não é um teste científico, mas leva apenas alguns minutos para ser feito:

1. **Para cada uma das afirmativas seguintes, circule a opção que melhor o descreve.**

   1) **Eu tomo decisões importantes baseado em:**
      a) Seguindo minha intuição
      b) Nas opções que me parecem melhores
      c) O que me parece certo

   2) **Quando participo de uma reunião ou apresentação, eu a considero bem-sucedida quando as pessoas:**
      a) Ilustram os pontos-chave claramente
      b) Articulam argumentos plausíveis
      c) Entendem as questões reais

   3) **As pessoas sabem se estou tendo um dia bom ou ruim:**
      a) Pelo jeito que me visto ou me apresento
      b) Pelos pensamentos e sentimentos que exponho
      c) Pelo tom da minha voz

   4) **Se eu tenho um desentendimento, sou mais influenciado:**
      a) Pelo som da voz da outra pessoa
      b) Por como a outra pessoa olha para mim
      c) Pela conexão com os sentimentos da outra pessoa

   5) **Eu sou muito consciente:**
      a) Dos sons e barulhos à minha volta
      b) Do toque de roupas diferentes em meu corpo
      c) Das cores e formas à minha volta

2. **Copie as letras das suas afirmações preferidas de acordo com o seguinte:**

1a C	4a A
1b A	4b V
1c V	4c C
2a V	5a A
2b A	5b C
2c C	5c V
3a V	
3b C	
3c A	

3. **Some quantos Vs, As e Cs você tem.**
4. **Confira como se saiu!**

Você obteve mais Vs, As ou Cs, ou seu total foi empatado? Confira suas preferências a seguir e veja se nossas explicações fazem algum sentido para você:

» **V — visual:** Uma preferência visual pode significar que você é capaz de ver seu caminho claramente, ficar de olho nas coisas e ter visão de longo prazo. Você pode gostar de imagens visuais, design, assistir a esportes e dos símbolos envolvidos no estudo da Física, Matemática ou Química. Pode ter necessidade de viver ou trabalhar em um ambiente com design bastante atraente.

» **A — auditiva:** Uma preferência auditiva pode significar que você é capaz de se conectar com novas ideias, manter relacionamentos harmoniosos e que fica feliz em saber mais sobre as pessoas e ouvir as opiniões dos outros. Você pode gostar de música, teatro, escrever, falar e de literatura. Talvez seja muito ligado aos sons do seu ambiente.

» **C — cinestésica:** Uma preferência cinestésica pode significar que você é capaz de lidar com novas tendências, manter o equilíbrio e manter-se com os pés no chão. Você pode gostar de esportes de contato, atletismo, escalada e trabalhar com materiais. Você pode trabalhar com eletrônica, artesanato, ser cabeleireiro ou na construção civil. Você pode ser sensível a texturas e sensações do seu ambiente.

Na Inglaterra e nos Estados Unidos, pesquisadores estimam que o visual é o estilo dominante em aproximadamente 60% da população; o que não é de se estranhar, dado o bombardeio visual diário que sofrem.

LEMBRE-SE

Tenha cuidado ao rotular as pessoas como visuais, auditivas ou cinestésicas — uma generalização grosseira. Em vez disso, pense nas pessoas como tendo uma preferência ou comportamento habitual em um contexto particular, não identidades. Também esteja ciente de que um sistema não é melhor ou pior do que os outros. (É necessário operar em todos os modos diferentes, mesmo que isso aconteça inconscientemente.) Os sistemas são simplesmente caminhos diferentes de absorção, processamento e expressão de informações enquanto vivenciamos o mundo à nossa volta. Afinal de contas, cada ser é único.

Ouvindo o Mundo das Palavras

A noção de consciência sensorial não é nova; nasceu nos tempos do filósofo grego antigo Aristóteles, que falava a respeito dos sentidos em seu livro *Da Alma*. O psicólogo do século XIX William James foi o primeiro a discutir a primazia das modalidades, à qual a PNL se refere como os sistemas representativos visual, auditivo e cinestésico (confira a seção anterior "Entendendo os Sentidos").

Antigamente na PNL, seus idealizadores, Richard Bandler e John Grinder, ficaram fascinados por como as pessoas utilizavam a linguagem de formas variadas. A noção geral da PNL das modalidades surgiu de seus seminários e grupos de estudo, quando identificaram padrões de fala ligados aos sentidos VAC. Pessoas representam suas experiências através de seus sentidos, e então a PNL passou a chamá-los de sistemas representativos (ou modalidades).

Os sistemas representativos são muito mais do que canais de informações absorvidos através dos olhos, ouvidos e mãos. O termo se refere a todo um sistema complexo de atividades, que incluem recebimento, processamento, armazenamento, recuperação e expressão.

Por exemplo, você pode receber uma informação através dos seus olhos — tal qual a imagem do rosto de uma pessoa querida — e processar mentalmente aquela informação, armazená-la para o futuro, recuperar essa memória da próxima vez que se sentir um pouco triste e dizer a si mesmo: "Deixe pra lá, as coisas vão melhorar amanhã." Tudo isso acontece fora da sua consciência.

A linguagem diária que você utiliza fornece dicas para o seu sistema representativo preferencial, aquele que você desenvolve ao longo da sua vida. Para reforçar suas próprias habilidades de comunicação, ouça os tipos de palavras que as pessoas usam e pergunte a si mesmo se elas são visuais, auditivas, cinestésicas ou neutras (sem especificidade sensorial). Você pode encontrar todos os tipos de dicas, como o que está acontecendo dentro da cabeça das pessoas e se elas são mais reativas a imagens, palavras ou sons. Você pode, então, perceber que tipo de linguagem é a indicada para obter a melhor resposta de uma pessoa.

Espiando o mundo da sinestesia

A sinestesia acontece quando um sentido faz outro ser estimulado também. Neil Harbisson explica a sinestesia de maneira brilhante em seu TED Talk em que explica como "ouvir as cores" mudou sua vida. Neil nasceu com daltonismo, o que significa que vivia em um "mundo preto, branco e cinza". Ele colaborou no desenvolvimento de um olho eletrônico que é um sensor de cores. Ele envia frequências de cores para um chip na parte de trás de sua cabeça, que o permite ouvir frequências diferentes. Ele diz: "A vida mudou drasticamente desde que passei a escutar as cores, porque elas estão quase em todos os lugares." Para ele, ir a uma galeria de arte é como ir a um concerto. Agora ele se veste de acordo com as cores que soam bem para ele e organiza sua comida no prato para comer sua música favorita. Para enriquecer sua vida, Neil criou uma sinestesia de cor e som, ainda que artificialmente induzida.

Agora você deve estar pensando: "Isso é tudo muito interessante, mas como posso usar essa informação?" A seguir há um pequeno pedaço de uma sessão na qual Romilla usou esta técnica para ajudar uma cliente. Jane estava tão estressada que seu desempenho no trabalho começou a ser afetado e ela estava com medo de perder o emprego. Jane teve problemas quando criança, o que a deixou muito sensível às emoções e expressões faciais das pessoas à sua volta. Ela trabalhava em um departamento em que se sentia incluída e segura — até a chegada de um novo chefe. Ele não era a pessoa mais sensível do mundo e quem trabalhava para ele sentia que sofria bullying.

Durante sua sessão de coaching, Jane percebeu que começava a se sentir estressada sempre que passava pela porta e entrava no escritório. Ela via a tensão nos rostos de seus colegas e ficava estressada imediatamente; uma sinestesia visual e cinestésica negativa.

Romilla: "Então, Jane, o que acontece quando você fica estressada?"

Jane: "Fica difícil de respirar e parece que alguém está apertando meu peito. Eu não consigo pensar direito." (Jane apertou o punho na altura do plexo solar para demonstrar como se sentia.)

Romilla: "Você falou muita vezes sobre o quanto se sentiu bem quando passeou pela praia em Ibiza. Agora, imagine-se andando pela praia e, enquanto se vê nessa imagem, como se sente?"

Jane: (Inspira profundamente e seu rosto e corpo relaxam visivelmente.) "Eu consigo respirar novamente e minha mente está limpa. Ah! E consigo sentir a areia entre os dedos dos pés. Ah, e as ondas, elas fazem bastante barulho."

Romilla ajudou Jane a criar uma sinestesia visual/cinestésica entre ver a si mesma na praia e sentir-se relaxada. A mente de Jane conectou-se, então, às modalidades auditiva e cinestésica.

Construindo rapport através das palavras

Em nossas próprias sessões de treinamento, nós testamos frequentemente o método dos sistemas representativos e observamos como grupos com as mesmas preferências podem construir rapport tão fácil e rapidamente. Tais pessoas acham que se relacionar com aqueles que "falam a sua língua" é naturalmente mais fácil.

Então, o que você pode fazer quando percebe que está falando uma língua "diferente" e a conversa fica mais difícil? Comece por ouvir mais e identificar a linguagem preferencial da outra pessoa. Então você estará em ótima posição para ajustar seu padrão de linguagem até que ele se alinhe com aqueles à sua volta e, por consequência, construirá rapport através das similaridades de seus padrões de comunicação.

A Tabela 5-1 lista algumas das palavras e frases sensoriais específicas — os predicados VAC, mencionados previamente na seção "Filtrando a realidade" — que você ouve as pessoas dizerem. Você pode começar a montar sua própria lista e observar quais palavras são ditas ou escritas por você com frequência. Quando tiver dificuldade em se comunicar com certas pessoas, observe se você está preso em vícios da sua própria linguagem.

TABELA 5-1 Expressões e palavras VAC

Visual	Auditiva	Cinestésica
Brilho, em branco, claro, cor, turvo, focado, gráfico, iluminado, discernimento, luminosidade, perspectiva, visão	Discutir, perguntar, surdo, debater, alto, harmonia, melodia, sinceridade, pergunta, ressoar, dizer, gritar, guincho, cantar, contar, tom, pronunciar, vocal, berro	Frio, elasticidade, excitação, percepção, firmeza, fluxo, agarrar, movimentar, empurrar, sólido, estalo, toque, pisar, peso
Parece com...	Soa como...	Sinto como...
Um vislumbre de realidade	Como você diz	Remodelamos o trabalho
Cuidamos dos nossos interesses	Ouvi da boca dele	Mover-se
É um jeito novo de ver o mundo	Quem está cantando a melodia?	Atingir o objetivo
Agora, olhe aqui	Fácil de ouvir	Ter uma sensação
Está claro	Importante me fazer esta pergunta	Entender/Compreender o problema
Colírio para os olhos	Palavra por palavra	Dor de cabeça
Entendo (vejo) o que você quer dizer...	Estamos no mesmo nível	Duro como uma rocha
Luz no fim do túnel	Sintonize com isto	Um passo de cada vez
Parece que...	Música para os meus ouvidos	Conduzir uma organização
Que dia brilhante	Parece familiar	A pressão é grande

RICO OU DIGITAL?

CASOS E CAUSOS

Em qualquer meio social, as pessoas desenvolvem seus próprios estilos de linguagem rápida com colegas, amigos e familiares. Escute um grupo de médicos, adolescentes ou construtores; eles têm suas próprias maneiras de comunicar uma mensagem de forma rápida e eficiente.

Baseados em nossa experiência pessoal, podemos generalizar de forma segura que muitas pessoas da área dos negócios, e especialmente aqueles que trabalham com TI, estão altamente familiarizadas com seu estilo próprio de linguagem digital. Cercados por tecnologia, eles se esquecem de como inserir qualquer palavra sensorial específica em sua comunicação (até que descubram a PNL, lógico!)

Questões de comunicação surgem quando pessoas de quaisquer grupos são expostas a outros grupos. Com muita frequência, pessoas não entendem a linguagem corporativa. Apenas compare o roteiro de uma apresentação de *Morte por Powerpoint* em empresas por todo o mundo com o discurso inspirador "Eu Tenho um Sonho", de Martin Luther King, e você entenderá por que muitos executivos cochilam em frente a seus computadores no meio da tarde.

A solução está na paixão. Quando uma pessoa vive sua paixão e deseja dividi-la com o mundo, ela naturalmente envolve todos os seus sentidos e essa realidade é refletida nas palavras que ela fala. Se você analisar os discursos de Barack Obama ou Winston Churchil, ou a narração de uma série de TV sobre o renomado naturalista David Attenborough, perceberá a riqueza e a utilização das palavras sensoriais específicas nesses discursos.

Também existem algumas palavras olfativas e gustativas, como as seguintes: fragrância, fresco, suculento, odor, picante, salgado, cheiro, defumado, azedo, apimentado, doce e farejar.

Muitas palavras em seu vocabulário não possuem nenhuma ligação com sentidos. Estas palavras são não sensoriais e, por serem neutras, você não as conecta nem desconecta com a modalidade de outras pessoas. Palavras neutras incluem as seguintes: analisar, responder, perguntar, escolher, comunicar, complexo, educar, experimentar, favorito, imaginar, aprender, questionar, lembrar, transformar, pensar, entender, utilizar e pensar.

Quando os pensamentos e palavras das pessoas são altamente lógicas, conceituais e fora da linguagem sensorial, a PNL chama este estilo de processamento digital. Documentos de companhias de seguros são tipicamente de linguagem digital, como no seguinte exemplo: "A obrigação de prover esta informação continua até o momento em que existe um contrato de seguro concluído. Falhas no processo conferem aos fiadores, caso queiram, evitar que o contrato do seguro entre em vigor e, então, os permitem repudiar a responsabilidade."

Trazendo os tradutores

Duas pessoas às vezes podem lutar para se comunicar apesar de compartilharem pontos de vista parecidos, pois falam com estilos de linguagem diferentes. Uma pode utilizar um estilo auditivo, por exemplo, e outra um estilo visual ou cinestésico. Para ser um comunicador eficaz, você precisa ser capaz de fazer duas coisas: conhecer seu próprio estilo ou modalidade preferidos e também praticar os demais.

Você, alguma vez, já ouviu uma discussão que se pareça com a seguinte entre um gerente e um membro da equipe no trabalho? Para demonstrar os estilos de linguagem diferentes, nós mostramos os predicados (as palavras e expressões sensoriais específicas) em itálico:

Gerente (Betty): "Eu posso *ver* seu ponto de *vista* sobre sua avaliação." (visual)

Funcionário (Bill): "Bem, podemos *falar* um pouco mais sobre isso?" (auditivo)

Betty: "Está perfeitamente *claro* para mim — *preto no branco*." (visual)

Bill: "Se você *discutisse* sobre isso, o ambiente poderia ficar mais *harmonioso*." (auditivo)

Betty: "*Olhe* um pouco mais de perto. Tenho certeza de que você terá uma *perspectiva* melhor." (visual)

Bill: "Você nunca *escuta*, não é mesmo? Fim de *conversa*." (auditivo)

Betty, a gerente, permanece com a linguagem visual, e o funcionário, Bill, está preso no modo auditivo: eles estão desconectados e não fazem progresso algum.

Veja como uma terceira pessoa — talvez Bob, do departamento de recursos humanos ou de outro — pode ajudar a amenizar a disputa:

1. **Bob resume a situação no modo *visual* para Betty e no modo *auditivo* para Bill.** A conversa segue mais ou menos assim:

   "Então, Betty, parece que você tem uma *imagem clara* da situação (visual). E, Bill, você ainda tem algumas questões importantes a *serem ditas* (auditivo)." (Suas cabeças balançam concordando.)

2. **Então, Bob entra no terceiro sistema (cinestésico), que é um terreno neutro para as duas partes.**

   "Vocês dois querem *resolver* o problema, *seguir adiante* e *tirá-lo do cronograma*. Então, o que acham de *colocarmos tudo para fora* durante uma hora em minha sala, *reformularmos* o problema e, finalmente, *acabarmos com ele*?"

CASOS E CAUSOS

Uma de nossas colegas, Helen, era um pouco cética quanto às diferenças de linguagem, quando se viu, pela primeira vez, curiosa sobre a PNL. Até que viveu um daqueles maravilhosos momentos de iluminação quando descobriu seus próprios sistemas representativos e decidiu brincar com eles em casa, antes de testá-los na vida profissional. Ela percebeu como seu marido, Peter, às vezes se desligava e parecia pouco interessado quando ela queria falar sobre decisões importantes em casa. Ela perguntou a si mesma se mudar as palavras que usava daria algum resultado.

Helen disse: "Eu sempre estava pronta para falar com ele sobre grandes questões, como em qual escola matricular nossas filhas ou se nós deveríamos gastar uma bolada na reforma da cozinha, e ouvia apenas um 'sim, tudo bem' ou 'não, agora não'. Eu percebi que, tendo uma forte preferência cinestésica, eu sempre começava a conversa com: 'Peter, o que você pensa sobre XYZ?' Também percebi que ele usava muito a linguagem visual. Então, eu compreendi que deveria tentar perguntar da seguinte forma: "Peter, como você vê a questão de XYZ?" A diferença foi bastante surpreendente quando passei a jogar com isso e inseri mais palavras visuais no papo. Foi tão fácil fazer a mudança que, num instante, eu ganhei a atenção dele. Foi como mágica!"

A PNL sugere que todos temos a capacidade de desenvolver nossos sistemas representativos ao, simplesmente, mover nossos corpos ou desligar o celular para ver o que está acontecendo à nossa volta.

Como em qualquer sistema, operar uma mudança em uma parte causa um efeito em todas as outras, e esta mudança começa ao prestarmos atenção ao que está acontecendo à nossa volta.

Reconhecendo a Importância dos Olhos

A linguagem corporal oferece dicas maravilhosas dos sistemas representativos preferenciais das pessoas. Como elas respiram, param, se movimentam, seu tom de voz e tempo de fala, tudo tende a variar de acordo com o estilo visual, auditivo e cinestésico. Em particular, no início da PNL, Bandler e Grinder observaram que as pessoas movem seus olhos em direções sistemáticas, dependendo da modalidade que acessam. Esses movimentos são chamados de *pistas visuais de acesso.*

Portanto, quando as pessoas movem seus olhos em resposta a uma pergunta, você pode perfeitamente adivinhar se elas estão acessando imagens, sons ou sentimentos. Você pode estar se perguntando: por que é útil notar esses movimentos? A resposta é que você tem uma grande chance de saber, mesmo sem que o outro emita uma palavra, qual sistema ele utilizará e como você pode falar com ele de um jeito que receba uma resposta positiva. A Tabela 5-2 diz quais movimentos oculares estão associados a que modalidades.

A Figura 5-1 mostra o tipo de processamento que a maioria das pessoas executa quando move seus olhos em direções específicas. Uma pequena porcentagem da população, incluindo algo em torno da metade de todos os canhotos, tem movimentos reversos — seus movimentos oculares são uma imagem espelhada dos mostrados na figura.

TABELA 5-2 **Pistas de Acesso**

Padrão	Olhos se Movem para o ___ do Sujeito	O que Está Acontecendo no Interior	Exemplos de Linguagem
Visual construtivo	Lado superior direito	Vê imagens novas ou diferentes	Pensa em um elefante coberto de glacê rosa
Visual lembrado	Lado superior esquerdo	Vê imagens já vistas	Pensa no rosto do seu parceiro
Visual	Olhar fixo em frente	Vê tanto imagens novas quanto antigas	Vê o que é importante
Auditivo construtivo	Centro mais à direita	Ouve sons novos ou diferentes	Escuta seu nome de trás para frente
Auditivo lembrado	Centro mais à esquerda	Lembra de sons já conhecidos	Ouve a campainha da própria casa
Auditivo interno (diálogo interno)	Lado inferior esquerdo	Conversa consigo mesmo	Pergunta a si mesmo o que quer
Cinestésico	Lado inferior direito	Sensações, emoções, sentido do toque	Nota a temperatura dos dedos dos pés

A ilustração na Figura 5-1 foi desenhada como se você estivesse olhando para o rosto de outra pessoa e mostra como você vê os movimentos dela. Portanto, por exemplo, se os olhos da outra pessoa estão se movendo para cima e para a sua direita, na posição *visual lembrado*, seus próprios olhos estariam se movendo para cima e para a sua esquerda, caso esteja testando em você mesmo, em frente a um espelho.

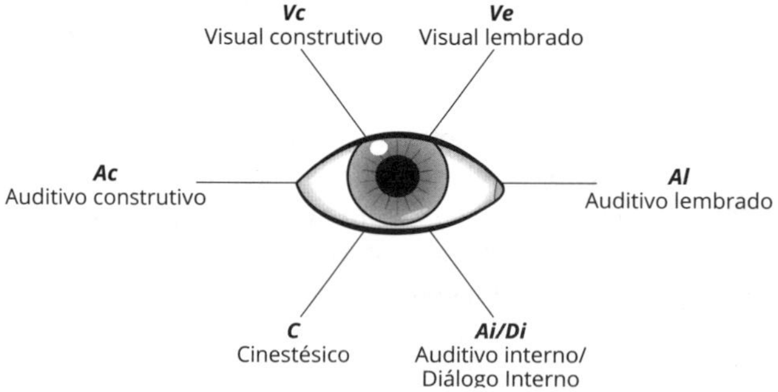

FIGURA 5-1: Pistas visuais de acesso.

IDENTIFICANDO OS SINAIS QUE ENTREGAM UM MENTIROSO

Você acha que pode identificar um mentiroso? Você pode acreditar que tem as manhas e pode ver instintivamente quando alguém está mentindo, mas muitos estudos científicos dos últimos 30 anos mostram que a maioria das pessoas consegue saber apenas quando estão ouvindo mentiras leves. Na verdade, as pessoas podem até mesmo ser enganadas com as mentiras mais ultrajantes.

Anos de pesquisa de Paul Ekman, respeitado mundialmente por seus estudos das emoções, revelam que as mentiras secretas estão escondidas nas nossas microexpressões. Em torno de 42 músculos diferentes se movimentam no rosto de uma pessoa para criar milhares de microexpressões diferentes. Essas expressões mudam o tempo todo de formas sutis e muito variadas. Tão sutis, na verdade, que se você puder descobrir como focar e ver esses movimentos super-rápidos, terá todas as informações de que precisa para identificar os mentirosos.

O problema é que, com tantas possibilidades, qualquer ser humano tem dificuldade em registrar as discrepâncias que mostram uma emoção falsa — uma mentira. Nem mesmo as máquinas mais modernas conseguem ler estas expressões corretamente o tempo todo. Então, quem pode pegar esses malandros com precisão? A pesquisa de Ekman classifica os melhores identificadores de mentirosos como sendo do Serviço Secreto dos Estados Unidos, detentos e um monge budista tibetano.

Você esperaria que agentes do Serviço Secreto fossem altamente treinados para identificar suspeitos; e detentos vivem em um ambiente de pessoas que viveram no crime e na mentira, e precisam distinguir em quem confiar a fim de sobreviver. Enquanto isso, o membro budista da pesquisa não havia passado por essas experiências, mas tinha passado milhares de horas meditando e aparentava ter a sensibilidade de ler as emoções das outras pessoas de forma muito precisa a partir de suas rápidas expressões faciais.

Ao desenvolver sua consciência sensorial — identificando esses pequenos detalhes — você pode ficar mais ligado em como as pessoas podem estar pensando em momentos diferentes. Quando tem conhecimento destas informações, você pode selecionar suas palavras para que as pessoas o escutem.

EXPERIMENTE

Neste exercício, seu objetivo é observar como os olhos das pessoas se movem, para que você possa decidir se elas estão pensando em imagens, sons ou sentimentos. Encontre um amigo que esteja disposto a participar e utilize as instruções, perguntas e os diagramas da ficha do Jogo dos Movimentos Oculares, na Figura 5-2. Cada expressão neste jogo é formulada com o intuito de atrair os sentidos — no passado ou futuro. Siga estes passos:

1. **Faça seu amigo pensar sobre algo neutro para que você possa perceber como fica seu rosto em um estado neutro.**

   Lavar louças ou dobrar meias pode ser uma sugestão segura e banal.

2. **Fale uma instrução ou pergunta da ficha do Jogo dos Movimentos Oculares por vez e preste muita atenção aos olhos de seu amigo.**
3. **Coloque flechas na Figura 5-2 para registrar a direção na qual os olhos de seu amigo se movem.**

Suas marcações devem combinar com as posições das pistas visuais de acesso (mostradas na Figura 5-1, na seção "Reconhecendo a Importância dos Olhos"), de modo que se movam para cima, para o centro ou para baixo, e para a direita ou esquerda. Quando tiver registrado os movimentos oculares de seu amigo, veja se seus olhos vão para a posição que você esperava, baseado no padrão das pistas visuais de acesso mostradas da Tabela 5-2.

Jogo dos Movimentos Oculares

1. Como a Rainha da Inglaterra aparenta na TV?
2. O que você vê quando acorda?
3. Imagine um elefante rosa.
4. Um círculo preenche um triângulo; quantas formas existem ali?
5. Lembre-se do som de uma buzina.
6. Quais foram as primeiras palavras que disse hoje?
7. Imagine o Pato Donald falando seu nome e endereço.
8. O que você diz para si mesmo quando comete um erro bobo?
9. O quão quente você gosta da água do seu banho?
10. Qual é a sensação de ter farelo de comida na sua cama?

FIGURA 5-2: A ficha do Jogo dos Movimentos Oculares.

Fazendo com que o Sistema VAC Funcione para Você

Quando você fica consciente das dimensões VAC (as quais descrevemos na seção "Filtrando a realidade"), a vida passa a ser mais interessante. Seguem algumas ideias de como você pode aplicar essas técnicas e usá-las em seu benefício:

- **Influenciando uma reunião de negócios, sessão de treinamento ou apresentação.** Lembre-se de que quando você fala para uma sala cheia de pessoas, todas elas possuem uma preferência por como recebem informações e você não sabe quais são. Infelizmente, as pessoas não têm um rótulo em suas testas informando o que querem saber e como querem receber esses dados — me dê as imagens, me fale as palavras, compartilhe seus sentimentos sobre este assunto. Então, você precisa garantir que se conectará com cada uma das pessoas na sala ao apresentar suas ideias com uma variedade de formas de comunicação. Varie seus estilos de apresentação e ajude os visuais a enxergarem as informações com imagens, os auditivos a ouvirem os dados em alto e bom som e os cinestésicos a vivenciarem a informação com sentimento.
- **Tornando projetos de casa mais divertidos para todos.** Reconheça que cada membro da família tem uma forma diferente de pensar sobre um mesmo projeto. Talvez você queira aumentar a casa, redecorar um cômodo ou reorganizar o jardim. Nem todo mundo quer gastar horas conversando a respeito disso, com discussões que avançam a madrugada. Seu companheiro pode querer analisar as plantas da casa, enquanto seus filhos ficarão motivados com a chance de estarem envolvidos e sujarem as mãos com tinta ou terra.
- **Desenvolvendo suas metas para que elas sejam reais para você.** Quando você estabelece metas em sua vida pessoal ou profissional, elas se tornam reais se você utilizar todos os seus sentidos de forma eficaz. Pense em qual será a aparência das suas metas, seus sons e quais sentimentos despertará quando você já as tiver realizado e em todas as fases do processo. Praticantes da PNL se tornam hábeis em imaginar todos os detalhes de suas experiências futuras — você pode ouvir a frase "tudo colocado numa tela de cinema" para descrever como as pessoas podem criar seus próprios sonhos. No entanto, se você deseja motivar alguém (ou a si mesmo) a sair da zona de conforto, ajude a pessoa a explorar como as coisas estarão quando a tarefa e o trabalho duro estiverem concluídos.
- **Ajudando as crianças a aprenderem melhor.** É ótimo ver que a educação tem mudado radicalmente desde que saímos da escola, e os professores agora reconhecem que alunos aprendem de formas diferentes. Como pai

e/ou professor, você precisa dar suporte às crianças para entender como elas aprendem da melhor forma — e entender que o método delas pode ser diferente daquele que lhe foi ensinado ou de como prefere aprender. Estudantes visuais se beneficiam de imagens, cartazes e diagramas. Estudantes auditivos precisam ouvir o que está sendo ensinado — através de discussões, palestras e música. Os cinestésicos aprendem com aulas práticas e encenações: eles preferem colocar as mãos na massa. Professores de grupos de estudantes precisam prover uma abordagem multissensorial que funcione para todos os estilos. Crianças podem ser rotuladas como "lentas" quando, na verdade, o estilo dominante de ensino não se encaixa com sua maneira preferida de aprender. Todos estes princípios também se aplicam aos estudantes adultos.

» **Aumentando o impacto da palavra escrita.** Quando você coloca palavras no papel ou na tela — de uma descrição de trabalho, uma proposta a um cliente, informações sobre um produto ou artigo para uma newsletter da sua comunidade — você precisa ampliar seu vocabulário para chegar a todos os sistemas representativos. Para atingir todos os leitores, escolha palavras que incluam as três dimensões.

» **Conectando-se com clientes e colegas.** Hoje em dia, acontecem mais acordos de negócios por meio da tecnologia do que pessoalmente. Você pode nunca chegar a encontrar alguns dos seus clientes ou colegas, mas se comunica por telefone, e-mail ou sistemas de mensagem. Perceba que tipo de linguagem essas pessoas utilizam — você ouve uma linguagem visual, auditiva ou cinestésica? Enquanto reconhece os padrões, forme suas frases para suprir as preferências do interlocutor.

FOCANDO UM SENTIDO POR DIA

EXPERIMENTE

Enquanto lia este capítulo, você pode ter ficado mais curioso sobre como você e as pessoas com quem passa seu tempo pensam e experienciam a vida. Para aumentar ainda mais suas habilidades, você pode explorar seus sentidos de maneiras variadas, por exemplo, ficando atento a um sentido por dia.

Talvez você possa fazer de hoje um dia olfativo e prestar atenção em todas as fragrâncias, cheiros e aromas. Ou um dia visual, em que você desliga a música e foca nas paisagens, formas e imagens — e realmente vê o que está à sua volta. Um dia tátil pode ser divertido, ao sentir as texturas que o rodeiam ou ter contato com seus sentimentos em pontos específicos do seu dia.

Se você é uma criatura metódica, que leva o cachorro para passear toda manhã ou faz o mesmo caminho todos os dias, repare o que muda quando você presta atenção em um sentido por vez.

NESTE CAPÍTULO

» **Fazendo as pessoas ouvirem você em situações desafiadoras**

» **Lidando com pessoas difíceis**

» **Melhorando sua habilidade de dizer "não"**

» **Aumentando suas opções de resposta**

» **Tendo insights com as experiências dos outros**

Capítulo **6**

Criando Rapport

O rapport está no coração da PNL como um pilar central, ou ingrediente essencial, que leva a uma comunicação bem-sucedida entre dois indivíduos ou grupos de pessoas. Rapport é um caminho de respeito mútuo de se estar com os outros e fazer negócios em qualquer ocasião. Você não precisa gostar das pessoas para criar rapport com elas. Além disso, rapport não é uma técnica que você utiliza e deixa de lado quando quer, mas algo que deve fluir constantemente entre as pessoas.

Rapport é como o dinheiro: você só sabe que está com um problema quando não tem o suficiente. A primeira regra da comunicação é estabelecer o rapport antes de esperar que alguém ouça você. E esta regra se aplica a todas as pessoas e situações, independente de ser professor, aluno, esposa, amigo, garçonete, taxista, coach, médico, terapeuta ou executivo.

Não se engane achando que pode tirar o rapport da cartola instantaneamente para certas reuniões, conversas ou resoluções de problemas. O verdadeiro rapport é baseado em um sentido instintivo de confiança e integridade. Este capítulo o ajuda a focar situações em que você tem (ou não tem) rapport com alguma pessoa. Compartilhamos algumas ferramentas e ideias especiais da PNL para capacitá-lo a construir rapport e o encorajamos a fazê-lo onde tenha valor para você e de maneira que respeite todos os interesses.

Conhecendo a Importância do Rapport

A palavra rapport vem do verbo francês *rapporter*, que traduzido significa "devolver ou trazer de volta". Definido no dicionário como "relação compreensiva ou compreensão", rapport trata de estabelecer uma conexão entre duas partes. Você sabe que estabeleceu uma conexão quando vivencia um sentimento genuíno de confiança e respeito com outra pessoa, quando se compromete confortavelmente com alguém, independente do quão diferentes vocês sejam, e quando sabe que está ouvindo e sendo ouvido.

Apesar de preferir passar seu tempo com pessoas que são como você, o mundo está repleto de tipos de pessoas diferentes, todas com qualidades, opiniões e experiências específicas. O rapport é a chave para a boa influência e o sucesso tanto na sua vida pessoal como na profissional, pois trata de apreciar e trabalhar com as diferenças. Ele faz com que tarefas sejam concluídas com muito mais facilidade, permite que você forneça um bom atendimento ao cliente e aprecie receber um bom atendimento também.

Os neurocientistas mostraram que a habilidade de relacionar-se com as pessoas é essencial se você quiser mudar de um modo de operação de "sobrevivência" para o de prosperar ativamente: o rapport libera seu poder cerebral de pensar aberta e criativamente. Por fim, ele economiza seu tempo, dinheiro e energia. Que ótima maneira de se viver livre de estresse!

TEM ALGUÉM AÍ?

CASOS E CAUSOS

Você já conheceu pessoas novas e, então, se esqueceu de seus nomes quase imediatamente? Ou tinha a intenção de se concentrar e percebeu que estava perdendo o foco? Ou, talvez, deu bom dia a seus colegas, mas não teve tempo de olhar em seus olhos?

Robert Dilts conta a história de uma tribo do oeste da África e sua forma de se cumprimentar:

A Pessoa A diz: "Eu vejo você, [nome]."

A Pessoa B responde: "Estou aqui. Eu vejo você, [nome]."

Pessoa A responde: "Eu estou aqui."

Tente essa abordagem com algum amigo que tope a brincadeira! Leva apenas alguns segundos a mais do que "oi, amigo" ou "bom dia!" e faz com que você se concentre naquela pessoa e faça contato genuíno. Cumprimentar alguém dessa maneira significa que você está presente, consciente e demonstrando respeito — comportamentos cruciais para criar rapport.

Reconhecendo o rapport ao vê-lo

Você não pode tomar uma pílula mágica para adquirir rapport instantaneamente; é algo que você desenvolve intuitivamente. Por isso, para que você entenda como criar rapport e o que é importante para você em relacionamentos diferentes, preste atenção nos passos a seguir:

1. **Pense por um momento em alguém com quem você tem rapport.** Que sinais você envia e recebe dessa pessoa que permitem que você saiba que estão na mesma vibração? Como você cria e mantém o rapport?
2. **Pense por um momento em alguém com quem você não tem rapport, mas gostaria de ter.** Que sinais você envia e recebe dessa pessoa que permitem que você saiba que não estão na mesma vibração? O que atrapalha a criação e a manutenção do rapport com essa pessoa?
3. **Pense na experiência com a primeira pessoa.** O que você pode mudar em seu comportamento com a segunda pessoa de modo a criar uma relação mais forte?

Você pode pensar que a primeira pessoa (com quem você tem rapport) é alguém simples de se relacionar e que a segunda (com quem ainda não tem rapport) é uma pessoa difícil. Apesar disso, ao ser mais flexível em seu comportamento e pensamentos sobre a segunda pessoa, você pode descobrir que pode construir rapport através de ações simples.

LEMBRE-SE

Você precisa de algum tempo para conhecer e saber o que é importante para uma pessoa e não deve esperar que ela se adapte a você e ao seu estilo. Ao longo deste capítulo, forneceremos dicas para isso!

Identificando pessoas com quem queira construir rapport

Neste ponto, você deve estar curioso a respeito das pessoas à sua volta — aquelas com quem trabalha, divide a casa ou socializa. Talvez você queira conhecer melhor alguns indivíduos-chave, como o gerente de um projeto ou a família do seu novo companheiro. Talvez queira influenciar seu gerente do banco ou a pessoa que o entrevistará para uma vaga importante.

A seguir, fornecemos um modelo para ajudá-lo a pensar a respeito de qualquer um com quem deseje ter mais rapport. Nós pediremos para que escreva suas ideias e pare para pensar sobre elas, de modo que possa voltar a essas notas no futuro. Bons relacionamentos demandam investimento — tempo para construção e manutenção. Você verá que as questões requerem que você pense sobre suas necessidades e as da outra pessoa. O rapport é uma via de mão dupla.

Nome: ______________________________

Empresa/grupo: ______________________________

Qual é a sua relação com esta pessoa?______________________________

Especificamente, o que você gostaria que mudasse no seu relacionamento com essa pessoa?

____

____

Que impactos esta mudança teria sobre você? ______________________________

____

____

Que impactos esta mudança teria sobre a outra pessoa? ______________________________

____

____

Vale a pena investir tempo e energia nesta mudança? ______________________________

____

____

Com que tensões esta pessoa tem de lidar? ______________________________

____

____

O que é mais importante para a pessoa neste momento? ______________________________

____

____

Quem você conhece que tenha estabelecido rapport de forma bem-sucedida com esta pessoa e que você possa procurar? E o que você pode descobrir com essa outra pessoa? ______________________________

____

____

Que outras formas de ajuda você pode conseguir para criar rapport? ______________________________

____

____

Que ideias você tem neste momento para levar esse relacionamento adiante?

____

____

Qual é o primeiro passo? ______________________________

____

____

DICA

Às vezes você tem poucas informações sobre a pessoa com quem pretende desenvolver rapport. Se for o caso, use essa situação como estímulo para fazer sua pesquisa. Tenha curiosidade sobre o que faz a pessoa funcionar e quem pode ajudá-lo a encontrar as informações necessárias. Talvez você possa identificar um amigo ou colega em comum com a ajuda das redes sociais como o Facebook e o LinkedIn.

QUANDO O RAPPORT É MUITO IMPORTANTE

Empresas de produtos de giro rápido produzem condições de trabalho estressantes. Tome o mundo frenético das agências de publicidade como exemplo: altamente competitivo, equipes novas e jovens, temperamentos artísticos, grandes orçamentos e prazos loucos. Em um setor em que as pessoas frequentemente trabalham a noite toda, erros estão propensos a acontecer.

Em agências publicitárias de todo o mundo, você pode ter certeza de que um grande número de problemas de clientes explode a todo momento. Mídias, como jornais e revistas, surgem nas mesas dos executivos do mundo todo, e o que acontece quando o anúncio da semana passada de um cliente é publicado no lugar da mensagem nova desta semana? Muito frequentemente, ligações ansiosas vão e voltam pelas linhas telefônicas quando a propaganda errada aparece no jornal, ilustrações são perdidas e computadores falham misteriosamente, levando com eles a versão mais atualizada de um projeto importante.

Certa vez, um de nossos amigos publicitários produziu um catálogo para um cliente corporativo, no qual algumas das fotografias principais apareceram em preto e branco, mas deveriam ser coloridas. Na correria, ele não havia conferido as provas cuidadosamente. Quando as impressões foram entregues, ele ligou para o cliente, confessou o erro, desculpou-se e assumiu toda a responsabilidade pelo erro caro. Como era dono de sua própria agência, ele sabia que se ele tivesse que pagar pela reimpressão, a conta de muitos milhares de dólares sairia diretamente de seu lucro.

Do outro lado da linha, a primeira reação da jovem executiva de marketing da empresa ao ouvir sobre a falha foi a de que todo o trabalho teria de ser reimpresso; ela discutiria a situação com o chefe e retornaria a ligação.

Em uma hora, a cliente ligou novamente para dizer que o chefe havia dito que aquele havia sido um erro genuíno. Pela boa relação de trabalho entre eles, a empresa aceitaria o erro e seguiria adiante. O chefe havia lembrado das vezes em que nosso amigo fez o possível e o impossível em fins de semana e tarde da noite para entregar trabalhos dentro do prazo. O chefe também levou em conta o tempo que havia levado para entender o negócio da empresa, além da consultoria e experiências que eles compartilharam sobre o bom uso de orçamentos.

E qual é a moral da história? Simplesmente que investir tempo em construir boas relações é tão valioso quanto realizar o trabalho.

Introduzindo Técnicas Básicas para a Construção do Rapport

Ter rapport como a base para qualquer relação significa que, quando surgem questões difíceis, você pode discuti-las, encontrar soluções e seguir em frente mais facilmente. Por sorte, você pode aprender como desenvolver rapport.

O rapport acontece em vários níveis e você pode desenvolvê-lo constantemente através do seguinte:

- Os lugares e as pessoas com quem você passa o tempo
- Sua aparência, como soa e se comporta
- As habilidades que desenvolve
- Seus valores
- Suas crenças
- Seu propósito de vida
- Sendo fiel à sua identidade natural

Aguçando seu rapport com oito dicas rápidas

DICA

Para começar, experimente as seguintes formas rápidas para começar a construir rapport:

- Tenha interesse genuíno em saber o que é importante para outras pessoas. Comece a entender o outro em vez de esperar que o outro entenda você primeiro.
- Perceba as palavras-chave, as frases favoritas e a maneira de falar que a pessoa utiliza e insira esses aspectos sutilmente dentro da sua própria conversa.
- Repare como a pessoa gosta de absorver informações: muitos detalhes ou apenas uma visão geral? Enquanto fala, retribua com informações da mesma forma.
- Verifique como a pessoa usa os sistemas representativos, com linguagem visual, auditiva e cinestésica (sobre os quais você pode ler mais no Capítulo 5), e use palavras similares em suas conversas.

» Respire no mesmo ritmo da outra pessoa. Você pode fazer isso discretamente ao observar o pescoço e o peito da outra pessoa, reparando quando ela inspira e expira, e então acompanhar a respiração dela.
» Observe a intenção geral de uma pessoa — o objetivo subliminar dela — ao invés de ater-se exatamente às coisas ditas ou feitas. As pessoas podem não acertar sempre, mas trabalhe com a suposição de que as pessoas têm boas intenções.
» Adote uma postura parecida com a da outra pessoa em termos de linguagem corporal, gestos, tom de voz e velocidade da fala.
» Respeite o tempo, a energia, amigos e associações favoritas e o dinheiro dos outros. Estes itens são recursos importantes para você.

As próximas quatro seções contêm técnicas de construção de rapport mais avançadas.

Vendo a roda da comunicação e a construção do rapport

A pesquisa clássica do Professor Mehrabian, da Universidade da Califórnia (UCLA), em Los Angeles, o tornou famoso pela observação da importância relativa da comunicação verbal e não verbal. Ele concluiu que a comunicação face a face envolve três elementos-chave: o tom de voz, o comportamento não verbal (como expressões faciais) e as palavras em si. Ele também descobriu que os elementos não verbais têm pesos quando a interação envolve certa incongruência. Quando alguém diz que "está tudo bem" quando claramente não está, você notará que o comportamento e a fala dessa pessoa o influencia mais do que o que ela diz.

Por muitos anos, a regra "7-38-55%" de Mehrabian foi citada de forma errônea como a base para o impacto de toda a comunicação. Ele sugeriu que 7% do impacto deriva das palavras em si, 38% vem do tom de voz e o restante vem das expressões faciais e gestos. Mehrabian lidou com essa generalização indicando que seus experimentos eram relacionados especificamente à comunicação de sentimentos e atitudes (você pode descobrir mais sobre generalizações no Capítulo 8). A regra 7-38-55% entra em jogo quando a situação é ambígua, normalmente quando as palavras usadas para falar sobre emoções e sentimentos não são consistentes com o tom de voz ou linguagem corporal do interlocutor — veja a Figura 6-1.

Claramente, a primeira impressão é importante. Você chega às reuniões e compromissos esbaforido e perturbado ou tranquilo e controlado? Quando começa a falar, você murmura suas palavras de cabeça baixa ou as direciona confiantemente ao seu público, falando de forma alta e clara?

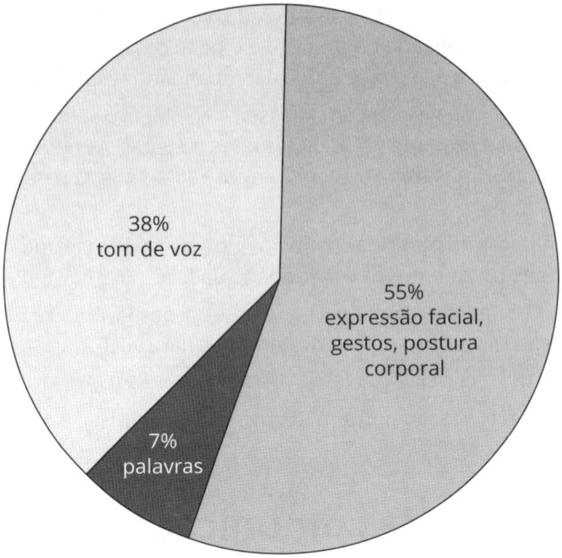

FIGURA 6-1: A regra de 7-38-55% de Mehrabian é relacionada à comunicação incongruente.

Em termos de construção de rapport, *você* é a mensagem. E suas palavras, imagem e discurso devem trabalhar em harmonia. Se você não parecer confiante — em outras palavras, se não acreditar na sua mensagem —, as pessoas não ouvirão o que você está dizendo.

Rapport envolve a capacidade de olhar no olho das pessoas, conectar-se com suas vibrações. Uma grande porcentagem da percepção da sua sinceridade parte não do que você fala, mas de como fala e de como mostra um apreço pelos pensamentos e sentimentos do outro.

LEMBRE-SE

Quando você tem rapport com alguém, pode discordar do que o outro diz ao mesmo tempo em que continuam a se relacionar de forma respeitosa. O ponto importante é conhecer as outras pessoas como os indivíduos únicos que são. Por exemplo, você pode muito bem ter uma visão política ou religiosa distinta da dos seus colegas ou clientes, mas não precisa brigar por isso. As pessoas têm preferências diferentes quanto ao que comer no jantar, e mesmo assim você concorda em discordar da sua família neste ponto.

Atente-se ao fato de que você simplesmente discorda das opiniões dos outros, e que essas diferenças não são um reflexo daquela pessoa. Vá ao Capítulo 11 para ler sobre níveis lógicos e como a PNL faz uma distinção entre crenças e valores em um nível, e identidade em um nível mais avançado. As pessoas são mais do que elas dizem, fazem ou acreditam.

Acompanhamento e espelhamento

Quando está em bares e restaurantes (ou até no refeitório do seu trabalho, caso tenha a sorte de poder comer no trabalho), já reparou como ficam duas pessoas entre as quais existe rapport? Mesmo sem ouvir os detalhes da conversa, você pode ver que aquela interação é como uma dança: as pessoas se movem naturalmente de acordo com os passos da outra. Um sentimento de compatibilidade preenche suas linguagens corporais e a forma como falam — unindo elegantemente seus movimentos e discurso. A PNL chama esta situação de acompanhamento e espelhamento.

ALERTA DE JARGÃO NA PNL

Acompanhamento e espelhamento é quando você assume o estilo de comportamento, habilidades, valores ou crenças de alguém com o objetivo de criar rapport.

Em comparação, pense em alguma vez em que, sem querer, testemunhou uma discussão embaraçosa de um casal em público, ou entre um pai e um filho na rua ou no supermercado: não uma briga, mas quase. Mesmo que estejam falando baixo, você logo percebe quando pessoas estão totalmente fora de sincronia, só com as posturas corporais e gestos. A PNL chama esta situação de *desacompanhamento.*

Acompanhamento e espelhamento são maneiras de se tornar altamente ligado a como alguém pensa e vivencia o mundo: é uma forma de ouvir com o corpo todo. O espelhamento simples acontece naturalmente quando você tem rapport.

ESPELHANDO O CÉREBRO

Uma pesquisa inicial feita por neurocientistas italianos na década de 1990 aponta células cerebrais chamadas de *neurônios-espelho* que podem possibilitar que entendamos como os outros pensam, sentem e experienciam o mundo observando suas ações. Estudos das reações do cérebro em macacos do gênero *Macaca* demonstraram que observar os outros realizando uma atividade como pegar comida cria o mesmo padrão cerebral no observador como se ele estivesse realizando a atividade. Os neurônios dispararam no córtex pré-motor dos macacos da mesma forma ao observar os pesquisadores se movendo e ao realizar um movimento de mão similar. Mais recentemente, a imagem por ressonância magnética funcional (fMRI) oferece novas evidências de propriedades extensivas de espelhamento também no cérebro humano.

Embora a função do sistema de espelhamento seja assunto de muito cuidado e ainda exista a necessidade de mais pesquisas, os cientistas estão certamente animados com a possibilidade que ele oferece para novas abordagens de condições como o autismo e a esquizofrenia, e potenciais novas terapias para vítimas de derrames.

A PNL diz que você também pode acompanhar e espelhar alguém intencionalmente para construir rapport, até que isso se torne natural. Para isso, você precisa acompanhar o seguinte:

- Posturas corporais e gestos
- Ritmos respiratórios
- Velocidade dos movimentos e níveis de energia
- Tonalidade da voz (como sua voz soa) e velocidade da fala

CUIDADO

Tome cuidado com a linha tênue entre se mover no mesmo ritmo que alguém e imitação. As pessoas sabem instintivamente quando você está tirando sarro delas ou quando não está sendo sincero. Se você decidir experimentar o espelhamento, faça isso gradualmente em situações que não ofereçam riscos ou com estranhos que você nunca mais encontrará. Não se surpreenda, no entanto, se essa técnica funcionar a ponto de estranhos resolverem ser seus amigos!

QUANDO O RAPPORT O AJUDA A DIZER "NÃO"

Talvez você seja uma dessas pessoas que preferem dizer "sim" a tudo, para ser útil e agradável com o chefe, clientes e familiares. É a primeira pessoa a levantar a mão em reuniões de comitês, aquele que organiza os bazares ou jantares beneficentes da escola, que leva e busca as crianças e é sempre quem acaba tendo que realizar todas as tarefas domésticas. Descobrir como dizer "não" às vezes é uma das melhores habilidades para a vida moderna, se quiser evitar ficar sobrecarregado e acabar adoecendo com tanto estresse.

No trabalho, um gerente pode facilmente ser tentado a pedir ao funcionário mais disposto para que faça sempre mais coisas. Veja a história de James.

Como professor de Matemática que ama seu trabalho, James achava cada vez mais difícil dizer: "Eu não vou fazer isso." Ele sentia que estava deixando as pessoas chateadas ao dizer "não" e estava correndo sério risco de ficar doente devido à sobrecarga de trabalho. Ele descobriu que simplesmente ao alinhar sua linguagem corporal à do chefe do departamento, ele se sentia mais confortável em sorrir e dizer de forma educada: "Eu adoraria fazer isso, mas meu tempo já está totalmente comprometido. Caso queira que eu assuma responsabilidades extras, você precisa decidir o que quer que eu pare de fazer a fim de ter tempo para a nova função." Desta forma, ele se recusou a assumir mais do que ele poderia realizar.

Marchando para ser um bom líder

Construir grandes relações requer que você esteja alinhado com outras pessoas. Como metáfora, a PNL compara se alinhar com pessoas a correr ao lado de um trem. Se você tentar pular direto para dentro de um trem em movimento, é muito provável que não consiga. Para pular neste trem em movimento, você precisa tomar velocidade correndo ao lado dele até que estejam se movendo na mesma velocidade.

Para liderar pessoas — influenciá-las com seu ponto de vista —, lembre-se de estar alinhado com elas antes. Essa abordagem significa ouvi-las verdadeiramente, conhecê-las minuciosamente, realmente entender de onde elas vêm e ser paciente quanto a isso.

LEMBRE-SE

Para construir rapport, o conselho da PNL é que você se alinhe repetidamente, várias vezes, antes de liderar. O alinhamento é como a PNL descreve sua flexibilidade de escolher e acompanhar, de forma respeitosa, o comportamento e o vocabulário de outras pessoas, e de como você as ouve efetivamente. Liderar é quando você se esforça para conseguir que o outro mude ao, sutilmente, levar aquele indivíduo a uma nova direção.

No mundo corporativo, empresas bem-sucedidas em introduzir grandes programas de mudança o fazem em passos calculados, permitindo aos funcionários aceitar as mudanças gradativamente. As pessoas são pouco dispostas a ser guiadas a novos métodos de trabalho até que elas tenham, antes, sido ouvidas e reconhecidas (ou seja, sintam-se alinhadas). Os líderes mais eficazes são aqueles que alinham a realidade das experiências daquelas pessoas primeiro.

Quando você assiste a vendedores eficazes em ação, pode ver como eles dominam a arte de se alinhar com o cliente e demonstrar interesse verdadeiro. (Por eficaz, nós estamos pensando naqueles que vendem um produto genuíno com integridade, em vez da abordagem ao estilo ataque de tubarão.) Eles ouvem bastante sobre quais são as necessidades do cliente — o que a pessoa realmente quer — antes de tentar vender qualquer coisa. As pessoas não gostam da tentativa de venda, mas amam ser ouvidas e falar sobre o que importa para elas. Um amigo que é negociador de antiguidades vem aperfeiçoando sua arte ao longo de muitos anos, guiando seus clientes gentilmente através do seu afeto genuíno por seus artigos, vendidos dentro de sua própria casa, e compartilhando seu conhecimento.

CASOS E CAUSOS

Quando Kate comprou um carro familiar anos atrás, ela foi a seis concessionárias diferentes em que os vendedores se apressaram em vender as qualidades daquele carro sem mostrar nenhum interesse em como o veículo se encaixava em seu estilo de vida. Naquela época, ela tinha uma família jovem e fazia longas viagens com as crianças no carro.

O vendedor que fez a venda foi o que exibiu bem suas excelentes habilidades de relacionamento e mostrou a Kate um carro prático e indicado para famílias. Ele se alinhou bem com Kate, ouvindo-a cuidadosamente, tratando-a com respeito (diferente daqueles que acharam que a decisão da compra seria tomada por seu marido) e confiou as chaves do carro para que ela pudesse dar uma volta imediatamente. Enquanto ela dirigia, ele obteve gentilmente as informações de que precisava para adequar o modelo de carro aos seus critérios de compra, percebendo que ela não aceitaria uma venda seca e direta. Dentro de meia hora, ela comprou o carro e se tornou uma defensora daquela marca e concessionária. Ela sentiu uma afeição por aquele carro que nenhum outro conseguiu corresponder desde então.

Construindo rapport na comunicação virtual

Há 30 anos, a internet e as ferramentas de e-mail eram limitadas aos laboratórios de pesquisa e aos especialistas em computação. Transações de negócios normais envolviam cheques, cartas e faxes, e a maior parte era arquivada em cópias impressas: usar o carro para encontrar fornecedores e colegas era parte de um dia de trabalho. Hoje, a vida é diferente. Obviamente, as pessoas ainda escrevem e fazem ligações — os escritórios sem papel continuam distantes (podemos falar disso por experiência com nossas mesas desorganizadas) —, mas a porcentagem de transações eletrônicas aumentou muito. As pessoas estão tuitando, blogando e gerenciando suas vidas online. Se você tem um problema com a conexão do seu computador ou fica sem acesso ao seu e-mail, pode sentir-se perdido e sem esperança rapidamente.

Equipes que mantêm reuniões virtuais não acabaram de surgir no local de trabalho; você provavelmente utiliza teleconferências para compartilhar informações ou conversar com grupos sociais. As pessoas estão confortáveis quanto ao gerenciamento de equipes de projetos multiculturais espalhadas por todo o globo e que trabalham remotamente graças à tecnologia — conferências telefônicas, por e-mail ou vídeo. Gerenciar suas finanças online ou através de suporte via internet é o padrão, não mais lidar com a equipe de uma agência bancária ou funcionários dos correios.

Nesse ambiente de contato pessoal reduzido, você perde as nuances das expressões faciais, linguagem corporal e a sutileza de poder conhecer o colega que está na mesa ao lado enquanto trabalha próximo dele. No melhor cenário, uma equipe virtual tem mais liberdade e flexibilidade de práticas de trabalho, diversidade e grande riqueza de habilidades; no pior caso, você trabalha de forma solitária, isolada e menos eficiente.

O desafio de construir rapport através do trabalho virtual é, agora, maior do que nunca. Não é de se admirar que as pessoas estejam sendo contratadas mais por suas habilidades interpessoais — a capacidade de influenciar e negociar — do que pelas competências técnicas.

Veja dez dicas para desenvolver rapport por telefone e em teleconferências:

- Tenha certeza de que todos os lugares estão conectados e podem se ouvir pelo telefone. Apresente e cumprimente as pessoas chamando um a um.
- Trabalhe com uma agenda clara. Estipule metas para a conferência e combine-as com todos os participantes.
- Certifique-se de que todos participaram da conferência. Se necessário, encoraje os participantes mais quietos a darem suas opiniões; por exemplo: "Mike, o que você acha disso?"
- Desencoraje discussões e conversas paralelas: mantenha a equipe focada em apenas um assunto, uma reunião, um cronograma.
- Fale mais devagar e de forma mais precisa do que falaria em reuniões presenciais. Lembre-se de que você não obterá dicas da linguagem corporal das pessoas.
- Preste atenção ao estilo da linguagem — verifique se as pessoas têm preferências visuais, auditivas ou cinestésicas e faça com que seu estilo de linguagem acompanhe o delas (como sugerimos no Capítulo 5) .
- Consiga a atenção de todos antes de apresentar seu ponto (caso contrário, a primeira parte da mensagem será perdida). Comece com frases como: "Existe algo que eu gostaria de mencionar aqui... é sobre..."
- Utilize os nomes das pessoas mais do que em reuniões presenciais. Direcione perguntas às pessoas e agradeça a elas por sua contribuição utilizando seus nomes.
- Visualize a pessoa do outro lado da linha enquanto ouve a conversa (ter uma foto da pessoa à vista pode ajudar).
- Resuma e verifique sua compreensão sobre os tópicos e decisões constantemente.

A internet nos deu a capacidade de nos conectarmos a muito mais pessoas do que poderíamos ver ou ouvir em tempo real. Isso cria o problema de como medir suas reações para adaptar sua resposta a fim de criar e manter o rapport com seu público. Veja algumas sugestões.

- Forneça impacto visual usando imagens vibrantes e incluindo vlogs (blogs em vídeo) em seus e-mails e site. Isso dá aos membros do seu público a chance de vê-lo e ouvi-lo quando ainda estão decidindo se querem construir um relacionamento com você. (Se você estiver preocupado em perder pessoas, não seria melhor passar um tempo de qualidade com pessoas que entendem você e sua mensagem do que desperdiçar seus esforços tentando cortejar dissidentes?)

» Imagine seu público sentado à sua frente enquanto conversa com eles. Isso o ajudará a sentir-se relaxado e confiante, o que será transmitido em sua fala.

» Adicione variedade ao seu tom de voz, sua altura, ritmo, volume e timbre, para manter seu público interessado e envolvido. Variar o ritmo da sua "conversa" o possibilita enfatizar um ponto. Isso é particularmente importante se você fizer uma pergunta retórica, porque isso dá tempo para que as pessoas processem o que você disse.

DICA

» Lembre-se de que as pessoas compram baseadas em suas emoções. Você pode usar imagens, música, perfumes, gostos e palavras para evocar a emoção desejada. A propósito, se você acha que não é um vendedor porque não tem um produto para vender, pense em ideias e conceitos como um produto. Você pode vender a ideia de uma ótima noite de diversão para seus amigos ou persuadir seu filho de que comer legumes é a melhor opção. Não importa o que você "venda", isso requer que você influencie seu "comprador" a comprar seu produto ou ideia.

CUIDADO

Verifique questões de direito autoral ao usar imagens e música para consumo público.

Sabendo Como e por que Interromper o Rapport

Em alguns momentos, você pode querer *desacompanhar* pessoas por um tempo por ter decidido interromper o rapport. O desacompanhamento é o oposto do acompanhamento ou espelhamento (que descrevemos na seção anterior "Acompanhamento e espelhamento"). Para desacompanhar alguém, seu objetivo deve ser fazer algo diferente daquela pessoa, como vestir-se de forma bem diferente, falar em tom ou velocidade diferente, adotar outra postura física ou comportar-se de forma oposta à outra pessoa.

CASOS E CAUSOS

Nós trabalhamos com uma equipe de médicos que estava sofrendo com a sobrecarga de trabalho devida a um de seus colegas estar doente há muito tempo. Na avaliação inicial, percebemos que a maioria de nossas reuniões terminava dentro de uma hora, mas mesmo assim as reuniões com um parceiro levava quase o dobro do tempo. Essa médica, em particular, tinha a fama de ser especialmente educada e prestativa com seus pacientes; ela ficou em primeiro lugar no quesito popularidade na pesquisa com pacientes. De fato, ela era uma ótima ouvinte, e os pacientes amavam sua abordagem. Contudo, para que pudesse realizar seu procedimento normal durante o tempo previsto de cirurgias, ela precisou descobrir como limitar o tempo que passava com cada paciente de forma mais disciplinada. Ela encontrou uma maneira de realizar o desacompanhamento de forma delicada e atender sua lista de pacientes.

Descobrindo como interromper o rapport delicadamente

Três mudanças específicas em seu comportamento podem ajudá-lo a interromper o rapport no curto prazo:

- **Através de sua aparência e movimentos:** Você pode se afastar fisicamente de alguém, interromper o contato visual ou utilizar uma expressão facial para passar sua mensagem. Sobrancelhas levantadas dizem muito. Virar de costas é ainda mais eficaz, apenas cuide para fazê-lo nos momentos certos.
- **Através da sua voz:** Você pode alterar a entonação ou o volume de sua voz; torne-a mais forte ou suave, alta ou baixa, e lembre-se do poder do silêncio.
- **Através das palavras:** Lembre-se daquela frase útil, "não, obrigado". Às vezes, pode ser muito difícil dizê-la, então pratique para quando for necessário. Em grupos multiculturais, retornar para sua língua nativa é outra forma clara de dizer "eu preciso de um tempo".

Você vai querer dizer "obrigado" e "até breve" muitas vezes. Perceba quais situações são mais fáceis para você lidar e quais exigem certa prática:

- **Você está fazendo um acordo:** Vendedores quebram momentaneamente a conexão com o cliente na hora de assinar o contrato. Eles se afastam e deixam o cliente avaliar a papelada sozinho em vez de permanecerem conectados com ele até a assinatura final. Esta abordagem ajuda a manter o rapport por um período longo, caso bata o remorso no comprador.
- **Você tem informações suficientes:** Talvez seu cérebro tenha chegado ao limite naquele momento e você esteja entrando em um estado de sobrecarga sensorial. Você quer tempo para pensar e digerir o que ouviu, e saber mais em outro momento.
- **Você vê outra pessoa com quem queira conversar:** De repente, em uma confraternização, você fica preso com uma pessoa chata e vê alguém muito mais interessante do outro lado do salão.
- **Você está cansado:** Todas as coisas boas têm um fim, e você precisa saber quando chega a hora de sair de uma festa e ir para casa.
- **Você está ocupado:** Em algum momento você viverá a experiência de ter muitas tarefas sob sua responsabilidade. Mantenha-se focado em seu objetivo ao invés de satisfazer os objetivos do outros.
- **Você está entrando em assuntos complicados:** Sexo, política e religião são temas a serem evitados em uma negociação. Eles também causam conversas excessivamente intensas, em que você pode querer pedir um tempo e concordar em discordar com o outro quando a discussão ficar acalorada.

JÁ BASTA

CASOS E CAUSOS

Ralph era um engenheiro muito competente e um ótimo contador de casos. Ele havia viajado muito, encontrado todos os superiores da empresa em que trabalhava enquanto subiam de cargo e tinha tido trabalhos interessantes. Todos os novatos da equipe adoravam ouvir suas histórias e façanhas nos intervalos — por um tempo.

Infelizmente, Ralph não percebia quando as pessoas já haviam ouvido o bastante. Quando os colegas estavam educadamente voltando para as suas mesas ou tentando desesperadamente deixar o prédio à noite, Ralph os cercava e os sufocava com suas histórias, ignorando os olhares entediados ou esforços de terminar a conversa. Quanto mais eles tentavam escapar, mais ele se preparava para o próximo episódio: "Deixa só eu te falar sobre..." Você tinha a impressão de que, se fosse embora e voltasse no ano seguinte, ele retomaria a narrativa do ponto em que parou.

Por fim, os membros da equipe começaram a evitá-lo. Faziam piada sobre ele pelas costas, porque ele se recusava a entender as pistas de que ele ocupava mais espaço do que o permitido. Deixaram de convidá-lo para as reuniões com medo de que ele dominasse o espaço. Seu crescimento profissional foi prejudicado. Os colegas interromperam o rapport com ele deliberadamente, e no fim quase todo o contato, a fim de proteger o próprio tempo.

Quanto mais Ralph era excluído da equipe, mais desesperado ele ficava para contar suas histórias e reunir um público em volta dele.

DICA

Saber como interromper rapport e terminar uma conversa é uma grande habilidade, principalmente se seu melhor amigo ou sua mãe quiserem bater um papo. Faça-o com consideração. Dê um feedback claro de que adoraria falar por bastante tempo caso fosse a hora e o lugar certos. Você se importa com eles, portanto, arrume um tempo para conversar que seja bom para ambos.

Compreendendo o poder da palavra "mas"

Às vezes, uma palavra bem pequena pode fazer uma grande diferença na sua habilidade de manter ou interromper o rapport. A PNL atenta a estes detalhes no padrão de conversa e, então, oferece algumas dicas úteis a serem observadas se você quiser influenciar a comunicação. O trabalho de Robert Dilts a respeito dos padrões de prestidigitação linguística tem demonstrado o poder das palavras no enquadramento das experiências das pessoas: a PNL dá a isto o nome de *ressignificação verbal*. Até mesmo simples conjunções, como "e" e "mas", fazem com que interlocutores foquem sua atenção de formas diferentes. Quando você utiliza a palavra "mas", as pessoas tendem a lembrar o que foi dito em seguida.

Com a palavra "e", as pessoas tendem a lembrar o que foi dito antes e depois. Quando você usa "embora", o efeito é ter a atenção focada na primeira parte da frase, como em: "*Hoje está nevando*, embora a previsão do tempo tenha dito que o tempo estaria limpo." Ao alterar a ordem das palavras em uma frase, você pode mudar a experiência das pessoas.

LEMBRE-SE

Atente-se ao fato de que, quando você faz um comentário, a pessoa pode captar apenas parte do que você diz. Considere o exemplo a seguir: "A empresa teve cinco milhões de lucro este ano, mas estamos encerrando as operações em São Francisco." Se você passa a notícia desta forma, as pessoas podem lembrar-se apenas do que disse após a palavra "mas". Agora, veja o seguinte: "A empresa teve cinco milhões de lucro este ano, e estamos encerrando as operações em São Francisco." Dito desta forma, as pessoas podem muito bem lembrar-se do que foi dito *antes* e *depois* do "e".

EXPERIMENTE

Descubra a diferença que pequenas palavras podem fazer na sua comunicação diária com o jogo do "sim, mas...", para três ou mais jogadores. Siga estes passos:

1. **Faça um círculo com seus amigos.**
2. **A primeira rodada começa com a Pessoa A dando uma "boa ideia".** Por exemplo: "É um dia ensolarado, que tal tirar a tarde de folga para irmos à praia?
3. **A Pessoa B responde: "Sim, mas...", e dá outra "boa ideia".** Por exemplo: "Sim, mas temos que terminar alguns trabalhos."
4. **A Pessoa C e todos os outros jogadores dão suas ideias, cada um na sua vez, sempre começando com "Sim, mas...".** Por exemplo: "Sim, mas vamos perder o almoço."
5. **A segunda rodada continua com a Pessoa A dando uma boa ideia; ela pode ser a mesma da primeira rodada ou algo diferente.** Por exemplo: "É um dia ensolarado, que tal tirarmos a tarde de folga e darmos um passeio perto do rio?"
6. **A Pessoa B responde: "Sim, e..." e dá outra "boa ideia".** Por exemplo: "Sim, e podemos fazer um piquenique no caminho."
7. **A Pessoa C e todos os outros participantes dão suas ideias como resposta, sempre começando com "Sim, e...".** Por exemplo: "Sim, e vou conferir o mapa para ver como chegar ao rio."

Reparou a diferença? Apesar da instrução de começar com uma boa ideia, parece que o uso da palavra "mas" guia a conversa naturalmente para um lugar negativo e distrai as pessoas da boa ideia inicial. Ao contrário, "e" traz sucessivas boas ideias.

Entendendo Outros Pontos de Vista

Pessoas bem-sucedidas desfrutam da flexibilidade de serem capazes de ver o mundo de maneiras diferentes. Elas captam múltiplas perspectivas, permitindo a si mesmas explorar novas ideias. A PNL oferece várias técnicas para ajudar as pessoas a construir rapport em relações muito desafiadoras, especialmente naquelas em que existe algum tipo de conflito emocional. Essas técnicas também são usadas para explorar novas formas de construção de rapport, mesmo em relações levemente problemáticas ou confusas.

Explorando posições perceptivas

Uma das formas pelas quais a PNL o ajuda a construir rapport com outras pessoas é ao distinguir pelo menos três pontos de vista distintos. A PNL chama esses pontos de *posições perceptivas*. Essa abordagem é como olhar um prédio de todos os ângulos — passar pela entrada principal, ir até os fundos e, então, olhar de cima para baixo, como na visão de um pássaro sobrevoando a construção:

- **A primeira posição** é sua perspectiva natural, em que você está totalmente consciente do que pensa e de como se sente, independente das pessoas à sua volta. Esta pode ser uma posição de poder — quando está muito certo do que quer e dos seus valores e crenças —, mas também uma posição inacreditavelmente egoísta, até que você fique consciente dos desejos das outras pessoas.
- **A segunda posição** trata de se colocar na pele das outras pessoas — imaginando como é aquela situação para elas. Você pode já ser muito bom em sempre considerar as necessidades dos outros: por exemplo, mães desenvolvem rapidamente a habilidade de cuidar de seus filhos. Você coloca o ponto de vista de alguém em primeiro lugar.
- **A terceira posição** envolve ter uma visão independente, em que você age como um observador isolado, percebendo o que está acontecendo no relacionamento. No melhor dos casos, esta é uma posição de amadurecimento a partir da qual você avalia a situação dos dois lados. Algumas vezes, no entanto, isso pode significar que você está relutante em se comprometer integralmente em uma situação — você fica em cima do muro.

Dominar todas essas perspectivas o coloca em um lugar sensato, que o permite aproveitar a vida mais plenamente.

DICA

Habitue-se a alterar seu pensamento mentalmente para a segunda e a terceira posições em uma conversa.

Investigando o metaespelho da PNL

O metaespelho é um exercício, criado originalmente por Robert Dilts, que o permite reunir várias perspectivas ou posições perceptivas diferentes. A base do metaespelho é a ideia de que o problema ou conflito pelo qual está passando é mais um reflexo seu e de como você se relaciona consigo mesmo do que sobre a outra pessoa. O enfoque do metaespelho o permite recuar e observar o problema pelo qual está passando sob uma nova perspectiva — por isso, a ideia de espelho.

O metaespelho o ajuda a se preparar para (ou avaliar) vários cenários possíveis:

- Conversas difíceis com um adolescente ou um membro da família
- Apresentações no trabalho
- Reuniões com o gerente do banco
- Negociações de contratos
- Discussões delicadas com um companheiro ou amigo
- Tentativas de se relacionar melhor com seu chefe ou colega de trabalho
- Métodos de lidar com clientes difíceis

CASOS E CAUSOS

William estava passando por uma reforma em casa e o pedreiro não estava se mantendo dentro do cronograma por estar com vários serviços ao mesmo tempo. Ao perceber que sua raiva pelo pobre pedreiro estava aumentando, Kate guiou William através das três posições perceptivas para planejar uma difícil conversa com o profissional, em vez de estimular um confronto que parecia inevitável à medida que o conflito se agravava.

William reconheceu que o pedreiro tinha sérias questões financeiras e estava passando por um período difícil com a família. "O exercício me fez parar e reconhecer que ele não estava de brincadeira comigo. Então, eu o levei para tomar uma cerveja, expliquei o quanto estava insatisfeito e nós dois combinamos um cronograma um pouco mais conciso, em que eu pagaria quantias menores à medida que o trabalho fosse concluído. Esse acordo melhorou a situação para as duas partes e evitou uma ação judicial."

EXPERIMENTE

O exercício seguinte toma quatro posições perceptivas. Você pode querer testá-lo com a assistência de um coach ou um amigo para ajudá-lo a se concentrar no processo, de forma a trabalhar apenas com seus problemas.

Para começar, escolha um relacionamento que gostaria de explorar. Talvez você queira ter algumas percepções relacionadas a uma conversa difícil ou um embate do passado ou do futuro. Determine quatro lugares no chão, que representem as quatro posições (como mostra a Figura 6-2): você pode utilizar pedaços de papel ou notas adesivas. Você deve mudar de estado movimentando-se fisicamente entre cada posição. Então, movimente um pouco seu corpo ou olhe pela janela e pense o que terá para o jantar à noite! Agora siga estes passos:

1. **Fique na *primeira posição*, seu ponto de vista, imaginando que está olhando para a outra pessoa, que está na segunda posição.** Pergunte-se: "O que estou vivenciando, pensando e sentindo ao olhar para esta pessoa?"

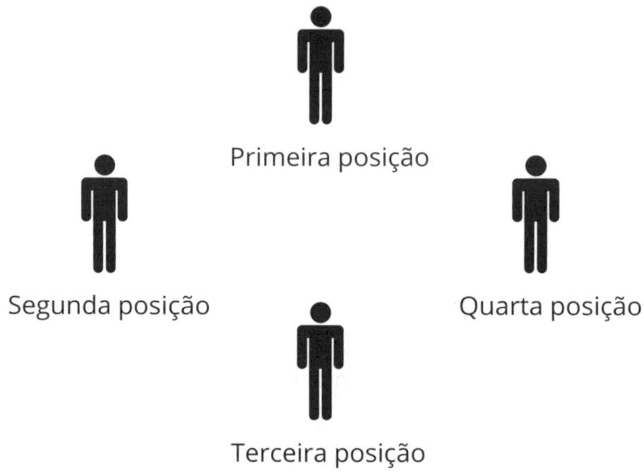

FIGURA 6-2: O exercício do metaespelho da PNL.

2. **Agora, livre-se desta percepção e vá para a *segunda posição*, imaginando que é a pessoa olhando para você (na primeira posição).** Pergunte-se: "O que estou vivenciando, pensando e sentindo ao olhar para esta pessoa?"
3. **Agora, livre-se da segunda percepção e vá para a *terceira posição*, aquela do observador independente, olhando para as duas pessoas desta relação imparcialmente.** Olhando para si mesmo na primeira posição, como você reage a esse "você"?
4. **Agora, livre-se da terceira percepção e vá para o lugar mais externo, a *quarta posição*.** Pense nos seus pensamentos na terceira posição, comparados com suas reações na primeira posição e troque-os de lugar. Por exemplo, na primeira posição, você pode ter se sentido confuso, enquanto na terceira, pode ter sentido tristeza. Independente de suas reações, em sua imaginação, troque os sentimentos pelos da posição oposta.
5. **Volte e pare novamente na *segunda posição*.** Pergunte-se: "Que diferenças sinto agora? O que mudou?"
6. **Termine voltando à *primeira posição*.** Pergunte-se: "Que diferenças sinto agora? O que mudou?"

DICA

Apesar de esses exercícios poderem parecer muito estranhos em um primeiro momento, persista. Quando você se move *fisicamente* para lugares diferentes, é importante considerar as perspectivas diferentes. Simplesmente ao mover seu corpo para outro lugar naquele ambiente, você liberta os pensamentos da posição anterior. Você também pode praticar esses exercícios ao sentar-se em cadeiras diferentes.

DICA

Nos círculos da PNL, a resistência é frequentemente citada como falta de rapport. Por exemplo, alguém pode resistir às suas investidas de ter maior contato ao ficar distante e excluí-lo de uma conversa. Ou você pode resistir a fazer um esforço para conectar-se com alguém que pareça diferente de você. Caso encontre-se em situações em que nem sempre tenha rapport com as pessoas necessárias, você pode tentar o seguinte:

» Reconheça que você está resistindo inconscientemente às pessoas ou situações nas quais está, ou que outras pessoas estão oferecendo resistência em relação a você.

» Pense nas razões que podem existir para isso, lembrando-se de que o seu inconsciente está naturalmente protegendo você (veja o Capítulo 3).

» Refine suas habilidades de construção de rapport ao acompanhar, espelhar e alinhar-se conscientemente a outras pessoas, até que estejam dispostas a se conectar com você.

Dominar sua resistência em construir rapport com alguém pode levar algum tempo, pois é preciso avaliar seu passado para entender seu comportamento defensivo. Você pode precisar da ajuda de um coach ou amigo para entender isso; por exemplo, você pode ter justificativas reais para sua relutância a se aproximar muito de alguém. Quando descobre a razão para sua própria resistência, pode dar a si mesmo a permissão para desenvolver o rapport que deseja.

NESTE CAPÍTULO

» Descobrindo os metaprogramas — seus filtros inconscientes

» Revelando os metaprogramas das outras pessoas

» Modelando os traços de personalidade de pessoas que você admira

Capítulo 7

Entender para Ser Entendido: Metaprogramas

Em 1956, George Miller coordenou uma pesquisa sobre os milhões de bits de dados que bombardeiam os sentidos dos humanos a todo segundo. Ele descobriu que o consciente pode lidar com aproximadamente cinco ou nove partes de informação por vez, o que significa que uma quantidade enorme de informações fica de fora.

Os *metaprogramas* são alguns dos filtros inconscientes que direcionam a sua atenção, a forma como processa quaisquer informações recebidas e como você as comunica. É possível detectar os metaprogramas de uma pessoa pelo modo como ela usa a linguagem.

Quando você quer construir rapport rapidamente com alguém e está preparado para tal, pode escolher se vestir, se comportar ou falar como aquela pessoa. No entanto, isso não quer dizer imitar o sotaque de alguém, mas, em vez disso, utilizar o vocabulário da pessoa. Quando começa a ouvir os metaprogramas dos outros, você pode alcançar o rapport mais rapidamente usando os mesmos padrões de linguagem da pessoa com quem está interagindo. Por as pessoas utilizarem metaprogramas principalmente de forma inconsciente, quando seus metaprogramas são correspondidos, o que você diz tem adicionada a dimensão de comunicar simultaneamente com o inconsciente e o consciente delas.

Neste capítulo, nós o introduzimos a sete metaprogramas que o ajudam a se comunicar de forma mais eficaz e rápida. Ao experimentar os benefícios de uma comunicação melhor, esperamos que você fique motivado a descobrir mais sobre outros metaprogramas.

Familiarizando-se com as Bases dos Metaprogramas

Quando criança, você absorvia metaprogramas dos seus pais, professores e da cultura na qual foi criado. Suas experiências de vida podem alterar esses programas à medida que você cresce. Por exemplo, se cresce sendo repreendido por ser muito subjetivo, pode começar a praticar o distanciamento e aprender a reprimir seus sentimentos. Você pode perceber que essas características, então, afetam a sua escolha de carreira. Em vez de buscar uma profissão de contato, pode optar por utilizar mais o seu intelecto. Seu estilo de aprendizagem também pode ser influenciado, e você pode tender a focar mais em dados e símbolos. Caso seja professor, poderá se basear mais em sistemas do estilo "quadro-negro e palestra" do que em envolver seus alunos com experiências práticas.

Dos muitos metaprogramas identificados, nós escolhemos sete que, para nós, são os mais úteis para começar. Por exemplo, selecionamos o metaprograma *global e detalhado*, pois acreditamos que ele tem grande potencial para conflitos e porque, ao reconhecer a capacidade dos outros de funcionarem em um extremo da escala global ou detalhada, você poderá ser capaz de evitar possíveis problemas. Ao entender os outros seis metaprogramas, você poderá desenvolver uma ótima percepção das maneiras sutis pelas quais as pessoas pensam, o que lhe dará as ferramentas para influenciar e facilitará a mudança ao motivar não apenas você, mas também os outros.

No Capítulo 8, você encontrará uma discussão a respeito do metaprograma introvertido e extrovertido. Os metaprogramas discutidos neste capítulo são:

- Proativo/Reativo
- Opções/Procedimentos

- Em direção a/Afastando-se de
- Interno/Externo
- Geral/Específico
- Semelhanças/Diferenças
- Perspectivas de tempo

Ao pensar em metaprogramas, lembre-se do seguinte:

- Metaprogramas não são uma escolha de um ou outro. Você funciona em metaprogramas o tempo todo; no entanto, dependendo do contexto em que estiver, você foca mais em um aspecto de um metaprograma específico.
- Metaprogramas não são meios de classificar pessoas; eles são úteis para expandir sua compreensão sobre a variedade de maneiras que as pessoas pensam a fim de melhorar a comunicação.
- Metaprogramas não são certos ou errados; você simplesmente utiliza várias combinações de metaprogramas, dependendo do contexto de comunicação e ambiente no qual se encontra.

Observando metaprogramas e padrões de linguagem

Se você for capaz de observar a linguagem das pessoas, poderá descobrir seus padrões de comportamento antes de o comportamento se tornar visível. Leslie Cameron-Bandler, entre outros, conduziu uma pesquisa sobre os metaprogramas desenvolvidos por Richard Bandler. Ela e seu aluno, Rodger Bailey, estabeleceram que pessoas que utilizam padrões de linguagem similares apresentam padrões de comportamento similares. Por exemplo, pessoas com perfil empreendedor podem ter padrões parecidos — extrovertidas, boas em persuadir pessoas, autoconfiante etc. — mesmo que trabalhem em campos bem diferentes.

Imagine um encontro dos chefes das Nações Unidas sem nenhum tradutor: não existiria muita comunicação. Uma falha de comunicação parecida pode ocorrer se você não estiver consciente dos metaprogramas sendo empregados pela pessoa com quem está tentando se comunicar. Aprender sobre metaprogramas permite que você se torne apto a traduzir os mapas mentais que as pessoas usam para navegar seus caminhos por suas experiências.

Os pioneiros da PNL, Bandler e Grinder, perceberam que as pessoas que utilizam padrões de linguagem parecidos desenvolvem rapport profundo mais rapidamente do que aquelas que utilizam padrões diferentes. Sem dúvida, você já ouviu alguém que não fala francês reclamando da falta de hospitalidade dos francesas. Pessoas que falam francês discordam disso. Os metaprogramas são uma forma poderosa de estabelecer rapport verbalmente ao se ouvir os padrões que as pessoas estão utilizando e, então, ao responder com uma linguagem que elas possam entender facilmente.

Para ajudá-lo a entender o tipo de linguagem característica dos vários metaprogramas, nós incluímos expressões que você provavelmente ouvirá com cada um deles nas seções seguintes.

Explorando os metaprogramas e o comportamento

No livro *Encyclopedia of Systemic NLP and NLP New Coding* (Enciclopédia da PNL Sistêmica e Nova Codificação PNL, em tradução livre), Robert Dilts e Judith DeLozier explicam os metaprogramas em termos de duas pessoas com as mesmas estratégias de tomada de decisão obtendo resultados diferentes quando recebem a mesma informação. Por exemplo, apesar de as duas pessoas poderem formar uma imagem dos dados em suas mentes, uma pessoa fica sobrecarregada com a quantidade de informação enquanto a outra chega a uma decisão rapidamente, baseada nos sentimentos que a imagem produz (você pode descobrir mais sobre como as pessoas processam as informações recebidas através de seus sentidos nos Capítulos 5 e 10). A diferença está nos metaprogramas que cada pessoa acessa, o que causa impacto em suas estratégias de tomada de decisão.

Suponha que você queira ser como Richard Branson, o fundador do grupo Virgin. Você pode fazer isso implementando os processos que acha que ele utiliza. Supondo que não tenha acesso a ele pessoalmente, você pode descobrir mais sobre seus padrões lendo sobre ele, assistindo ou escutando suas falas em noticiários ou na internet e lendo o que ele escreve. Parte do processo de modelagem requer que você escute, entenda e use os metaprogramas dele.

As seções seguintes deste capítulo descrevem os comportamentos e preferências associadas com os diferentes metaprogramas que nós dispomos aqui. Ao ser capaz de reconhecer o metaprograma que a pessoa está sujeita a operar em dado grupo, você pode começar a acompanhá-la para que se torne mais parecido com ela e tenha sua mensagem ouvida com mais facilidade. Ao experimentar o modelo de mundo de outra pessoa, pode obter uma perspectiva diferente e adicioná-la às opções disponíveis para você em outras áreas da vida — um bônus.

UMA BREVE HISTÓRIA DOS METAPROGRAMAS

Os seres humanos têm tentado entender os tipos de personalidades há mais tempo do que sabemos. Hipócrates definiu quatro *temperamentos*, baseado em suas observações de fluidos no corpo humano desde o ano 400 a.C. Ele chamou estes temperamentos de melancólico, sanguíneo, colérico e fleumático. Apesar das classificações de Hipócrates terem caído em desuso, outras são muito utilizadas.

Em 1921, Carl Jung publicou *Tipos Psicológicos*. Esse livro teve como base os estudos de Jung com centenas de pacientes psiquiátricos e foi sua tentativa de classificar seus pacientes para que fosse capaz de prognosticar seus comportamentos a partir da personalidade deles. Jung definiu três pares de categorias, nas quais uma categoria de cada par seria mais utilizada em detrimento da outra:

- **Um *extrovertido* tira energia da interação com o mundo externo, enquanto um *introvertido* recarrega suas baterias ao ter tempo para estar consigo mesmo.**
- **Um *sensitivo* obtém informações através dos cinco sentidos, enquanto um *intuitivo* se baseia mais em instintos e intuição para obtê-las.**
- **Um *pensativo* toma decisões com base na lógica e pensamento objetivo, enquanto um *sentimental* toma decisões com base em valores subjetivos.**

Os tipos de personalidades de Jung formam a base da *Classificação Tipológica de Myers-Briggs*, que é uma das ferramentas de construção de perfil mais usadas hoje. No início dos anos 1940, uma equipe formada por uma mãe (Katherine Briggs) e sua filha (Isabel Briggs Myers) adicionou uma quarta categoria: um *julgador*, que tende a fazer com que seu ambiente se adapte para se encaixar a ele, e um *perceptivo*, que tenta entender o mundo externo para se adaptar a ele.

Proativo/Reativo

Se tem mais tendência a agir e tomar iniciativas, você funciona do lado *proativo*. Se, no entanto, tende a pensar muito e esperar pelas coisas acontecerem, você provavelmente é mais *reativo*. Seguem descrições mais detalhadas:

» **Proativo:** Se você é proativo, assume o controle e age. Você é bom em encontrar soluções para situações que requerem controle constante. Pode ser atraído por trabalhos com vendas ou autônomo. Você percebe que irrita um pouco as pessoas, especialmente se são mais reativas, pois elas o veem como uma pessoa difícil.

» **Reativo:** Se você é mais reativo, pode ser bastante pessimista. Você espera que outros assumam a liderança ou age apenas quando sente que é o momento certo. Talvez precise tomar um pouco mais de cuidado para não analisar demais a si mesmo e parar no tempo.

CASOS E CAUSOS

Você pode exibir tendências proativas e reativas, dependendo do contexto no qual opera. Robert, apesar de ótimo em seu trabalho, é bastante reativo sobre se impor a respeito de pedir uma promoção e aumento de salário. Ele espera que seu chefe lhe ofereça, em vez de pedi-los. Ele prefere aguardar instruções antes de começar a trabalhar, em vez de iniciar os projetos. Contudo, ele ama suas férias e se comporta de forma extremamente proativa quando visita seu agente de viagens, conversa com as pessoas e faz buscas online para planejá-las.

REAÇÃO PROATIVA A UM DEPARTAMENTO REATIVO

CASOS E CAUSOS

A equipe de TI de uma universidade no sudeste da Inglaterra lidava sempre com emergências enquanto tentava fornecer um serviço aos departamentos de bolsas de estudo e de matrículas. Os dois departamentos usavam sistemas de computadores que não tinham comunicação e a equipe de TI não confiava o suficiente nos usuários para treiná-los a usar seus sistemas. Não havia documentação sobre quais programas precisavam ser executados e quando. Essa situação ocorria há anos e era aceita como regra. Adivinha qual preferência a equipe de TI demonstrava? Se você disse reativa, acertou. Felizmente, um recém-chegado com uma inclinação mais proativa entrou para o departamento de TI e instigou os três passos simples a seguir:

- **Criou e manteve uma lista de tarefas, contendo instruções de operação e quando eram necessárias.**
- **Organizou reuniões regulares entre os departamentos de bolsas de estudos e de matrícula.**
- **Treinou a equipe administrativa para que produzisse seus próprios relatórios.**

Essas mudanças reduziram o estresse considerável que a equipe dos três departamentos experimentava, especialmente em épocas de pico, e abriram canais de comunicação entre os dois departamentos que usavam os sistemas computacionais. A autoestima da equipe administrativa elevou-se quando ela assumiu a responsabilidade por executar seus próprios sistemas.

Você pode observar a diferença entre uma pessoa proativa e uma reativa através da linguagem corporal. Uma pessoa proativa é mais propensa a ter movimentos rápidos, dando sinais de impaciência. Essas pessoas tendem a se manter eretas, com ombros para trás e peito estufado, prontas para agir. Já uma pessoa reativa tem movimentos mais lentos e pode permanecer com a cabeça baixa e os ombros curvados.

DICA

De acordo com Shelle Rose Charvet, em seu livro *Words That Change Minds* (Palavras que Mudam Mentes, em tradução livre), ao publicar um anúncio de uma vaga que exija uma pessoa proativa, você deve pedir ao candidato que entre em contato por telefone, em vez de enviar um currículo. Como regra geral, pessoas reativas são menos propensas a fazer a ligação.

DICA

Para descobrir se alguém é proativo ou reativo, você pode perguntar: "Você acha fácil tomar atitudes quando se percebe em uma nova situação ou precisa estudar e entender o que está acontecendo primeiro?"

- » Uma pessoa proativa usa frases como "faça", "vá com tudo", "vá em frente", "avance" e "assuma o controle".
- » Uma pessoa reativa é mais propensa a usar frases como "analise por um tempo", "vá no seu tempo", "avalie os dados", "pese os prós e contras" e "pense antes de agir".

Em Direção a/Afastando-se de

As pessoas investem tempo, energia e recursos seguindo em direção ou se afastando de algo que elas consideram agradável ou querem evitar. Elas usam seus valores para julgar se uma ação é boa ou ruim e se o resultado em que chegarão proporcionará a elas prazer ou dor.

Você consegue se lembrar da última vez que começou a praticar exercícios ou uma nova dieta? Talvez você estivesse muito animado e ansioso para começar e, por isso, tenha feito progressos incríveis: começou a perder peso e passou a se sentir bem melhor por causa do exercício. No entanto, de repente, sua empolgação diminuiu, seu peso se estabilizou — ou pior, começou a aumentar. As visitas à academia se tornaram mais esporádicas. À medida que as coisas pioravam, você se empolgou novamente, até que... ficou preso na montanha-russa de motivação e perda de foco.

Você se desesperava, perguntando: "O que aconteceu?" É possível, quando a questão é a sua saúde, que você tenha um metaprograma *afastando-se de*, o que significa que é propenso a agir de forma a se afastar de algo, neste caso o seu peso ou, talvez, letargia. A Figura 7-1 ilustra como alguém cuja motivação em relação à saúde é primariamente de *afastamento* pode passar por um "efeito sanfona" por um período de tempo.

Por outro lado, se você é atraído por uma meta, em um contexto particular, e é capaz de manter-se focado, mostra mais propensão a ser *direcionado*.

Como regra geral, as pessoas se movem ou afastando-se de ou em direção a coisas. De acordo com Sigmund Freud, seu *id*, que representa suas necessidades instintivas, o move em direção ao prazer e o afasta da dor.

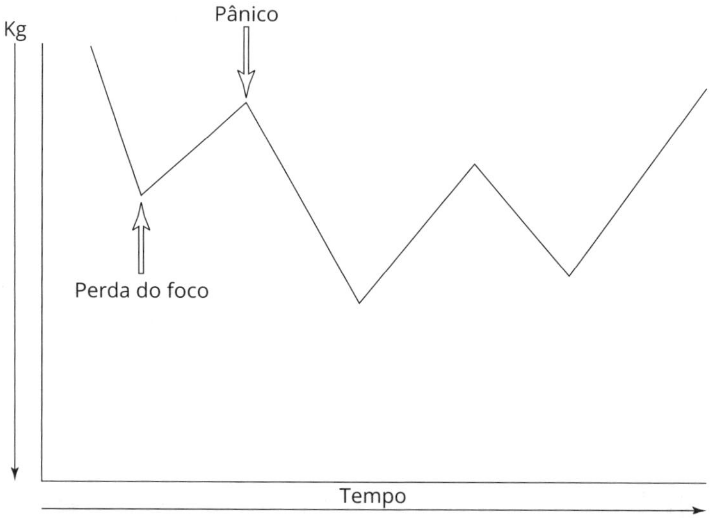

FIGURA 7-1: Um exemplo de como ter um metaprograma afastando-se de em relação à saúde pode afetar seus planos de perda de peso.

Pode parecer que a PNL é uma questão de metas e resultados positivos e que, assim, a tendência de focar em direção ao que você quer tem mais valor. Se você pensar bem, o medo é um motivador bem forte. Você ficará motivado a mover-se com rapidez se for perseguido por um predador. De forma similar, o medo de perder algo que você valoriza o impulsionará à ação. Você pode decidir começar a viver dentro de seus ganhos, porque percebe que pode perder sua casa se não conseguir pagar a hipoteca. Um motivador de afastamento tem um poder extremo de fazê-lo começar a agir; contudo, permanecer focado em se afastar do que você tem medo de perder pode ser extremamente debilitante, já que vive em um estado de estresse constante que, no fim, prejudica suas emoções e seu corpo. É essencial mudar sua estratégia para algo que tenha direcionamento assim que a situação estiver estabilizada.

CUIDADO

O estresse pode impedi-lo de tomar decisões racionais, então tenha cuidado ao começar um projeto e garanta que as condições bem formadas (veja o Capítulo 4) sejam satisfeitas quando decidir o que precisa ser feito.

De forma interessante, profissões e culturas diferentes mostram uma influência de metaprogramas de direcionamento a objetivos ou de afastamento. Tome o exemplo da medicina convencional em oposição às práticas alternativas. Que preferências você acha que os praticantes das duas áreas podem ter? Dica: médicos convencionais referem-se à medicina alternativa como "medicina preventiva". Segundo a avaliação de Romilla, a medicina convencional está mais sujeita a ter uma tendência ao afastamento no que diz respeito à saúde, pois enfatiza a cura da doença depois de ela já ter aparecido, em vez de focar na geração e manutenção da boa saúde.

As pessoas com padrão de afastamento parecem muito negativas para aquelas com padrão de direcionamento a objetivos. Pessoas que se afastam têm tendência a reparar no que pode dar errado e, assim, são muito úteis nas áreas de manutenção de qualidade e segurança em fábricas e na indústria de aviação, na administração de crises ou na condução de análises críticas. Essas pessoas são mais motivadas pela pressão do que pela recompensa. Você pode motivar pessoas com preferências a se afastar com ameaças de perda de emprego e consequências negativas de não atingirem objetivos financeiros.

Pessoas com metaprogramas de direcionamento podem ser vistas como ingênuas pelas pessoas que se afastam, pois elas nem sempre pensam a respeito de suas metas e acabam por arrumar problemas ao longo do processo de alcançá-las. Pessoas direcionadas são motivadas pela promessa da recompensa. Basta falar a respeito dos benefícios do aumento de rendimentos e sobre certo bônus a ser recebido para que seus olhos brilhem. Essa reação não é necessariamente ganância, mas animação pelos possíveis benefícios.

DICA

Você pode descobrir se uma pessoa tem preferências por direcionamento ou afastamento com uma série de perguntas, como:

Pessoa A: "O que é importante para você sobre seu trabalho?"

Pessoa B: "Saber que tenho segurança."

Pessoa A: "Então, o que é importante para você sobre segurança?"

Pessoa B: "Eu não preciso me preocupar sobre pagar minhas contas."

Pessoa A: "E o que é importante para você sobre pagar suas contas?"

Pessoa B: "Isso significa que não tenho dívidas."

Fazer pelo menos três níveis de perguntas é útil porque, inicialmente, as pessoas tendem a dar respostas positivas, o que pode esconder seu padrão de afastamento. No exemplo acima, a resposta inicial é em direção à segurança, apesar de as respostas seguintes revelarem uma preferência ao afastamento.

DICA

Ao vender um produto, observe os padrões de linguagem do cliente. Você pode, então, avaliar se a pessoa quer comprar aquele produto para obter algum benefício — como comprar um carro esportivo de modo a ter mais diversão e sentir a empolgação de viajar com o teto solar abaixado, sentindo o vento batendo nos cabelos — ou para evitar algum problema — como, por exemplo, comprar um carro familiar seguro e estável com foco em manter a família em segurança. Modifique sua linguagem para poupar tempo e atingir resultados.

Você se afasta ou vai em direção a seus valores. Caso afastar-se de seus valores não esteja atendendo as suas necessidades, você pode decidir mudá-los. Se praticar esportes na escola era uma experiência dolorosa e, consequentemente, lhe proporcionou dias de humilhação, você pode ter problemas em manter uma rotina de exercícios. Uma forma de liberar as emoções investidas em memórias negativas é através da Terapia da Linha do Tempo® (da qual falamos mais no Capítulo 13). Considere os seguintes usos da linguagem:

» Uma pessoa com metaprograma em direção a utiliza palavras como "realizar", "conseguir", "obter", "ter", "alcançar", "atingir" e "incluir".

» Uma pessoa que opera um metaprograma mais afastando-se de utiliza palavras como "evitar", "remover", "prevenir", "livrar-se de algo" e "solucionar".

CASOS E CAUSOS

Kate estava auxiliando um engenheiro, Dan, que sofreu uma perda alguns anos antes e foi incapaz de se livrar do sentimento de tristeza profunda. Ele percebeu que esses sentimentos o estavam atrapalhando de progredir em sua carreira, porque era considerado, na maior parte do tempo, alguém negativo e esse não era seu estilo natural. Ele queria se sentir bem em ir para o trabalho. No decorrer das sessões, Dan prestou atenção em afastar-se de sua tristeza em direção ao foco de ser alegre. Ele praticou observar as "belezas" de seu trabalho cotidiano, mantendo um diário dos momentos simples que o deixavam feliz — tomar seu café favorito com leite vaporizado, sua caminhada pelo canal na hora do almoço, ou um diagrama de design bem produzido. Em curtíssimo período de tempo, as pessoas que tinham contato com Dan responderam ao novo comportamento mais positivo e, por sua vez, quiseram passar mais tempo com ele, passaram a escutá-lo e incluí-lo nas principais discussões e, em geral, tornaram seu dia de trabalho mais prazeroso.

Opções/Procedimentos

Se você é uma pessoa mais de *opções*, gosta de testar novas formas de fazer as coisas. Caso seja uma pessoa de *procedimentos*, você mostra uma preferência por seguir metodologias.

Uma pessoa de opções adora variedade. A analogia que vem à mente é oferecer a um cozinheiro uma tábua de aperitivos ou vários pratos diferentes e deixar que ele escolha e saboreie o que foi oferecido. Se você é uma pessoa com preferência por um metaprograma de opções, é bom em iniciar projetos, ainda que possa não vê-los concluídos. Você é bom em estabelecer procedimentos, contanto que não tenha que segui-los! Por causa da sua predileção por testar novos caminhos, você não é capaz de resistir a melhorar os métodos mais rigorosos e já testados ou de encontrar formas de burlar as regras da empresa.

CASOS E CAUSOS

Não peça que uma pessoa de opções dirija, a menos que queira ver os pontos turísticos: elas gostam de pegar rotas diferentes. Romilla sempre se permite levar muito tempo para chegar a novos lugares, pois tem a tendência a se perder. Quando ela chega ao seu destino sem se perder pelo caminho, sente-se frustrada.

DICA

Deus o ajude caso esteja planejando pedir uma pessoa de opções em casamento! Mesmo que esta pessoa o ame muito, você pode passar por maus bocados para conseguir comprometimento, pois pessoas de opções temem ficar presas, deixar de viver experiências e por aí vai. Para conseguir um "sim" de uma pessoa de opções, precisará mostrar todas as oportunidades que se abrirão para ela caso aceite seu pedido.

Se tem preferência por procedimentos, você gosta de seguir regras e processos estabelecidos, e prefere que eles sejam criados para você, em vez de criá-los. Quando tem um processo de trabalho, você o segue repetidamente, sem modificações. Pode sentir-se obrigado a cumprir cada passo de um procedimento até o final e sente-se frustrado se alguma circunstância o impedir de fazê-lo. Você respeita os limites de velocidade e fica ofendido quando outros motoristas dirigem enquanto falam no celular ou com apenas uma mão no volante.

CASOS E CAUSOS

Romilla só entendeu as diferenças entre as duas preferências quando estava aprendendo a técnica de cura de *Huna*, no Havaí. Duas pessoas de seu grupo de três queriam sentar-se embaixo de uma árvore, à beira de um lago, para trabalhar em um exercício de experimentação. Richard, o terceiro elemento, ficou extremamente angustiado e estava prestes a sair enfurecido e encontrar outro grupo para trabalhar, pois precisava permanecer no mesmo ambiente onde o exercício havia sido demonstrado e conduzi-lo exatamente da mesma maneira que ele tinha visto.

Você pode descobrir qual das duas preferências uma pessoa tem em um dado contexto ao perguntar: "Por que escolheu esta carreira?", "Por que decidiu vir a esta festa?" ou "Por que escolheu este carro em particular?" Pessoas de opções podem lhe dar uma lista de valores que foram satisfeitos pela escolha da carreira, da festa ou do carro. Você pode ouvir as razões delas para aquela escolha e as possibilidades que aquelas opções abriram para elas. Pessoas de procedimento entram em uma história ou lista de passos que as levaram até aquela carreira, festa ou compra do carro. Por exemplo:

> *Eu já tinha meu Ford Puma há sete anos e precisava trocá-lo. Comprei revistas sobre carros por alguns meses e avaliei os prós e contras de cada marca, mas, no fim, ao saber que eu só precisaria fazer revisão no carro a cada 16.000 quilômetros rodados, optei por esta marca.*

Considere como pessoas de opções e procedimentos se expressam:

- Você pode ouvir alguém com um metaprograma essencialmente de opções usar palavras e expressões como "ser espontâneo", "burlar as regras", "possibilidades", "vamos nos divertir com isto" e "tente de outras formas".
- Você pode ouvir alguém com um metaprograma essencialmente de procedimento usar expressões como "seguir os passos", "obedecer às regras", "passo a passo"; e palavras como "primeiro", "segundo (e assim por diante)" e "finalmente".

Interno/Externo

Se você confia em seu julgamento ao tomar decisões ou ao saber que fez um bom trabalho, você funciona na área do metaprograma *interno*. Se você precisa de feedback de outras pessoas para saber se seu trabalho foi bem feito, provavelmente você tem uma preferência *externa*. O ponto crucial deste metaprograma é se a zona que o motiva, julga suas ações e toma decisões está dentro de você ou em outras pessoas.

Crianças possuem um enquadramento de referência externo, que é desenvolvido à medida que assimilam lições conscientes e inconscientes de seus pais e professores. A maturidade, no entanto, frequentemente altera este ponto de referência para um mais interno, ao ganhar mais entendimento de você mesmo e, logo, mais confiança em seus julgamentos e decisões. Uma transição similar pode ocorrer quando você aprende algo novo. Você pode ter uma referência mais externa em um primeiro momento, precisando que outras pessoas digam se está fazendo certo. Experiência e conhecimento podem, então, alterar a referência para interna.

Você é propenso a trabalhar na área interna, em um determinado contexto, quando questiona o feedback negativo que recebe, mesmo que várias pessoas tenham dito mais ou menos a mesma coisa. Você não precisa ser elogiado por fazer um bom trabalho porque já sabe que o fez bem.

Pessoas que tendem a ser internas podem ser bem-sucedidas como empreendedores, pois não precisam esperar que outra pessoa diga a elas o que fazer ou como fazer.

LEMBRE-SE

Chefes, caso tenham enquadramento ou referência interna, precisam se lembrar de dar feedback à sua equipe, que pode ter enquadramento ou referência externa e buscar elogios e direcionamentos.

Se você tem uma inclinação externa, precisa receber feedback de outras pessoas para saber se está indo bem em uma atividade e para manter-se motivado. A menos que explique a necessidade dos resultados que deseja em um trabalho, funcionários internos podem ser difíceis de gerenciar, particularmente se o seu estilo for o microgerenciamento. Eles querem executar atividades à sua maneira e operar a partir de seus próprios critérios. Pessoas externas, por outro lado, são mais fáceis de gerenciar, desde que você entenda que elas precisam de direcionamentos e elogios.

Para descobrir em que área uma pessoa opera, faça as seguintes perguntas: "Como você sabe que fez um bom trabalho, comprou o carro ideal ou tomou a decisão correta?" Uma pessoa interna pode responder "eu tenho certeza de quando fiz um bom trabalho", ao passo que uma externa pode dizer "minha família adora este carro".

Pessoas internas e externas usam linguagens que demonstram suas preferências, por exemplo:

» Ao conversar com uma pessoa que funciona a partir de um enquadramento ou referência interna, você pode obter grande vantagem se utilizar expressões como "apenas você pode se julgar", "é uma decisão inteiramente sua", "veja com seus próprios olhos" e "analise os fatos como uma forma de ajuda na sua decisão".

» Ao conversar com alguém com referências mais externas, você pode conseguir respostas melhores ao utilizar expressões como "as estatísticas/pesquisas mostram...", "todos aprovarão", "a opinião especialista é" e "isto tem sido um sucesso".

Geral/Específico

Quando começam a trabalhar em um projeto ou estão estabelecendo uma meta, algumas pessoas percebem que ter uma visão geral é fácil. Outras concluem que ter uma perspectiva tão global é difícil, mas enxergam mais facilmente os passos a serem dados a fim de alcançar as metas e, por isso, preferem trabalhar com detalhes menores.

ALERTA DE JARGÃO NA PNL

Tamanho do segmento refere-se à escala de tarefas com a qual uma pessoa prefere trabalhar. Uma pessoa com preferência *global* divide as tarefas em segmentos maiores do que uma pessoa com preferência *específica*, que precisa ter tarefas segmentadas em pedaços menores, mais fáceis de administrar.

Se você prefere trabalhar em um nível global ou conceitual e tem problemas para lidar com detalhes, gostará mais de descrições gerais a respeito do que está prestes a aprender ao se deparar com algo novo. Se seu professor começar direto com os detalhes do assunto, você pode ter dificuldades para entender o novo tema. Você vê uma floresta com facilidade, mas fica confuso com a quantidade de árvores. Se prefere trabalhar de forma global, ou seja, com uma visão geral, você pode se ver desconcentrado ou impaciente com a quantidade de informações que um professor com perfil detalhado pode dar a você.

DICA

Ao ensinar outras pessoas, dê uma visão geral do assunto antes de entrar em detalhes específicos para evitar perder as pessoas com perfil global antes mesmo de começar.

Se, por outro lado, você preferir devorar um elefante pedacinho por pedacinho, você tem uma predisposição para lidar com detalhes. Você pode achar difícil compartilhar a visão de alguém com perfil global. Pessoas com perfil específico lidam com informações em passos sequenciais e podem ter problemas quanto a suas prioridades, pois são incapazes de realizar conexões mais gerais com outras áreas dentro do que estão trabalhando. Essas pessoas são muito boas em funções que requerem muita atenção a detalhes, especialmente por longos períodos; por exemplo, em uma linha de produção ou na condução de testes em laboratórios.

CUIDADO

Pessoas com perfil detalhado têm a tendência de mergulhar de cabeça em uma tarefa sem avaliar o impacto de cada passo para a meta final. Como resultado, elas podem não chegar ao objetivo real ou podem vê-lo apenas depois que muito tempo e energia tenham sido gastos, seguindo passos em direção à meta errada.

CASOS E CAUSOS

Quando Romilla trabalhou com TI, era muito interessante ter reuniões semanais em uma empresa multinacional. O gerente era uma pessoa com perfil global e, infelizmente, um dos programadores sempre relatava seu progresso no trabalho em mínimos detalhes. O restante da equipe tinha grande dificuldade em manter uma expressão séria ao perceber as expressões retorcidas no rosto do gerente, que não entendia o que era falado, se entediava e claramente se irritava, até que finalmente explodiu com um dos responsáveis pelo projeto: "Explique o que isso tudo significa." Por sorte, o perfil do tal responsável pelo projeto estava em algum lugar no meio da escala de tamanho de segmento e foi capaz de traduzir os detalhes para o superior. O pobre programador ficava muito tenso e seus níveis de estresse subiam de forma irracional antes das reuniões.

DICA

Se o programador soubesse a razão pela falha de comunicação, ele poderia ter revertido seu trabalho com o gerente. Em vez de falar sobre o código que estava escrevendo, ele poderia falar, resumidamente, sobre os resultados que seu trabalho estava produzindo e como isto afetava o projeto que era responsabilidade do gerente.

EXPERIMENTE

Quando está procrastinando uma tarefa específica, o problema pode ser você estar impressionado pelo tamanho do trabalho a ser feito. Utilize o seguinte processo para quebrar a tarefa em segmentos administráveis:

1. **Pare!**

   Caso já não esteja paralisado.

2. **Pegue papel e caneta.**
3. **Sente-se e faça uma lista.**

   Pense e escreva o que é realmente importante para você.

4. **Reorganize a lista em ordem de importância.**

   Você pode querer transferir alguns itens para outra lista de ações.

5. **Comece!**

Para descobrir em que ponto da escala de perfil global e específico uma pessoa está, pergunte-a sobre um projeto concluído recentemente. Uma pessoa de perfil específico dará uma descrição passo a passo como esta:

> *Eu e Jim nos encontramos para almoçar na segunda terça-feira do mês de julho. Eu me lembro de ter que fazer muitas perguntas a Jim, pois ele não parava quieto e eu precisava mantê-lo focado em cada passo. Eu estava muito nervoso no início, mas me senti bem mais feliz quando passamos algum tempo reunindo todas as informações sobre o planejamento de um projeto.*

Uma pessoa de perfil geral fala sobre coisas de forma aleatória, resumindo o desfecho, por exemplo:

> *Eu e Tom nos encontramos para um almoço no ano passado e decidimos trabalhar na construção de um santuário para animais. É muito importante dar atenção à biodiversidade. Eu realmente acho que as pessoas precisam de ajuda para administrar sua realidade, você não acha?*

Veja como pessoas gerais e específicas usam a linguagem:

- » Uma pessoa com tendência a funcionar a partir de uma perspectiva geral reage a palavras como "visão geral", "quadro geral", "em poucas palavras", "em geral" e "essencialmente".
- » Uma pessoa que funciona do lado específico da escala dá mais atenção a alguém que utilize palavras como "plano", "precisamente", "cronograma", "especificamente", "primeiro", "segundo", "terceiro (e assim por diante)", "próximo" e "antes".

Se você estiver procrastinando por medo de tomar a decisão errada, passar suas opções pelas condições bem formadas (Capítulo 4) pode ajudá-lo a reconhecer seus medos inconscientes, descobrir possibilidades sobre as quais não pensou e permitir que siga em frente.

LUTA, FUGA, PARALISIA E PROCRASTINAÇÃO

Juntamente com luta e fuga, a paralisia é parte do mecanismo de estresse. Um impala (antílope do leste e sul da África) capturado por um guepardo entra em um estado de hiperexcitação e paralisa. A reação de sobrevivência por trás deste mecanismo é fazer o guepardo acreditar que o impala está morto, dando à presa uma oportunidade de escapar caso o predador deixe a carcaça para comer depois. A outra razão para esta reação de sobrevivência é que o impala não sentirá a dor de ser rasgado se o guepardo decidir fazer a refeição imediatamente.

A procrastinação é o equivalente humano à reação de paralisia. Você tem o hábito de procrastinar? Isto pode acontecer por você estar assumindo responsabilidades demais e não saber por onde começar.

Reconhecendo Semelhança, Semelhança com Diferença e Diferença

Se quando aprende ou experiencia algo novo tenta combinar as informações com o que já sabe, você tem preferência por *semelhança*. Ou pode ser uma pessoa que primeiro percebe as semelhanças em situações e fica consciente das diferenças, e neste caso você tem preferência por *semelhança com diferença*. Se, no entanto, observa o que é diferente do que já conhece, você prefere uma seleção por *diferença*.

Como uma pessoa de semelhança, você tem uma vantagem inicial a respeito de rapport (que explicamos no Capítulo 6), pois rapport trata de acompanhar a fisiologia e o pensamento de outra pessoa — provavelmente algo que faz automaticamente. Você tende a deletar muitas informações recebidas se não puder ver as similaridades com situações anteriores. Você pode ter dificuldades em aprender algo novo, a menos que possa encontrar padrões familiares. Por exemplo, aprender um novo idioma é mais fácil quando você encontra similaridades com uma língua que já fala; holandês pode ser mais fácil para alguém que fale inglês do que coreano, por exemplo. Você não gosta de mudanças ou sente-se até mesmo ameaçado por elas, e acha que adaptar-se a modificações em seu trabalho e casa é algo complicado. Como regra geral, você não gosta de iniciar grandes mudanças, preferindo evitá-las e procrastinar alterações em sua vida quando uma situação fica realmente difícil. Isso significa que você, provavelmente, não muda muito de casa ou trabalho.

Se tem preferência por semelhança com diferença, você primeiro procura por similaridades em uma situação e, depois, tende a identificar as diferenças. Você gosta da abordagem evolucionária da mudança, preferindo grandes mudanças infrequentes, e pode resistir a mudanças repentinas. Para obter mais rapport com essas pessoas, tente enfatizar coisas que sejam iguais, seguidas pelo que há de diferente; por exemplo: "O trabalho é bem parecido com o que já fizemos, mas você estará envolvido com a implementação de novas soluções."

Se prefere um metaprograma de diferença, você tem sucesso com mudanças. Você ama uma revolução na sua vida, é bem-sucedido em mudanças frequentes e cria mudanças apenas para agitar as coisas. Assim como pessoas de similaridade, você também tem uma tendência a deletar grandes quantidades de dados, exceto por, no seu caso, deletar informações em que não consegue enxergar as diferenças. Algumas pessoas podem considerá-lo difícil por sua tendência a sempre ver o outro lado da moeda. Você ama aprender coisas novas, mas muito superficialmente, a menos que tenha uma necessidade real de se aprofundar. Você tem facilidade de rapport com pessoas que acham fácil focar nas diferenças, mas precisa fazer um esforço consciente para encontrar pontos em comum ao falar com pessoas que tenham preferências mais voltadas para semelhança ou semelhança com diferença.

ALERTA DE JARGÃO NA PNL

Um *polarity responder* (respondedor de polaridade, em português europeu) é alguém no extremo da diferença da escala semelhança/diferença. Você provavelmente conhece alguém que parece se desviar só para discordar de você, resiste a ideias e sugestões dadas por você e por pessoas à volta dele e sempre toma a posição oposta de tudo o que é dito. Ele é o que responde: "Melhor ter cuidado com os raios UV; eles fazem muito mal para a pele" quando você diz: "Que dia de sol glorioso; é muito bom estar vivo."

Não perca a esperança de lidar com um respondedor de polaridade. Você pode usar uma maneira elegante de desarmá-lo enquanto adiciona um comando incorporado (veja o Capítulo 16 para mais detalhes). O modo mais simples é dizer algo parecido com "eu suspeito que você possa não concordar, mas...". Usando "não concordar" em vez de "discordar" possibilita que você insira um comando incorporado — concordar — e usar a palavra "mas" ajuda a enfatizar o que vem em seguida enquanto nega ou dilui o que foi dito antes.

Contudo, todo negativo tem um positivo e é útil manter-se atento a como você reage a alguém. Um respondedor de polaridade pode oferecer uma perspectiva diferente, talvez uma que você não tenha considerado ainda. Você pode perder um ponto de vista valioso se estiver predisposto a interrompê-lo antes de ele dar sua perspectiva.

DICA

Um familiar muito próximo de Romilla tem preferência por diferenças. Até ela descobrir a PNL, a comunicação entre ela e seu parente era, no mínimo, difícil. Agora, Romilla realmente valoriza as contribuições dele. Ao trabalhar em um novo projeto, ela faz todo o brainstorming com amigos e outros parentes.

Quando já formou uma ideia bastante sólida, ela procura seu parente com tendência a diferenças, que pode identificar as faltas e problemas que os primeiros não enxergaram. Esse processo poupa muito tempo que, caso contrário, seria desperdiçado em tentativas e erros.

Para encontrar o metaprograma preferido por uma pessoa em determinado contexto, pergunte sobre a relação entre seu trabalho atual e o anterior. Uma pessoa com tendência por semelhança pode responder: "Não existem diferenças, eu ainda escrevo programas." Uma pessoa que funciona com um metaprograma de semelhança com diferença pode responder: "Eu ainda escrevo programas para o suite de contabilidade, mas agora sou responsável por supervisionar três programadores juniores." Uma pessoa de diferença pode responder: "Eu fui promovido a supervisor de programadores juniores e está tudo diferente."

EXPERIMENTE

Peça que uma pessoa descreva a relação entre os retângulos da Figura 7-2. Todos eles têm o mesmo tamanho, mas não revele essa informação. Uma pessoa que opera um metaprograma de semelhança pode dizer: "São todos retângulos" ou "Os retângulos têm o mesmo tamanho". Uma pessoa que dirige o metaprograma de semelhança com diferença pode responder: "Todos eles são retângulos, mas um está posicionado verticalmente." É provável que uma pessoa com um metaprograma de diferença diga: "Eles estão posicionados de forma diferente."

FIGURA 7-2: Jogo da semelhança/semelhança com diferença/diferença.

Você pode fazer o mesmo teste usando moedas de mesmo valor. Posicione duas delas com a cara virada para cima e uma com a coroa e pergunte sobre a relação entre elas.

Procure as palavras e frases a seguir se quiser identificar as preferências de alguém:

» Pessoas com preferência por semelhança utilizam palavras como "igual", "similar", "em comum", "como sempre", "fixo", "inalterado", "tanto... quanto" e "idêntico".

- » Pessoas que operam a partir de uma base de semelhança com diferença usam palavras e expressões como "o mesmo, exceto...", "melhor", "melhoria", "gradual", "aumento", "evolutivo", "menos", "apesar de" e "igual, mas a diferença é...".
- » Pessoas que funcionam do lado das diferenças utilizam palavras e expressões como "extremamente diferentes", "diferente", "alterado", "mudado", "revolucionário", "novo em folha" e "sem comparação". Para conectar-se com elas, use essas expressões e outras como: "Não sei se você concorda ou não...".

Enfrentando Perspectivas de Tempo

Mostraremos no Capítulo 13 que suas memórias têm uma estrutura e que estão em continuidade: uma linha do tempo ligando passado, presente e futuro. Nesta seção, você descobrirá que existe outra dimensão para o modo como pensa sobre o tempo: tendo você uma propensão para focar mais no passado, no presente ou no futuro. Em seu livro *O Paradoxo do Tempo*, Philip Zimbardo explica como algo que é essencialmente inconsciente — seu foco no tempo — tem uma influência enorme na sua vida: isso afeta a forma como você toma decisões e como as opiniões que você tem são dispostas para você, sem que sequer esteja consciente disso (como descrito na Tabela 7-1).

TABELA 7-1 **Prós e Contras do Foco no Passado, no Presente e no Futuro**

Foco em	Prós	Contras
Passado	Pessoas que se lembram de seu passado positivamente têm apreço por história e tradição. Elas têm uma identidade positiva forte e fortes bases de padrões de comportamento, valores e crenças.	Pessoas que focam em um passado negativo podem carregar muito arrependimento e raiva e sentirem-se um pouco oprimidas quanto aos resultados que esperam e obtêm na vida; elas podem ter medo de tomar decisões por causa de possíveis consequências prejudiciais.
Presente	Pessoas com foco no presente podem concentrar-se na tarefa que estão realizando e progredir no trabalho.	Pessoas com foco no presente não aprendem com os erros do passado em sua correria para finalizar um trabalho e seguirem em frente, além de não se programarem para um futuro feliz.
Futuro	Pessoas com foco no futuro, mas com moderação, fazem planejamentos e são racionalmente esperançosas e, por isso, otimistas.	Pessoas que estão sempre pensando no futuro têm a tendência de passar correndo pela vida, prontas para a próxima experiência, mas perdem os benefícios que devem ser desfrutados ao parar e aproveitar as coisas boas que estão em volta.

Você pode observar a preferência temporal de uma pessoa ao prestar atenção ao tempo verbal que ela utiliza. Por exemplo, uma pessoa focada no passado pode usar expressões como "lembrar", "quando eu era mais novo", "as coisas eram melhores quando..." e "se eu tivesse...". Uma pessoa com foco no futuro pode usar expressões como "quando..." e "eu vou...". Pessoas com foco no presente adotam o tempo presente e falam sobre o que está à sua volta, como por exemplo "é assim que as coisas são" e "o que está acontecendo é...". Para influenciar pessoas, adapte sua linguagem para acompanhar o tempo verbal que elas tendem a utilizar.

DICA

Se uma pessoa está presa em uma experiência passada negativa, é útil concordar com ela (sem cair no drama da história), pois isso o permite guiar a pessoa para um estado mais positivo. Ao passo que discordar desde o início, antes de ter estabelecido um nível de rapport, pode gerar um conflito que desvie de um resultado favorável.

LIDANDO COM UM CONFLITO DE FOCO NO TEMPO EM UM CASAMENTO

Apesar de terem trabalhos muito bem remunerados, John e Sandra nunca pareciam capazes de viver dentro de suas possibilidades e viviam um dia após o outro. Eles não poupavam dinheiro ou planejavam férias, mudanças de casa e aposentadorias. Dinheiro era sempre um ponto de discórdia, pois eles o gastavam com compras impulsivas. Durante uma sessão de aconselhamento para casais, eles perceberam que o foco de Sandra estava no presente, enquanto John estava sempre sonhando com a casa maravilhosa que eles teriam e onde eles passariam as próximas férias etc., quando tivessem dinheiro. Ele tinha suas visões direcionadas ao futuro. Quando o casal tomou consciência de sua diferença de pensamentos, eles decidiram, em curto prazo, estabelecer metas para elaborar um orçamento e fazer planos para os dois, até mesmo simulando datas. Estabelecer pequenos objetivos como esses serviu de prática para planos maiores. Eles também ganharam confiança em administrar suas finanças ao reconhecer que poderiam guardar dinheiro, mas sem abrir mão de coisas que gostavam de fazer.

John ainda luta para fazer com que Sandra pense em planos para um futuro próximo. Durante seções de aconselhamento mais avançadas, Sandra notou que a razão pela qual "ela vivia no hoje" era o fato de seu pai ter perdido seu negócio e ela o ter visto chorar e dizer para sua mãe: "Eu pensei que tinha tudo sob controle, para que servem os planos?" O baque de ver seu pai, um homem forte, chorando abalou Sandra, e suas palavras foram parar direto em seu inconsciente, impedindo-a de fazer planos para sua própria vida. Sandra aprendeu que, apesar de nada ser imutável, sua memória inconsciente do passado estava travando suas chances de criar qualquer possibilidade de um futuro confortável para ela e John. Mesmo que ainda seja difícil para ela encontrar esta confiança no futuro, ela, pelo menos, está consciente de seus medos e não dificulta mais os planos que John quer fazer.

LEMBRE-SE

As memórias positivas que você cria hoje são as memórias positivas que você poderá apreciar amanhã.

Assim como com a maioria das coisas na vida, a chave para o sucesso é alcançar um equilíbrio. Quando vir-se alternando demais entre o passado, o presente e o futuro, faça um esforço consciente para reorientar seu foco, até que isso se torne automático.

Se você tem uma tendência a focar mais nos eventos do passado ou idealizar sobre o futuro e quer desfrutar das experiências do presente, treine-se a parar e dar uma boa olhada em seu ambiente. (Um treinamento de mindfulness pode ser muito útil na mudança de sua habilidade de focar o momento presente.) Note as pessoas à sua volta, a arrumação de um cômodo ou o que vê por uma janela. Ou, se estiver em um ambiente aberto, dê uma olhada no espaço entre os galhos e folhas das árvores, na cor do céu, nas formas das nuvens e perceba como isso o faz se sentir.

DICA

Aprender lições com acontecimentos negativos do passado pode ajudá-lo a liberar as amarras que eles têm sobre você. O Capítulo 13 mostrará como se livrar de emoções negativas e decisões limitadoras.

Combinando Metaprogramas

Você tem uma combinação de metaprogramas que prefere adotar quando está dentro da sua zona de conforto. Tente se lembrar de que essa preferência pode mudar dependendo de diferentes circunstâncias. Por exemplo, um gerente de projetos pode combinar preferências por diferença, proatividade, especificidade e direcionamento a objetivos quando está no trabalho, mas escolher semelhança, reatividade e um perfil geral quando está em casa.

Além disso, é importante perceber que certas combinações de metaprogramas podem servir melhor do que outras a determinadas profissões, assim como entender que há muitos outros metaprogramas disponíveis que podem ser úteis para você.

Você gostaria que o seu instrutor de paraquedismo tivesse uma combinação de metaprogramas que incluísse perfil geral e de diferença? Você pode ficar um pouco nervoso por estar nas mãos de alguém que decida pular algumas das verificações de segurança por achar os procedimentos chatos! Você gostaria que sua prescrição fosse feita por um farmacêutico que só quer ver o que acontece se ele adicionar algumas gotinhas extras daquele lindo líquido azul no seu medicamento para o coração? Esses exemplos estão aqui para ilustrar que trabalhos podem ser melhores quando o perfil pessoal se encaixa aos parâmetros de cada função. Por exemplo, você pode decidir que a melhor combinação de metaprogramas para preencher uma vaga no controle de qualidade de uma empresa é o de uma pessoa com preferências por detalhamento, afastamento e procedimentos.

Desenvolvendo as Habilidades dos Seus Metaprogramas

Os metaprogramas despertam muito o interesse nos workshops de Romilla, provavelmente porque os participantes percebem o poder da utilização da aclamada linguagem certa, ou seja, as palavras e expressões que têm maior significado para a pessoa com quem você está se comunicando. Utilizar linguagem apropriada favorece a construção de rapport e faz com que sua mensagem seja melhor recebida, o que não acontece com alguém que não tenha habilidade na arte dos metaprogramas.

Com essas informações em mente, nós o convidamos a desenvolver suas habilidades ao considerar os seguintes aspectos:

» Você é capaz de identificar os metaprogramas que você utiliza em diferentes áreas da sua vida? Este exercício pode ser particularmente útil quando você quer modelar uma parte bem-sucedida da sua vida com o intuito de melhorar outro aspecto que não esteja tão bem.

  Se você percebe que é melhor ao planejar suas férias do que em progredir na sua carreira, esta discrepância pode se dar por você ser mais proativo, direcionado a objetivos e focado em procedimentos quando se trata das suas férias, mas não em relação à carreira? Você se sente como uma pequena engrenagem em uma roda gigante e resiste a ser proativo em relação à sua carreira? Talvez você permita que seu chefe dite seu futuro, o que pode ser devido a memórias negativas do seu passado (dê uma olhada na seção anterior "Enfrentando Perspectivas de Tempo"). Trabalhar com um coach ou terapeuta possibilitaria que você absorvesse as lições do seu passado e focasse no futuro para promover o progresso na sua carreira, estabelecendo um mapa a ser seguido.

  Talvez, após decidir sua grande meta de carreira, você precise ser mais voltado para processos a ponto de definir e ater-se aos passos que o levarão até ela. Você também pode precisar focar o objetivo e se tornar mais proativo para alcançá-lo.

» Se estiver tendo problemas com outra pessoa, talvez vocês estejam nos lados opostos da escala dos metaprogramas. Você é capaz de identificar os metaprogramas que você e a outra pessoa estão usando? Por exemplo, os metaprogramas geral/específico podem causar muita mágoa entre pessoas. Se você fala sobre um quadro global e geral e a pessoa com quem está se comunicando é uma pessoa detalhada e específica, faça um sacrifício e vá para uma zona de informações mais específicas e detalhadas (como descrevemos na seção anterior "Geral/Específico"). Metaprogramas desalinhados podem resultar em uma vasta gama de conflitos e falhas de comunicação. Então, esforce-se para ouvir a linguagem que as pessoas estão usando e utilize essas palavras ao conversar com elas.

» Caso esteja fazendo um recrutamento para uma vaga de trabalho, escreva as qualidades do candidato ideal quando já tiver identificado as funções e responsabilidades inerentes ao cargo. Pergunte-se que questões precisa fazer para decidir o quanto um candidato é adequado ao cargo, porque empregar a pessoa errada pode sair muito caro. Portanto, se for contratar um contador, você pode concluir que a pessoa precisa ser:

- *Proativa* para manter-se informada sobre as mudanças na legislação fiscal.
- *Voltada para procedimentos e detalhes* para cumprir as leis.
- *Focada no exterior* para ser receptiva quanto às regras do governo e às necessidades dos seus clientes.
- *Inclinada à diferença* para observar quaisquer discrepâncias nos assuntos fiscais das pessoas.

NESTE CAPÍTULO

» **Descobrindo o modelo de comunicação PNL**

» **Assumindo total responsabilidade por qualquer interação**

» **Entendendo como os outros se comunicam**

» **Comunicando-se de maneira eficaz**

» **Desprendendo-se das suas emoções e focando os seus resultados**

Capítulo 8

Apertando os Botões de Comunicação

Em um diálogo, você acha que é responsável por qual parcela da comunicação? Você respondeu 50%? Afinal, há duas pessoas envolvidas em um diálogo, então, logicamente, cada uma de vocês tem metade da responsabilidade de perguntar e de responder, certo?

Se você estiver familiarizado com os pressupostos da PNL (explicados em detalhes no Capítulo 2), responderá 100%:

» O significado da comunicação é a resposta que ela evoca.

» Se o que você está fazendo não está funcionando, faça algo diferente.

» A pessoa com mais flexibilidade dentro de um sistema influencia o sistema.

Este capítulo mostra como assumir total responsabilidade em qualquer comunicação em que esteja envolvido. Nós fornecemos ferramentas para ajudá-lo a se tornar mais consciente de como as pessoas com quem está se comunicando transformam a mensagem que recebem através de seus sentidos e criam uma representação interna em suas mentes: o que elas o ouvem dizer e o que veem e sentem como consequência. Quando você compreende o processo de raciocínio delas, tem os meios para adaptar suas palavras, ações e iniciativas para conseguir a reação que deseja.

Tenha em mente que, neste capítulo, lhe damos uma visão geral de como as pessoas filtram as mensagens que recebem. Exploramos os filtros com mais detalhes em outros capítulos: por exemplo, o Capítulo 7 descreve os metaprogramas que você executa e o Capítulo 15 fala mais a respeito de omissões, distorções e generalizações que nós introduzimos neste capítulo.

LEMBRE-SE

Em relação à comunicação, você precisa estar ciente de dois pontos:

1. **O que você pretende comunicar não é necessariamente a mensagem que o comunicado compreende. O importante é que você fale de maneira que deixe sua intenção clara.**
2. **A representação interna criada na cabeça do ouvinte é resultado do que você fala e faz.**

No decorrer da sua leitura deste capítulo, considere como pode aplicar o que aprender sobre filtros para garantir uma comunicação benéfica mútua. Falamos sobre acompanhamento e espelhamento no Capítulo 6 sobre rapport. A comunicação é mais eficaz quando estabelecemos rapport com alguém, porque a sensação de ser como essa pessoa gera uma sensação de confiança.

CUIDADO

A PNL — especialmente os processos de comunicação que compartilhamos com você neste capítulo — é uma ferramenta poderosa. Você pode usá-la para obter vantagens de outras pessoas, mas nossa experiência nos mostra que é impossível criar relacionamentos sustentáveis de longo prazo com base na confiança se as pessoas se sentirem desconfortáveis depois de trabalhar com você. Use o que descobrir neste capítulo com cuidado!

Entendendo o Processo de Comunicação

O modelo de comunicação da PNL é baseado na psicologia cognitiva e foi desenvolvido por Richard Bandler e John Grinder.

ALERTA DE JARGÃO NA PNL

De acordo com o modelo de comunicação da PNL, quando alguém se comporta de determinada maneira (*comportamento externo* dela), uma reação em cadeia é estabelecida dentro de você (sua *resposta interna*), o que, por sua vez, o faz responder de alguma maneira (seu *comportamento externo*), que, então, cria uma reação em cadeia dentro da outra pessoa (a *resposta interna* dela), e o ciclo continua. A Figura 8-1 mostra essa reação em cadeia.

A resposta interna é constituída de um *processo interno* (que consiste em conversar sozinho, imagens e sons) e um *estado interno* (os sentimentos e sensações experimentados). Essa é a representação interna do que é criado na mente das pessoas quando a informação sensorial recebida passa por seus filtros.

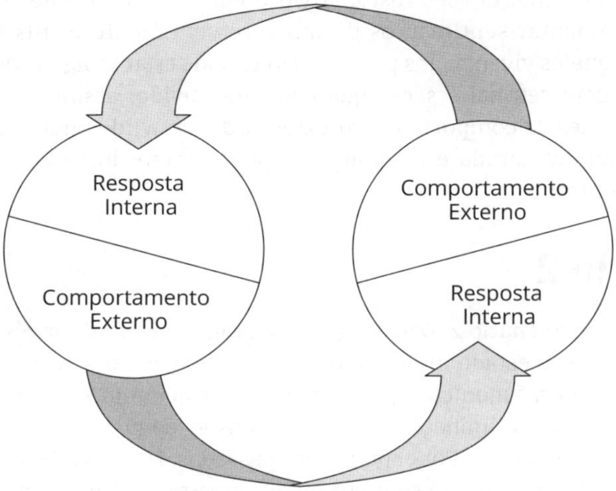

FIGURA 8-1: O círculo da comunicação.

As próximas seções apresentam dois cenários que mostram, na prática, o modelo de comunicação PNL.

Cenário 1

Para algumas pessoas, hoje foi um dia quente e agradável de verão. Mas o ar-condicionado do escritório não estava funcionando, e Dan teve um dia terrível. Ele entra no carro e, com um suspiro de alívio, liga o ar-condicionado para combater o calor em seu fatigante caminho de volta para a casa. Seu filho, Drew, havia prometido cortar a grama. Dan está ansioso para sentar-se em um gramado fresco, aparado e limpo, com um copo de cerveja bem gelada. Enquanto se aproxima de casa, percebe que a grama *não havia sido cortada*.

Dan entra em casa como um furacão, sentindo-se inundado por raiva e ressentimento. Ele reclama para Drew, "Você tem uma atitude péssima!" Em resposta, Drew se recolhe em seu mundo de adolescente, resmungando sobre o cortador de grama quebrado, um detalhe que Dan não ouviu. Finalmente, Drew grita: "Corte essa grama você mesmo", e sai furioso. Nem um dos dois está querendo comunicar coisa alguma, e ambos pioram a situação com uma espiral de gritos, portas batendo e, finalmente, silêncio.

Nesse exemplo, quando Dan explode, a grama intacta é o gatilho para estabelecer um estado interno de raiva, ressentimento e frustração. O processo interno pode ser um monólogo como: "Ele prometeu. Eu sabia que não devia esperar nada dele. Nós sempre lhe damos o melhor, e ele sempre nos desaponta." Esse monólogo vem acompanhado de imagens do passado, quando Drew não correspondia às expectativas de Dan.

O comportamento externo de Dan de gritar com Drew, naquele tom de voz ou com aquele olhar em seu rosto, provocou um estado interno em Drew, que pode experimentar sentimentos de raiva, ressentimento e frustração muito similares àqueles vivenciados por Dan. Drew pode criar imagens de discussões anteriores com seu pai e saber que não será ouvido, assim como em todas as outras vezes. O comportamento externo de Drew, de adotar sua maneira habitual mal-humorada e resmungona, pode, então, inflamar seu pai... e o processo continua.

Cenário 2

Agora imagine o cenário 2: Dan chega e vê a grama intacta. Ao invés de explodir, ele reconhece seu estado interno e como isso pode afetar seu comportamento. Então, ele respira fundo e pergunta a Drew por que a grama não foi cortada. Drew, esperando recriminações, toma a defensiva enquanto explica que o cortador de grama quebrou. Por experiências passadas, Dan percebe que é provável que Drew se feche, e então se oferece para mostrar a Drew como consertar o cortador. Ele refresca-se com um copo de cerveja antes de ajudar Drew a fazer os reparos. Drew corta a grama antes de a família sentar-se junta para uma refeição.

Nesse panorama, o pai muda seu processo interno e faz um esforço consciente para lembrar-se de quando era adolescente, precisando de orientação e de uma mão firme. Ele decide o resultado que quer de sua interação com o adolescente e, tendo se desvinculado de suas emoções, é capaz de continuar o caminho que mantém o canal de comunicação aberto a fim de alcançar o resultado desejado: fazer com que Drew corte a grama.

Essa situação ilustra como, colocando os pressupostos da PNL em prática, Dan é capaz de alcançar seu resultado de ter a grama aparada por Drew. (Por exemplo, o pressuposto de que "a pessoa com maior flexibilidade em um sistema é a vencedora!"). A criação de laços é um bônus. Obviamente, a resposta que ele obtém de Drew, quando o adolescente começa a ficar na defensiva, não é a que Dan quer. Dan tem a flexibilidade para reconhecer os padrões de comportamento de Drew e modificar suas próprias respostas para conseguir seu resultado e, por consequência, controlar o sistema.

Introduzindo o Modelo de Comunicação PNL

John Grinder e Richard Bandler descobriram que os mestres da comunicação têm três grupos de habilidades:

- » Eles sabem o que querem.
- » São muito bons em observar as respostas que recebem.
- » Têm a flexibilidade para modificar seus comportamentos até conseguirem o que querem.

CASOS E CAUSOS

Como um ótimo negociador, Simon ensinou a Kate algumas lições valiosas sobre como lidar com as pessoas. Simon sempre consegue manter a calma e geralmente alcança o seu objetivo mesmo nas situações mais difíceis. Ele consegue isso distanciando-se de suas emoções e mantendo seu foco no resultado que deseja. Ele também tenta entender o ponto de vista da outra pessoa e temas que possam ser delicados, com o propósito de chegar a um resultado satisfatório para ambas as partes.

Cada um de nós processa informações de forma diferente e, assim, reage às situações de forma diferente. Não seria muito útil entender como o cérebro dos outros funciona? Continue a ler para receber algumas dicas.

Processando partes de informações

O professor George Miller foi o pioneiro no campo da psicolinguística e da psicologia cognitiva a conduzir uma pesquisa sobre quantos bits de informações as pessoas podem manter na memória de curto prazo em qualquer momento. Ele chegou à conclusão de que uma pessoa pode reter sete bits de informação, com margem de erro de mais ou menos dois; ou seja, nove se a pessoa estiver se sentindo bem ou tiver interesse no assunto, e apenas cerca de cinco se ela estiver se sentindo um pouco mal ou não tiver interesse no que está tentando se lembrar. Se você não é uma pessoa que consegue desempenhar várias funções ao mesmo tempo, pode ter dificuldade de reter mais de um bit!

Seu cérebro recebe milhões de informações por segundo. Se você tentasse lidar com esse enorme volume de informações, ficaria louco. A fim de preservar sua sanidade, você filtra as informações que chegam antes que o seu cérebro as processe e faz as representações internas dessas informações (nós discutimos as representações internas em mais detalhes no Capítulo 2).

PERSEGUIDO PELO NÚMERO SETE

A seguir, uma citação de George Miller, do artigo "The Magical Number Seven Plus or Minus Two" (em tradução livre: "O Mágico Número Sete Mais ou Menos Dois"):

Meu problema é que tenho sido perseguido por um número inteiro. Por sete anos, esse número me rondou, invadiu as minhas informações mais particulares e me atacou nas páginas dos jornais mais lidos. Este número assume uma variedade de disfarces, sendo, às vezes, um pouco exagerado e, algumas vezes, um pouco menor que o normal, mas nunca mudando tanto a ponto de ficar irreconhecível. A persistência com que esse número me acompanha está longe de ser apenas um acidente do acaso. Há, como disse um senador famoso, alguma intenção escondida, algum padrão que rege suas aparições. Ou realmente há algo incomum sobre o número sete, ou estou sofrendo de mania de perseguição.

Além disso, todas as suas experiências diferentes e filtros influenciam o processo pelo qual você cria essas representações internas dos eventos externos percebidos através dos sentidos.

Os estímulos externos do mundo são convertidos em representações internas em seu cérebro usando três processos fundamentais: omissões, distorções e generalizações. As seções a seguir lhe dão uma breve visão geral desses processos. Para informações mais aprofundadas, veja o Capítulo 15.

Omissão

Omissões acontecem quando você presta atenção em alguma informação recebida através dos seus sentidos, mas está completamente alheio a outros estímulos. Pense em um professor excêntrico, tão absorto em seu trabalho que sai de casa usando pantufas.

CASOS E CAUSOS

A história de Kate a respeito de sua sogra ilustra muito bem a forma como seu inconsciente realiza omissões. Geralmente, sua sogra tirava o lixo de casa antes de voltar para pegar sua bolsa e pasta. Por estar um pouco atrasada, certa manhã ela apanhou as três sacolas: bolsa, pasta e saco de lixo. Somente quando estava sentada no ônibus, achando que o coletivo estava "fedorento" naquela manhã, foi que percebeu que havia levado o saco de lixo com ela!

COMO OS ALGORITMOS CONTROLAM SUA VIDA

Os avanços tecnológicos concederam aos algoritmos o poder de deletar e distorcer as informações que vemos e sobre as quais agimos. Algoritmos são, basicamente, uma lista complicada de instruções que imitam os processos humanos de tomada de decisão. Nas mãos certas, eles são incrivelmente úteis para estabelecer preços competitivos para produtos online, por exemplo, e para operar sistemas complexos de controle de aquecimento.

Em 2012, o Facebook causou um furor quando, junto a pesquisadores da universidade, manipulou deliberadamente seus algoritmos para alterar os feeds de notícias de centenas de milhares de usuários. O experimento pretendia testar se as pessoas postariam respostas negativas a histórias negativas e vice-versa. As descobertas não foram conclusivas. Contudo, mesmo com o pedido de desculpas do Facebook, ele não ofereceu garantias de que pararia de filtrar informações para manipular seus resultados.

Enquanto isso, em maio de 2010, a Dow Jones Industrial Average perdeu 9% do seu valor em três minutos, antes de reconquistá-los logo em seguida. Os algoritmos de negociação aparentemente responderam a uma venda incomum de um grande número de ações, sinalizando a volatilidade do mercado e encerrando as negociações. Assim, os algoritmos são tão capazes de um viés quanto os matemáticos que os criaram!

Distorção

A distorção ocorre quando você tira conclusões não necessariamente verdadeiras das informações que chegam através dos seus sentidos; por exemplo, quando alguém reclama que seu marido "não a ajudou, então isso quer dizer que ele não se importa" com ela. Você pode ver o que quiser para reforçar seu ponto de vista em vez de enxergar o que está bem na sua frente. Distorções também podem envolver omissão de informações.

Um cético diria que estar apaixonado é uma forma de distorção, em que você não consegue enxergar a realidade através de seus olhos enamorados, completamente inconsciente das falhas do seu parceiro "perfeito". Talvez você esteja tão entusiasmado por encontrar seu amor verdadeiro que ignore os aspectos do comportamento da pessoa que podem arruinar a relação em longo prazo.

CASOS E CAUSOS

Romilla estava dirigindo para casa por uma rua de via dupla em uma noite escura quando começou a chover: uma garoa muito fina e com neblina. Ela pôde ver uma figura branca, à distância, na calçada. Com o coração acelerado, começou a conversar com seus botões mais ou menos assim:

"Ah, minha nossa, é um fantasma."

"Não seja estúpida, fantasmas não existem."

"Você sabe que está sendo idiota. Não é um fantasma."

"É sim. E se for um fantasma?"

"Mas não é."

"É sim."

E continuou. Para seu alívio, mas também decepção, o "fantasma" era um mendigo envolvido em um saco branco, parecendo realmente fantasmagórico naquela chuva com neblina.

Essa história envolve a distorção de uma imagem, mas você também pode distorcer o significado das ações de outra pessoa.

CASOS E CAUSOS

Jacqui tinha um chefe, Tom, que, por causa de sua criação, achava muito difícil lidar com mulheres no trabalho e era muito rude em suas interações com as funcionárias. Jacqui interpretou mal o comportamento de Tom e decidiu que ele não gostava dela; ela distorceu os fatos. A situação poderia ter fugido do controle caso Jacqui não houvesse confidenciado suas preocupações para outra colega. Quando Jacqui entendeu que a criação de Tom é que era a culpada pelo comportamento dele, ela deixou de reagir emotivamente. Como resultado, seu comportamento passou a refletir mais confiança em si mesma, o que resultou na melhora da maneira como Tom a tratava.

Generalização

Você faz uma generalização ao transferir as conclusões às quais chegou a partir de uma experiência para outras situações ou eventos similares. Imagine que você fez um excelente discurso, que agradou a todos. Posteriormente, você pode formar uma generalização de que é bom em falar em público.

As generalizações podem ser úteis; elas o ajudam a construir um mapa cognitivo do mundo. Se você não generalizasse, teria de reaprender o alfabeto e aprender a juntar as letras individualmente, sempre que fosse ler um livro. As generalizações o permitem criar com base no que você já sabe, sem ter que reinventar a roda.

Contudo, elas também podem ser limitadoras. As crenças que você tem em relação ao seu mundo são generalizações, e você dá o seu melhor para deletá-las e distorcê-las para mantê-las. Então, em outras palavras, suas generalizações podem se tornar restritivas, pois podem diminuir a probabilidade de você aceitar ou confiar em ações e eventos que não se encaixem com suas noções preestabelecidas.

Essa tendência pode, por sua vez, levá-lo a profecias autorrealizáveis. Segurança e insegurança são dois lados da mesma moeda. Quando você se sente confiante em fazer algo, as chances são de que você se saia bem porque espera um resultado positivo. Mesmo nas situações incomuns em que as coisas não saem exatamente como você desejou, você segue adiante. Mas se você estiver cheio de inseguranças e certo de que algo não vai dar certo ou de que ninguém falará com você em algum evento, existe uma chance muito grande de a sua experiência atender às suas crenças. Você vive uma leve decepção quando alguém ou uma situação não corresponde às suas expectativas? E se sente um pouco vitorioso quando realmente se desaponta? Às vezes, ter suas generalizações negativas confirmadas é mais satisfatório do que se sair melhor do que o esperado em uma situação. Como isso é contraditório!

Compreendendo as respostas individuais

Quando pessoas diferentes são expostas ao mesmo estímulo externo, elas se lembram do evento de maneiras diferentes porque atribuem significados diferentes ao que aconteceu e reagem de maneira diferente, de acordo com seus mapas do mundo (o Capítulo 2 fala mais sobre eles). As pessoas interpretam e dão significado a experiências de forma diferente porque todos omitem, distorcem e generalizam de forma diferente, com base em suas experiências de vida e dos metaprogramas, valores, crenças, atitudes, memórias e decisões resultantes. Discutimos essas respostas nas próximas seções.

Metaprogramas

Os *metaprogramas*, discutidos com mais detalhes no Capítulo 7, são filtros. Eles são as maneiras que você revela os seus padrões de comportamento através da sua linguagem. Por exemplo, alguém que tende a dar ordens e realizar coisas (o que significa que apresenta tendências proativas) pode dizer: "Não dê desculpas, só resultados." Enquanto isso, alguém que tende a tomar tempo para pensar antes de agir (tendência reativa) pode dizer: "Não se apresse, pense em todos os fatores e tenha certeza de que o resultado estará certo."

Se essas tendências forem exageradas e combinadas com uma propensão a generalização, você pode acabar estereotipando as pessoas: por exemplo, "você está falando do Tom, aquele nerd tímido?" (distorção) ou "vendedor típico, sempre atrás de você" (generalização). Contudo, é importante lembrar que as pessoas podem mudar os seus padrões de comportamento dependendo do ambiente e da situação em que estão.

A Tabela 8-1 fala um pouco sobre tendências introvertidas e extrovertidas e o modo como elas afetam o seu processo de filtragem. Ambas as tendências são metaprogramas básicos. Apesar de seus metaprogramas estarem em segundo plano, você tende a ter uma propensão a focar certos aspectos de metaprogramas particulares, dependendo de situações variadas. Por exemplo, pense em interações sociais e como uma pessoa sociável se comporta em comparação a alguém mais solitário.

TABELA 8-1 **Comparação entre os Metaprogramas Introvertido e Extrovertido**

Introvertido	Extrovertido
Deseja ficar sozinho para recarregar sua energia	Precisa ter pessoas ao seu redor quando precisa descansar ou relaxar
Tem poucos amigos com quem tem uma relação profunda	Tem muitos amigos com quem se relaciona em nível mais superficial
Pode ter uma indiferença real ou imaginária quanto a sentimentos	Pode não perceber a indiferença e, se percebe, pode atribuir isso ao dia ruim da outra pessoa
Interessa-se por poucos tópicos, que conhece detalhadamente	Sabe sobre muitas coisas, mas não conhece os detalhes como o introvertido
Tende a ser mais solitário	Tende a ser mais sociável

LEMBRE-SE

Um introvertido não é melhor do que um extrovertido, e um extrovertido é tão bom quanto um introvertido. Uma pessoa também pode exibir ambas as tendências. Às vezes você pode precisar sair e conhecer pessoas, enquanto em outras prefere a reflexão silenciosa para recarregar a energia.

Uma maneira útil de pensar em como um metaprograma funciona é imaginar uma escala móvel tendendo em direção a um aspecto ou a outro em dado momento e em um ambiente específico (como ilustra a Figura 8-2).

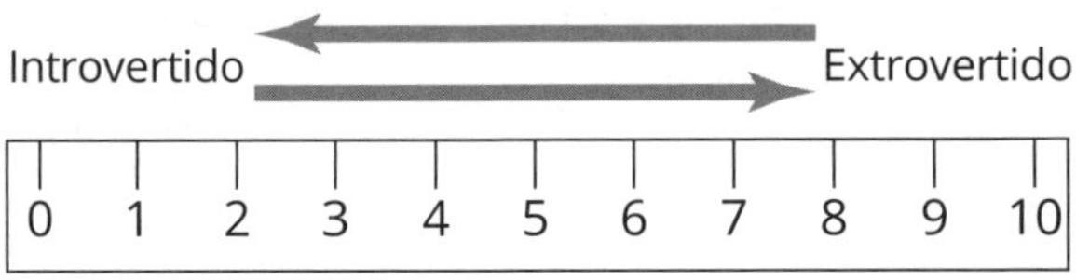

FIGURA 8-2: Metaprogramas funcionam como uma escala móvel.

No trabalho, onde você é confiante e gosta do ambiente, pode perceber que se comporta como um extrovertido. Essa tendência permite que suas antenas captem maiores quantidades de informações e o faz perceber contatos e oportunidades que o ajudam na sua função. Ao encontrar colegas de trabalho em um contexto social, no entanto, pode sentir-se bastante desconfortável e deslizar pela escala mostrando tendências introvertidas. Como resultado do seu desconforto, você pode deletar mensagens sutis, que seriam muito óbvias para você dentro do familiar ambiente de trabalho.

DICA

Os extrovertidos podem realmente irritar seus amigos e conhecidos mais introvertidos. Então, extrovertidos, por favor, tenham cuidado com o tom quando encontrarem alguém que talvez não seja tão receptivo quanto vocês, e tenham cuidado para não invadir o espaço do outro! Da mesma forma, os introvertidos devem estar cientes de que sua falha em manter uma conversa pode parecer insensível ou desinteressada em vez de uma simples necessidade de silêncio.

CASOS E CAUSOS

Em uma festa, uma nerd extrovertida da PNL (que pratica a PNL com todos e tudo, o tempo todo) dançava com um pobre introvertido por todo o salão. Ela invadiu o espaço corporal do introvertido, que continuava se afastando, mas via seu espaço corporal sendo invadido novamente.

Se você estiver do lado extrovertido da escala, lembre-se de mostrar certa moderação no uso de sua exuberância verbal, vocal e física ao lidar com uma pessoa que exibe tendências mais introvertidas. Da mesma forma, se você estiver do lado introvertido da escala, deve ter mais facilidade de criar rapport com um extrovertido se mostrar mais entusiasmo em seus movimentos e palavras.

LEMBRE-SE

Tenha cuidado com as palavras, o tom e os movimentos corporais, e use-os de acordo com os da pessoa com quem você se comunica.

EXPERIMENTE

Lembrando que as pessoas podem mostrar tendências diferentes em ambientes diferentes, você consegue pensar de que lado da escala está mais próximo? Você consegue avaliar seus amigos e parentes assim? Eis uma dica: a resposta para a pergunta "você prefere estar acompanhado ou ficar sozinho quando precisa recarregar suas energias?" pode lhe dar uma pista muito forte das tendências de alguém.

Alguns extrovertidos podem ter uma ligação muito forte com seus animais de estimação e buscam a companhia de um amigo de quatro patas em vez de procurar outros humanos quando precisam recarregar as energias!

Valores

Seus valores também são filtros inconscientes, embora menos do que os metaprogramas descritos na seção anterior. Você aprende seus valores, quase que por osmose, com seus pais e parentes próximos até os sete anos de idade e, a partir daí, com seus colegas e amigos. Os valores são o que nos motiva a fazer alguma coisa, mas eles também podem atuar como freios que nos impedem de alcançar o que queremos. Esses são fatores importantes para você e o permitem avaliar se alguma coisa que você fez ou está pensando em fazer é boa ou ruim. Eles influenciam a maneira como você deleta, distorce ou generaliza informações de estímulos recebidos.

Exemplos de valores são: saúde, riqueza, honestidade, amizade e satisfação no trabalho. Você pode descobrir mais a respeito de valores no Capítulo 3. Os valores são organizados em uma hierarquia, com o mais importante deles no topo.

CASOS E CAUSOS

James trabalhava para uma instituição de caridade e ajudava a organizar um programa educacional na África. Ele tinha uma família jovem e adorava seu trabalho. Embora ele fosse pobre como um rato de igreja, todas as necessidades do seu dia a dia eram supridas pela instituição. Sua hierarquia de valores era satisfeita pelo trabalho e era parecida com isto:

1. **Melhorar vidas**
2. **Estar com a família**
3. **Liberdade**
4. **Variedade**
5. **Rede de apoio**

Esses valores foram obtidos a partir da seguinte pergunta a James: "O que é importante para você no seu trabalho?"

Pelos valores de James estarem sendo satisfeitos, ele não prestava atenção (omissão) a nenhuma outra oferta de emprego que lhe aparecia, por maior que fosse o salário, pensando que os outros aspectos que ele valorizava do seu trabalho seriam prejudicados. Ele admite que embarcou em uma distorção de que todo (generalização) interesse ocidental na África visa a explorar a população local. Todavia, mais tarde, ele percebeu que, em alguns casos, essa visão era simplesmente uma desculpa para que algumas pessoas não se responsabilizassem por suas próprias vidas.

LEMBRE-SE

Os valores são muito contextuais, o que significa que alguns deles se aplicam apenas a certas áreas de sua vida e sua importância hierárquica também muda, dependendo de qual aspecto da vida você observa. No entanto, eles são uma orientação útil para avaliar o que deixa alguém satisfeito com a vida e orienta suas escolhas. Os valores de James eram relevantes para o trabalho em que estava envolvido na época.

CASOS E CAUSOS

Durante um relaxamento profundo, James se lembrou de seus pais discutindo sobre o proprietário ter aumentado o aluguel da casa e do quanto seus pais soavam preocupados. Ele percebeu que formou uma crença limitante naquela época, aos seis anos, de que todas as pessoas ricas eram gananciosas e ruins (isso também é uma generalização).

Compreender e acompanhar os valores de alguém é crucial na construção de rapport e na comunicação com a pessoa para que ela seja mais receptiva à sua mensagem.

Falar com James sobre dinheiro quando ele trabalhava para a instituição de caridade pode ter se provado algo improdutivo. Não só porque isso não estava em seu radar, mas por causa de sua crença limitante sobre pessoas ricas.

Crenças

As crenças são realmente poderosas; elas podem impulsioná-lo para o sucesso ou levá-lo ao mais profundo fracasso, pois, parafraseando Henry Ford, "se você acredita que pode ou que não pode... você está certo".

Suas crenças são formadas em todos os tipos de formas inconscientes. Você aprendeu com seus pais que é muito talentoso; que não sabe desenhar, com o seu professor; que tem de apoiar seus amigos, com seus companheiros etc. Em alguns casos, como no do professor que disse que você é incapaz de desenhar, você elimina qualquer oportunidade que tenha de aprender a desenhar. Afinal, foi um professor quem disse que você não consegue desenhar.

As crenças podem começar como um "zumbido em sua mente" (como Morpheus fala para Neo no filme *Matrix*). Como esse zumbido irrita e incomoda, você começa a encontrar exemplos que validam esse barulhinho e, após um período de tempo, desenvolve uma crença concreta.

O Capítulo 15 entra em mais detalhes sobre como você pode ouvir e descobrir as crenças das pessoas para entender mais sobre seus filtros.

CUIDADO

Escolha as suas crenças com muito cuidado, porque elas têm a tendência de tornarem-se profecias autorrealizáveis!

Atitudes

Sua atitude é o seu modo de pensar sobre um assunto ou talvez um grupo de pessoas: ela diz aos outros como você se sente ou o seu estado mental sobre alguém ou alguma coisa. Sua atitude é um filtro inconsciente e é formada por um conjunto de valores, crenças e opiniões sobre um assunto específico. Mudar uma atitude é muito desafiador, porque o seu consciente está envolvido ativamente na construção e apreensão de atitudes.

Você pode ter ciência da atitude de outra pessoa pelo que ela diz ou como se comporta. No trabalho, alguém que se esforça mais e é bem-humorado é considerado uma pessoa com uma boa atitude, ao passo que alguém que foge das responsabilidades e não utiliza todas as suas habilidades é visto como tendo uma atitude ruim.

Por sua atitude ser baseada em seus valores e crenças, ela afeta suas habilidades ao fazer com que se comporte de certa forma. Alguém com uma atitude positiva sempre espera um resultado positivo e, por demonstrar uma conduta agradável e prestativa, essa pessoa influencia as outras a se comportarem de modo similar.

EXPERIMENTE

Da próxima vez que estiver com uma pessoa propensa a reclamar, experimente fazer com que ela contraia o seu vírus da positividade. Se ela estiver reclamando sobre pagar as contas, pergunte se ela gostaria de morar na rua, porque os desabrigados definitivamente não precisam pagar contas. Se ela começa as manhãs de segunda-feira reclamando de todo o trabalho que tem pela frente, lembre-a de como a tarde de sexta será boa quando todo o trabalho estiver concluído. Se ouvir uma pessoa falando mal de um colega, diga algo positivo a respeito da vítima. Diga ao reclamão que quem tem uma atitude positiva em relação à vida é menos estressado e vive bem mais. Você pode até ver esse mesmo reclamão fazendo algo bom e ter a oportunidade de elogiá-lo!

Com que frequência você vê *baby boomers* (nascidos entre 1946 e 1964) ou a geração X (nascidos entre 1965 e 1977) reclamando sobre as atitudes ruins da irresponsável e nada confiável geração Y (os millennials, nascidos entre 1978 e 1987), que não tem habilidade para se concentrar? (Isso é ilustrado no exemplo de Drew e Dan no começo do capítulo.) Esses traços percebidos podem causar discórdia quando se lida com millennials. É útil reconhecer que cada geração tem necessidades humanas em comum — um propósito significativo, conexões pessoais e realização. Contudo, é a maneira pela qual conseguem satisfazê-las que pode ser diferente. Lidar com millennials não é diferente de lidar com nenhuma outra geração. A comunicação com qualquer pessoa é uma questão de deixar de lado as suas percepções sobre "a geração mais jovem", descobrindo o que eles valorizam, quais são suas necessidades, como gostam de receber informações e acompanhar tudo isso. Com o risco de generalizar, os millennials são muito bem conectados, acostumados a colaborar por redes sociais e buscam satisfação instantânea. Eles não gostam de receber ordens, mas são receptivos a orientações, pois recebem liberdade para testar processos que ajudaram a criar uma vez que tenham uma orientação clara do que você quer. Ferramentas que permitem que fiquem em contato constante uns com os outros, como uma página do Facebook da empresa ou de um projeto, podem ajudar a aumentar a produtividade e a coesão da equipe.

Memórias

Suas memórias determinam como você faz previsões e como se comporta e se comunica com os outros. Memórias do seu passado podem afetar o seu presente e o seu futuro. (Você pode descobrir mais sobre o poder das memórias no Capítulo 13.) O problema ocorre quando suas memórias não ficam na ordem em que foram registradas. Quando as memórias se misturam, elas trazem à tona todas as emoções de quando realmente aconteceram. Sua experiência atual evoca memórias antigas, e você acaba reagindo às suas memórias e emoções do passado em vez de à experiência que está vivenciando.

CASOS E CAUSOS

A supervisora de Tamara se chamava Sheila, uma mulher terrível que fazia bullying com ela. Quando, muito aliviada, Tamara conseguiu um novo emprego, ela percebeu que sua nova chefe também se chamava Sheila. A combinação de seu nome e cargo superior significou que Tamara demorou um certo tempo para convencer-se de que a segunda Sheila era, na verdade, uma pessoa adorável, e até que ela aceitasse essa nova realidade, era muito cautelosa em relação à chefe. Se suas memórias tivessem permanecido na ordem correta, Tamara não teria revivido as memórias e emoções negativas do passado. Ela fez generalizações e distorções acerca da segunda Sheila a partir da experiência com a primeira.

Decisões

Suas decisões estão intimamente ligadas às suas memórias e afetam todas as áreas da sua vida. Essa habilidade é especialmente importante porque diz respeito a decisões que limitam as opções que você sente ter na vida — o que a PNL denomina decisões limitadoras. Exemplos de decisões limitadoras incluem: "Não sei ortografia", "o dinheiro é a origem de todos os males, então, para ser bom, eu não devo ser rico" e "se eu fizer dieta, não serei capaz de saborear a minha comida".

Muitas de suas decisões restritivas são criadas inconscientemente, algumas quando você é muito jovem, e podem ser esquecidas. Conforme você cresce e se desenvolve, seus valores podem mudar, e você precisa reconhecer e repensar quaisquer decisões que o estejam atrapalhando. No Capítulo 13, você pode descobrir como se libertar dessas decisões limitadoras.

CASOS E CAUSOS

Na seção anterior, "Valores", falamos sobre James, que trabalhou na África por muitos anos. Bem, quando James retornou à Inglaterra, ele estava ainda mais pobre e tinha, agora, que sustentar sua família sem a ajuda da instituição para a qual trabalhava. Pensando sobre sua situação, ele estabeleceu um novo conjunto de valores, que ficou assim:

- Melhorar vidas
- Estar com a família
- Segurança
- Liberdade financeira
- Variedade

Ao decidir que precisava de liberdade financeira, ele percebeu que a crença cultivada por ele desde pequeno, de que pessoas ricas eram gananciosas e más, o estava impedindo de sustentar sua família. Então, ele considerou como poderia ganhar um bom dinheiro, ajudar as pessoas e ficar perto de sua família. Atualmente, James é extremamente feliz, tem uma vida financeira bastante confortável e ajuda a melhorar vidas. Como? Depois de seu mestrado em Administração de Empresas, ele fez um doutorado em Psicologia, e agora viaja com sua esposa, ministrando workshops por todo o mundo.

Dando uma Chance à Comunicação Efetiva

Como mostram as seções anteriores, muito da forma como você pensa e se comporta é inconsciente; suas respostas são influenciadas por seus valores, crenças, memórias etc. Felizmente, você não tem de estar à mercê do seu inconsciente.

DICA

Estando consciente, você pode assumir o controle sobre a sua comunicação com os outros e isso é, de fato, um pensamento libertador e poderoso. Apenas lembre-se do seguinte:

- **Organize na sua mente antes de falar:** Pense no resultado que você deseja ao interagir com as pessoas, e fale e comporte-se tendo esse objetivo em mente.
- **Comporte-se gentilmente:** Esse conhecimento lhe confere poder, e o poder pode corromper. Por outro lado, o poder também pode livrá-lo do medo. Ele também o permite trabalhar com generosidade e gentileza, então esse conhecimento do modelo de mundo de uma outra pessoa possibilita que você crie um resultado satisfatório para ambos os lados.

Comunicar-se pela internet ou apresentar-se a um público desconhecido pode ser complicado. Como com qualquer atividade de marketing, é crucial conhecer o seu público. Você pode ler os blogs das pessoas, ouvi-las no YouTube e participar de fóruns através dos quais possa descobrir seus valores, opiniões e metaprogramas — depois pode replicá-los em suas próprias apresentações, vídeos e blogs. Você poderá se comunicar através de qualquer meio quando entender como a comunicação funciona!

3

Abrindo a Caixa de Ferramentas

NESTA PARTE...

Encontre as principais ferramentas e técnicas da PNL que podem possibilitar que você lide com situações difíceis.

Aprenda a adaptar seus próprios pensamentos e ações e manter o controle.

Crie seu repertório PNL para excelência.

NESTE CAPÍTULO

» Entendendo o efeito dos sons, visões, cheiros e sensações

» Controlando o modo como você se sente

» Superando o nervosismo

» Mudando o modo de pensar sobre o passado e o futuro

Capítulo 9

Libertando-se das Âncoras

"Não sei o que deu em mim!" Expressão familiar? Já teve a sensação de que a sua reação a uma situação foi excessiva? Suas sensações podem consumi-lo ou até sufocá-lo. Talvez até diga que não se sentiu como você mesmo.

Todos temos reações emocionais o tempo todo: algumas delas são boas — paixão, alegria e prazer — outras nem tanto — decepção amorosa, tristeza e dor. São essas sensações que tornam a vida e o trabalho interessantes e divertidos, assim como confusos e imprevisíveis. Geralmente, em nosso trabalho, conversamos com gerentes que suspiram e desejam que seus colegas de trabalho deixem as emoções em casa. E em casa, inúmeras pessoas gostariam que seus parceiros deixassem o estresse da profissão no local de trabalho.

Talvez você tenha visto alguém "explodir" inesperadamente. Isso ocorre com frequência e, avaliando o evento, sempre parece ter sido por uma provocação boba. A maioria das pessoas sente desconforto ou agitação ao ficar em um estado de nervos. De fato, a PNL adota o termo *estado* com o significado de observar e tornar-se mais consciente de como você se sente em determinado momento.

Levado ao extremo, essas sensações de opressão e perda do controle podem assustar as pessoas. Elas podem afetar a sua carreira e vida social. As pessoas se questionam se tal indivíduo é confiável em termos de responsabilidade ou para representar a empresa.

Por sorte, com a influência estabilizadora da caixa de ferramentas da PNL, a ajuda está à mão para controlar a si mesmo, o seu estado a qualquer momento e o efeito que você causa nas outras pessoas. E quando você descobre como fazer isso, os efeitos são fantásticos.

Começando com as Âncoras da PNL

ALERTA DE JARGÃO NA PNL

A PNL usa técnicas de *ancoragem* para ajudá-lo a criar estados positivos em si mesmo, com base no princípio da âncora de um barco que fornece estabilidade em mar aberto. A PNL define uma *âncora* como um estímulo externo que desencadeia um estado interno ou resposta. As pessoas estabelecem âncoras e respondem a elas o tempo todo; por exemplo, você sabe que deve parar o carro no sinal vermelho, e que certos alimentos o fazem lamber os dedos.

Você deve estar pensando em por que as âncoras são úteis. A resposta é que, quando você domina a técnica da ancoragem, pode pegar todas as suas experiências e memórias positivas e utilizá-las para lidar melhor com situações desafiadoras. Normalmente, o cérebro acha mais fácil acessar as memórias negativas, então a ancoragem fornece ajuda extra para acessar os momentos bons (você pode ler mais sobre as memórias e o cérebro no Capítulo 3).

A ideia da ancoragem na PNL vem da modelagem de técnicas do hipnoterapeuta Milton Erickson. Com frequência, ele utilizava sugestões como gatilhos para ajudar as pessoas a mudarem o seu estado interno. Mais recentemente, no trabalho de um dos criadores da PNL, John Grinder, em seu NewCode NLP (veja o Capítulo 1), é dada grande ênfase a guiar clientes e praticantes para estados positivos, como o "estado de alta performance" e o de "não saber".

LEMBRE-SE

Os humanos descobrem e desenvolvem comportamentos em resposta aos estímulos: não são apenas os golfinhos que aprendem truques maravilhosos! Desde a concepção, você é programado para reagir a certos estímulos e muda seu estado em resposta ao ambiente constantemente, demonstrando uma flexibilidade de comportamento inacreditável.

DE TWITMYER A PAVLOV OU COMO TUDO COMEÇOU

O que o psicólogo russo Pavlov descobriu com o seu famoso experimento com cães foi um exemplo inicial de ancoragem. Forneça um estímulo — comida — e receba uma resposta consistente — salivação. Associe o som de um sino — um estímulo condicionado — ao ato de dar comida na boca do cão, e logo o animal aprenderá a responder ao soar do sino.

O colega menos conhecido de Pavlov, Twitmyer, estava observando o reflexo automático dos seres humanos em 1902, antes de Pavlov estudar a salivação nos cachorros. Quando Twitmyer batia um martelo no joelho de uma pessoa e um sino soava. Como vários avanços da ciência, uma mudança acidental no experimento conduziu a uma das mais excitantes descobertas. Um dia, ele tocou a campainha sem bater com o martelo. E adivinha o que aconteceu? Sim, o joelho da pessoa reagiu sozinho ao som da campainha.

Infelizmente, para Twitmyer, ele estava um pouco à frente do seu tempo, e os médicos ignoraram a sua contribuição à ciência do behaviorismo (a teoria da personalidade que ignora o funcionamento interno da mente e foca em como as pessoas são condicionadas a reagir a estímulos do ambiente). Apenas dois anos depois, em 1904, o trabalho de Pavlov com os cães chamou a atenção das pessoas e ele ganhou o prêmio Nobel de Fisiologia.

Desde então, estudos do comportamento de animais têm se tornado mais científicos e sofisticados. A cada dia, você pode ler mais pesquisas sobre o cérebro e aumentar seu conhecimento sobre a inteligência e comportamento humanos.

Estabelecendo uma âncora e construindo um estado de recursos

Nossas memórias são armazenadas como associações aos nossos sentidos. Os cheiros são âncoras particularmente poderosas para períodos de tempo e acontecimentos. Então, por exemplo, você sente um perfume peculiar e isso o leva de volta ao seu primeiro encontro e ao momento em que borrifou a colônia ou a loção pós-barba. Ou, se você já tomou um porre de uísque, talvez apenas o cheiro da bebida seja suficiente para fazê-lo sentir náuseas. Nós criamos âncoras positivas e negativas para nós mesmos o tempo todo.

Os professores de PNL sugerem várias técnicas para o estabelecimento de âncoras. Veja três passos simples da técnica da PNL que usamos para ajudar clientes a assumirem o controle do próprio estado estabelecendo âncoras de recursos:

1. **Esteja certo do estado positivo ideal em que você deseja estar.**

   Seu estado positivo pode ser confiante, divertido, energético, antecipatório ou entusiasmado. Seja claro e específico em suas próprias palavras para descrevê-lo.

2. **Lembre-se de uma ocasião específica no passado em que você esteve nesse estado.**

   O que você vê aqui é uma experiência comparável, embora o contexto possa ser bem diferente.

3. **Reviva o momento o mais vividamente possível.**

   Envolva-se completamente com a experiência — imagens, sons, cheiros, sensações físicas e impressões internas.

Ao concluir esses três passos e estar no melhor estado positivo, esse é o momento de estabelecer uma âncora para si mesmo. Os movimentos das mãos funcionam bem como âncora física (cinestésica). Simplesmente observe o que as suas mãos estão fazendo quando você se envolve com a experiência e faz um movimento distinto — como punhos cerrados ou polegar e indicador em círculo. (Um aperto de mão não funciona, porque é muito comum e habitual.) Alternativamente, como uma âncora auditiva, escute um som. Para aqueles com preferência visual, crie uma imagem que simbolize o estado positivo.

Quando precisar voltar ao estado positivo, simplesmente ative a âncora como um estímulo para mudar o seu estado. Para isso, recrie o movimento ou lembre-se do som ou imagem que usou como gatilho para o estado positivo. Outro método para estabelecer âncoras úteis é o exercício clássico denominado "círculo de excelência", descrito posteriormente neste capítulo, na seção "Empregando âncoras nas apresentações".

LEMBRE-SE

As âncoras precisam ser:

- Distintas — diferentes de movimentos, sons ou imagens cotidianos
- Únicas — especiais para você
- Intensas — estabelecidas quando você experimenta o clímax do estado de forma plena e vívida
- Adequadas — capturar o melhor momento para fazer a associação
- Reforçadas — use ou perderá; a ancoragem é uma habilidade desenvolvida com a prática.

CUIDADO

É fácil estabelecer uma âncora negativa sem querer. Quando estamos estressados, a parte do cérebro chamada amígdala, responsável pelas emoções, reage à resposta de ameaça e reduz a energia disponível para responder criativamente. Experiências negativas podem rapidamente ser programadas no córtex pré-frontal. Considere o caso de um gerente muito estressado que lida com várias ligações problemáticas durante sua ida do trabalho para casa. Quando entra em casa, suas sensações negativas estão prestes a chegar ao ápice. Nesse momento, sua parceira vai até ele e o recepciona com um beijo. O coitado pode conectar, sem querer, sua parceira beijando-o com as preocupações do trabalho — porque as âncoras são estabelecidas assim. E adivinha? Sua parceira o beija, ele começa a ficar ansioso, mas não sabe o porquê. O bom senso sugere que você não estabeleça uma âncora negativa deliberadamente. Então como pode evitar isso? O segredo está em reconhecer o que desencadeia uma resposta negativa em você e perceber que tem uma escolha em relação a como responde. Para liberar a energia produtiva, é importante manter as emoções mais positivas em jogo, como amor, alegria e confiança. Você pode fazer mudanças aprendendo a disparar uma âncora positiva ou adaptar sua estratégia (o Capítulo 12 o ajuda a encontrar novas estratégias).

Evocando e calibrando os estados

Você sabe quando alguém está em um estado positivo ou não? Quais são os sinais? Quando encontra alguém e está construindo uma relação — social ou profissional —, a calibragem é útil.

GOSTINHO DO PASSADO: ÂNCORAS NO USO COMUM

Apenas por um momento, lembre-se do seu primeiro dia de aula. Escute silenciosamente aos sons à sua volta e identifique como você se sentiu naquele ambiente. Sons e cheiros são particularmente evocativos em nos fazer lembrar de memórias da infância, boas e ruins. Talvez alguns gatilhos ainda o fazem lembrar imediatamente da sua escola. O que o faz lembrar das memórias de sua época de escola? Possivelmente, o cheiro de certas comidas ou um piso encerado, a visão de um troféu escolar ou o som de um sino sinalizando o final das aulas.

O cheiro de cardamomo leva Romilla imediatamente de volta à sua infância indiana colorida e idílica; já para Kate, apenas ouvir as palavras "ambrosia da escola" traz de volta visões, sons e gostos desagradáveis correndo como uma vingança junto a memórias ansiosas das tias do lanche da escola forçando-os a comer coisas que não queria.

Se você trabalha com adultos em um cargo de treinamento, lembre-se de que algumas pessoas tiveram experiências ruins de aprendizado na escola, e em tais casos você pode se deparar com certa resistência natural. Felizmente, com bons professores e treinadores, a maioria das pessoas descobriu o quão prazeroso e divertido pode ser continuar a aprender depois de adulto, mesmo que essa não tenha sido sua experiência na infância.

ALERTA DE JARGÃO NA PNL

A PNL define a calibragem como o processo de aprender a interpretar as respostas das pessoas. Bons comunicadores aprenderam a intensificar suas habilidades de observação. Em vez de adivinhar como alguém está se sentindo, eles observam e reconhecem pistas sutis e expressões faciais das pessoas com quem interagem.

Por exemplo, se você sabe que seu chefe fica quieto e contrai os músculos faciais quando se depara com um prazo de entrega curto, você faz bem em não bater papo com ele ao perceber tais sinais. Ou, se você está em uma negociação, pare um pouco para conhecer as pessoas com quem está negociando. Perguntas sociais amigáveis no cafezinho ou no elevador podem ajudá-lo a calibrar a linguagem corporal das pessoas e desenvolver sua percepção às respostas delas.

EXPERIMENTE

Experimente esse jogo rápido com um amigo para calibrar os estados dele. Observe as mudanças na fisiologia dele — o que acontece com os seus movimentos faciais, mudança de cor da pele e com a linguagem corporal.

1. **Primeiro observe a posição inicial do seu amigo — para verificar como ele fica quando está neutro.**

   Para colocá-lo em estado neutro, você pode fazer uma pergunta tola como: "Qual é a cor das suas meias hoje?" ou "quantas canetas você tem na gaveta?"

2. **Então lhe peça que pense um minuto em alguém de quem realmente goste, cuja companhia aprecie e que preste atenção a quaisquer imagens, sons ou sensações que surjam.**

   Dê um tempo para que a pessoa entre na experiência.

3. **Peça-lhe que se levante e esqueça dessa sensação.**

   A PNL denomina isso *quebra de estado*.

4. **Peça-lhe que pense um pouco em alguém de quem realmente não goste, cuja companhia não lhe agrade, prestando atenção a qualquer imagem, som ou sensação que surja.**

5. **Observe seu amigo e compare as diferenças em sua reação para uma experiência positiva e uma negativa.**

Algumas pessoas demonstram mudanças drásticas na linguagem corporal, enquanto outras exibirão diferenças tão sutis que você mal conseguirá notar.

LEMBRE-SE

Há um pressuposto na PNL que diz: as pessoas não conseguem *não* se comunicar. Goste ou não, você influencia outras pessoas continuamente. Apenas com um olhar ou uma palavra, você tem a capacidade de gerar estados nos outros e em si mesmo, e isso acontece muito facilmente — apenas sendo você mesmo e agindo do seu jeito, sem esforço consciente.

DICA

Quando alguém, como um chefe, pai, professor ou parceiro, o elogia, dá uma bronca, ou expressa alegria ou desapontamento, você percebe que usa um tom de voz específico. Bem, seu próprio tom de voz também funciona como âncora. Variar o seu tom de voz é uma maneira de mudar o estado de outras pessoas. Experimente essa técnica quando quiser mudar o estado de uma plateia ou indivíduo com quem esteja falando — algumas vezes é preciso estar animado, outras vezes autoritário, em outras calmo ou tranquilizador.

Desenvolvendo o seu próprio repertório de âncoras

Uma boa maneira de trabalhar com os conceitos de PNL é encontrar estados otimizados para si mesmo; em suma, a melhor maneira de ser você mesmo. A ideia é desenvolver essa habilidade de maneira análoga a ampliar seu repertório de saques de tênis ou tacadas de golfe. Para começar, pergunte a si mesmo qual seria a melhor forma de fazer o seguinte:

- Aprender efetivamente
- Fazer o seu melhor
- Relacionar-se com outras pessoas

Lembre-se de situações passadas em que teve sucesso nessas áreas. O que estava acontecendo com você naquela época? Onde estava, com quem estava e o que estava fazendo de útil na época? O que era importante para você?

Crie um leque de âncoras visuais, auditivas e cinestésicas que façam com que você se sinta bem consigo mesmo e com outras pessoas. Você pode pedir ajuda a um amigo para trabalharem juntos nesse projeto.

Reconhecendo as suas próprias âncoras

Quais são os gatilhos, ou estímulos, que mais o afetam em casa ou no trabalho? Anote na tabela da Figura 9-1 para começar a tomar consciência das vezes em que estava se sentindo bem ou não tão bem. Seu objetivo é concentrar-se mais nas suas experiências positivas e mudar ou deixar de lado as negativas.

	EM CASA		NO TRABALHO	
	Bom	Ruim	Bom	Ruim
V- Visão				
A- Audição				
C- Tato / Sensação				
O- Olfato				
G- Paladar				

FIGURA 9-1: Tabela de âncora pessoal: V = visual; A = auditiva; C = cinestésica; O = olfativa; e G = gustativa.

Leve o tempo que precisar para registrar detalhes de experiências diferentes que podem fazê-lo sentir-se bem ou mal. Essas experiências podem ser eventos cotidianos aparentemente insignificantes e são muito individuais.

Você pode sentir-se bem em casa, em frente a uma lareira ou com a visão de um vaso de tulipas na mesa, ouvindo o som de suas músicas preferidas ou sentindo o cheiro de comida quentinha no fogão. Da mesma forma, a visão de sua mesa organizada, o burburinho das pessoas ou o aroma de uma bebida quente podem fazê-lo se sentir bem-vindo no trabalho pela manhã.

Por outro lado, se você fica bravo quando ligam a TV com o volume alto demais ou outro e-mail ou pedido de cliente chega, precisa encontrar estratégias para transformar o negativo em positivo. Você só pode começar a conduzir os detalhes de sua experiência diária à direção certa quando identificar o que gosta e o que não gosta.

Organizamos a tabela da Figura 9-1 pelos diferentes sentidos (veja o Capítulo 5 para saber mais sobre o assunto). Estas são algumas das âncoras a serem observadas:

- **Visual** — imagens, cores, decoração
- **Auditiva** — música, vozes, canto dos pássaros, sons
- **Cinestésica** — texturas, percepção dos elementos físicos e vibrações emocionais
- **Olfativa** — odores, substâncias químicas, perfumes
- **Gustativa** — sabores, comida e bebida

Suas âncoras mudarão com o tempo. Conforme se concentra cada vez mais em coisas que lhe dão prazer, você começa a perceber que aquelas que o preocupam tornam-se menos relevantes.

EXPERIMENTE

Eis um exercício que você vai querer que se transforme em um hábito saudável. Todos os dias, selecione cinco eventos ou experiências que lhe deram prazer. Tenha um caderno para anotar o que está dando certo para você. Geralmente, são as pequenas coisas que fazem a diferença: uma conversa agradável, um gesto gentil, o cheiro de padaria ou o sol aparecendo dentre as nuvens. Quando estiver sentindo-se sob pressão, reporte-se a um desses fatos e certifique-se de passar, no mínimo, uma parte do seu dia com coisas importantes para você.

Passando pelas Emoções: Organizando os Estados

Pense no dia de ontem. Enquanto você repassa os eventos do dia, pergunte-se como se sentiu em momentos diferentes. Você ficou no mesmo estado o dia todo? Pouco provável. Como um termômetro, é provável que tenha ido do quente ao frio ou experimentado todas as dimensões da escala; pode ter ficado relaxado e calmo, caloroso e interessado, quente e animado, além de vários graus de variação ao longo do dia.

Como seres humanos, somos abençoados com a flexibilidade e a habilidade maravilhosa de mudar de estado. Na verdade, precisamos mudar. Se operássemos em um nível alto constante, logo ficaríamos exaustos. Para evitar o esgotamento, pessoas de alto desempenho precisam ser capazes de se desligar e recuperar para recarregar as energias. Durante uma apresentação, por exemplo, é importante variar o ritmo para que o público continue interessado. Às vezes, você precisa deles calmos e receptivos ao que você diz, ou muito atentos a detalhes, ou curiosos e interessados.

Trabalhando em sessões individuais de coaching e enfrentando problemas difíceis, os clientes regularmente demonstram um leque completo de emoções — de raiva extrema, frustração e preocupação a prazer decorrente de risadas — em um espaço de tempo muito curto. Quando as coisas complicam e as pessoas experimentam uma variedade de emoções, não é incomum alguém falar: "Não sei se é melhor rir ou chorar!"

O humor oferece um caminho cheio de valores e recursos incríveis para mudar de estado. Por exemplo, personagens de desenhos geralmente nos permitem ver nossa própria experiência por uma nova perspectiva ao pegar um assunto sério e mostrá-lo por outro ângulo. As habilidades de qualquer líder, seja como pai ou gerente, estão em estabelecer um ritmo para os outros através desses estados diferentes e liderá-los a um resultado positivo.

Alterando os estados com âncoras

Seus estados mudam constantemente, e a vantagem das âncoras é que elas o permitem mudar de um estado para outro com mais recursos quando precisar. Digamos, por exemplo, que você tenha uma decisão difícil a tomar, uma pessoa para encontrar, um evento ao qual deve comparecer — em casamentos e funerais as emoções afloram e seria bom administrar os seus sentimentos com atenção. Estando no estado certo, poderá fazer as melhores escolhas e agir em busca de um resultado melhor.

Como analogia, imagine que está navegando em um barco inflável em meio a uma tempestade e quer alcançar um porto seguro. Ao desenvolver a habilidade de ativar âncoras, você pode garantir um estado calmo para si mesmo ou mudar para um modo energético e que corre riscos, se necessário. Uma âncora, por definição, é vinculada a uma posição estável: o mantém seguro e o faz parar de flutuar à deriva. Força e estabilidade são os pontos fundamentais.

Sempre que perceber que não está em um "bom estado", você tem uma escolha. Ou fica nesse estado porque, por algum motivo, vê vantagem nele, ou decide que prefere identificar e mudar para um estado "melhor". Para tanto, você pode ativar uma âncora para criar um estado mais positivo para si mesmo (veja a seção "Estabelecendo uma âncora e construindo um estado de recursos" para dicas de como fazer isso facilmente em apenas três passos, e veja o Capítulo 5 para saber mais sobre recursos).

CUIDADO

Sobrepor constantemente âncoras negativas com positivas pode levar a problemas. As âncoras negativas podem ser um alerta do subconsciente indicando que você deve se atentar a um problema oculto. Por exemplo, sentir-se cansado pode ser um indicador de que seus padrões atuais de trabalho estão lhe exaurindo ou que você não admitiu períodos difíceis de pesar e tristeza. Se continuar a sobrepor os sinais de alerta com uma âncora energética, pode acabar ficando doente.

Entrando no ritmo barroco

Os gregos da Antiguidade sabiam, os primeiros psicólogos usavam e a ciência moderna confirma: a música afeta tanto a mente quanto o corpo. A música altera as suas ondas cerebrais que indicam a atividade elétrica no cérebro. Quando estamos relaxados, nossas ondas cerebrais são mais lentas e aceleram conforme ficamos mais ativos. A música com cerca de 60 batidas por minuto parece ser a mais confortável dentre as culturas, porque corresponde à batida do coração humano em repouso.

A música barroca é especialmente adequada para criar um estado de relaxamento inconsciente, conhecido como estado alfa. Para explorar esse tipo de música, procure passagens em largo e adagio de obras musicais compostas entre 1600 e 1750 — Bach, Mozart, Handel e Vivaldi são bons pontos de partida.

ONDAS CEREBRAIS, DE ALFA A DELTA

Há quatro tipos de ondas cerebrais, medidas em ciclos por segundo:

1. Ondas cerebrais alfa — claro, calmo e relaxado — 8 a 12 ciclos por segundo
2. Ondas cerebrais beta — alerta e resolução de problemas — 13 a 30 ciclos por segundo
3. Ondas cerebrais teta — criativo e imaginativo — 4 a 9 ciclos por segundo
4. Ondas cerebrais delta — sono profundo — menos de 6 ciclos por segundo

DICA

Aqui vão algumas formas diferentes de pensar sobre a música que você ouve. Talvez você esteja preso na rotina da sua preferência auditiva:

» **Varie a qualidade de faixas que você ouve** — do barroco ao clássico, jazz e blues ao reggae ou pop e rock à ópera.

» **Mude o ritmo** — compare ritmos previsíveis com variados e não familiares para encorajar a sua criatividade. A world music é boa para isso.

» **Escolha instrumental ou vocal** — as letras podem distrair; os instrumentos solo tendem a encorajar o relaxamento.

» **Confie em sua intuição** — siga seus próprios gostos. Não se force a ouvir música que não gosta: desligue, pois é improvável que você se sinta melhor.

» **Comece o dia de forma diferente** — você tem uma vantagem quando começa o dia se sentindo bem. Tente trocar a conflitante estação de notícias no rádio por música inspiradora e revigorante.

EXPERIMENTE

Este é um exercício para ajudá-lo a trabalhar em um problema com a ajuda da música:

1. **Pense em um assunto ou em uma decisão que o está incomodando, coloque-a em uma escala de preocupação de 1 a 10 e anote o resultado em um pedaço de papel.**
2. **Selecione três músicas de estilos bem diferentes, de suave a agitada.**

   Por exemplo, experimente barroco, instrumental, rock pesado ou vocais suaves.
3. **Toque a primeira música enquanto pensa no problema, então, classifique seus pensamentos em uma escala de 1 a 10. Anote agora como vê o problema e como se sente em relação a ele.**

4. **Toque a segunda música enquanto pensa no problema, então, classifique seus pensamentos em uma escala de 1 a 10. Anote agora como vê o problema e como se sente em relação a ele.**

5. **Toque a terceira música enquanto pensa no problema, então, classifique seus pensamentos em uma escala de 1 a 10. Anote agora como vê o problema e como se sente em relação a ele.**

Seu pensamento mudou? Que música foi mais eficaz em torná-lo mais cheio de recursos?

Colocando-se no lugar dos outros

Outra forma de desenvolver habilidades de PNL é encontrar um modelo positivo, alguém que parece se comportar da maneira que você quer — e passar a usar a linguagem corporal daquela pessoa. Por exemplo, pode copiar a postura dessa pessoa — ereta ou relaxada, sorridente ou séria. Você pode experimentar uma técnica chamada *andar com os sapatos de alguém* enquanto imagina que está usando os sapatos dessa pessoa e tenta andar seguindo seus passos.

Ao mover seu corpo de modo diferente e ajustar sua postura, gestos e respiração, você muda automaticamente o seu estado interno — a forma como pensa e reage.

CASOS E CAUSOS

Se você é uma mulher baixinha copiando um homem grande ou vice-versa, isso pode lhe dar novos insights sobre como a sua forma física faz diferença no seu jeito de influenciar as pessoas. Gill, uma de nossas clientes baixas, estava lutando para ser notada nas reuniões. Ao sincronizar sua linguagem física à de seus colegas homens, ela adaptou seu estilo de apresentação para um mais expansivo — movimentando-se com propósito nos locais onde apresentava seu trabalho enquanto falava. Ela agora também espalha os seus papéis e ocupa grande parte da mesa de reunião. Ambas são mudanças para marcar seu território e sua autoridade. Similarmente, homens que trabalham com crianças geralmente acham melhor conversar com as crianças em uma posição mais próxima do chão do que se elevando sobre elas — como você pode ver políticos inteligentes fazendo quando visitam escolas.

Tornando-se Sofisticado com Âncoras

Esta seção mostra como as técnicas de ancoragem da PNL podem ajudá-lo a enfrentar situações desafiadoras e assustadoras. Talvez você esteja lutando em vão contra comportamentos prejudiciais, como fumar ou alimentar-se de forma errada; talvez queira elevar a confiança em si mesmo para fazer um discurso em público.

Claro que a PNL não o transformará em um cantor de ópera ou em um atleta olímpico da noite para o dia — ela não pode dar competências para desenvolver habilidades que você não possui —, mas as técnicas de ancoragem poderão ajudá-lo a acessar os seus recursos inatos para que você possa tornar-se o melhor possível.

Substituindo âncoras negativas

Algumas vezes é preciso de um método para mudar uma âncora negativa. Por exemplo, mudar um hábito destrutivo. Uma pessoa de dieta que assalta o pote de biscoitos toda vez que toma uma xícara de chá criou uma âncora negativa. Tomar chá é igual a comer biscoitos. Ou um profissional que fica ansioso cada vez que vai para o trabalho, porque uma vez teve uma discussão com o chefe, pode estar indo em direção a uma doença relacionada ao estresse.

Dessensibilizando-se

Um dos enfoques mais comuns da PNL para libertar-se de uma âncora negativa é a *dessensibilização.* Para começar, você precisa estar em um estado neutro ou dissociado e, então, introduzir o problema em doses pequenas. Se o problema for perder peso, você precisa entrar primeiro em um estado forte em que seja capaz de dizer "não, obrigado" para alimentos gordurosos. Então, pratique ser tentado enquanto estiver no estado forte. Trata-se, basicamente, de aprender hábitos novos.

Derrubando a âncora

Uma outra estratégia é *derrubar a âncora*, ativando duas âncoras simultaneamente — a negativa indesejada e outra positiva. Libere a âncora negativa enquanto mantém a positiva por mais cinco segundos. O estado negativo entra em colapso, liberando o caminho para a permanência do estado positivo.

CASOS E CAUSOS

Jane se divorciou recentemente e ganhou a custódia dos dois filhos. Ela se sentia incontrolavelmente zangada toda vez que seu ex-marido ligava para marcar uma visita aos filhos. Em contrapartida, as crianças estavam ficando muito ansiosas com as visitas de fim de semana ao pai e sua nova parceira. Romilla trabalhou com Jane para derrubar as âncoras negativas e substituí-las com uma série de âncoras positivas, para que fosse capaz de ter um diálogo forte e aberto com seu ex-marido sempre que precisasse encontrá-lo pessoalmente ou ouvir sua voz ao telefone (âncoras negativas indesejadas). Dessa forma, Jane se libertou da força que ele exercia sobre ela.

Aumentando a corrente de âncora

Você pode ter vários estados emocionais em um único dia. As âncoras frequentemente funcionam bem em correntes, com um gatilho levando a outro. Às vezes, criar uma corrente de âncoras pode ser útil. Cada elo funciona como estímulo para o próximo, construindo uma sequência de estados. Por exemplo, pense em como um cantor de ópera se prepara para uma grande performance, passando por uma sequência de estados até que esteja mentalmente preparado, concentrado e pronto para subir no palco.

Você pode criar uma corrente de âncoras como a rota para um estado desejado, se a mudança de seu atual estado para o estado positivo desejado for muito grande, não sendo possível fazê-la de uma só vez.

Por exemplo, seu estado-problema atual pode ser Raiva e seu estado desejado, Relaxamento. Essa transição é um salto e tanto para ser realizada de uma vez só. No entanto, você pode passar de Raiva para Preocupação, por causa da sobreposição desses estados. Seu segundo passo pode ser, então, de Preocupação para Curiosidade, pois existem, novamente, similaridades entre os estados. O passo final pode ser de Curiosidade para Relaxamento (veja a Figura 9-2). Para mover-se passo a passo você precisa ativar uma nova âncora — como explicado na seção anterior "Estabelecendo uma âncora e construindo um estado de recursos" — até atingir o estado desejado.

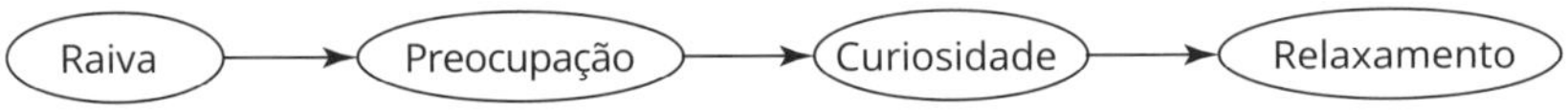

FIGURA 9-2: Transição de uma corrente de âncoras.

Curiosidade e confusão são passos intermediários úteis para alcançar uma mudança de estado para si mesmo e para outros; com frequência, eles podem desarmar situações emocionalmente carregadas.

CASOS E CAUSOS

Quando Kate trabalhou em um projeto de consultoria, um dos gerentes seniores frequentemente interrompia reuniões tensas com a frase: "Estou confuso. Alguém poderia repetir tudo de novo para mim?" Isso acontecia o tempo todo, como uma estratégia perfeita para desarmar a situação e levantar novas ideias. Uma pessoa dizendo que estava confusa fazia com que todo mundo diminuísse o próprio ritmo e questionasse o próprio entendimento.

Empregando âncoras nas apresentações

Para muitas pessoas, falar em público é a pior experiência imaginável. Um número de estudos, reforçados por nossas próprias experiências com clientes, demonstram que algumas pessoas realmente preferem morrer a levantar e falar em público! Aparentemente, falar em público é o medo número um dos americanos; para os britânicos, está em segundo lugar, depois do medo de aranhas.

Nós geralmente trabalhamos com clientes que sofrem de ansiedade em apresentações, que se apresenta na forma de transpiração, perda da voz e problemas estomacais. Quando alguém é convidado para fazer discursos depois de um jantar, a pessoa normalmente não aprecia a refeição, porque a possibilidade de entreter o público com a sua sagacidade e sabedoria depois do cafezinho as atormenta.

Se há uma razão para utilizar o ancoramento para retomar o controle, é esta!

DICA

Se você já teve uma experiência particularmente ruim ao falar em público, peça a um praticante de PNL para fazer uma Cura Rápida de Fobias com você, para dessensibilizar a memória (veja o Capítulo 3 para uma explicação sobre o método PNL de Cura Rápida de Fobias).

Usando o Círculo de Excelência

O *círculo de excelência* da PNL é uma técnica que o auxilia a evocar a confiança para realizar uma ação. Você pode usá-lo quando tiver medo de falar em público ou quando quiser aumentar a confiança para dar o seu melhor nos esportes, bem como em várias outras áreas.

O círculo da excelência é a técnica clássica de PNL para praticar com um parceiro, se você for o responsável pelo entretenimento após um jantar. Funciona melhor se recrutar um amigo ou praticante de PNL que o guie tranquilamente pelas etapas enquanto mantém rapport com você, sem afobação.

EXPERIMENTE

Pense na situação que precisa realizar e imagine um círculo no chão na sua frente, de cerca de um metro de diâmetro. Então siga estes passos que descrevem como entrar e sair do círculo, e dizem o que fazer em cada estágio, com a ajuda de um parceiro.

1. **Fique fora do círculo com seu parceiro.**

   Identifique seu melhor estado. Descreva-o ao seu parceiro com suas próprias palavras. Ele diz: "Lembre-se de uma época em que você estava [ele insere exatamente as palavras que você disse]... volte a ela... veja o que viu nessa época e ouça o que ouviu".

2. **Entre no círculo.**

   Reviva a experiência. Torne-a vívida, esteja lá com todos os sentidos. Sinta o que suas mãos estão fazendo e segure ou ancore esse estado com um movimento de mãos no ponto em que a memória se tornar mais vívida.

3. **Saia do círculo, de volta a seu parceiro.**

   Repita o exercício com uma segunda experiência de seu melhor estado. A fim de prepará-lo para o evento futuro, seu parceiro diz: "Pense em um momento em que este estado seja útil".

4. **Entre no círculo de novo.**

   Com sua mão na posição ancorada, entre no círculo; seu parceiro lhe pedirá para ver, ouvir e sentir como a experiência pode ser vivida por você agora.

5. **Saia do círculo, de volta a seu parceiro.**

Relaxe... acabou!

DICA

Repita o exercício com mais exemplos de seu melhor estado a fim de reforçar ainda mais a âncora. Quando precisar acessar seu estado positivo e confiante, você pode imaginar o círculo na sua frente e dar um passo curto e discreto para dentro dele.

Ancoragem espacial

Quando você está fazendo um discurso ou se apresentando para uma plateia, a ancoragem espacial é um meio de influenciar o público através de âncoras. Quando você faz a mesma coisa no palco repetidamente, no mesmo lugar, as pessoas tendem a esperar um determinado comportamento seu, de acordo com sua movimentação. Um púlpito é uma âncora definitiva — quando você fica em um púlpito, as pessoas esperam que você fale.

Quando estiver se apresentando, você pode estabelecer deliberadamente outras expectativas na plateia em locais diferentes do palco. Talvez possa fazer o discurso principal no centro do palco, mas mover-se para um lado quando contar uma história e para outro lado quando falar de coisas técnicas. Você pode, ainda, ter outro espaço para ficar quando quiser fizer piadas ou um discurso leve. As pessoas, rapidamente, esperarão um certo estilo de você de acordo com seu posicionamento.

Um Ponto Final sobre Âncoras

As âncoras podem ou não funcionar quando você as experimentar pela primeira vez. Assim como as outras ferramentas deste livro, você aprenderá mais rápido se tiver aulas de PNL ou trabalhar com um praticante da área. Qualquer que seja a sua escolha — sozinho ou em grupo — vá em frente.

Encorajamos que persista, mesmo que estabelecer âncoras pareça estranho no começo. Quando você assume o controle de seu próprio estado, expande suas opções e o resultado, certamente, vale a pena. Como Rudyard Kipling diz em seu famoso poema *Se*, ser capaz de "manter a tua calma quando todo o mundo ao teu redor já a perdeu...", ou seja, ser capaz de controlar seu estado emocional é uma fonte de grande poder.

LEMBRE-SE

Um pressuposto fundamental da PNL é que a pessoa com a maior flexibilidade em uma situação é a que tem sucesso.

NESTE CAPÍTULO

» Descubra como você pode se sentir cada vez melhor

» Ajustando o input com seus sentidos

» Desapegando de crenças limitantes e adquirindo crenças empoderadoras

» Saindo de um estado indesejado para um estado desejado

» Aliviando uma experiência dolorosa

Capítulo 10

Ajustando os Ponteiros da Experiência

Faça este teste: pense em uma experiência prazerosa de verdade que você teve. Você não precisa compartilhar a experiência, então pode ir fundo e mergulhar nela. Enquanto está nela, vê, sente ou ouve algo? Se as três coisas ocorrem, excelente, se apenas uma ou duas ocorrem, tudo bem também; trabalharemos neste capítulo para ajudá-lo a experimentar as três coisas. Você consegue intensificar a experiência? Ótimo! Agora, consegue intensificar ainda mais?

Bem-vindo de volta! Enquanto você revivia a experiência, como a intensificou? Fez da imagem algo mais brilhante, mais colorido ou mais próximo de você? Talvez você tenha aumentado o volume dos sons que ouviu e, se teve uma sensação, a espalhou mais ainda pelo corpo. Você acabou de descobrir como brincar com suas submodalidades. As *submodalidades* são a base dos seus meios de experimentar o mundo e, portanto, uma mudança bem leve em uma submodalidade pode ter um efeito significativo na mudança da experiência. Em outras palavras, você tem o controle sobre a forma como escolhe vivenciar seu mundo. Pode escolher mudar sua mente para destacar um momento de prazer ou para remover as emoções negativas de um momento de desprazer. Também pode sair de um estado indesejado, como confusão, para um melhor, como compreensão. Em suma, você pode escolher o significado que dá ao que acontece na sua vida. Este capítulo explica como fazer isso.

Ao praticar os exercícios contidos neste capítulo, você se torna melhor em trocar suas submodalidades; descobre o quão facilmente pode mudar a maneira como pensa e vivencia o mundo ao seu redor. A prática pode ajudá-lo a aumentar as escolhas na sua vida, seja para aliviar o estresse, a dor de memórias ruins ou melhorar as boas lembranças. Quando você define um resultado desejado e conciso para si mesmo, por exemplo, e presta atenção às submodalidades, pode fazer com que cada objetivo fique mais específico e pode dar uma propulsão clara ao seu futuro. Divirta-se!

Registrando Suas Experiências com Suas Submodalidades

Na PNL, seus cinco sentidos — visão, audição, tato, olfato e paladar — são chamados de *modalidades* (descrevemos no Capítulo 5 como você vivencia seu mundo através deles). E os meios pelos quais você ajusta as suas modalidades, a fim de mudar as qualidades delas, são chamados de submodalidades.

Exemplos de submodalidades para sua visão podem ser o tamanho de uma figura, seu brilho ou cor, e se ela é cercada por uma moldura ou não. Submodalidades para a audição podem ser a altura, o tempo ou o timbre de uma voz, e para o sentir, um peso ou borboletas no estômago. Entende a ideia?

ALERTA DE JARGÃO NA PNL

A *análise contrastiva* ocorre quando você seleciona duas experiências e compara as submodalidades de cada uma delas em contraste. Se, por exemplo, quando compara as submodalidades de algo que sabe ser real — suponhamos, um cão — com algo que sabe ser fantasioso — um unicórnio — você percebe que cada um deles tem diferenças em suas submodalidades.

A análise contrastiva é útil quando queremos mudar nossa forma de pensar sobre uma pessoa ou experiência mudando as submodalidades relacionadas. Por exemplo, você pode ter dificuldades em lidar com alguém com quem mantém contato regularmente. Mudar como você vê, ouve e se sente quando pensa nessa pessoa ajudará muito a mudar como reage a ela.

CASOS E CAUSOS

Em uma sessão de coaching de liderança, Rachel disse a Kate que a principal razão por ter saído da antiga empresa era seu chefe fazer bullying. Depois de três meses em seu novo trabalho, Rachel descobriu que seu antigo chefe estava entrando na nova empresa em um cargo sênior, e sentiu que suas chances de carreira estavam arruinadas. Usando a análise contrastiva, Kate trabalhou com Rachel para explorar as submodalidades de sua experiência com o chefe negativo e compará-las com as de um colega com quem ela gostava de trabalhar. Então, Rachel foi capaz de considerar ter um relacionamento profissional cordial com o antigo chefe e desativar os fortes sentimentos negativos que surgiam sempre que seu nome era mencionado. Quando seu ex-chefe entrou na nova empresa, Rachel lidou com ele com mais confiança e era mais assertiva. Ela ficou surpresa por descobrir que seu novo comportamento resultou em seu ex-chefe ser um pouco cauteloso com ela e tratá-la com mais respeito, pois ela não estava permitindo que fizesse bullying com ela.

Compreendendo a Informação Básica: O que Você Precisa Saber Antes de Começar

As submodalidades são a sua maneira de dar significado às suas experiências — seja algo real ou falso, bom ou mau, e por aí vai. Você pode usar submodalidades para mudar a intensidade do significado. No exercício do começo do capítulo, você deu significado à sua experiência — foi prazerosa. Mudando as submodalidades dela você foi capaz de aumentar a experiência e, portanto, seu significado — ela se tornou ainda mais prazerosa.

Então, agora você sabe que pode controlar suas memórias simplesmente mudando as submodalidades das imagens, sons e sensações. E da mesma forma que as modalidades podem ser divididas em submodalidades, saiba que as submodalidades também podem ter ainda mais divisões. Por exemplo, uma imagem pode ser colorida e ter diferentes tons de cores, ou pode ser em preto e branco e ter nuances de cinza. Pode ter uma moldura ou ser panorâmica. Não entendeu muito bem a ideia de panorama? Imagine-se em pé no topo de uma montanha, olhando o cenário à sua frente enquanto move sua cabeça lentamente, em 180 graus. O que você vê é um panorama. Além disso, você descobrirá como ser associado ou dissociado de uma imagem pode ter um efeito em suas emoções (veja os detalhes na próxima seção). Por exemplo, sons podem estar dentro de sua cabeça ou nas suas laterais e sensações podem ter uma textura.

DICA

Como você pode mudar cada uma de suas submodalidades, nós fornecemos uma lista delas na seção "Planilha de Submodalidades", mais adiante, para ajudá-lo a registrar as mudanças que fizer (também incluímos uma cópia no Apêndice D). Recomendamos que a preencha antes de começar a fazer mudanças, assim poderá sempre reverter para a estrutura original de uma submodalidade se a mudança gerar quaisquer ansiedades.

Associando ou dissociando

Esta seção o ajuda a entender como pode se mover para dentro e para fora de suas memórias, para ter mais opções sobre como elevar ou reduzir a intensidade de suas sensações. Em nossa experiência, esse aspecto é uma submodalidade muito importante e precisa de um pouco mais de esclarecimento.

ALERTA DE JARGÃO NA PNL

Quando você visualiza a si mesmo em uma imagem, a experiência é algo como ver a si mesmo em um filme caseiro, e chamamos essa experiência de *dissociação*. Se, no entanto, você está na imagem, vendo as coisas com seus próprios olhos, isso é *associação*. Estar associado ou dissociado em uma imagem pode ser uma submodalidade extremamente importante ao vivenciar emoções como resultado das imagens que cria.

Normalmente, as emoções são aumentadas se você estiver associado à imagem. Algumas vezes, as pessoas têm dificuldade em fazer associação ou dissociação. Por exemplo, alguém que passou por uma grande perda ou trauma pessoal pode achar difícil fazer a associação em geral. A não ser que supere o trauma da perda, ela precisa praticar a associação conscientemente até que seja algo fácil de fazer. Às vezes as pessoas podem ficar tão associadas sempre que se lembram de uma experiência que não conseguem seguir em frente. Por exemplo, o estresse pós-traumático ocorre quando as pessoas revivem continuamente a experiência traumática como se ela acontecesse naquele momento.

EXPERIMENTE

Para criar a sensação de estar associado ou dissociado, crie uma imagem de si mesmo sentado no banco da frente de um carro. Quando você está dissociado, talvez veja uma imagem de si mesmo no carro, meio que vendo a si mesmo na TV ou em uma fotografia. Se quiser associar-se à imagem, imagine-se abrindo a porta do carro e sentando. Agora olhe com seus próprios olhos. O painel está na sua frente. Consegue ver sua textura e cor? Agora olhe para o para-brisa. Está sujo de restos de insetos suicidas (ou aliens, se você viu *Homens de Preto*)?

Depois da visualização, algumas pessoas têm dificuldades em dissociar-se. Para fazer isso, imagine-se saindo do carro e indo para a calçada. Vire-se, olhe para o carro e veja a si mesmo sentado no banco da frente. Se ainda não conseguir se dissociar, finja que está vendo um filme e que está na tela, na frente do carro.

LEMBRE-SE

Caso sinta que não está pegando o jeito desse exercício (ou qualquer outro), sinta-se livre para deixá-lo de lado por agora. Você sempre pode voltar e tentar novamente quando tiver mais experiência em PNL na mente e no corpo. Ou você pode encontrar um praticante ou grupo de prática de PNL para auxiliá-lo na melhoria de suas habilidades (o Apêndice A é uma lista de recursos para ajudá-lo a fazer contatos).

Definindo os detalhes das suas memórias

Enquanto você está sentado lendo este livro, provavelmente não se deu conta da sensação que o assento provoca em suas costas e pernas, mas agora percebe, já que mencionamos isso. Similarmente, você não está sempre atento às qualidades de suas memórias até que perguntemos para que se lembre de um momento em que estava, digamos, escovando os dentes, jogando algo, lendo um livro ou cozinhando. Então verá que um leque de qualidades se aplica a essas memórias. Por exemplo, quando você se lembra da leitura de um livro, a imagem que faz de si mesmo, do livro ou da história, pode vir cercada por uma moldura ou em preto e branco. Talvez possa ouvir o tráfego à distância ou o som das páginas virando. Talvez o livro que estava lendo fez você rir e se sentir revigorado e feliz.

Você pode ficar consciente das qualidades de suas submodalidades prestando atenção no que vê, ouve ou sente quando se lembra de uma experiência. As seções seguintes lhe fornecem questões que podem ajudá-lo a estimular a qualidade das submodalidades visuais, auditivas e cinestésicas (toque).

Se pedirmos que você se lembre de uma lição de vida, provavelmente lembrará de uma experiência negativa ou estressante e não de um incidente de sucesso. Seu instinto de sobrevivência pode ser responsável por isso, porque pesquisas mostram que as memórias de eventos negativos — percebidos como uma ameaça — contêm mais detalhes visuais.

LEMBRE-SE

Focamos apenas as submodalidades visuais, auditivas e cinestésicas neste capítulo, e deixamos o sabor e o odor de lado por enquanto. Fazemos isso pois acreditamos que — a menos que você seja um degustador de vinho, chá ou café — esses sentidos não têm o mesmo impacto que a visão, o som e o toque. Dito isso, odores e sabores certamente afetam seu cérebro emocional e você pode ser transportado de volta a uma memória de infância, no Natal, pelo cheiro de castanhas.

Evocando submodalidades visuais

Você pode definir a qualidade de uma imagem com relação ao seu lugar no espaço quando olha para ela. Por exemplo, a imagem pode estar diretamente na sua frente, à sua esquerda, à sua direita, ou ligeiramente voltada para cima ou para baixo. Se a imagem é panorâmica, parece que você está em pé em um ponto e movendo a cabeça para olhar a vista à sua frente. A imagem tem outras qualidades, como brilho, forma e assim por diante. Você pode descobrir como fazer imagens em sua cabeça pensando nas seguintes qualidades:

Submodalidades Visuais	Perguntas para Descobri-las
Localização	Onde ela está espacialmente? Você pode apontar a imagem? Ela está próxima ou distante?
Colorida ou preto e branco	É colorida ou em preto e branco?
Associada ou dissociada	A imagem é associada ou dissociada? Você consegue ver a si mesmo na imagem ou está olhando por seus próprios olhos?
Tamanho	A imagem é grande ou pequena?

Submodalidades Visuais	Perguntas para Descobri-las
Bi ou Tridimensional	A imagem tem duas ou três dimensões?
Brilho	A imagem é brilhante ou fosca?
Parada ou em movimento	Está parada ou é como um filme? Se for como um filme, a que velocidade se move?
Forma	A imagem é quadrada, redonda ou retangular?
Emoldurada ou panorâmica	A imagem tem uma borda ou é panorâmica?
Focada ou borrada	A imagem tem um foco nítido ou é borrada?

Evocando submodalidades auditivas

Como as imagens que você cria em sua mente, os sons que ouve têm certas qualidades. Você talvez não tenha consciência dos atributos dos sons que ouve até que concentre a sua mente neles, pensando nas perguntas a seguir:

Submodalidades Auditivas	Perguntas para Descobri-las
Localização	Onde você ouve o som?
	O som vem de dentro da sua cabeça ou de fora?
	Você consegue apontar o local de onde o som vem?
Palavras ou sons	Você ouve palavras ou sons?
	No caso de palavras, é a voz de alguém conhecido?
Volume	O som é alto ou baixo?
	O som é um sussurro ou é claramente audível?
Tom	Se ouve uma voz, que tom tem?
	É grave, melodioso, nasal ou irritante?

Altura	O som é alto (agudo) ou é baixo (grave)?
Mono ou estéreo	Você ouve o som de ambos os lados ou apenas de um?
	Ouve o som ao seu redor?
Constante ou intermitente	O som é contínuo ou intermitente?

Submodalidades Auditivas	**Perguntas para Descobri-las**
Ritmo	O som tem uma batida ou ritmo?
Tempo	O som que você ouve é lento ou rápido?
Melodia	O som tem uma melodia?

Evocando submodalidades cinestésicas

Veja só! As submodalidades referentes às sensações também têm qualidades que as definem:

Submodalidades Cinestésicas	**Perguntas para Descobri-las**
Localização	Em que parte do seu corpo?
	Você consegue apontar a parte do corpo em que você tem a sensação?
Forma	A sensação tem uma forma?
Pressão	A sensação exerce pressão?
Tamanho	A sensação tem um tamanho?
	É grande ou pequena?
Qualidade	A sensação o faz tremer?
	Ela se espalha ou fica presa em um lugar só?
Intensidade	A sensação é forte ou fraca?
Parada ou em movimento	A sensação está em um lugar só ou está se movendo pelo seu corpo?
Temperatura	A sensação é quente ou fria?
Constante ou intermitente	A sensação é constante ou intermitente?
Textura	A sensação tem uma textura?
Imagem	Você consegue transformá-la em uma imagem?

CASOS E CAUSOS

Tom tinha propensão a sentir-se muito ansioso antes de suas reuniões semanais com seu gerente. Consequentemente, ele se sentia incapaz de argumentar quando o gerente levantava algumas problemáticas para ele. Após um período de seis meses, Tom sentia-se cada vez mais ansioso por ir para o trabalho e estava desesperado quando consultou Romilla.

Quando questionado, Tom disse que a sensação de ansiedade parecia um cubo negro, metálico e pesado, logo abaixo de seu esterno. Romilla pediu a Tom que mudasse a cor gradualmente de preto metálico para cinza, depois, prata. À medida que a cor mudava, o cubo ficava mais leve, até que Tom ficou com um quadrado bem estreito. Quando Tom imaginou-se pegando um dos cantos do quadrado, foi capaz de "arrancá-lo" de seu corpo e permitir que flutuasse para longe. Tom usou esse processo para dissipar muitas outras sensações indesejadas, em situações diferentes.

LEMBRE-SE

Quando estiver trocando as submodalidades de uma memória, você precisa fazer uma lista prévia das trocas. Dessa forma, se você começar a se sentir desconfortável com o processo em qualquer ponto, pode fazer as imagens, sons ou sensações voltarem a ser como eram. Na seção "Planilhas de Submodalidades" mais adiante, você pode encontrar uma planilha criada exatamente para esse propósito (também disponível no Apêndice D — faça quantas cópias precisar!).

LEMBRE-SE

Sempre se pergunte se seguir adiante com quaisquer mudanças em submodalidades é uma boa ideia. Se descobrir uma resistência — uma sensação que o deixa desconfortável —, reconheça a sensação e agradeça ao seu subconsciente por alertá-lo desse possível conflito interno. Você pode simplesmente superar esse problema gradualmente, passando um tempo em repouso, ou talvez você descubra benefícios em trabalhar com um coach de PNL.

CASOS E CAUSOS

Quando Romilla estava trabalhando em resolver o luto com Andy, descobriu que ele não queria se livrar da dor da perda. Ele acreditava que se ele abandonasse a dor, esqueceria de seu pai. Contudo, quando Andy pensava em seu pai, experimentava uma sensação de tristeza profunda acompanhada de memórias da doença de seu pai. Na verdade, libertando-se da dor da perda ele pôde se lembrar de seu pai mais vividamente como o homem querido e vibrante que tinha sido antes da doença. Ainda mais importante, Andy foi capaz de acessar memórias mais felizes de seu pai e permitir que essas lembranças ficassem maiores enquanto minimizava as que focavam os últimos anos de seu pai.

Praticando um pouco

Imagine que você tenha um controle remoto com três botões deslizantes, com as etiquetas V para visual, A para auditivo e C para cinestésico. Você pode mudar as qualidades de qualquer imagem que cria em sua mente, som que ouve em sua cabeça ou sensação que tem em seu corpo apenas deslizando os botões V, A e C (para mais informações sobre modalidades VAC, veja o Capítulo 5).

Por que você iria querer ajustar as qualidades de suas memórias? Suponhamos que, anos atrás, você estivesse ensaiando para uma peça da escola e seu professor, altamente estressado, tenha gritado com você: "Sua criança estúpida, você estragou tudo de novo!" Agora, você precisa fazer apresentações no trabalho e sempre que inicia começa a suar e gaguejar e a voz na sua cabeça fala: "Sua criança estúpida, você estragou tudo de novo!" Seria bom ajustar as qualidades de suas memórias, porque elas o impedem de alcançar seu objetivo. Imagine-se deslizando o botão de brilho e a figura do professor ficando mais escura. Então, você desliza o botão de tamanho e o professor fica menor e insignificante. Por fim, você ajusta o botão de volume e o grito se torna um sussurro. Agora você consegue fazer as apresentações do jeito que sempre quis.

EXPERIMENTE

Para ver a eficácia das mudanças de submodalidades, experimente este exercício, usando a planilha da seção "Planilha de Submodalidades":

1. **Pense em alguém de quem goste.**
2. **Lembre-se da última vez em que passou um tempo bom, de verdade, com essa pessoa.**
3. **Registre as qualidades da imagem que vê, os sons que ouve e as sensações que tem.**
4. **Mude a imagem que fez, uma submodalidade *visual* por vez; note como cada mudança afeta a memória do tempo que passaram juntos.**
5. **Mude os sons que ouve, uma submodalidade *auditiva* por vez; note como cada mudança afeta a memória.**
6. **Mude as sensações que está tendo, uma submodalidade *cinestésica* por vez; note como cada mudança tem impacto em toda a experiência do tempo que passaram juntos.**

Entendendo as Suas Submodalidades Críticas

Algumas submodalidades são muito poderosas na determinação da resposta de uma pessoa, como o tamanho ou brilho de uma imagem mental. Você pode perceber que, ao tornar a imagem maior ou mais luminosa, a experiência é elevada. Ou você pode perceber que mover a imagem para outro lugar ou associar-se ou dissociar-se de uma imagem (como discutimos na seção "Associando e dissociando") pode afetar os sons e sensações de uma experiência.

ALERTA DE JARGÃO NA PNL

Uma submodalidade *crítica* é aquela que, quando modificada, altera outras submodalidades de uma experiência e também afeta as submodalidades de outros sentidos. O resultado é que, ao mudar o brilho de uma imagem, por exemplo, não somente outras qualidades da imagem se alteram, mas também os sons e sensações vivenciadas em conjunto com aquela imagem, sem intervenção consciente.

CASOS E CAUSOS

Romilla estava trabalhando com uma cliente, Suzy, que estava tendo problemas com uma meta que queria alcançar e lutava com isso há quase seis meses. Quando Suzy explorou as submodalidades de seu objetivo, ela disse que estava acima e à esquerda dela (se você imaginar um relógio gigante na sua frente, o objetivo estava no número 11, quase na altura do teto). Quando solicitada, Suzy moveu a imagem, de modo que seu objetivo ficasse bem na sua frente, a cerca de um metro de distância.

A reação de Suzy foi fenomenal. Ela saltou da cadeira tão bruscamente que quase caiu e logo em seguida ficou muito corada, não conseguindo parar de rir. Mudar a localização da imagem teve um impacto real em Suzy e lhe deu o objetivo de sua vida: ela sentiu como seria alcançá-lo e movê-lo fez disso algo mais imediato. Usando mais algumas técnicas para estabelecer objetivos, Suzy o atingiu em quatro meses.

DICA

Ao trabalhar sobre um resultado com o coach treinado em PNL usando submodalidades, é possível fazê-lo "livre de conteúdo". Ou seja, você não precisa dizer ao coach os detalhes pessoais do que você está trabalhando, apenas as submodalidades que experiencia. Essa abordagem pode ser útil para assuntos muito particulares.

LEMBRE-SE

Você vivencia seu mundo através de cinco sentidos: visão (olhos), audição (ouvidos), cinestesia (sensações e toques), olfato (odores), e paladar (sabores). É mais provável que você use um sentido mais do que os outros para coletar dados sobre seu mundo, particularmente em épocas de estresse. Este sentido é o seu *guia* ou *sistema representacional primário*, e influencia como você aprende e o modo como representa seu mundo externo dentro de sua mente.

CASOS E CAUSOS

Durante uma sessão de coaching, Charles descobriu que seu sistema representacional primário era auditivo. Também descobriu que era mais cinestésico do que visual e sentia emoções de maneira intensa. Charles estava trabalhando para mudar uma voz irritante que minava sua confiança, com a permissão dele, quando ele começava algo novo, e essa voz não o deixava dormir à noite com seu blá-blá-blá. Examinando as qualidades da voz, ele descobriu que era a voz de sua mãe falando com ele e que ouvia a voz dela em sua mente. Infelizmente, ela tinha uma maneira bastante negativa de dizer as coisas. Sempre que Charles ouvia essa voz, sentia-se enjoado e uma sensação como uma rocha preta e brilhante se alojava em seu plexo solar.

Quando Charles transformou a voz em um sussurro e moveu-a para baixo de sua orelha esquerda, fora de sua cabeça, percebeu que não ficava mais enjoado e sentia um brilho quente no estômago. No entanto, Charles não estava preparado para mudar ainda mais a voz, pois acreditava que ela servia para indicar problemas em potencial. Ele somente precisava mudar a qualidade dela para poder seguir com sua vida.

Fazendo Mudanças na Vida Real

Enquanto faz os exercícios neste capítulo, esperamos que comece a ter uma boa noção de sua submodalidade *crítica*, a submodalidade que pode impactar e mudar outras submodalidades. E esperamos que ganhe a convicção de que controla suas experiências e que pode mudá-las a fim de escolher como se sente. À luz deste conhecimento e crença, experimente mudanças reais em sua vida trabalhando nos exercícios das seções seguintes.

LEMBRE-SE

Pense: você pode programar sua mente no trem, em um engarrafamento ou mesmo em uma refeição chata com os parentes de seu cônjuge (e bota chata nisso! Brincadeirinha...). E lembre-se: a prática leva à perfeição, então comece a treinar, tendo consciência de que não pode ser preso por mexer nas suas submodalidades, mesmo se o fizer em público.

Removendo a dor de uma experiência

EXPERIMENTE

Você consegue se lembrar de uma experiência ruim? Não estamos falando de algo que destrua uma vida, apenas de um incidente que, quando vem à tona, lhe traz um mal-estar. E aí, lembrou?

Agora, usando o formulário da seção "Planilha de Submodalidades", examine e anote as submodalidades da experiência. Com este conhecimento, comece a mudar a imagem, sons e sensações que tiver quando pensar nela. O que aconteceu? Sente-se melhor agora, não? Não? Então veja o que acontece quando você muda as submodalidades da experiência ruim pelas da experiência prazerosa que pedimos para você lembrar no início do capítulo.

Mudando uma crença limitante

Com que frequência você já se ouviu dizer coisas como "eu não consigo fazer isso", "eu não sou bom em matemática" ou "eu deveria aprender a cozinhar direito"? Todas essas declarações são exemplos de *crenças limitantes*, generalizações que você faz sobre si mesmo e sobre seu mundo. Essas crenças podem incapacitá-lo, atrasá-lo ou empoderá-lo. Crenças podem se tornar profecias autorrealizáveis facilmente e começam apenas como uma noção ou uma dica sobre uma ideia. E, então, seus filtros (metaprogramas, valores, crenças, atitudes, memórias e decisões — que discutimos no Capítulo 8) começam a se alinhar como portões para deixar passar apenas os fatos e experiências que reforçam suas crenças.

Por exemplo, imagine que você ache que está mais fofinho do que deseja e resolve começar uma dieta. Talvez você siga a dieta por alguns dias e a tentação lhe acometa. Nesse estágio você declara: "Talvez eu não seja tão bom em seguir uma dieta". Então você tenta de novo e cai em tentação pela segunda vez, até que, eventualmente, chega à crença limitante de que "não consegue seguir uma dieta".

EXPERIMENTE

1. **Pense em uma crença limitante que você tem, uma que gostaria de mudar.**

   Talvez você acredite que possui dois pés esquerdos para a dança ou que nunca entenderá a mídia digital.

2. **Pense em uma crença que costumava ter, mas que hoje não é mais verdadeira para você.**

   Essa crença pode ser algo como acreditar na fada do dente. Use o formulário da seção "Planilha de Submodalidades" e anote as submodalidades de sua antiga crença.

3. **Pense em algo que acredita ser verdadeiro.**

   Se não conseguir pensar em nada, pense que "o sol nascerá amanhã".

   Novamente, usando o formulário, anote as submodalidades desta crença.

4. **Pense em uma crença que gostaria de ter.**

   Essa crença pode ser algo oposto à crença limitante do passo 1, mas reformulada como algo positivo: "Sou um bom dançarino." Talvez você queira saber estacionar melhor — "sou bom em estacionar", ou sentir-se mais confiante ao dar palestras profissionais — "sou um palestrante profissional confiante".

5. **Substitua as submodalidades de sua crença limitante (passo 1) pelas da crença que não mais considera verdadeira (passo 2).**

6. **Substitua as submodalidades da crença que gostaria de ter (passo 4) pelas da crença que considera verdadeira (passo 3).**

Perceba como sua crença negativa mudou, se não desapareceu completamente!

Criando uma crença fortalecedora

Para evitar que suas crenças se tornem profecias autorrealizáveis, lembre-se de que você tem controle para escolher quais crenças deseja manter. No exercício anterior, aprendeu como se livrar de uma crença limitante. Imagine a utilidade de aprender a aumentar as suas escolhas na vida, optando por criar uma quantidade de crenças que o permitirá viver a vida de forma mais autêntica.

EXPERIMENTE

1. **Pense em uma crença que seria realmente útil ter; a chamaremos de crença desejada.**

   Por exemplo, "mereço ser bem-sucedido".

2. **Pense em uma crença que, para você, é absolutamente verdadeira.**

   Por exemplo, o sol nascerá de manhã (sim, mesmo por trás das nuvens).

3. **Usando as páginas de referência no final deste capítulo, identifique as submodalidades dessa crença totalmente verdadeira.**

   Por exemplo, quando você pensa que o sol está nascendo, pode vê-lo à sua frente, a cerca de dois metros, em cores alaranjadas, cintilantes e pálidas e muito brilhante. Você pode sentir calor por todo o corpo e ouvir o canto dos pássaros.

4. **Coloque a crença desejada exatamente nas submodalidades da crença absolutamente verdadeira.**

   Movimente a imagem de quando pensa na sua crença desejada para a mesma posição e distância do nascer do sol e dê as mesmas cores e o mesmo brilho. Então, produza as mesmas sensações de calor e ouça o canto dos pássaros.

Livrando-se das dores nas costas

Este processo pode ser aplicado para outros sintomas, como dores de cabeça causadas por estresse ou músculos tensos por ficarem na mesma posição por muito tempo.

CUIDADO

Este processo é excelente para aliviar o desconforto rapidamente, sem a necessidade de marcar consulta com um médico ou apelar para remédios, mas se seus sintomas persistirem, ou para se tranquilizar, procure um clínico geral.

EXPERIMENTE

1. **Classifique a sua dor nas costas em uma escala de 1 a 5.**
2. **Crie a imagem da dor nas costas.**
3. **Com o formulário da seção "Planilha de Submodalidades", anote as submodalidades das dores nas costas.**
4. **Mude cada atributo da sua dor nas costas, um de cada vez.**

   Se a dor tem uma cor, o que acontece quando você atribui uma cor diferente, como um tom suave de azul? O que acontece se você vê essa tira de aço se transformar em faixas de arco-íris, farfalhando ao vento? Se a dor for chata, consegue mudar a sensação para um formigamento? Se parece quente, você consegue mudar a sensação para uma brisa fria soprando por todo o local? Essas mudanças podem reduzir suas dores, se já não sumiram.

5. **Agora, imagine que esteja sentado em frente a uma tela de cinema; remova do seu corpo a dor nas costas e projete a imagem na tela.**
6. **Diminua a imagem da tela até atingir o tamanho de um balão.**
7. **Agora, veja o balão flutuar, cada vez mais alto e para longe no céu. Conforme você vê o balão indo embora, a sua dor nas costas vai diminuindo.**

8. **À medida que o balão atinge as nuvens, classifique a sua dor nas costas para o nível 1.**

9. **Quando o balão desaparece da sua vista, a dor nas costas desaparece e torna-se apenas mais uma vaga lembrança.**

Usando o swish (troca rápida)

O *swish* é uma técnica poderosa — baseada, assim como boa parte da PNL, em psicologia comportamental — para realizar mudanças duradouras em hábitos e comportamentos. O padrão swish é projetado para mudar um comportamento problemático disparado por um gatilho. A ideia por trás do swish é anexar uma autoimagem ao gatilho, de modo que toda vez que ele é ativado você veja uma nova maneira de se comportar e possa mudar seu comportamento sem esforço.

Digamos que você roa as unhas. O swish permite que você use uma imagem do gatilho — como imaginar-se passando o dedo pela sua unha e sentindo a sua borda áspera ou uma resposta ao nervosismo que cria o comportamento indesejado (roer unhas) — para criar um padrão de comportamento novo e desejado ou nova imagem (suas mãos impecáveis).

DICA

Você pode usar o padrão swish para substituir aquele sentimento de exaustão após um dia de trabalho por um sentimento de relaxamento e de ânimo para curtir sua noite.

EXPERIMENTE

1. **Identifique o comportamento indesejado.**

   Você pode querer parar de roer as unhas, parar de fumar ou de ficar irritado com pequenas coisas.

2. **Verifique consigo mesmo se fazer a mudança é uma boa.**

   Simplesmente pergunte a si mesmo: "Tudo bem para mim mudar neste contexto?"

3. **Identifique o gatilho que dispara o comportamento indesejado e faça uma imagem associada (veja a seção "Associando ou dissociando", anteriormente neste capítulo). Essa é a imagem sugestiva.**

   Você pode ver a si mesmo passando seu dedo por uma unha ou em uma situação que o deixe nervoso ou com raiva.

4. **Brinque com a imagem para descobrir uma submodalidade crítica.**

   À medida que você se torna mais experiente, será capaz de mudar uma ou duas submodalidades críticas, mas por enquanto comece com uma. Você pode mudar as submodalidades da figura para tornar a imagem sugestiva mais atraente.

5. **Quebre o estado.**

ALERTA DE JARGÃO NA PNL

Quebrar o estado significa mudar o estado de espírito em que você está. Você pode ficar em pé e dar uma boa sacudida no seu corpo ou mover-se pela sala quando passar de uma fase do exercício à outra, permitindo uma quebra natural das imagens e emoções do primeiro estágio do exercício.

6. **Pense na imagem desejada. Crie uma imagem dissociada de você na conduta ou aparência desejada.**
7. **Quebre o estado.**
8. **Recorde-se da imagem sugestiva. Certifique-se de estar associado a ela e coloque uma moldura em volta dela.**
9. **Crie uma imagem do resultado desejado.**
10. **Esmague a imagem desejada até um ponto bem pequeno e escuro, e coloque-a no canto inferior esquerdo da imagem sugerida.**
11. **Com um som de swissssh (um assobio), impulsione o pequeno ponto para dentro da imagem fazendo-o explodir, cobrindo a imagem sugerida.**
12. **Quebre o estado.**
13. **Repita o processo rapidamente muitas vezes.**

DICA

Se você tem mais tendências à cinestesia do que à visão ou à audição, você pode achar o swish mais eficaz se mantiver suas mãos afastadas no começo do exercício. Então, quando fizer o swissssh, junte as mãos rapidamente.

Planilha de Submodalidades

Submodalidades Visuais	Descreva o que Você Vê
Localização	
Cor / preto e branco	
Associado ou dissociado	
Tamanho	
Bi ou tridimensional	
Brilho	
Parada ou em movimento	
Forma	
Emoldurada ou panorâmica	
Focada ou embaçada	

Submodalidades Auditivas	Descreva o que Você Ouve
Localização	
Palavras ou sons	
Volume	
Tom	
Altura	
Mono ou estéreo	
Constante ou intermitente	
Ritmo	
Tempo	
Melodia	
Submodalidades Sinestésicas	**Descreva o que Você Sente**
Localização	
Forma	
Pressão	
Tamanho	
Qualidade	
Intensidade	
Parada ou em movimento	
Temperatura	
Constante ou intermitente	
Textura	

NESTE CAPÍTULO

» **Usando um modelo PNL central para realizar seus sonhos**

» **Descobrindo o seu próprio senso de propósito**

» **Tornando-se mais centrado na sua carreira, na sua vida e em si mesmo**

Capítulo 11

Trabalhando com os Níveis Lógicos

Neste capítulo, apresentamos um modelo muito usado na PNL, que mostra a você como achar sentido em sua experiência, trabalhar com a abordagem mais flexível e alcançar o ideal PNL de compreensão do resultado desejado. O desenvolvedor da PNL e treinador Robert Dilts desenvolveu este modelo — conhecido como *níveis lógicos* — que ficou extremamente popular na PNL.

Este modelo é particularmente útil de várias maneiras:

- Entender o que faz você funcionar como um indivíduo.
- Compreender como outras pessoas e organizações funcionam.
- Ver como dividir uma experiência em partes gerenciáveis.
- Trabalhar com sua realidade atual e fazer ajustes de forma confiante.

Os modelos de níveis lógicos podem ajudá-lo a orientar-se durante tempos confusos identificando quaisquer áreas de sua vida que não estejam alinhadas. O uso do modelo pode colocá-lo em um novo plano de carreira ou ajudá-lo a encontrar a motivação para se tornar extremamente saudável!

Entendendo os Níveis Lógicos

Os níveis lógicos na PNL lhe permitem pensar em qualquer experiência ou situação em suas partes integrantes (veja a Figura 11-1). (Você também pode encontrar os níveis lógicos na literatura de PNL como *uma série de níveis neurológicos.*)

Embora apresentemos os níveis na Figura 11-1 como uma hierarquia, também é útil olhar para eles como uma rede inter-relacionada ou como uma série de círculos concêntricos, pois todos os níveis se relacionam. O visual do modelo simplesmente cria alguma estrutura para ajudá-lo a entender como ele funciona. Em nossos workshops, levamos conjuntos de cartões individuais com perguntas-chave para inspirar a exploração de um nível ao outro. Frequentemente encorajamos pessoas a pisarem em grandes cartões colocados no chão para ajudá-las a realmente entrar em contato com seus sentimentos enquanto experienciam cada nível. Também usamos versões em tamanho de pequenos cartões de visitas para discussões em um local público, como uma cafeteria.

FIGURA 11-1: Os níveis lógicos da experiência.

Em muitos casos, coletar informações nos níveis mais baixos do diagrama é mais fácil do que nos mais altos. Então, por exemplo, uma companhia teria mais facilidade em fazer uma auditoria dos prédios (*ambiente*) do que medir se os valores da organização estão sendo percebidos pelos líderes e empregados (*crenças e valores*), ou avaliar sua imagem no mercado (*identidade*). Cada nível tem impacto nos que estão acima e abaixo dele; o valor principal do modelo é que ele fornece uma maneira disciplinada de fragmentar a estrutura de sua experiência, que é a essência da PNL.

É útil reconhecer que seu investimento emocional aumenta quanto mais você sobe de nível. Pensar que alguém está criticando seu ambiente, comportamento ou falta de habilidade pode não ter um grande impacto em você, a não ser que qualquer um deles esteja ligado à sua identidade, a um de seus valores ou crenças. Afinal de contas, você sempre pode seguir em frente, aprender habilidades novas ou adaptar seu comportamento. Contudo, se você acha que alguém discorda de uma crença ou valor enraizado ou está sendo depreciativo em relação a quem você é, provavelmente terá uma resposta emocional muito mais forte.

Valores, crenças e seu senso de identidade estão tão arraigados que normalmente estão fora da sua consciência. E o resultado? Seu cérebro límbico ou emocional reage a traços percebidos, como discordâncias ou críticas, antes que seu córtex cerebral racional possa moderar sua resposta.

A sobrevivência é um instinto humano básico. Nossos ancestrais entendiam que sua sobrevivência dependia de fazer parte de uma tribo. O isolamento significava a morte devido à inanição ou ao encontro com um predador. A identidade, os valores e as crenças nos deram um sentido maior de pertencimento e, portanto, de segurança, especialmente quando estão no nível inconsciente de nossa consciência.

ALERTA DE JARGÃO NA PNL

Os franceses usam uma expressão para descrever a sensação que se tem quando se está confortável consigo mesmo e tudo está correndo sem dificuldade: "elle va bien dans sa peau" (traduzido literalmente como "ela vai bem em sua própria pele"). Similarmente, os praticantes da PNL usam a palavra *congruência* para descrever precisamente como você está quando está sendo verdadeiramente você mesmo. Significa que está firme e consistente. Os níveis lógicos de comportamento, competências, crenças, valores, identidade e propósito estão todos alinhados. Procure por esse *alinhamento* em organizações e em pessoas. Provavelmente existirá desalinhamento se uma organização ou um indivíduo estiver passando por um período de mudanças. As pessoas podem comportar-se de formas imprevisíveis, que não são um reflexo real do que elas realmente acreditam que é certo ou se encaixem com sua verdadeira identidade.

Fazendo as perguntas certas

Ao começar a coletar informações sobre uma pessoa ou situação, pense em fazer perguntas que se aplicam a esses diferentes níveis, começando pela base da pirâmide da Figura 11-1:

- O **ambiente** refere-se aos fatores que são oportunidades ou limites externos: responde às perguntas "onde?", "quando?" e "com quem?".
- O **comportamento** é composto de ações ou reações específicas dentro do ambiente: responde à pergunta "o quê?".
- As **habilidades** e **competências** envolvem conhecimento e técnicas, os "como fazer" que guiam e orientam o comportamento: responde à pergunta "como?".
- As **crenças** e **valores** fornecem o reforço (motivação e permissão) para apoiar ou negar suas capacidades: responde à pergunta "por quê?".
- Os fatores de **identidade** determinam seu autorreconhecimento; responde à pergunta "quem?".
- O **propósito** vai além da autoconsciência para se relacionar ao grande motivo por trás de sua missão: responde às perguntas "para quê?" e "para quem?".

POR QUE "POR QUÊ?" É A PERGUNTA MAIS DIFÍCIL?

No início de sua carreira como escritora profissional, Kate passou muitos anos felizes na vida corporativa, entrevistando chefes executivos e equipes de liderança, interpretando suas visões e publicando suas palavras de sabedoria de uma forma que os funcionários pudessem entender.

As questões "quem, o quê, quando, onde, por quê e como" são as armas essenciais de um jornalista. Mesmo assim, apenas quando conheceu os níveis lógicos de PNL, Kate pôde entender por que algumas questões causam olhares vazios, ou mesmo hostilidade, enquanto outras são calorosamente recebidas.

Quando você quer saber algo sobre um assunto, é mais fácil trabalhar com níveis lógicos. Comece coletando informações relacionadas ao ambiente — onde, quando e com quem. Essas perguntas são factuais e fáceis de responder. Então, passe para "o quê" e "como". Deixe o "por quê" por último. Responder "por que você fez isso?", que vai direto ao reino das crenças, é mais difícil do que responder "como você fez isso?", uma abordagem muito mais gentil; ou mesmo "como isso aconteceu?", que dissocia a pessoa da pergunta. Cada pergunta ataca uma parte do cérebro: as factuais se alimentam no neocórtex, enquanto as "por quê" se aprofundam nas sutilezas do cérebro límbico.

Seguindo os níveis lógicos passo a passo

Os níveis lógicos possibilitam que você pense sobre o que acontece no mundo à sua volta. Eles o ajudam a entender a estrutura e o padrão, assim como o conteúdo de assuntos, eventos, relacionamentos ou organizações diferentes, como explicaremos nesta e na próxima seção.

Agora veremos como você pode aplicar este modelo quando encara um dilema que precisa de uma solução. Imagine que está em um relacionamento que não está funcionando. Você pode usar o conceito de níveis lógicos para auxiliá-lo a encontrar a melhor maneira de prosseguir. Veja como o processo funciona:

1. **Reconheça que as coisas estão desalinhadas.**

   Você sabe que esse é o caso quando está desconfortável com seu parceiro e quer que as coisas sejam diferentes.

2. **Descubra o que pode ser diferente.**

   Pergunte a si mesmo coisas que podem ajudá-lo a apontar exatamente o que quer que seja diferente. Se vocês dois simplesmente se mudassem para um novo apartamento ou para uma cidade diferente, as coisas melhorariam (ambiente)? Um grupo de parentes do seu parceiro consome muito o seu tempo e impede que vocês se desenvolvam como casal (comportamento)? Ou vocês querem coisas fundamentalmente diferentes da vida (valores)? Cada nível lógico tem certos tipos de perguntas (veja a seção "Encontrando a Alavanca Certa para a Mudança" para trabalhar pelos níveis lógicos individuais).

3. **Quando identificar o nível lógico, aja para alinhá-lo com os outros.**

   Nos níveis mais baixos, digamos, no ambiente ou no comportamento, você pode ser capaz de ajustar alguns hábitos simples a fim de ter um relacionamento harmonioso. Você pode pedir ao seu parceiro para ser mais organizado em casa, enquanto você divide a administração do pagamento de contas, por exemplo. Ganhar habilidades em uma área, como falar livremente sobre seus sentimentos ou aprender a fazer alguma coisa manualmente, pode exigir mais tempo e esforço. Além disso, trabalhar com um coach individual pode ser vantajoso para ajudá-lo a analisar suas crenças e valores ou desenvolver uma identidade mais forte para si mesmo.

DICA

Experimente esse processo com qualquer relacionamento que quiser melhorar, como com um colega de trabalho, fornecedor, amigo ou contato de comitê/comunidade.

CASOS E CAUSOS

Fran ficou chocada quando, após um casamento de dez anos, seu marido anunciou que estava saindo de casa e indo morar com uma das melhores amigas dela. Ela achava que se mudassem de casa (mudar o nível ambiente) e passassem mais tempo juntos (o nível comportamento) tudo ficaria bem. Com um coaching de relacionamento, ela percebeu que seu marido sempre teve valores completamente diferentes (nível crença e valores) dos dela. Ele vinha de um ambiente familiar grande e barulhento e queria recriar essa atmosfera em casa. Fran foi criada como a filha única de pais sérios e focava toda sua atenção no trabalho. Ela nunca quis ser mãe ou dona de casa (nível identidade) e sentia que seu senso de propósito era alcançado através do seu trabalho em litígios corporativos. Por fim, eles optaram pelo divórcio e amigavelmente seguiram caminhos separados, pois cada um queria um relacionamento essencialmente diferente.

LEMBRE-SE

Com frequência, as pessoas tentam resolver problemas mudando um nível lógico — como ambiente ou comportamento — quando precisam acessar um nível lógico separado, como valores ou identidade. Como coaches, frequentemente conhecemos clientes cujo objetivo inicial é encontrar um trabalho, uma casa ou um relacionamento melhor, mas sempre encontram problemas similares da situação que deixaram na situação nova. Quando os ajudamos a identificar o "padrão" que estão seguindo, eles conseguem fazer escolhas melhores para o futuro.

Empregando usos práticos para níveis lógicos

Você pode usar níveis lógicos para trazer energia e foco para diferentes situações. Eis alguns exemplos:

- **Reunindo e estruturando informações:** Compilar um relatório, escrever um estudo acadêmico, conduzir entrevistas ou estruturar qualquer tipo de peça escrita.
- **Conduzindo um exercício de modelagem:** Os níveis lógicos oferecem uma estrutura prática com a qual começar (veja o Capítulo 19 para saber mais sobre modelagem).
- **Fazendo uma escolha de carreira:** Explorar todos os aspectos de uma mudança de carreira, desde determinar o melhor ambiente a certificar-se de que ele combina com seus valores, até identificar como esse trabalho se conecta com sua paixão e propósito de vida.
- **Construindo relacionamentos familiares:** Explorando o que todos os membros da família querem para que ela permaneça unida. Essa abordagem é especialmente útil quando ocorre uma mudança drástica na estrutura familiar, como por exemplo um divórcio ou um novo casamento.

- **Melhorando o desempenho individual ou corporativo:** Decidir onde fazer mudanças de negócios que ajudem a transformar uma companhia em conflito ou que passa por fusões e aquisições. Elaborar um plano de desenvolvimento para um funcionário específico.
- **Desenvolvendo liderança e confiança:** Passar pelos níveis para alinhar e, assim, sentir-se confiante para liderar uma equipe ou empresa.

LEMBRE-SE

Abra qualquer caixa de ferramentas — pode ser uma caixa de canetas coloridas para flipchart, uma paleta de tintas, brocas de furadeira elétrica ou chaves inglesas — e algumas sempre acabam virando favoritas. Você sempre volta para esses amigos leais e pode depender deles para sentir-se bem. Você descobrirá que os modelos de níveis lógicos dão um valor adicional característico de tempos em tempos. O modelo estará sempre presente, como um companheiro ajudando a decifrar informações complexas, seja achar sentido em um projeto de negócios ou "desenrolar" uma conversa difícil. Se gosta de retomar as mesmas ferramentas no kit da PNL, os níveis lógicos podem ser ideais para você.

Encontrando a Alavanca Certa para a Mudança

Carl Jung, um dos maiores pensadores da psicologia no século XX, disse: "Não podemos mudar coisa alguma até aceitá-la. A condenação não libera, oprime." E ele estava certo, porque o primeiro passo para lidar com as mudanças é aceitar o que está acontecendo. Então, você está em uma posição em que pode trabalhar proativamente com a mudança e fornecer opções a si mesmo, ao invés de esperar que as coisas aconteçam com você.

DICA

Três requisitos são essenciais para que uma mudança aconteça. Você precisa:

- Querer mudar
- Saber ou descobrir como mudar
- Agir para mudar

Nas próximas seções, mergulharemos ainda mais nos níveis lógicos. Conforme explora, lembre-se de uma questão importante: "Como você pode mudar de forma fácil?" (O capítulo 20 oferece mais conhecimentos úteis sobre mudança.)

LEMBRE-SE

Aplicamos todas as perguntas que levantamos nas seções seguintes a você enquanto indivíduo, mas você pode usar as mesmas perguntas para entender o que está acontecendo em uma empresa.

Ambiente

O ambiente refere-se ao local e às pessoas — o contexto físico em que você está — e a descobrir a hora certa. Se quiser tornar-se fluente em um novo idioma, o caminho mais fácil para aprender seria viver em um país relevante por um tempo, totalmente imerso na cultura, idealmente convivendo com os nativos. Da mesma forma, se quiser aprender um novo pacote de software, faz sentido mudar para um projeto onde uma pessoa ou equipe o aplica no trabalho. Mais uma vez, o ambiente seria um fator contribuinte para a aprendizagem, que é um tipo de mudança. Ter timing também é crucial — você não aprende coisas na hora errada —, por exemplo, se você estiver preso a outras necessidades.

Veja algumas perguntas sobre o ambiente que você deve fazer a si mesmo quando sente que não está no lugar certo ou que ainda não é a hora de conseguir o que quer:

- » Onde você trabalha melhor?
- » Em que lugar do mundo você quer estar?
- » Que tipo de ambiente doméstico é o certo para você — moderno, minimalista ou tradicional? O que parece se encaixar melhor?
- » Que tipo de pessoas você gosta de ter ao seu redor? Quem o faz se sentir bem, energizado e confortável? Quem faz com que se sinta esgotado?
- » Quando você prefere ficar sozinho e quando prefere estar acompanhado?
- » Em que momento do dia você se sente bem — você gosta de acordar com o galo cantando ou prefere dormir tarde como as corujas?

Perguntas como essas darão o tipo certo de informação para que possa decidir com quais questões ambientais você pode trabalhar.

Comportamento

O comportamento refere-se a tudo que você pensa, fala e faz — o que conscientemente o leva a algum lugar. A PNL aponta que todo o seu comportamento visa a um propósito e tem uma intenção positiva para você. (Até mesmo hábitos ruins!)

A mudança no nível comportamental é fácil quando você tem um sentido real de propósito que combina com o seu senso de identidade, suas crenças e seus valores.

Faça a si mesmo as seguintes perguntas comportamentais quando achar que deve mudar seus comportamentos a fim de obter os resultados desejados:

- » Seus comportamentos apoiam seus objetivos?
- » Eles se encaixam com sua identidade?
- » Você age de maneira alinhada com seus valores?
- » O que você se vê pensando/dizendo/fazendo habitualmente? Consegue definir algum padrão?
- » Que impacto as palavras de outras pessoas têm em você?
- » Você está atento ao comportamento de outras pessoas — por exemplo, como elas andam, o tom de suas vozes e seus sorrisos? Que mudanças de cor você observa nas pessoas enquanto elas falam?
- » Como e quando a sua respiração muda?
- » Qual a linguagem corporal que você adota em variadas circunstâncias?
- » O som de sua voz se encaixa consistentemente no que você diz?

Maximizando comportamentos eficazes

A fim de criar uma mudança positiva, vale a pena desenvolver os comportamentos e hábitos que lhe servem bem. Geralmente, mudanças pequenas têm um efeito incremental. Se você está emagrecendo para que uma roupa nova sirva, comer uma salada saudável todo dia no lugar de sanduíches seria um hábito valioso a ser cultivado. Da mesma forma, se está tentando melhorar as suas reuniões no trabalho, então, estabelecer orientações claras em relação ao uso de telefones celulares e pontualidade seriam bons comportamentos para a equipe.

CASOS E CAUSOS

Quando Manuela quis emagrecer para caber em um vestido um número menor para o casamento de sua filha, ela percebeu que precisava levar a dieta a sério. Ela trabalhou com uma nutricionista que lhe ensinou como adaptar a dieta e lhe deu uma planilha de registro para que ela escrevesse tudo o que comia, os suplementos que tomava e o regime de exercícios. Ela também deu a Manuela um caderno para anotar tudo o que havia ido bem no seu dia e a apresentou a um personal trainer motivacional. Este regime diário manteve Manuela nos trilhos para recuperar sua silhueta esbelta e tirar fotos no casamento que ela adora olhar.

Praticar os comportamentos corretos até que eles se tornem habituais aumenta a sua capacidade. Quantos grandes esportistas ou músicos nasceram manuseando uma raquete de tênis ou um violino? O astro do tênis, Andy Murray, é conhecido pela dedicação que emprega na academia e no número de bolas de tênis que acerta na preparação para torneios. Remadores medalhistas olímpicos podem ser vistos em rios gelados às cinco da manhã, horário em que pessoas comuns estão enfiadas em suas camas. Os maiores violinistas começaram tirando guinchos musicais e praticam por centenas de horas (geralmente, para o desespero de suas famílias!). Treino duro e constante mantém os melhores em forma.

Modificando comportamentos indesejáveis

E os comportamentos indesejáveis, as coisas que você faz e deseja não fazer, hábitos bobos como fumar ou comer porcarias? Eles são difíceis de mudar porque são ligados a outros níveis lógicos, superiores, envolvendo crenças ou identidade:

> "Sou fumante" = uma declaração sobre identidade.
>
> "Preciso de um cigarro quando estou estressado" = uma declaração sobre crença.
>
> "Ele é um rapaz alto e forte" = uma declaração sobre identidade.
>
> "Ele não consegue viver de salada e frutas" = uma declaração sobre crença.

Para facilitar a mudança, você pode criar uma nova identidade para si mesmo, como "sou uma pessoa saudável" e adotar crenças como "posso desenvolver os hábitos certos para cuidar de mim mesmo". O Capítulo 3 fala sobre como compreender o poder de suas crenças.

Habilidades e competências

Habilidades são talentos e técnicas que existem dentro das pessoas e organizações como recursos valiosos. Esses comportamentos podem ser aqueles que você executa tão bem que pode fazê-los constantemente sem nenhum esforço consciente aparente. Como andar e falar, você os aprendeu sem nem entender como. Desde o nascimento, os seres humanos são incríveis máquinas naturais de aprendizado e os avanços na neurociência nos ensinam sobre a capacidade de mudança do cérebro humano, provando que, ao contrário do que diz o ditado popular, é possível, sim, "ensinar coisas novas a um macaco velho".

Você aprende outras habilidades com um maior nível de consciência. Talvez saiba empinar uma pipa, andar de bicicleta, mexer em circuitos elétricos, escrever em um blog ou gerir um negócio. Você adquiriu essas habilidades deliberadamente. Ou talvez você seja bom em ver o lado divertido da vida, ouvir amigos ou levar as crianças à escola na hora certa. Todas essas habilidades são técnicas valiosas que você sabe de cor e outras pessoas podem aprender. É provável que você se lembre de quando não sabia fazer essas coisas, enquanto é provável que não se lembre de como era quando não sabia andar ou falar. Essas habilidades individuais também o beneficiam no emprego, pois empresas possuem competências-chave nas suas especificações de cargo, definindo habilidades essenciais que as pessoas precisam ter para que a companhia funcione a todo vapor.

A PNL dá muita atenção ao nível de habilidade, trabalhando com a premissa de que tudo é passível de aprendizado. A PNL supõe que tudo é possível se administrado em pedaços pequenos. O diretor de RH de uma das mais prestigiosas varejistas do Reino Unido nos disse "recrutamos pessoas primariamente por sua atitude: passado isso, podemos ensinar as habilidades que as pessoas precisam para executar seu trabalho". Mesmo atitudes podem ser adquiridas e mudadas, contanto que você encontre o desejo, o know-how e a oportunidade de aprender.

LEMBRE-SE

A questão importante é: "Como eu posso fazer isso?" Tenha essa pergunta em mente todos os dias. A abordagem da PNL é: modelando a si mesmo e os outros, você se abre para as mudanças e para o desenvolvimento de suas próprias habilidades. Se quiser fazer algo bem, encontre alguém que já o faça e preste muita atenção em todos os níveis lógicos daquela pessoa. Você pode ler mais sobre modelagem no Capítulo 19.

Veja algumas perguntas e ideias sobre habilidades e competências para quando você quiser fazer uma análise de suas habilidades e ver onde pode aprender e melhorar:

- Que habilidades você adquiriu que o deixam orgulhoso e como as aprendeu?
- Tornou-se especialista em alguma coisa que não lhe serve tão satisfatoriamente? Se sim, como isso aconteceu? Que habilidade pode se encaixar melhor em seu lugar?
- Conhece alguém que tem uma atitude realmente positiva ou habilidade que você queira ter? Como aprenderia com essa pessoa?
- O que você ouviria se perguntasse às outras pessoas no que elas acham que você é bom?
- Qual é o próximo passo? O que gostaria de aprender?

À medida que constrói habilidades, o mundo se abre para você. Você está em posição de enfrentar grandes desafios ou de se preparar melhor para os que são difíceis de encarar.

Crenças e valores

Você pode ler no Capítulo 3 como crenças e valores orientam sua vida e ainda assim não estar atento a elas. O que você acredita ser verdade normalmente será diferente do que outra pessoa pensa ser verdade. Não estamos falando de crenças no sentido religioso, mas de sua percepção em um nível profundo, às vezes, subconsciente. Suas crenças e valores mudam com o tempo.

CASOS E CAUSOS

Caroline passou os primeiros 15 anos de sua carreira em uma empresa de mídia proeminente onde era vista como uma pessoa muito talentosa e foi destacada para um treinamento de liderança. Cada vez mais, ela sentia que queria trabalhar para uma organização beneficente que fizesse diferença real no mundo. Finalmente, ela fez a mudança audaciosa e uniu-se a uma entidade beneficente mundial, para um cargo de salário mais baixo, mas ainda de muita confiança. Ao mesmo tempo, como mãe divorciada, descobriu que criar seu filho com pouquíssima ajuda prática de seu ex-marido era extremamente difícil.

A mudança de trabalho provou ser um enorme choque cultural, forçando Caroline a identificar seus valores pela primeira vez na vida. O comportamento ético, a colaboração e o respeito estavam no topo de sua lista de valores. Ela fez a suposição inconsciente de que uma entidade beneficente demonstraria esses valores, mas acabou vendo a si mesma em um ambiente muito competitivo e desagradável. Ela também encontrou colegas que faziam bullying com ela da mesma maneira que seu ex-marido, e isso disparou sua ansiedade.

Quando Caroline foi pela primeira vez a um coach de PNL, estava sofrendo de crise de confiança e havia esquecido de suas próprias capacidades fortes. Ela se questionava seriamente se havia feito certo ao mudar de emprego. No decorrer de vários meses, ela aprendeu a manter seus valores e modelar o tipo de comportamento que esperava dos outros ao seu redor. Ela ensinou-os o poder da colaboração em vez do bullying e desafiou o mau comportamento com bom humor, transformando seu escritório em um lugar divertido de trabalhar. Por fim, sua crença no valor do trabalho da organização possibilitou que ela fosse mais flexível e reconhecesse que, às vezes, seus colegas estavam agindo mal por alguma razão. Ao criar um rapport maior com algumas pessoas difíceis, ela percebeu que muitos se sentiam inseguros em relação ao dinheiro enquanto cambaleavam de um contrato curto para outro. Caroline assumiu o controle e suas escolhas mais uma vez.

Valores são coisas importantes para você, o que o motiva a sair da cama pela manhã ou não — como saúde, riqueza ou felicidade. Crenças e valores, e a maneira como as pessoas os classificam em ordem de importância, são diferentes para cada pessoa e mudam com o tempo. Por isso é extremamente difícil motivar uma equipe inteira de pessoas com a mesma abordagem. Quando o assunto é crenças e valores, não pode haver um "tamanho único".

Valores também são regras que mantêm as pessoas na estrada do socialmente aceitável. Você pode buscar dinheiro, mas seus valores de honestidade e respeito pelos outros o impedem de roubar. Algumas vezes, há um conflito entre dois valores importantes — como vida familiar e trabalho. Você pode ler mais sobre como resolver esse problema no Capítulo 3.

No que se refere à mudanças, entender suas crenças e valores lhe dá uma boa vantagem. Quando as pessoas valorizam algo ou acreditam o bastante em algo, esse valor se torna uma força energizante de mudança. Eles estão se concentrando no que é importante para eles, fazendo o que realmente querem fazer e chegando mais perto do que querem ser. Essas pessoas estão em um lugar que transmite certeza e naturalidade. Crenças e valores lhe orientam e influenciam os níveis mais baixos de habilidade, comportamento e ambiente. Então, ater-se a seus valores faz com que outros níveis lógicos se alinhem.

CASOS E CAUSOS

Trabalhamos frequentemente com pessoas que pulam de emprego em emprego, com aumento de insatisfação, e estão desesperadas para encontrar o trabalho que amam. John, um diretor de TI, é um desses casos. A cada dois anos, mais ou menos, ele se cansava, decidia que precisava mudar e se candidatava a outro emprego similar, com salário e pacote de benefícios melhores e em um novo local, esperando que as coisas melhorassem em outro lugar. Ele simplesmente fazia mudanças no nível ambiente — empresa nova, país novo, pessoas novas.

Quando ele começou a avaliar seus valores e crenças, percebeu que faltavam alguns ingredientes essenciais. Ele havia investido tempo e energia em um MBA e valorizava aprendizado e desenvolvimento profissional. No entanto, sempre ia parar em empresas "contrato-demito", que estavam muito ocupadas para investir no pessoal ou trabalhar estrategicamente: lugares que sugavam sua energia. Suas crenças e seus valores não combinavam com os das organizações em que trabalhava. Quando ele entendeu essa discrepância, levou suas habilidades para uma prestigiosa escola internacional de negócios que valorizou sua educação e habilidade e lhe deu a oportunidade de se desenvolver ainda mais.

Veja algumas perguntas de crenças e valores para fazer a si mesmo quando sentir que existe um conflito nesse nível lógico que o está atrapalhando em conseguir o que quer:

- Que fatores são importantes para você nessa situação?
- O que é importante para os outros à sua volta?
- O que você acredita ser verdadeiro no momento?
- O que precisa existir para que você se sinta contente?
- Quando você diz "preciso", "devo", "não preciso" e "não devo"? Que suposições estão por trás dessas declarações sobre o que é possível?
- Quais são as suas crenças sobre essa pessoa ou situação? Elas são úteis? Que crenças podem ajudá-lo a conseguir resultados melhores?
- No que outra pessoa acreditaria se estivesse no seu lugar?

Armado com as respostas das perguntas anteriores, trabalhe as suas crenças e valores para assegurar que eles o sustentem nos momentos difíceis. Ao questionar as suas crenças em relação a si mesmo, pode escolher descartar algumas delas que já não lhe servem mais tão bem. Por exemplo, você pode ter acreditado sempre que deve ter uma qualificação específica para poder dizer que é "bem-sucedido". Ou ter uma hipoteca antes de formar uma família. Ou até mesmo que as pessoas com uma certa cor de cabelo se divertem mais!

DICA

Em programas de gestão de mudanças em negócios você ouve frequentemente falar de "ganhar os corações e as mentes" das pessoas. Se você está liderando um grupo, precisa abordar suas crenças e valores. Quando tem as crenças certas no lugar, a PNL sugere que os níveis mais baixos — como habilidades e comportamento — se encaixam automaticamente.

Identidade

A identidade descreve o seu senso de quem é. Você pode se expressar por meio de suas crenças e valores, habilidades, comportamentos e ambiente, e ainda assim você é muito mais do que esses fatores. A PNL supõe que sua identidade é separada do seu comportamento e recomenda que você se conscientize dessa diferença. Em outras palavras, você é mais do que o que faz.

A PNL separa a intenção que está por trás de sua ação da ação propriamente dita. Por isso, a PNL evita tachar as pessoas. Uma frase como "homens se comportando mal", por exemplo, não significa que os homens sejam intrinsecamente maus, apenas que o seu comportamento é ruim.

DICA

Se quiser dar um feedback para encorajar a aprendizagem e um desempenho melhor, dê sempre um feedback bastante específico sobre o que alguém disse ou fez em termos do nível de comportamento do que de identidade. Então, em vez de dizer: "John, desculpe parceiro, mas você foi horrível", experimente "John, foi difícil ouvi-lo na reunião porque você olhou para o computador o tempo todo e ficou de costas para a plateia".

Veja algumas perguntas sobre identidade para fazer a si mesmo quando estiver em conflito interno:

- Como o que você está vivenciando é uma expressão de quem você é?
- Que tipo de pessoa você é?
- Como você se descreve?
- Que rótulos coloca em si mesmo e em outras pessoas?
- Como outras pessoas o descreveriam?
- As outras pessoas pensariam de você o que você gostaria que pensassem?
- Que imagens, sons e sensações você percebe quando pensa sobre si mesmo?

LEMBRE-SE

Uma consciência maior de si mesmo é um insight valioso em qualquer etapa de desenvolvimento pessoal. Com muita frequência, as pessoas tentam mudar os outros, quando mudar a si mesmas seria um ponto de partida mais eficaz.

Propósito

Esse nível "além da identidade" o conecta a um plano maior quando você começa a questionar o seu propósito, sua ética, missão ou seu sentido na vida. O propósito leva o indivíduo ao campo da espiritualidade e à sua conexão com a ordem maior das coisas no universo. Ele conduz empresas a definirem a sua *raison d'être*, visão e missão.

A sobrevivência do homem no meio de incríveis sofrimentos depende da aceitação verdadeira das circunstâncias que vão além da identidade. Observe a resiliência de Dalai Lama fora do Tibete ou a história da resistência ao Holocausto de Viktor Frankl em seu livro *Em Busca de Sentido*.

CASOS E CAUSOS

À medida que você envelhece e se aproxima de diferentes estágios da vida, é natural se questionar sobre o que está fazendo com sua vida. Algumas vezes, um gatilho inspira a ação e ilumina a sua paixão. Um amigo e gerente de logística em uma indústria, Alan, viajou de férias para o Quênia e viu, em primeira mão, a necessidade de materiais escolares em muitas escolas rurais. Assim, começou uma poderosa campanha de um homem só que tomou conta de sua vida e o levou a criar uma instituição internacional de caridade que fornece papel, lápis, livros de leitura e, eventualmente, laptops, graças à sua paixão por fazer a diferença. Ao conversar com ele sobre esse assunto, ele disse: "Não sei o que me deu. Parece loucura, mas só sei que preciso fazer isso." O propósito dele era mais forte do que sua identidade.

Veja algumas perguntas sobre propósito a fazer a si mesmo quando quiser verificar se está encaminhando a sua vida na direção certa:

- Como você faz a diferença?
  - Por que razão você está aqui?
- Que contribuição gostaria de fazer aos outros?
- Que impacto você causa no resto do mundo?
- Como gostaria de ser lembrado depois de morto?

EXPERIMENTE

Simon Sinek, o homem por trás da ideia simples do Círculo Dourado, defende o poder da paixão e das crenças quando sugere que as pessoas não compram *o que* você faz ou *como* o faz. Elas compram o *porquê* você faz. Essa ideia rápida reforça os níveis lógicos mais detalhados e o poder de mudar seu pensamento para as camadas mais altas acima das habilidades. A paixão é cativante e inspiradora, e ainda assim as pessoas ainda ficam presas falando o que fazem e como o fazem. Se aplicarmos a ideia de Sinek a um fabricante de dispositivos, o raciocínio seria mais ou menos assim: "*O que* fazemos é fabricar dispositivos com bom custo-benefício que são vendidos por todo o mundo. *Como* o fazemos é empregando os melhores designers e buscando os melhores e mais fortes metais. *Por que* fazemos é porque acreditamos em usar a tecnologia mais recente para tornar o mundo um lugar mais seguro." Você consegue ver que *por que* é mais envolvente?

Para desenhar seu próprio Círculo Dourado, esboce três círculos concêntricos, chame o centro de "por quê?", o segundo círculo de "como?" e o terceiro, mais externo, de "o quê?". Chegar à paixão no centro o levará além dos "o quês e comos". Encontre as palavras para articular sua paixão em qualquer área de sua vida, de ser técnico do time de futebol júnior ao seu próprio CV, e você adicionará um elemento emocional à sua comunicação com mais rapidez.

Desvendando os Níveis das Outras Pessoas: Linguagem e Níveis Lógicos

A entonação na linguagem das pessoas — a forma como falam — oferece dicas sobre o nível em que operam. Observe a simples expressão: "Eu não posso fazer isso aqui" e ouça onde a pronúncia é acentuada (exibido em itálico).

"*Eu* não posso fazer isso aqui" = declaração sobre identidade.

"Eu *não posso* fazer isso aqui" = declaração sobre crença.

"Eu não posso *fazer* isso aqui" = declaração sobre capacidade.

"Eu não posso fazer *isso* aqui" = declaração sobre comportamento.

"Eu não posso fazer isso *aqui*" = declaração sobre ambiente.

Quando você sabe o nível em que os outros estão operando, pode ajudá-los a fazer mudanças naquele nível. Por exemplo, se a pessoa estiver trabalhando no nível ambiente, a pergunta é: "Se não aqui, onde é que você pode fazer isso?" Se estiver no nível da identidade, a pergunta é: "Se não você, quem é que pode fazer isso?"

Exercícios com os Níveis Lógicos: Motivando Equipes no Trabalho e no Lazer

Dissemos que a PNL é experimental, o que significa que, para beneficiar-se dos muitos exercícios da PNL, você, às vezes, precisa se movimentar fisicamente assim como mentalmente — algo que encorajamos tanto em sessões de PNL individuais quanto em equipe. Como o desenvolvedor da PNL, Robert Dilts, diz: "O conhecimento é apenas rumor até que você o passe para os músculos."

EXPERIMENTE

Este exercício o ajuda a fazer um brainstorm com sua equipe. Você pode espalhar pedaços de papel no chão e andar pelos diferentes níveis ou usar cadeiras, como nesta versão. Pode colocar uma música barroca para tocar, para que as ideias fluam e acelerá-la, como em uma dança das cadeiras — e seria bom que alguém anotasse ideias em um flipchart. Siga estes passos:

1. **Aponte uma pessoa para conduzir o exercício, fazer as perguntas e capturar as respostas.**

   Essa pessoa é o seu mestre de perguntas.

2. **Posicione seis cadeiras em fila; rotule cada cadeira para denotar o nível lógico.**
3. **Coloque um membro do time em cada uma das cadeiras.**
4. **O mestre fará as perguntas para cada pessoa de acordo com o nível lógico de cada cadeira.**

   Estas são as perguntas que serão feitas de acordo com cada nível:

   - **Cadeira do ambiente:** "Onde, quando e com quem essa equipe funciona melhor?
   - **Cadeira do comportamento:** "O que essa equipe faz bem?"
   - **Cadeira da habilidade:** "Como fazemos o que fazemos quando trabalhamos bem?"
   - **Cadeira das crenças e valores:** "Por que essa equipe está aqui? O que é importante para nós?"
   - **Cadeira da identidade:** "Quem é essa equipe?"
   - **Cadeira do propósito:** "Como essa equipe contribui para a imagem geral? Qual é a nossa missão em relação aos outros?"

5. **Depois de todos os membros da equipe terem respondido às perguntas, permita que se movimentem para outra cadeira; então, repita as perguntas até que todos tenham passado por todos os níveis.**

DICA

Mantenha as pessoas movimentando-se regular e prontamente. Elas podem sempre dar duas voltas. Uma vez que você tenha coletado as ideias do brainstorming, o próximo passo será analisar e trabalhar a partir das informações que juntou para assinalar os padrões e as novas ideias a fim de se fortalecerem como uma equipe e decidir o que pode melhorar no futuro.

DICA

Tente esse exercício em momentos-chave, como o começo de um novo ano ou projeto, ou quando você quiser revisar um trabalho, celebrar seu sucesso e aprender com ele para o futuro. Equipes virtuais podem ser criativas, trabalhando com esse exercício por telefone ou videoconferências.

NESTE CAPÍTULO

» Entendendo a psicologia por trás dos seus hábitos e comportamentos

» Usando estratégias para melhorar a comunicação

» Misturando estratégias com níveis lógicos

» Aplicando o conhecimento de estratégias para dominar a condução agressiva

» Aprendendo a soletrar bem

Capítulo 12

Hábitos Condutores: Descobrindo os Seus Programas Secretos

Quando você acorda de manhã, primeiro escova seus dentes ou toma banho? Como todo mundo, você tem uma estratégia — nesse caso, uma sequência de passos — para executar tarefas rotineiras, como cortar uma fatia de pão, lavar as mãos ou calcular o imposto de renda. E, como muitas pessoas, você pode nem se dar conta de que faz as coisas no piloto automático.

ALERTA DE JARGÃO NA PNL

Uma *estratégia* é qualquer conjunto interno e externo ou ordem de experiências que produzem um resultado específico constantemente.

Quando Romilla estava estudando yoga, sua professora, Swami Ambikananda, pediu que a turma ganhasse maior entendimento sobre os rituais subconscientes que usamos. Ela sugeriu que começassem o dia mudando a sequência que seguiam para se vestir, tomar café da manhã e se preparar para ir ao trabalho. Cara, isso deu nó no cérebro! Era necessário muita concentração para que o resto do dia corresse tranquilo. Romilla sentia como se tivesse esquecido algo crucial e seu cérebro ficava tentando lembrar-se do que era. A experiência como um todo foi bastante desconfortável.

Você usa suas estratégias pessoais para todo tipo de comportamento: sentir-se amado; amar seu parceiro, pai, filho ou animal de estimação; odiar alguém; irritar-se com alguém; comprar seu perfume favorito; aprender a dirigir; conseguir ou não ter saúde, prosperidade, felicidade; e assim por diante.

Talvez você se pergunte de tempos em tempos: "Por que eu tenho sucesso em algumas áreas da minha vida e nem tanto em outras?" Bem, você pode acabar descobrindo que está simplesmente usando estratégias não tão eficazes nas áreas em que não tem tanto sucesso. O legal é que, ao perceber que está usando uma estratégia, você pode desenvolver facilmente as ferramentas para mudar as menos eficazes. Melhor ainda, você pode descobrir que a estratégia de outra pessoa funciona bem e copiá-la!

Neste capítulo, você descobrirá os mecanismos por trás de seus comportamentos e, munido dessas informações, poderá adicionar, modificar ou deletar suas estratégias de modo a conduzir de fato sua vida.

Testemunhando a Evolução das Estratégias

O modelo de estratégia da PNL surgiu por meio de um processo de evolução. Começou com psicólogos comportamentais, como Watson, Skinner e Pavlov e foi melhorado por Miller, Galanter e Pribram, psicólogos cognitivos, antes de ser aprimorado pelos fundadores da PNL, Grinder e Bandler.

O modelo E-R

No início do século XX, os psicólogos behavioristas basearam seus trabalhos no estudo do comportamento animal e humano. Eles propuseram que as pessoas respondessem a um estímulo ou desenvolvessem uma resposta através de condicionamento ou reforço. O estudo mais famoso foi o de Pavlov e seus cães. Os cães ouviam um sino que era associado à chegada de comida (estímulo) e, portanto, salivavam (resposta). Por fim, os cães salivavam apenas por ouvir o soar do sino (sem a comida). Um behaviorista pode defender que humanos simplesmente respondem a estímulos de forma similar. Por exemplo, quando o bebê de John balbucia e sorri (estímulo), John fica radiante (resposta), ou quando Mark vê um morador de rua na calçada (estímulo), ele procura trocados em seu bolso (resposta).

Embora as ideias behavioristas continuem influentes na modificação do comportamento, a maioria das pessoas geralmente concorda que os humanos têm maior poder de escolha do que os animais.

O modelo TOTS

Miller, Galanter e Pribram desenvolveram a partir do modelo E–R o modelo TOTS (Testar, Operar, Testar, Sair), que está ilustrado na Figura 12-1. O modelo TOTS trabalha com o princípio de que você tem uma meta em mente quando exibe um comportamento particular. O propósito do seu comportamento é aproximá-lo do resultado desejado tanto quanto possível. Você testa a sua estratégia a fim de avaliar se atingiu seu objetivo. Se o atingiu, pare o comportamento e saia da estratégia. Se não o atingiu, modifique o comportamento e repita a estratégia, incorporando um ciclo simples de feedback e resposta. Então, se seu objetivo é ferver água na chaleira, o teste é ver se a água está fervendo; se não, você aguarda a fervura e, quando ela ferver, sai da estratégia.

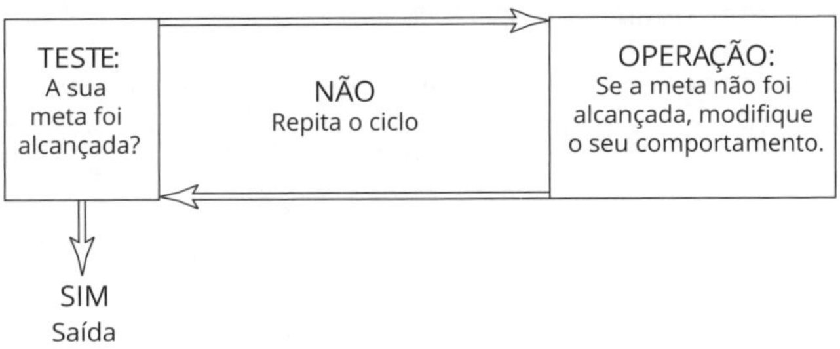

FIGURA 12-1: O modelo TOTS.

A estratégia PNL = TOTS + modalidades

ALERTA DE JARGÃO NA PNL

A PNL sugere que você vivencie o mundo primariamente através dos seus cinco sentidos: visão (olhos), audição (ouvidos), cinestesia (sensações e toques), olfato (odores) e paladar (sabores). Esses sentidos são seus *sistemas representacionais (rep)*, também chamados de *modalidades*, sobre as quais você pode ler mais no Capítulo 5.

Submodalidades são as diferentes qualidades combinadas para formar as modalidades. Por exemplo, se você criar uma imagem em seu olho mental, estará usando seu sistema representacional, ou modalidade visual. Você ajusta as qualidades ou submodalidades da imagem fazendo-a ficar maior, mais brilhante ou trazendo-a para mais perto. Você pode descobrir muito mais sobre suas submodalidades e como elas afetam a forma de vivenciar o mundo no Capítulo 10.

Bandler e Grinder incluíram modalidades e submodalidades nas fases Testar e Operar do modelo TOTS, refinando-o ainda mais, para criar o modelo de estratégia da PNL. De acordo com eles, o objetivo que você define quando inicia uma estratégia e os meios para avaliar se o atingiu ou não dependem de combinações de suas modalidades pessoais. Por exemplo, quando você pensa em seu objetivo, pode fazer uma imagem dele, criar um som ou sentir algo.

O sucesso de sua estratégia se vincula ao sucesso no objetivo e você julga esse sucesso quando a sensação, som ou imagem que você recebe atendem às expectativas que você tinha através das submodalidades.

O modelo de estratégia da PNL em ação

Esta seção mostra como o modelo de estratégia da PNL funciona para alguém executando uma estratégia básica de condução agressiva. O modelo TOTS (veja a Figura 12-1) é melhorado pela adição de modalidades para criar o modelo de estratégia da PNL, que pode ser usado para entender como alguém opera um modelo de comportamento específico.

A Figura 12-2 mostra o processo em ação. Veja como o modelo de estratégia da PNL funciona:

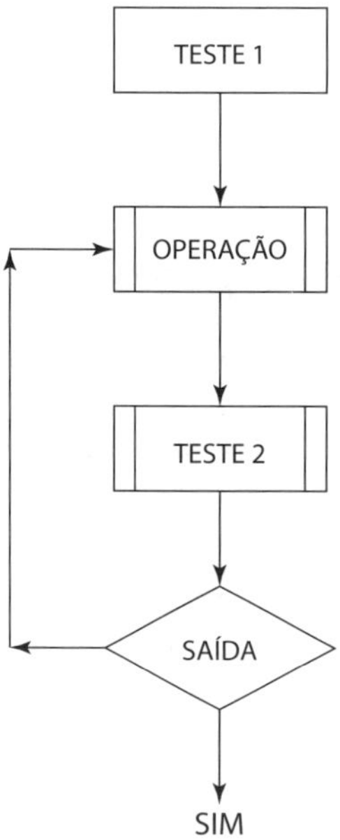

FIGURA 12-2: O modelo de estratégia da PNL.

1. O **Teste 1** é o gatilho inicial para uma estratégia. Nele você avalia se a informação que vem pelos seus sentidos combina com os dados necessários para ativar a estratégia. Se você é propenso a se irritar no trânsito, o gatilho pode ser você ver alguém fechando seu carro em um engarrafamento (confirmação visual), mas como você está de bom humor (nenhuma confirmação cinestésica), você resolve não iniciar a estratégia. Mas se estiver de mau humor (confirmação cinestésica), você ativa a condução agressiva quando tem a confirmação visual de alguém fechando seu carro. O resultado é ter certeza de que o motorista na sua frente saiba exatamente o que você pensa e que você curta cada minuto em que estiver tomado pela névoa vermelha da raiva incontrolável (cinestesia).
2. A **Operação** é o processo pelo qual você junta as informações que ajudarão a conduzir a sua estratégia. Então, para a sua estratégia de condução agressiva, você lembra onde está a buzina, onde ligar o farol e qual gesto manual grosseiro quer usar. Neste exemplo, você utiliza a modalidade visual, para imaginar o que fará. Então, pode invocar a modalidade auditiva interna para relembrar todos os palavrões que conhece. Por fim, inicia seu melhor comportamento de direção agressiva.
3. O **Teste 2** é onde você compara a informação e a situação correntes com o seu resultado de condução da estratégia. Sim, você buzinou (auditivo); sim, xingou os piores palavrões que conhecia (visual para o transgressor); e, sim, você fez os gestos apropriados (cinestésico para si mesmo e visual para o outro motorista). Sim, a névoa vermelha é uma delíííícia quando você está em seu abraço mortal (cinestésico). Mas... Oh, não! Você não piscou os faróis (visual).
4. A **Saída** é quando você interrompe a estratégia. Neste exemplo, como você não se lembrou de piscar os faróis, faria mais um ciclo na estratégia e sairia, uma vez que tivesse piscado os faróis para o motorista ofensivo.

CASOS E CAUSOS

Durante seu mestrado em PNL, foi solicitado a Romilla que quebrasse um pedaço de madeira sólida com a mão e ela teve medo de falhar nesse teste. Sua estratégia para se preparar foi visualizar a madeira quebrando (visual), sentir energia no plexo solar pulsando até seu peito e descendo para o braço (cinestesia) e dizer repetidamente "você consegue fazer isso" (auditivo digital). Veja como essa abordagem se encaixa no modelo TOTS:

1. **Teste 1:** ir quebrar a tábua é o gatilho que inicia esta estratégia.
2. **Operação:** a estratégia de Romilla para se preparar usou as modalidades visual, cinestésica e auditiva digital.
3. **Teste 2:** verificar se já estava preparada.
4. **Saída:** Romilla fez ciclos para operar a estratégia, concentrando confiança até que estivesse preparada. Quando se sentiu pronta, ela saiu para a estratégia de realmente quebrar a tábua.

Os Olhos Compreendem: Reconhecendo a Estratégia dos Outros

Cada estratégia pessoal tem estágios muito distintos, como Teste 1 (Gatilho), Operação, Teste 2 (Comparação) e Saída (conforme discutido na seção anterior, "O modelo de estratégia da PNL em ação"), usando seus cinco sentidos (confira a seção anterior "A estratégia PNL = TOTS + modalidades"). Considere o exemplo a seguir:

Ben acabou de ingressar na universidade e usa a seguinte estratégia para telefonar para casa:

1. **Sente que ele está com saudade de casa.** Teste 1 (cinestésico).
2. **Faz uma imagem mental da família.** Operação (visual).
3. **Diz o número de telefone para si mesmo.** Operação (auditivo digital).
4. **Liga para casa.** Operação (cinestésico).

Para o propósito deste exercício, supomos que Ben completou a ligação, satisfazendo o seu Teste 2 e, então, sai da estratégia de ligar para casa.

Quando uma estratégia é incorporada à sua mente, você tem pouca ou nenhuma consciência dessas etapas. Porém, se sabe o que procurar, pode imaginar a estratégia de outras pessoas. É só prestar atenção no movimento dos olhos.

LEMBRE-SE

Você pode ter uma ideia considerável de como os outros pensam sobre um assunto (com imagens, palavras ou emoções) pela observação dos olhos delas (veja a Figura 12-3). Geralmente, os olhos de uma pessoa se movimentam nas seguintes direções (você pode descobrir mais sobre os segredos que os olhos revelam no Capítulo 5):

Quando elas estão fazendo isso	Os olhos fazem isso
Lembrando-se de uma imagem	Movem-se para o canto superior esquerdo
Criando uma imagem	Movem-se para o canto superior direito
Lembrando-se de um som ou conversa	Movem-se horizontalmente para a esquerda
Imaginando como será um som	Movem-se horizontalmente para a direita
Acessando emoções	Canto inferior direito
Conversando com elas mesmas	Canto inferior esquerdo

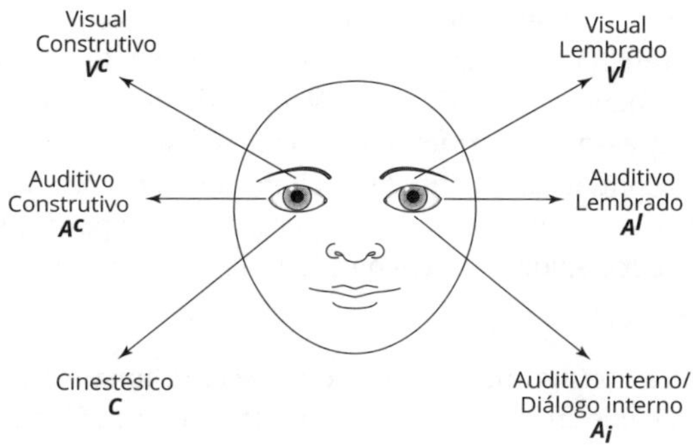

FIGURA 12-3: Este diagrama mostra os movimentos oculares quando estamos olhando para alguém destro.

Lembre-se de Ben e seu telefonema e imagine que o está observando enquanto liga para casa. Primeiro, os olhos dele vão para o canto inferior direito (saudades de casa) e depois para o canto superior esquerdo (imagem visual da família). Seus olhos continuam no canto superior esquerdo (enquanto visualiza o número do telefone de casa) antes de discar o número.

LEMBRE-SE

O modo como os olhos de uma pessoa se movimentam depende de se a pessoa é destra ou canhota (a Figura 12-3 ilustra uma pessoa destra). Uma pessoa canhota tende a olhar para o canto superior direito quando produz uma memória visual. Então, quando estiver tentando imaginar a estratégia de outras pessoas, é sempre melhor verificar as respostas delas a algumas poucas perguntas inofensivas, como: "Que caminho você fez para chegar aqui?". Essa atitude as forçará a recorrer ao visual e dará as dicas que precisa para descobrir qual estratégia dos olhos elas usam (destra ou canhota).

Exercitando os Músculos da Estratégia

Você desenvolve estratégias continuamente ao longo da vida. A maioria das estratégias básicas, como andar, comer, beber, escolher e fazer amigos, é criada quando se é jovem. Outras você desenvolve quando passa por novas circunstâncias na vida. Algumas vezes, descobre que uma estratégia específica não é tão eficaz quanto a de outra pessoa, talvez porque ela começou com uma base mais informada ou teve um bom professor.

Reconhecer que uma estratégia tem espaço para melhorias é uma ferramenta útil. Se, digamos, uma colega é mais bem-sucedida do que você em negociar um maior salário para o mesmo trabalho, talvez ela saiba demonstrar seus sucessos ao chefe de maneira mais eficaz. Assim, talvez você deva trabalhar e implementar a estratégia dela.

Você pode descobrir como ela cria e mantém o rapport com o chefe. Ela pode ter uma ótima estratégia para manter o chefe informado do progresso de seus projetos e para permanecer em seu radar. Você pode usar a mesma estratégia ao relatar seu progresso regularmente e ganhar mais visibilidade. Talvez sua colega tenha mais confiança em abordar o chefe com soluções para problemas enquanto você pode ser mais reservado em sua abordagem porque sabe que tem um problema e espera ajuda para encontrar uma solução em vez de oferecer soluções próprias.

DICA

Em vez de ser duro consigo mesmo quando descobre uma estratégia não tão efetiva, estabeleça o que chamamos de "resultado bem formado" para uma área de sua vida que deseja melhorar. O Capítulo 4 mostra como você pode facilmente criar um objetivo assim quando divide a tarefa em passos menores. Se quiser aprender algo muito rápido, encontre alguém que já o faça e ande com ele para descobrir a sua estratégia (como descrevemos na seção anterior "Os Olhos Compreendem: Reconhecendo a Estratégia dos Outros").

Estratégias de ligação e os modelos de níveis lógicos

O Capítulo 11 explica o Modelo de Níveis Lógicos da PNL, que lhe permite examinar a estrutura de sua experiência das seguintes maneiras:

- Propósito
- Identidade
- Valores e crenças
- Habilidades e competências
- Comportamento
- Ambiente

Suas estratégias são afetadas por cada nível lógico, embora não necessariamente por todos ao mesmo tempo. Uma estratégia é disparada em certas situações e se manifesta em seu comportamento. Pegando como exemplo a direção agressiva — ela não acontece o tempo todo, certamente não quando você está sozinho na estrada. Então, nesse caso, ela é afetada pelo ambiente em que está, talvez por um engarrafamento ou trânsito lento. Talvez você esteja de mau humor porque está atrasado, e isso viola seu valor de ser pontual. Você acredita que pessoas que o fazem esperar são grosseiras e desrespeitosas, extrapolam seu comportamento supondo que não o valorizam como pessoa e você tem uma resposta emocional sentindo-se desvalorizado.

A mudança em qualquer nível, por padrão, impacta os outros níveis. No exemplo de Kay, a seguir, ela começou a modelar as estratégias de Lindsay e fez algumas autodescobertas que a levaram a fazer mudanças em seus níveis lógicos para alinhá-los ao seu propósito de liberdade financeira (o Capítulo 19 fala mais sobre modelagem).

Adquirindo novas competências

Suas estratégias se relacionam com seus comportamentos, mas também podem envolver mudanças em outros níveis. Imagine que você queira melhorar suas estratégias adquirindo novas competências.

CASOS E CAUSOS

Kay sempre trabalhou em um escritório onde se sentia segura e confiante da sua capacidade. Entretanto, sentia que faltava algo em sua vida e decidiu realizar seu sonho antigo de abrir o próprio negócio. Ela descobriu que precisava aprender uma porção de comportamentos novos, um deles sendo o networking para divulgar seu novo empreendimento. Infelizmente, quando participava de reuniões de networking, normalmente ia embora sem ter alcançado nada concreto. Ela estava completamente confusa sobre os seus objetivos e pensou apenas que conheceria pessoas novas que poderiam ser úteis em seus negócios.

Kay percebeu que precisava desenvolver novas estratégias a fim de se conectar com pessoas novas de maneira efetiva. Ela alcançou esse objetivo observando sua amiga Lindsay, que era muito boa em fazer novos contatos. Kay começou a adotar as estratégias de Lindsay (que listaremos em seguida, juntamente com a forma que Kay seguiu cada passo) e começou a ter sucesso em fazer novos contatos.

1. **Pense no que você deseja em um evento de networking.** Kay decide que quer trocar cartões de visita com pelo menos seis pessoas que lhe possam ser úteis (e para quem possa ser útil) em um contexto social ou de negócios. Se houver uma lista disponível, ela começa conferindo os nomes das pessoas que estarão presentes e os procura no LinkedIn.
2. **Vá até alguém e se apresente.** Kay diz:

   "Olá, eu sou a Kay, e você é...?"
3. **Faça perguntas para quebrar o gelo.** Algumas perguntas de Kay foram:

   "Essa é minha primeira vez aqui. Já esteve aqui antes?"

   "Como você fica sabendo desses eventos?"

   "Você veio de muito longe?"

   "Qual é sua área de negócios?"
4. **Concentre-se no que a outra pessoa está dizendo, assim como em seu objetivo no evento.** Kay percebe que, anteriormente, ela ficava tão ligada no que a pessoa estava dizendo que esquecia de trocar cartões de visita, ou passava muito tempo falando com apenas uma pessoa e se esquecia de falar com outras. Ela decidiu que o caminho para focar o seu objetivo é segurar os cartões na mão esquerda em vez de guardá-los na bolsa. Esta abordagem

deixa sua mão direita livre para apertos de mão, enquanto mantém a mente focada no objetivo. Ela usa os cartões como âncora para manter o foco no resultado para participar da reunião (você descobre mais sobre âncoras no Capítulo 9).

Com o aumento de sua confiança, Kay descobriu um valor sobre o qual não tinha ciência. Ela era uma boa ouvinte porque estava interessada nas pessoas. Ela ficou muito surpresa ao cruzar com pessoas que estavam tão concentradas em si mesmas que não mostravam interesse algum no que Kay fazia ou no que esperava conseguir com o evento ou com a interação. Ela percebeu que seu valor de que todos deveriam ser ouvidos estava sendo violado e aprendeu a discernir melhor com quem passava seu tempo.

Kay decidiu mudar onde fazia seu networking (ambiente) para conhecer pessoas com ideias similares (valores e crenças) e que tivessem objetivos profissionais similares aos dela e níveis parecidos de habilidades e competências. Ela percebeu que, embora o propósito de estabelecer seu negócio fosse a liberdade financeira, esse era só um dos elementos que sustentava seu propósito de vida geral — de ter uma vida alegre e amorosa.

Recodificando os seus programas

As estratégias podem ser mudadas. No exemplo da direção agressiva, na seção "O modelo de estratégia da PNL em ação" neste capítulo, você estava atendendo os interesses de quem? Quando reflete sobre o dano que o estresse e a raiva causam em seu corpo, certamente, não eram os seus interesses. Que tal desenvolver uma outra estratégia, como:

1. **Teste 1 — Gatilho:** Alguém fecha você no trânsito.
2. **Operação:** Em vez de acessar todos os seus palavrões e gestos rudes, imagine o sol se chocando com uma nebulosa planetária daqui a cinco bilhões de anos, quando toda a angústia não fará o menor sentido — sorria internamente e agradeça pelas coisas boas de sua vida.
3. **Teste 2 — Comparação:** A sua estratégia para manter-se positivo funciona? Se sim, vá para o passo 4; se não, volte ao passo anterior e tente uma estratégia alternativa, como pensar que a outra pessoa tem um compromisso mais urgente que o seu. Ou se elogie por ser mais organizado e ter maior controle sobre sua vida.
4. **Saída:** Escolha atender seus próprios interesses e saia.

LEMBRE-SE

Os chineses praticantes de Qigong sabem que a técnica do "sorriso interno" melhora a imunidade das pessoas, faz com que o cérebro funcione de forma mais eficiente e reduz a pressão arterial, ansiedade e depressão simples.

Compreendendo a importância do "como"

A PNL se interessa mais pelo processo, em como você faz alguma coisa, do que no conteúdo da sua experiência. Assim, a questão não é que você fique irado quando perde no badminton (conteúdo), mas sim como você se zanga quando perde um jogo (processo).

Como a PNL se interessa pelo processo da sua estratégia, descobrir e analisá-lo ajuda a mudar uma estratégia que não dá os resultados desejados. Então, em vez de quebrar sua raquete de badminton, construa uma imagem de você passando o cartão de crédito para comprar outra raquete cara. E como as estratégias podem ser modificadas, você pode usar o modelo que dá certo em uma área da sua vida em outra que não tem tanto sucesso assim.

EXPERIMENTE

Identifique uma área de sua vida na qual tenha sucesso e pergunte a si mesmo: "Qual estratégia estou aplicando aqui agora que tenho sucesso?" Chamamos este exercício de jogo do "como se". Suponhamos que você considere a si mesmo um jogador bem-sucedido de badminton e sempre quis começar a correr. No entanto, toda vez que começa a correr você desiste porque não consegue manter o ritmo. Então pensa na corrida "como se" fosse badminton. Enquanto examina as estratégias que opera no badminton, você percebe que sua concentração mental e respiratória quando você corre na quadra é diferente de quando corre na pista. Adotando as estratégias que usa no badminton na corrida, você pode alcançar seu objetivo de ser um corredor melhor.

CASOS E CAUSOS

Tim era extremamente limpo e organizado no escritório. Infelizmente, sua casa era uma bagunça: ele não era capaz de manter a casa limpa. Romilla trabalhou com Tim para ajudá-lo a identificar os processos usados no escritório para manter a sua área de trabalho limpa. Ele examinou a própria estratégia e descobriu:

1. **Teste 1 — Gatilho:** Ele via os papéis e folhetos na sua mesa e decidia que queria ver um espaço limpo.
2. **Operação:** Tim fazia o seguinte:
    - Imaginava seu chefe entrando e comentando sobre o seu desleixo. Curiosamente, o tom de voz dele é o mesmo da mãe de Tim de quando ele era criança.
    - Sentia um desconforto no seu plexo solar.
    - Imaginava onde os arquivos deveriam ficar.
    - Levantava-se e arquivava os papéis e pastas.

3. **Teste 2 — Comparação:** Tim olhava para a mesa, via o seu espaço limpo e sentia uma sensação agradável no seu plexo solar.

4. **Saída:** Se Tim não visse bastante espaço na mesa, ele não sentia uma sensação de alívio e organizaria novamente, antes de sair dessa estratégia.

Ao entender a estratégia da "mesa limpa" no trabalho, Tim foi capaz de manter a casa limpa. Ele organizou os armários de cozinha para que pudesse guardar os utensílios. Quando não via algum espaço limpo no chão, ele imaginava o seu chefe entrando e, então, utilizava a estratégia para manter a casa limpa — uma transferência de estratégias muito bem-sucedida.

DICA

Muitas vezes as pessoas têm uma estratégia de sucesso em uma área da vida que pode ser benéfica em outras. A PNL chama esse processo de levar um comportamento de uma área para a outra de "mapeamento cruzado". Os coaches de PNL são adeptos a encontrar os recursos naturais dos clientes observando a perspectiva da vida toda.

Usando as Estratégias da PNL para o Amor e o Sucesso

Você se comporta de uma maneira específica porque aprendeu uma estratégia, normalmente inconscientemente, ou desenvolveu uma estratégia para executar uma determinada função. Por exemplo, se sua visão em um olho é mais fraca do que no outro, você pode segurar, inconscientemente, o material de leitura na frente do seu melhor olho movendo a cabeça.

As próximas seções mostram como discernir ou aprender as modalidades de outros para descobrir novas habilidades nos relacionamentos, comunicação e grafia.

DICA

Converse com outras pessoas a fim de obter suas estratégias. Por exemplo, pergunte: "Como você sabe que precisa ir para a academia?", e então veja o movimento de seus olhos quando respondem (como discutimos na seção anterior "Os Olhos Compreendem: Reconhecendo a Estratégia dos Outros"). Essa reação lhe dá pistas bastante óbvias para a estratégia das pessoas. Se tiver alguma dúvida, refine as perguntas e repita!

Amando a estratégia do amor profundo

Cada um tem uma estratégia particular a fim de sentir-se amado verdadeiramente. Chamamos isso de *estratégia do amor profundo*. Quando uma pessoa encontra alguém que satisfaça a estratégia do amor profundo, bingo! Já vemos somente o lado bom do Sr. ou da Sra. Ideal.

Quando você encontra alguém por quem se sente atraído ou considera muito interessante, inicialmente você ativa todas as suas modalidades sensoriais (que discutimos anteriormente na seção "A estratégia PNL = TOTS + modalidades").

- **Visual:** Você se esforça para estar com boa aparência. Talvez, vista a cor que descobriu ser a preferida da pessoa em quem está interessado. Você olha profundamente aqueles maravilhosos olhos azuis/verdes/castanhos.
- **Auditivo:** Você fala em tom doce e diz as palavras que pensa que ele(a) gostaria de ouvir.
- **Cinestésico:** Vocês dão as mãos. Você acaricia a outra pessoa.
- **Olfativo:** Você está cheiroso. Hmmm! Espero que o perfume não esteja exagerado. Ops! Esqueceu o enxaguante bucal!
- **Gustativo:** Você faz um jantar à luz de velas com ervas e temperos para provar que esse alguém é realmente especial.

Você conseguiu fisgar a pessoa que lhe interessava e agora anda com ela no pôr do sol de mãos dadas. Mas então — depois de algum tempo — você vivencia momentos de descontentamento. "O que deu errado?", você choraminga. Nada. Talvez você e seu parceiro apenas voltaram à modalidade na qual operam naturalmente. Então, enquanto a esposa pode desejar contato físico, carinhos e abraços para se sentir amada, o marido pode provar seu amor fazendo tudo por ela, como fazendo a manutenção da casa, lavando o carro e mantendo o tanque cheio.

Para descobrir a estratégia que a outra pessoa usa para sentir-se amada, tente dizer palavras de efeito, como "você sabe que eu te amo, né?" e "o que faria com que você se sentisse ainda mais amado(a)?". Quando o fizer, preste atenção no movimento dos olhos que mostramos na Figura 12-4. "Ah, não sei", com os olhos indo para o canto inferior direito (*C*), dá a dica de que ela quer mais carinho. Teste seu palpite. Se os olhos se moverem horizontalmente para a esquerda (A^r), tente perguntar o que a pessoa quer ouvir.

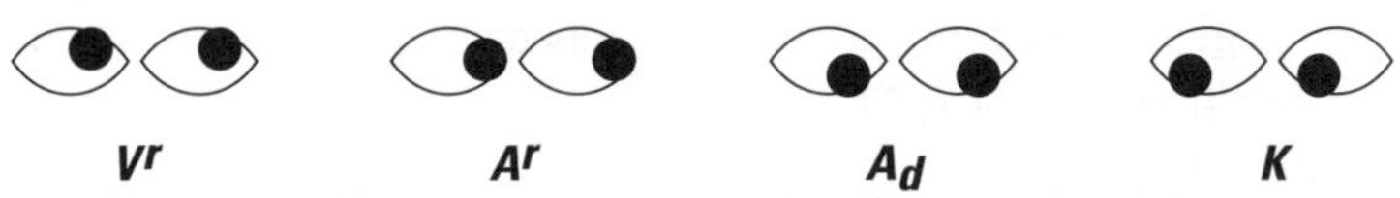

FIGURA 12-4: Os olhos revelam a estratégia.

LEMBRE-SE

Veja dois lembretes importantes:

- Faça suas perguntas em momentos calmos e especiais, quando só vocês dois estiverem presentes, e não em momentos de muito estresse, como em um engarrafamento — podemos garantir que você não gostará da resposta que receberá.

» Calibre a resposta que receber quando fizer algo pelo parceiro. Por exemplo, levar um buquê de flores ou um filé gigante para casa lhe dá a resposta especial?

ALERTA DE JARGÃO NA PNL

Na PNL, a *calibragem* é o processo pelo qual você interpreta a resposta da outra pessoa à sua comunicação. Um tapa na cara é uma resposta bastante exagerada e esperamos que você não repita as palavras ou o comportamento que o fizeram merecê-lo. A maioria das respostas é muito mais sutil: uma careta, um olhar perplexo, o rosto vermelho, mandíbulas cerradas. Um comunicador profissional precisa ter a capacidade de avaliar esses sinais, especialmente quando estão misturados; por exemplo, um sorriso com um olhar perplexo pode indicar que a pessoa não entendeu bem o que você disse e tem vergonha de dizer.

Não há nada como feedback positivo para alcançar sua própria estratégia, então elogie o sucesso de outras pessoas, especialmente se você conhece a estratégia do amor profundo da pessoa que lhe interessa.

CASOS E CAUSOS

Romilla conhece um casal que está em um casamento feliz há 27 anos. A esposa precisa receber um carinho de um jeito específico no rosto, com um olhar particular de seu marido, para sentir que é o centro do mundo dele; é quase possível ouvi-la ronronar!

Influenciando pessoas com estratégias

Ao usar o seu conhecimento de estratégias, você pode se tornar um comunicador irresistível. Ao descobrir as estratégias de alguém, você pode usá-las como estrutura para devolver informação para as pessoas, usando os passos das estratégias delas mesmas. Por exemplo, suponha que queira utilizar a estratégia de um adolescente para ajudá-lo com o dever de casa.

A fim de retornar informações usando a estratégia do próprio adolescente, você precisa primeiro determinar que estratégia é essa. Então pergunte algo do tipo "como você se motiva para jogar futebol?" e acompanhe o movimento dos olhos do adolescente para saber a resposta. Suponha que a sua pergunta tenha obtido a seguinte resposta verbal acompanhada dos movimentos oculares mostrados na Figura 12-4 da seção anterior:

> *Eu me vejo em meu ambiente, com o resto do time [os olhos se movem para o canto superior esquerdo– V^l] e ouço as pessoas conversando animadamente [os olhos se movem para a esquerda, horizontalmente – A^l]. Digo a mim mesmo "vamos vencer" [os olhos se movem para o canto inferior esquerdo – A^i] e eu me sinto muito bem [os olhos se movem para o canto inferior direito — C].*

Baseado na resposta e no movimento dos olhos do adolescente, você pode produzir a sua resposta. Você sabe que, para se motivar, ele se lembra de uma imagem (V^l); então, lembra-se do falatório animado do time (A^l). Depois, conversa consigo mesmo (A^i) e, por fim, sente-se bem (C). Com base nessa informação, você pode seguir a abordagem:

» "Você se lembra da imagem de quando terminou o seu dever de casa de física a tempo na semana passada?"

  Você pede ao adolescente que crie a imagem do momento em que acabou de fato o dever de casa, forçando-o a entrar no início da estratégia (V^l).

» "Quando o Sr. Sanders o elogiou, consegue lembrar o que ele disse?"

  Você está pedindo que ele se lembre das palavras que foram usadas, para ativar a próxima etapa da sua estratégia de motivação (A^l).

» "Você consegue se lembrar da admiração com que disse para si mesmo: 'Pela primeira vez, eu realmente entendi física!'?"

  Pedindo a ele que repita a sua conversa consigo mesmo, você o está levando à penúltima etapa da sua estratégia de motivação (A^l).

» "Lembra-se de como você ficou animado? Não seria maravilhoso se você terminasse o seu dever de casa agora e tivesse aquela sensação animadora de novo?"

  Nessa etapa final, você faz com que o adolescente motive a si mesmo ao observar a sensação boa (C) e sugere que ele recrie a sensação boa terminando o dever de casa.

EXPERIMENTE

Você pode usar essa técnica sempre que precisar ser mais persuasivo. Primeiro, faça uma pergunta e observe os olhos da pessoa ao responder. Então, expresse as suas sugestões na linguagem que proporcionará a melhor resposta.

Soletrando a estratégia da grafia na PNL

Da mesma forma que com outras estratégias, toda pessoa alfabetizada tem uma estratégia para escrever da forma correta. As pessoas que escrevem bem têm uma estratégia eficaz; as que escrevem mal têm uma estratégia ineficaz.

Escrever bem é um processo muito visual. Se você se classifica como uma pessoa que escreve bem, com frequência olha para o canto superior esquerdo (visual lembrado) quando visualiza a palavra que quer escrever. Isso significa que você memorizou imagens de palavras e as colocou em um tipo de biblioteca; então usa esse depósito de palavras quando escreve.

CUIDADO

Tentar soletrar foneticamente é normalmente uma estratégia ineficaz. Você pode estar olhando para baixo, envolvido em sentimentos (cinestesia), ou para o lado para lembrar do som de uma palavra (auditivo).

EXPERIMENTE

Se você soletrar foneticamente e quiser melhorar, tente o seguinte:

1. **Pense em uma palavra que você gostaria de aprender a soletrar, escreva-a em letras de forma e mantenha-a à mão.**
2. **Pense em uma palavra que você sabe soletrar.**

   LEMBRE-SE

   Pedimos que soletre uma palavra que conhece para criar um sentimento positivo. Infelizmente, quando aprende a soletrar, nem sempre os seus professores o ensinam a estratégia para soletrar bem. Consequentemente, você pode ter se categorizado como "um aluno pouco brilhante" e sentia-se mal quando pediam para que soletrasse algo. Depois de um período de tempo, soletrar pode ter virado sinônimo de sentir-se mal. Isso pode afetar a sua identidade: "eu soletro mal" ou pior, "sou um aluno ruim". Permita-se reconhecer quaisquer crenças negativas que podem ser trazidas à tona e compadecer-se de si mesmo. Você pode não ter se dado bem com o professor, e aprender a soletrar pode fazer ressurgir memórias indesejadas, mas não tem problema. Lembre-se gentilmente de que você não é mais uma criança sob a influência de um professor antipático, mas sim um adulto com controle sobre a própria vida. Agora permita-se ser o melhor que puder. Então, brinque com as palavras e vá à luta.

3. **Mova os seus olhos para a lembrança visual (geralmente, no canto superior esquerdo) e crie a imagem da palavra que você sabe soletrar.**

   Saber soletrar a palavra lhe proporciona uma sensação positiva (satisfação, confiança, felicidade e assim por diante).

4. **Leve a sensação positiva à sua consciência; foque-a e intensifique-a; respire fundo e intensifique um pouco mais.**
5. **Dê uma olhada rápida na palavra que quer aprender a soletrar.**
6. **Mantenha-se concentrado na sensação positiva, mova os olhos para o canto superior esquerdo e crie a imagem da nova palavra que quer aprender a soletrar.**

   Certifique-se de criar uma imagem clara, brilhante e grande da palavra e olhe para ela; queremos dizer *olhe bem para ela.*

7. **A próxima vez que você quiser soletrar a palavra, mova os olhos para a lembrança visual e ela aparecerá na sua mente, e você começará a acreditar que pode soletrá-la.**

DICA

Quando estávamos discutindo o poder desta estratégia simples de soletrar, Kate descobriu que usa com frequência a seção de lembrança visual da memória para lembrar números de telefone, listas de compras e compromissos diários. Você também pode usar esse método para lembrar onde deixou as chaves ou a tabuada.

EUREKA!

Quando Olive Hickmott aprendeu a Estratégia de Grafia em um curso prático de PNL em Londres, isso a fez embarcar em uma jornada de descobertas. Aqueles 15 minutos lhe deram um momento "Eureka!", fazendo com que aprendesse "como" a grafia funcionava, coisa que ela nunca havia conseguido antes. Sua luta com o idioma inglês afetou sua educação e carreira de maneira negativa e ela não leu por prazer até atingir os 40 anos. Ela disse "por que ninguém me disse que era assim que esperavam que eu escrevesse? Essa era uma daquelas coisas que eu não sabia que não sabia".

Primeiro ela descobriu como desenvolver habilidades gerais de visualização e, depois, como visualizar palavras. Ela ensina os métodos que aprendeu em seu livro *Seeing Spells Achieving*, para ajudar outras pessoas a resolverem seus problemas com palavras, como letras que saltam pela página antes de conseguirem o que querem. Da grafia, ela trabalhou com outras áreas de dificuldade de aprendizado, como dislexia, dispraxia ou síndrome do deficit de atenção com hiperatividade e ela é apaixonada por ensinar aos jovens habilidades básicas de grafia, antes que eles fiquem impregnados com estratégias inúteis.

HÁ ALGO MEIO ESTRANHO POR AQUI

Robert Dilts, um dos gurus mais inovadores da PNL, relata sua experiência de aprender a soletrar quando criança:

Contudo, fiquei mais consternado quando começamos com o básico — como o nome dos primeiros dez números. Em vez de "wan", o primeiro número era escrito "one" (que parecia que deveria ser pronunciado como "ô-neee"). Não tinha "W" e tinha um "E" silencioso extra. O segundo número, em vez de "tu" como soava, era escrito "two". (Como o comediante Gallagher aponta, talvez esse fosse o "W" que faltava do "one".) Depois "three" ("tú-ree"), "four" ("fow-er") e "five" ("fi-vee"). Eu sabia que havia algo de errado, mas como era jovem, achei que era algo de errado comigo. Na verdade, quando veio "six" e "seven" eu comecei a ter esperanças novamente — mas então chegaram no "eight" ("ee-yi-guh-hut") e eu senti que o próximo número se parecia com o som que deveria ter — "nine" (um "ninni").

Os caprichos da fonética também não passaram despercebidos por George Bernard Shaw. Ele demonstrou que a palavra "fish" poderia ser soletrada como "GHOTI". "GH", por exemplo, do final da palavra "laugh", "O" como na pronúncia da palavra "women" e "TI" como em "nation". Mas ele só estava querendo demonstrar que: "GH" nunca soa como um "F" no início de uma palavra e "TI" não pode ser usado no final de uma palavra porque precisa ser seguido por uma vogal para que faça o som de "SH".

Reproduzido com a permissão de Robert Dilts

NESTE CAPÍTULO

» Entendendo sua linha do tempo

» Libertando-se da prisão das emoções negativas

» Mudando as crenças voltando na linha do tempo

» Descobrindo como organizar o tempo

» Criando o seu futuro ao longo da linha do tempo

Capítulo 13

Viajando no Tempo para Melhorar Sua Vida

"O tempo é um sistema central da vida pessoal, social e cultural. De fato, nada ocorre a não ser em algum tipo de estrutura temporal."

— *A Dança da Vida* (Edward T. Hall)

O tempo tem uma estranha qualidade elástica: ele passa muito rápido quando você está envolvido em algo interessante e arrasta-se quando fica entediado. Você é uma dessas pessoas privilegiadas que tem todo o tempo do mundo ou se encaixa no grupo para o qual o tempo é sempre curto? Talvez ter tempo, assim como dinheiro, dependa de onde foca a sua atenção. Embora o dia e a noite para o rico, para o pobre, para o jovem e para o velho tenham 24 horas, a percepção de tempo é diferente. Algumas pessoas ficam presas ao passado, outras olham fixamente para o futuro, enquanto outras apenas vivem o momento.

O MELHOR DAS DUAS ABORDAGENS DO TEMPO

O problema para a maioria dos ocidentais, especificamente aqueles que trabalham em grandes organizações, é de prosseguir, de ser produtivo em um ritmo frenético. Esse problema é intensificado pelas exigências da tecnologia, da presença onipresente das mídias sociais e da pressão de entregar resultados, o que remove as pessoas de suas conexões centrais com o mundo natural. Ainda assim, para que a inovação e a criatividade ocorram, as pessoas devem ser capazes de mudar a maneira como pensam, veem e experimentam situações para encontrar novas maneiras se prosseguir. Técnicas de mindfulness e meditação atraíram muita atenção de líderes seniores famintos por maneiras melhores de trabalhar com menos estresse. Tais práticas aumentam o foco e a atenção e convidam os participantes a estarem "no tempo" em vez da maneira mais convencional do modo de planejamento organizacional de "pelo tempo". Elas convidam as pessoas a evitarem julgamentos e a serem mais abertas e conscientes para ver além dos problemas superficiais e encontrar conexões e respostas mais profundas. Ainda assim, como podemos meditar e ainda fazer com que a sociedade progrida?

Em seu livro *Presença*, uma equipe de pensadores superinteligentes — Peter Senge, Joseph Jaworski, Otto Scharmer e Betty Sue Flowers — descreve como precisamos nos reconectar com abordagens no tempo para que uma mudança aconteça. Eles se reuniram de maneira muito consciente ao longo de um período de tempo para lidar com a questão de como mudanças profundas acontecem em pessoas, organizações e sociedades. Dada a natureza atemporal de suas perguntas, é incrível que tenham conseguido criar um modelo central. Esse modelo, o "movimento U", explica a sequência de sete estratégias-chave no processo de transformação: suspender, redirecionar, deixar ir, deixar vir, cristalizar, fazer o protótipo e incorporar.

O grupo descobriu que a essência da mudança ocorre quando as pessoas passam tempo suficiente realmente presentes "no tempo" e deixando de lado velhos modos de pensamento até que novas ideias possam surgir no estágio "deixar vir". Para incorporar a mudança que ocorre, as pessoas então se movem no pensamento "pelo tempo" para cristalizar, prototipar e transformar as ideias em ação.

O tempo "americano-europeu" é um resultado da Revolução Industrial quando as pessoas tinham que chegar ao trabalho nas fábricas em um horário específico. Essa ideia de tempo tem um formato linear, em que um evento ou uma transação segue o outro. O tempo na América Latina, África, em países árabes e em outros países do hemisfério sul tem uma estrutura multidimensional, possibilitando que as pessoas operem muito mais "no momento". Cada ideia de tempo tem seus pontos fortes e fracos, bem como o potencial de causar conflito em intercâmbios interculturais.

CASOS E CAUSOS

Quando Kate trabalhou em Zurique, uma cidade na qual você pode acertar o relógio pelo horário dos trens, ela teve conversas fascinantes com uma colega suíça que casou-se com um nigeriano. O casamento terminou em divórcio e uma das razões citadas foi que ambos tinham atitudes muito diferentes em relação ao tempo:

> *Quando moramos na África, combinávamos de visitar alguém ou de fazer alguma coisa em uma certa hora e então, no caminho, encontrávamos outra pessoa. Nosso desvio poderia demorar dias enquanto íamos para outra vila ou esperávamos outro parente aparecer. Eu nunca podia confiar que meu marido cumprisse seus compromissos e ele não entendia a minha pressa. Isso era enfurecedor para ambos.*

O tempo também dá significado às memórias. Com técnicas de PNL, você pode mudar a qualidade da memória, assim como seu relacionamento com o tempo. Neste capítulo, exploramos como empregar técnicas de linha do tempo permite que você trabalhe com o tempo e as memórias em seu favor, incluindo a habilidade de se libertar de emoções negativas e decisões limitadoras. Essas ferramentas lhe dão os meios para criar o futuro que você quer ter, sem a influência de memórias enfraquecedoras.

Entendendo como as Suas Memórias São Organizadas

EXPERIMENTE

Pense em algo que você faz regularmente, como ler um livro, dirigir até uma loja, comer em um restaurante ou escovar os dentes. O evento precisa ser algo que você lembra ter feito no passado, imagina ou experiencia no presente e também imagina-se fazendo no futuro. Enquanto acessa a memória ou usa a imaginação, você a codifica com dados sensoriais, como sons, imagens ou sensações. Quando acessa uma imagem do passado, por exemplo, você pode notar diferença na qualidade das imagens, como brilho, cor, movimento, duas ou três dimensões e assim por diante. Essas qualidades, ou atributos, são chamadas de submodalidades (você pode ler mais sobre elas nos Capítulos 5 e 10).

Ao ir para o passado para examinar uma memória e depois ir para o futuro — através de um "pit stop" no presente — você experimentou uma pequena viagem "terrestre" no tempo (você pode vivenciar a versão aérea desta viagem logo mais, na seção "Descobrindo Sua Linha do Tempo").

Pedimos que considere esses atributos a fim de entender que existe uma estrutura em suas memórias. Você sabe instintivamente se uma memória está no passado ou se está criando uma experiência em sua imaginação.

As pessoas veem o tempo de maneiras diferentes: algumas estão presas no passado, outras olham firmemente para o futuro e outras vivem o momento. A pesquisa do professor Philip Zimbardo mostra que a sua percepção de tempo é, na maioria das vezes, inconsciente, e ainda assim tem uma influência significativa em seu comportamento. Entender se seu foco está no passado, no presente ou no futuro e aprender a equilibrar isso pode ter efeitos drásticos nos seus níveis de felicidade e sucesso (confira o Capítulo 7 para aprender como descobrir a percepção de tempo de alguém).

ALERTA DE JARGÃO NA PNL

Se pedirmos para que defina do que você é composto, você pode dizer "de tudo o que há de bom" ou "pelo, pele e sangue". Mas é claro que você é mais do que as partes que o compõem. O termo para esta realidade é *Gestalt*. Gestalt é uma estrutura ou padrão que não pode ser derivado puramente de suas partes componentes. Então quando alguém pensa em você, a mente dessa pessoa salta do que lhe compõe para a sua completude.

Suas memórias estão arranjadas em Gestalt. Memórias associadas formam Gestalt, embora a formação de uma Gestalt possa ter início quando você vivencia um evento que ativa uma resposta emocional: um Evento Emocional Significativo, ou EES. O EES também é conhecido como a *causa original*. Se você vivencia um evento similar e tem uma resposta emocional similar, você conecta os dois eventos. O processo continua e, subitamente, você tem uma corrente.

Um dos pais da psicologia, William James, comparou memórias a "uma fileira de sensações e imagens parecidos com contas". Durante qualquer exercício com sua linha do tempo, se você cortar o fio antes da primeira ocorrência, a Gestalt se quebra (como mostra a Figura 13-1).

FIGURA 13-1: Uma memória Gestalt.

Descobrindo Sua Linha do Tempo

As memórias são organizadas em um padrão. Se pedíssemos a você que apontasse a direção de onde vem uma memória, para onde apontaria? Da mesma forma, se fosse apontar uma imagem de algo que fará no futuro, observe o que está apontando agora. Poderia também apontar onde está o seu presente? Se você desenhar uma linha entre a memória do passado, a linha do presente e a do futuro, terá criado a sua própria *linha do tempo*.

As pessoas às vezes identificam seu passado como o que está atrás e o futuro como o que está à frente. Algumas pessoas podem ter uma linha na forma de V, enquanto outras podem ter o passado à esquerda e o futuro à direita. Isso é interessante porque (como discutimos no Capítulo 5) a maioria das pessoas movimenta os olhos para a esquerda quando quer se lembrar de alguma coisa e para a direita quando querem vislumbrar algo que não é real ainda. Além disso, algumas pessoas organizam a sua linha do tempo geograficamente, com o passado talvez em Cornwall, Los Angeles ou Timbuktu e o seu presente onde residem atualmente. O futuro pode ser em algum lugar para onde gostariam de mudar.

CASOS E CAUSOS

Uma mulher que foi ao workshop "Future Perfect" (Futuro Perfeito, em tradução livre — onde as pessoas vão para criar o futuro em que querem viver), de Romilla, ficou confusa quando tentou achar sua linha do tempo. Descobrimos que seu passado estava na África do Sul, seu presente na Inglaterra, e ela não conseguia decidir sobre seu futuro. Pedimos para que confiasse em seu inconsciente e apontasse o dedo para onde achava que seu futuro seria. Ela apontou para a frente e ligeiramente para a direita. Romilla pediu para que apontasse para onde ela achava que ficava a África do Sul. Ela apontou para trás, e ligeiramente para a sua esquerda. Fazendo-a desenhar uma linha de onde ela viu seu futuro para onde ela imaginou a África do Sul, fomos capazes de estabelecer que sua linha do tempo corria em uma diagonal da esquerda para a direita.

A ideia é encontrar uma linha que conecte seu passado e futuro; fazer isso conectando locais geográficos ou simplesmente apontando não afeta o resultado final.

DICA

Se achar mais fácil, desenhe uma linha imaginária no chão e, confiando no seu inconsciente, caminhe ao longo da linha, de onde você sente o seu passado para onde sente que está o seu futuro.

EXPERIMENTE

Caminhar pela linha do tempo pode ser difícil se houver restrições espaciais, por exemplo, se estiver em um cômodo pequeno. Este exercício mostrará como você pode visualizar a sua linha do tempo em sua cabeça "flutuando" de onde está, a fim de conseguir uma visão clara da linha do tempo, alongando-se embaixo de você:

1. **Pense em um evento que vivenciou recentemente.**
2. **Agora respire fundo e relaxe o mais profundamente possível.**

3. **Imagine-se flutuando, acima do seu presente e bem acima das nuvens, rumo à estratosfera.**

4. **Imagine a sua linha do tempo embaixo de você, como uma faixa, e veja a si mesmo na linha do tempo.**

5. **Agora flutue de volta sobre a linha do tempo até que esteja diretamente acima da sua experiência do evento recente.**

6. **Você pode pairar lá o tempo que quiser, até que decida flutuar de volta ao presente e para dentro do próprio corpo.**

Espero que tenha apreciado essa experiência de voo. Lembre-se do processo, pois você o repetirá muitas vezes.

Modificando Sua Linha do Tempo

Quando tiver traçado a sua linha do tempo como descrito na seção anterior, pergunte-se onde ela estava em relação a você. Por exemplo, a linha corria pelo seu corpo, como no primeiro dos dois diagramas *no tempo* exibidos nas Figuras 13-2 e 13-3? Ou estava fora, à sua frente, de modo que pudesse ver toda a sua linha do tempo localizada à sua frente, como no diagrama *pelo tempo* mostrado na Figura 13-4?

A forma da sua linha do tempo pode sugerir vários traços de personalidade. Se você tiver uma linha pelo tempo, terá um modelo de tempo americano–europeu, o que significa que pode ter as seguintes tendências:

- Capaz de manter emoções separadas dos eventos
- Consciente da pontualidade nos compromissos
- Mostra forte consciência de eventos passados e futuros
- Orienta-se para objetivos
- Bom em planejar atividades
- Tem dificuldade em viver o presente
- Muito consciente do valor do tempo

FIGURA 13-2: Uma linha do tempo reta para uma pessoa no tempo.

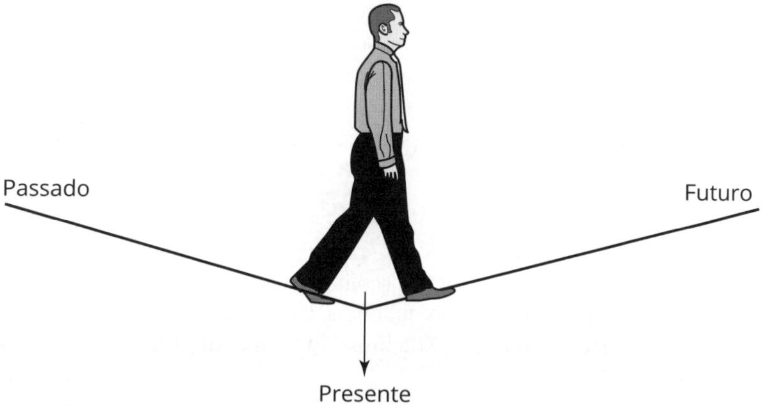

FIGURA 13-3: Uma linha do tempo em forma de v para uma pessoa no tempo.

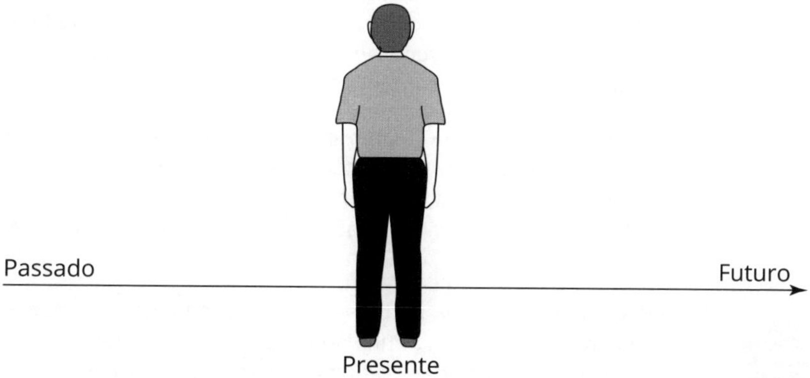

FIGURA 13-4: Uma linha do tempo na frente para uma pessoa pelo tempo.

Como uma pessoa com a linha no tempo, você pode ter as seguintes habilidades e tendências:

- » Criativo
- » Eficiente em multitarefas
- » Compenetrado no que está fazendo
- » Sente emoções intensamente
- » Bom em viver o momento
- » Prefere manter suas opções em aberto
- » Espontâneo
- » Não costuma planejar em longo prazo

Você pode mudar a orientação da sua linha do tempo para experimentar uma atitude mental diferente sem modificar qualquer memória individual e acontecimentos que a formam. Por exemplo, se você é uma pessoa no tempo e precisa se ater a um cronograma, tente mudar sua linha do tempo para que seja pelo tempo — sua linha do tempo fica na sua frente. Ou, se você é viciado em trabalho e quer relaxar com seu parceiro à noite, por que não fingir que sua linha do tempo está no outro lado da porta da frente e se tornar uma pessoa no tempo assim que passar por ela?

CUIDADO

Mudar de linha do tempo pode causar desorientação física. Por exemplo, você pode sentir tonturas. Então escolha uma hora calma para alterar sua linha do tempo, em vez de fazê-lo quando estiver ocupado ou na correria. Se sentir-se desconfortável ao mudar sua linha do tempo, diminua o ritmo e reverta-a para sua orientação original.

Se você for uma pessoa pelo tempo e a sua linha está à sua frente, pode mudá-la pisando nela de forma que tenha que virar a cabeça ou o corpo para encarar o passado ou o futuro. Ou você pode flutuar sobre sua linha do tempo, para que ela se espalhe abaixo de você; ao flutuar de volta para posicionar-se, ela está abaixo dos seus pés ou correndo pelo seu corpo.

Se você for uma pessoa no tempo, pode pisar fora de sua linha do tempo para que ela se espalhe à sua frente e você possa ver o seu passado, presente e futuro como uma série contínua, sem ter que virar o corpo. Se preferir, flutue acima da sua linha do tempo e, ao flutuar de volta, poderá posicionar-se para que ela fique à sua frente.

CASOS E CAUSOS

Romilla sempre pede aos participantes dos seminários "Future Perfect" para que mudem a orientação da linha do tempo e a mantenham alterada durante o almoço, *por quanto tempo se sentirem confortáveis*. Uma das participantes, uma pessoa extremamente no tempo, passou inicialmente por vertigem e náusea quando colocou a própria linha do tempo à sua frente (pelo tempo), mas estava disposta a perseverar. Depois de sentar-se por um momento, ela se equilibrou e saiu para o almoço. Ao retornar, o seu alívio em voltar para uma linha no tempo ficou visível para todos.

Fora trocar a orientação da sua linha do tempo, descobrir como mudar a forma como espaça eventos nela também pode ser útil.

CASOS E CAUSOS

John sofria com estresse. Ele sentia como se tudo o pressionasse e já não conseguia lidar com o seu trabalho. Quando John voltou ao longo de sua linha do tempo, usando a Terapia da Linha do Tempo® (cocriada por Tad James), lembrou que havia fracassado em conseguir uma bolsa de estudos quando era jovem. Sua mãe era muito severa e crítica. John percebeu que havia tentado agradar a mãe a vida toda e sempre tentava fazer demais.

Ao examinar o espaçamento da sua linha do tempo, John descobriu que estava com o seu presente próximo do nariz e o futuro a 15 centímetros dele. Quando esclarecemos todas as emoções negativas por atrás do seu "fracasso" (veja o Capítulo 2 para um termo mais fortalecedor, "feedback"), John foi capaz de movimentar o presente para cerca de 30 centímetros mais distante e espaçar o futuro para mais de três metros à frente. Quando ele tentou alongar a sua linha do tempo, entrou em pânico, porque sentiu que se ela se esticasse muito, nunca alcançaria nada na vida de novo. Assim que ele encurtou a sua linha do tempo para que não fosse tão curta quanto antes nem tão longa a ponto de sentir pânico, sentiu-se confortável, pois sabia que seria capaz de planejar e atingir os seus objetivos.

CASOS E CAUSOS

Simon tinha o problema exatamente oposto ao do John: ele sentia que nunca conseguia cumprir seus prazos. Quando Simon examinou a sua linha do tempo, descobriu que o seu futuro estava tão distante dele que não conseguia produzir um senso de urgência sobre as suas metas. Simon comprimiu a sua linha do tempo e fingiu que ela era uma esteira rolante. Ele situou as metas em distâncias específicas ao longo da esteira. Quando Simon fez sua lista de afazeres para o dia seguinte, ele movimentou a esteira rolante para um ponto mais próximo (falamos mais sobre fazer listas de afazeres no Capítulo 4). Essa atitude teve um impacto real em sua capacidade de honrar os seus compromissos.

Viajando ao Longo da Sua Linha do Tempo para Viver Mais Feliz

A sua linha do tempo é formada por uma sequência de memórias estruturadas; as imagens são coloridas, os sons podem ser altos ou baixos, e as sensações podem fazê-lo sentir-se leve ou deprimido (para mais informações sobre a memória e os sentidos, veja o Capítulo 5). Sua mente cria essas memórias do seu próprio jeito; por exemplo, se você e outras três pessoas experienciarem o mesmo evento — talvez testemunhando um acidente — cada um se lembrará do evento de uma forma diferente.

Conforme você viaja pela linha do tempo, examinando as suas memórias e compreendendo as lições que precisam ser aprendidas, pode se libertar da forte influência que as memórias têm no presente e mudar a estrutura delas, tornando-as menores, mais agradáveis ou mais claras. Então, o seu passado não precisa mais lançar uma sombra sobre o seu presente ou, o mais importante, sobre seu futuro.

Libertando-se das emoções negativas e das decisões limitadoras

Raiva, medo, vergonha, pesar, tristeza, culpa, remorso e ansiedade são apenas alguns exemplos de emoções negativas. Esses sentimentos têm valor porque o tornam um ser humano — e você não gostaria de se ver livre da capacidade de sentir essas emoções — mas, às vezes, elas têm um impacto grande e indesejado. Elas podem causar doenças físicas e ter um efeito devastador na forma de conduzir sua vida.

Uma *decisão limitadora* é uma escolha feita no passado quando, por alguma razão, você decidiu que era incapaz de fazer algo, por ser muito estúpido, inapto, pobre ou qualquer outra razão. Por exemplo, você pode ter dito: "eu nunca serei magro" ou "eu sou ruim em matemática". As decisões limitadoras restringem seu potencial, interferindo no seu sucesso.

Embora você crie emoções negativas e decisões limitadoras no seu passado, elas influenciam o seu presente. Se você puder ir ao passado, viajando pela sua linha do tempo, e entender conscientemente do que a sua mente inconsciente quer protegê-lo, você pode se libertar do efeito danoso dessas emoções e decisões mais facilmente.

CUIDADO

Lidar com emoções negativas pode ser extremamente intenso e você deve se assegurar de que tem todo o suporte necessário. Então, antes de usar as técnicas desta seção para liberar as emoções negativas ou entender suas decisões limitadoras, lembre-se do seguinte:

- Para lidar com problemas emocionais extremamente sérios, como traumas de abuso infantil, luto ou divórcio, definitivamente recomendamos que você procure um terapeuta qualificado.
- É melhor trabalhar com outra pessoa, como um coach ou praticante de PNL, ao examinar linhas do tempo, pois essa pessoa pode mantê-lo com os pés no chão caso você se esqueça do exercício e sucumba às emoções experienciadas. Outra pessoa também pode garantir que você siga os passos corretamente.

O diagrama mostrado na Figura 13-5 é muito importante para os próximos exercícios, pois esclarece as localizações ao longo da sua linha do tempo das quais você precisa ter consciência. Ele é particularmente útil para as pessoas mais visuais, que criam imagens em suas mentes.

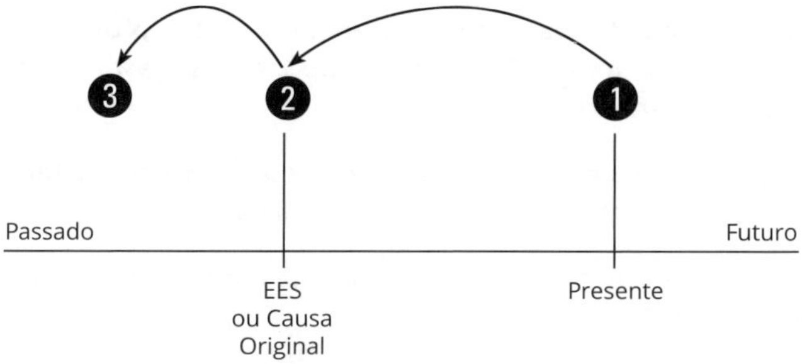

FIGURA 13-5: Localizações na sua linha do tempo.

- A localização número 1 na figura representa a posição na qual você flutua, que é diretamente acima do presente na sua linha do tempo.
- A localização número 2 está diretamente acima do EES (Evento Emocional Significativo) ou causa original.
- A localização número 3 ainda está muito acima da sua linha do tempo, mas 15 minutos antes da causa original.

EXPERIMENTE

Este exercício o apresenta a um processo que o ajudará a remover as emoções negativas que você pode estar guardando, como estar inclinado a sentimentos impróprios de raiva. Por favor, lembre-se de manter a sua mente aberta para as respostas que o seu inconsciente apresenta:

1. **Encontre algum lugar seguro e quieto para relaxar e pensar em uma emoção moderadamente negativa que vivenciou no passado.**
2. **Verifique consigo mesmo se está tudo bem em aprender com esse evento e libertar a emoção. Ao relaxar, pergunte ao seu inconsciente: "Tudo bem se eu deixar essa raiva ir?"**
3. **Pergunte ao seu inconsciente: "Qual é a causa original deste problema, aquela que, se eu me desconectar, fará o problema desaparecer? Ela ocorreu antes, durante ou depois do meu nascimento?"**

LEMBRE-SE

Quando perguntar ao seu inconsciente se a causa original foi antes, durante ou depois do seu nascimento, por favor, mantenha a mente aberta para a resposta recebida. O seu inconsciente absorve muita informação e toma muitas decisões sem que o consciente saiba. Os clientes de Romilla têm se surpreendido com suas respostas.

4. **Quando encontrar a causa original, flutue acima da sua linha do tempo para que possa visualizar o seu passado e o seu futuro alongando-se embaixo de você.**

   Você está agora na localização 1 mostrada na Figura 13-5.

5. **Ainda acima da sua linha do tempo, flutue de volta ao longo dela até que esteja acima do EES (localização 2 na Figura 13-5). Perceba o que você viu, sentiu e ouviu.**
6. **Peça ao seu inconsciente que aprenda o que precisa, a fim de deixar as emoções negativas irem de forma fácil e rápida.**
7. **Flutue até a localização 3 na Figura 13-5, que está acima e 15 minutos *antes* da EES.**
8. **Ao flutuar acima da sua linha do tempo na localização 3, vire e encare o presente para que possa ver a causa original à sua frente e abaixo de você.**
9. **Permita-se se livrar de todas as emoções negativas associadas ao evento e observe onde estão agora, se houver alguma.**

   Todas as outras emoções negativas associadas ao evento também desapareceram?

10. **Se outras emoções negativas permanecerem, use cada expiração para libertar todas as emoções associadas com o EES.**
11. **Fique na localização 3 até que sinta, ou saiba, que todas as emoções negativas se dissiparam.**
12. **Quando estiver pronto, ou seja, quando você sentir que se libertou das emoções negativas, flutue de volta para a localização 1.**

    Siga na velocidade em que seu inconsciente consegue aprender com eventos similares e liberte todas as emoções associadas.

13. **Flutue de volta para baixo e para a sala.**
14. **Faça um teste rápido: vá para o futuro, quando um evento ativaria as emoções que você libertou, e perceba que elas foram embora.**

DICA

Se você não obtiver os resultados que esperava, pode precisar pedir ao inconsciente que lhe apresente o motivo de não ter deixado as emoções irem. A melhor hora para fazer isso é quando você está indo dormir, profundamente relaxado, ou meditando. Se você não obtiver uma resposta compreensível, seria bom trabalhar com um coach ou terapeuta para esclarecer problemas de seu passado que o estejam impedindo de obter os resultados desejados.

DICA

Esse exercício também pode ser usado para libertá-lo de uma decisão limitadora. Por exemplo, você pode ter decidido permanecer pobre ou sem saúde, ou alguma outra decisão de autoderrota como "eu nunca terei sucesso de verdade". Siga o processo acima usando a decisão limitadora no lugar da emoção negativa.

Encontrando o perdão

Com percepção e maturidade, você pode perdoar alguém no seu passado. Isso permite que você liberte toda a energia que investiu em ressentimento, raiva e outras emoções negativas. Você pode, então, seguir em frente e usar essa energia para ser mais criativo ou carinhoso ou qualquer outra coisa positiva que possa querer. Uma maneira útil de alcançar o perdão é entender os motivos da pessoa que o magoou e perceber que, por causa dos problemas dela, ela operava a partir de uma realidade que lhe dava opções limitadas.

Como exemplo, imagine que você desejasse ardentemente se tornar um ator e seus pais impusessem vários obstáculos. Agora, entenda que eles estavam, na verdade, preocupados com você (lembre-se da pressuposição da PNL do Capítulo 2 de que "todo comportamento tem uma intenção positiva"). Eles faziam o melhor por você com os recursos que tinham à disposição. Volte ao longo da sua linha do tempo para uma época que possa se lembrar de um momento difícil com os seus pais. Você pode, então, pairar acima da sua linha do tempo enquanto aprende algumas lições importantes sobre as quais precisava ter consciência. Você pode flutuar para o evento e dar um abraço em seus pais e dizer a eles que percebe agora que eles estavam fazendo o melhor por você. Se achar fácil, pode envolver-se em uma bolha de luz e deleitar-se com sentimentos de amor, compaixão e perdão.

Confortando o seu eu mais jovem

Quando você viaja de volta ao longo da sua linha do tempo e encontra um evento que o envolve quando era jovem, pode abraçar o seu eu mais jovem, tranquilizando-o de que tudo ficará bem; cerque-se de luz e permita que ambos sejam curados. Agora, imagine trazer toda essa alegria e alívio ao longo da sua linha do tempo, direto para o presente.

Livrando-se da ansiedade

Ansiedade é simplesmente uma emoção negativa sobre um evento futuro. Na seção anterior, "Libertando-se das emoções negativas e das decisões limitadoras", explicamos como remover uma emoção negativa ou decisão limitadora indo para *antes* do evento que criou a emoção ou quando tomou a decisão. De maneira similar, você pode remover a ansiedade *indo para o futuro posterior à conclusão* do evento que o deixa ansioso.

EXPERIMENTE

Imagine o que você verá, ouvirá e sentirá quando o evento que está fazendo com que você se sinta ansioso terminar e der tudo certo. Então, ao viajar adiante e acima da sua linha do tempo, para além da conclusão bem-sucedida do evento, você percebe que a ansiedade não existe mais. Usando a Figura 13-6 como referência, siga estes passos:

1. **Encontre um lugar seguro e calmo para relaxar e pensar no evento sobre o qual você está ansioso; verifique com o seu inconsciente se você pode se livrar da ansiedade.**
2. **Agora, flutue bem acima da sua linha do tempo para que possa ver o seu passado e o seu futuro estendendo-se abaixo de você.**
3. **Ainda acima da sua linha do tempo, flutue adiante ao longo dela, até que esteja em cima do evento que o deixa ansioso.**
4. **Peça ao seu inconsciente que aprenda o que for necessário com o evento, a fim de liberar a ansiedade de forma fácil e rápida.**
5. **Quando tiver a informação necessária, flutue para o futuro, ao longo da linha do tempo, até que esteja quinze minutos depois da *conclusão bem-sucedida* do evento que o estava deixando ansioso.**
6. **Vire-se e observe o evento novamente e perceba que está calmo e não está mais ansioso.**

DICA

No improvável caso de sobrar alguma ansiedade, relaxe profundamente e permita que seu inconsciente lhe apresente a razão da ansiedade não ter ido embora. Talvez você precise de algumas habilidades para aumentar sua confiança. Se tiver um histórico de não ter sido o melhor — pelo menos na sua opinião — em eventos passados semelhantes, volte pela linha do tempo para desvendar emoções negativas ou decisões limitadoras antes de fazer o exercício novamente.

7. **Quando estiver pronto, flutue de volta para o seu presente.**

8. **Faça um teste rápido: vá ao futuro para o evento sobre o qual você estava ansioso e confirme que a ansiedade não existe mais.**

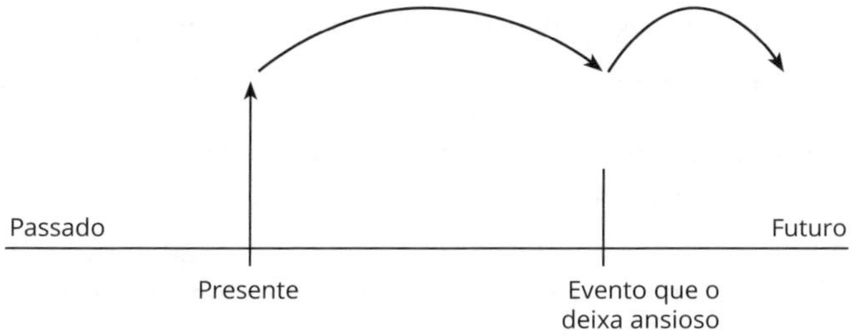

FIGURA 13-6: Viagem no tempo para superar a ansiedade.

CURA AO LONGO DA LINHA DO TEMPO

CASOS E CAUSOS

Tara, amiga de Kate, compartilhou uma experiência inspiradora com ela. Ela sofria muito com uma obstrução no sinus desde os 18 anos. A situação dela era tão ruim que precisava tomar antibióticos no mínimo três ou quatro vezes por ano para aliviar os sintomas debilitantes. Na época em que Tara participou de um seminário sobre a Terapia da Linha do Tempo®, ela havia se submetido a quatro cirurgias sem sucesso para desobstruir os sinus, e os médicos disseram que ela teria de conviver com essa doença ou tratar com esteroides.

Durante o seminário, Tara descobriu que os seus sintomas tornavam-se severos quando ela se sentia sobrecarregada por pessoas e eventos. Ela explorou a possibilidade de que seus sintomas serem psicossomáticos. Pela investigação de algumas crenças limitantes e estímulos que ela obtinha a partir da doença, Tara observou que havia construído uma Gestalt (estrutura) ao redor da doença. Ela lembrou que, quando era criança, seu irmão recebia muita atenção da mãe porque era asmático, e a única vez que Tara recebeu atenção foi quando teve amigdalite. O pai de Tara também sofria com sinusite crônica, e sua doença deu a ela algo em comum com seu pai. Ela também acreditava que não podia lidar sozinha com a doença.

Durante o workshop, Tara percebeu que podia conseguir atenção das pessoas sem estar doente, que ela podia pedir cuidado, amor e carinho, e que era normal admitir os sentimentos de estar sobrecarregada. Ela voltou ao longo da linha do tempo para onde ela acreditava ter ocorrido o primeiro EES. Percebeu que estava no ponto em que sentiu inveja, pela primeira vez, da atenção que o irmão recebia. Ela foi capaz de se livrar da Gestalt associada a esse evento e está livre da sinusite e dos esteroides desde então.

Criando um futuro melhor

Quando souber como viajar na linha do tempo, pense como seria maravilhoso incluir algumas metas atraentes e irresistíveis no seu futuro:

EXPERIMENTE

1. **Encontre um lugar seguro e calmo para relaxar e planejar a sua meta.**

   O Capítulo 4 mostra o que você precisa saber sobre criar metas.

2. **Flutue acima da sua linha do tempo para que possa ver o seu passado e o seu futuro estendendo-se abaixo de você.**
3. **Ainda acima da sua linha do tempo, flutue adiante, ao longo da sua linha do tempo, até que esteja em cima do momento no qual quer alcançar a sua meta.**
4. **Vire-se e olhe para o *presente* e permita que todos os eventos ao longo da sua linha do tempo alinhem-se, para que eles apoiem a sua meta, observando quais ações você pode ter que realizar no caminho.**
5. **Quando estiver pronto, flutue de volta para o seu presente e volte para a sala.**

LEMBRE-SE

Sempre confira seus motivos para estabelecer e realizar suas metas, a fim de assegurar que eles se encaixem em todas as áreas da sua vida, como descrito no Capítulo 4. Esse processo é chamado de verificação ecológica. Ao examinar as suas razões, você assegurará que não há emoções negativas escondidas conduzindo-o. Por exemplo, se estiver focado em ganhar muito dinheiro, você pode querer saber se a origem do desejo é estar confortavelmente seguro e capaz de ajudar aqueles menos favorecidos ou se está tentando fugir de uma infância afetada pela pobreza.

Verificando os seus motivos, você também poderá identificar algum medo inconsciente oculto, por exemplo: "Se eu fosse rico, as pessoas só vão me querer como amigo por causa do meu dinheiro, não porque gostam de mim". Analisando esses motivos, você poderá cristalizar as razões exatas para o seu desejo e tomar medidas para superar algum problema inconsciente.

NESTE CAPÍTULO

» Descobrindo que o inconsciente tem partes que podem estar em conflito

» Descobrindo como superar o comportamento autodestrutivo

» Experimentando com partes integrantes do inconsciente

» Levando a resolução do conflito pessoal para equipes e organizações

Capítulo 14

Garantindo um Bom Funcionamento nos Bastidores

Lembra-se de ter participado de um cabo de guerra ou assistido a um? Ambos os lados despendem de uma quantidade enorme de energia, mas não se movem muito. O conflito, seja consigo mesmo ou com outra pessoa, é como um cabo de guerra com dois lados puxando em direções opostas e indo a lugar nenhum.

O conflito que você tem consigo mesmo geralmente ocorre entre parte do seu consciente e parte do seu inconsciente. Frases como "não sei o que houve comigo", "eu não era eu mesmo", "parte de mim quer isso, outra parte quer aquilo" dão dicas de partes do seu inconsciente que você pode desconhecer. Veja o exemplo de uma pessoa que sabe, em nível consciente, que fumar faz mal à saúde e, mesmo assim, continua a fumar porque inconscientemente necessita da companhia dos amigos e a maioria deles fuma.

A *NLP Encyclopedia of Sistemic NLP and NLP New Coding* (Enciclopédia da PNL Sistêmica e o Novo Código de PNL, em tradução livre — que você pode acessar no site www.nlpu.com [conteúdo em inglês]) define o conflito como: "Psicologicamente, o conflito é uma batalha mental, algumas vezes inconsciente, resultante do confronto de representações diferentes do mundo que estão em oposição ou exclusividade." Em outras palavras, o conflito ocorre quando dois mapas do mundo colidem. Ao reconciliar dois mapas diferentes, é possível eliminar o conflito. Este capítulo mostra como.

Compreendendo a Hierarquia de Conflito

O conflito pode apresentar-se em níveis diferentes de uma hierarquia conhecida como *níveis lógicos*, como a seguir:

- » Propósito
- » Identidade
- » Valores e crenças
- » Habilidades e competências
- » Comportamento
- » Ambiente

Quando você está considerando alguns dos conflitos que enfrenta, saber qual nível lógico precisa ser trabalhado pode ser útil. Por exemplo, se você como gerente acredita que as pessoas fazem o sucesso da sua empresa, porém, concentra-se mais em desenvolver a sua tecnologia do que o seu pessoal, você precisa modificar o seu comportamento para alinhar-se às necessidades da sua equipe e, por fim, às suas crenças.

Os níveis dessa hierarquia também são chamados de *níveis neurológicos*, porque eles se conectam com os seus processos de pensamento e, portanto, o cérebro e a sua interação com o corpo (você pode ler mais sobre os níveis lógicos no Capítulo 11). Esses níveis neurológicos operam em uma hierarquia — como os degraus de uma escada — com a identidade no degrau mais alto e o ambiente no mais baixo. Quando identificar o nível lógico, será mais fácil resolver o conflito.

Veja alguns exemplos de conflitos que podemos enfrentar em diferentes níveis lógicos:

- » **Propósito:** Você pode ter um sentimento irritante de insatisfação e não sabe sobre o quê. Talvez questione o seu propósito de vida, mas esteja preso demais no ciclo de trabalho para ganhar a vida para ter tempo de pensar. Você pode apenas "saber" que *precisa* haver algo a mais na vida, mas você não consegue descobrir o que é, então vive a vida dia após dia sentindo-se incompleto.

- **Identidade:** Geralmente você tem muitos papéis para interpretar na vida e no trabalho que o levam a diferentes direções. Você pode querer ser um bom pai assim como um bom profissional ou ser um sujeito encantador e popular, bem como um administrador bem-sucedido. Talvez esteja tentando ser um filho solidário ou um voluntário na sua comunidade, bem como uma pessoa da alta sociedade.
- **Valores e crenças:** Algumas vezes, você carrega uma mistura de crenças que não parecem se encaixar bem juntas ou representar seus valores. Você pode querer ser feliz, todavia, há uma parte sua que não acredita que mereça a felicidade. Você pode valorizar tanto a saúde como a riqueza, porém, não acredita que é possível consegui-los ao mesmo tempo. Você pode valorizar a vida familiar e o sucesso global nos negócios e esforça-se para ver como eles se combinam, porque não tem modelos desses dois valores colocados igualmente lado a lado.
- **Habilidades e competências:** É possível ter um conjunto incrível de habilidades e competências e não saber como usar todas de um jeito que lhe satisfaça. Assim, talvez você lute para encontrar um emprego que satisfaça seu desejo de construir ou produzir coisas com as próprias mãos, ao mesmo tempo em que emprega as suas habilidades para gerenciar uma equipe para ter como pagar sua hipoteca. Você pode ser um grande músico e também um médico qualificado, mas precisa escolher onde vai focar a sua energia.
- **Comportamento:** Você pode se ver executando um comportamento que não parece ajudar a alcançar suas metas. Por exemplo, você já teve um trabalho importante para fazer e passou horas limpando a sua mesa ou armário em lugar disso? Ou talvez você queria fazer dieta e de repente uma torrada amanteigada foi parar na sua boca sem que você percebesse.
- **Ambiente:** Às vezes, você pode se ver em um dilema sobre os lugares onde vai ou as pessoas com quem passa seu tempo. Talvez esteja saindo com as pessoas erradas e que não parecem bem intencionadas ou que a sua família desaprova. Quem sabe, parte de você queira sair de casa para ter a sua própria; ou talvez parte de você queira morar em seu país nativo, enquanto outra parte aspira conhecer o mundo. Você quer estar em dois lugares simultaneamente e não consegue estabelecer-se em nenhum.

Assim que ouve de si mesmo, ou de outros, expressões como "parte de mim quer isso, outra parte de mim quer aquilo", pode ter certeza de que há um conflito interno que desafia o raciocínio lógico.

Você está em total harmonia consigo mesmo quando seus níveis lógicos estão alinhados. Os conflitos pessoais ocorrem quando você está tentando alcançar algo, ou acredita em algo que desarmoniza os outros níveis da hierarquia. Então, se você quer atingir a meta de receber um salário alto, isso pode conflitar com a sua identidade de "sou um bom marido e pai", porque você não passa mais tanto tempo com quem ama. A solução do conflito é alcançada pelo brainstorming e por perguntas, feitas a si mesmo e às pessoas afetadas pelas suas decisões, sobre como você pode desenvolver caminhos originais que podem permitir-lhe realizar a sua meta e alinhar os seus níveis lógicos.

Passando do Todo para Partes

Durante uma conversa, você já se ouviu ou ouviu outra pessoa dizer: "Sim, parte de mim quer fazer isso, mas outra parte de mim não quer, e parece que tem algo me impedindo"? Isso apenas leva à sua atenção as partes do seu inconsciente que estão fora de sincronia.

Em certo ponto, o seu inconsciente é algo inteiramente completo. Mas como resultado de suas experiências de vida, uma parte é criada e um limite é formado ao redor dela, separando-a do restante do inconsciente. Partes podem ser criadas por um evento que tenha um conteúdo emocional alto — um evento emocional significativo (o Capítulo 13 explica mais sobre eventos emocionais significativos). O evento pode ser algo negativo, como um acidente ou uma ocorrência de ameaça à vida. Pode ser algo positivo ou de melhoria de vida, como segurar um recém-nascido pela primeira vez. Uma parte também pode ser criada quando você ouve uma mensagem repetidamente de alguém que você teme ou admira; por exemplo, seu pai pode dizer repetidamente "nunca empreste nada de ninguém ou para ninguém" e isso o impede de pedir ajuda, financeira ou não.

Essa parte funciona como um "minivocê", com sua própria personalidade, valores e crenças. Assim como o seu "eu consciente", essa parte exibe comportamentos que têm propósito e intenção. Infelizmente, os comportamentos podem estar em conflito com a intenção real da parte. Por exemplo, uma pessoa que acredita que nunca foi amada quando criança pode desenvolver tendências cleptomaníacas, porque a parte inconsciente anseia por atenção, ainda que não seja bem esse tipo de atenção que a pessoa quer.

Entendendo as intenções de uma parte

Um dos maiores pressupostos da PNL é que *todo comportamento tem uma intenção positiva*, também conhecido como ganho secundário; por exemplo, a intenção positiva por trás de alguém que fuma um cigarro pode ser a de relaxar (veja o Capítulo 2 para ler mais sobre os principais pressupostos da PNL e especificamente sobre o ganho secundário). Algumas vezes, o comportamento que parte do seu inconsciente o faz exibir não satisfaz as suas necessidades inerentes.

Um alcoólatra pode beber para adormecer a dor (intenção positiva) de ter sido abandonado pelo parceiro. A parte inconsciente está, na verdade, implorando por amor, mas o comportamento manifestado — beber demais — não satisfaz a necessidade intrínseca. A resposta para o problema está em identificar a necessidade real e em satisfazê-la de forma positiva. Assim, se o alcoólatra pode curar-se de seu torpor e reconhecer que o que ele precisa não é álcool, é amor, pode tratar o alcoolismo e abandonar o vício, tirar lições do seu casamento fracassado e aprender com isso tudo para encontrar o amor.

Chegando no x da questão

Frequentemente, uma parte do seu inconsciente pode lhe criar problemas. Os motivos desses problemas podem ser difíceis de entender pela lógica. Por exemplo, você pode desenvolver repentinamente um medo de uma atividade rotineira, como viajar ou encontrar pessoas. Você pode descobrir o propósito real escondido por trás da intenção da parte ao retirar e explorar cada razão ou intenção assim que cada uma delas surgir. Ao chegar no propósito inerente e verdadeiro da parte, você será capaz de assimilar isso no todo maior do seu inconsciente.

O caso a seguir ilustra o que acontece quando o seu inconsciente conduz a motivação de uma parte. Posteriormente neste capítulo, na seção "Experimentando a técnica de squash visual", você descobre como integrar duas partes que estão em conflito.

CASOS E CAUSOS

Oliver é um homem bem-sucedido recém-graduado em negócios que teve a sua carreira planejada. Ele sabia o que queria alcançar e as escalas de tempo que usaria para alcançar suas metas. Ele ficou emocionado quando foi promovido no seu emprego dos sonhos como vice-presidente de planejamento e estratégia em uma multinacional. Quando ele estava prestes a embarcar em uma excursão pela Europa, ocorreu uma desgraça. Oliver acordou no meio da noite com palpitações, falta de ar e suor frio. O médico disse que não havia nada de errado fisicamente com Oliver.

Conversando sobre as possíveis razões para a condição dele com o seu coach de PNL, Oliver identificou alguns problemas relativos à promoção: ele ficaria longe de casa por longos períodos; moraria em hotéis; e teria menos tempo para jogar futebol, algo que realmente gostava de fazer. Oliver e seu coach exploraram cada camada de objeções que foram apresentadas e as descartaram como razões superficiais para os seus problemas de saúde.

Durante o estado de relaxamento profundo, Oliver recordou uma memória de "reprovar" em matemática quando era jovem. O professor e os pais de Oliver tinham grandes expectativas, e ele sentiu tê-los desapontado quando não satisfez os padrões rigorosos do teste. Oliver percebeu que, embora a promoção proporcionasse a oportunidade de trabalhar no emprego dos seus sonhos, haveria muita responsabilidade e o seu inconsciente estava tentando protegê-lo da humilhação de um outro fracasso. Para isso, criou os problemas físicos que, no final das contas, atrapalhariam seu sucesso no campo profissional.

Ao trabalhar com o seu coach de PNL, Oliver percebeu que seus pais e seu professor o haviam pressionado além do seu nível de capacidade e determinado o seu fracasso. Oliver reconheceu que obteve sucesso na carreira por mérito próprio e tinha o que era necessário para conquistar um sucesso notável. Ele aprendeu que cometer erros e fracassar é normal, contanto que fosse flexível o suficiente para aprender com os contratempos e utilizar as lições para seguir em frente.

DICA

Ao tentar alcançar o que se quer na carreira ou em um projeto que almejamos, podemos encontrar obstáculos. Encontre um lugar tranquilo e tempo para explorar as maneiras pelas quais você pode acabar criando barreiras para o seu próprio sucesso.

Socorro! Estou em Conflito Comigo Mesmo

A autossabotagem é um dos sintomas que você pode experimentar quando suas partes conscientes e inconscientes estão em conflito, quando cada tentativa de atingir a meta é distorcida por uma das partes. Nesta seção, detalhamos dois dos métodos mais comuns de autossabotagem aos quais você deve ficar atento.

Ouvindo o seu inconsciente

Como em qualquer comunicação, ao entender que a autossabotagem é apenas um meio do seu inconsciente se comunicar com você, poderá ajudá-lo a examinar a intenção positiva por trás do comportamento que o está impedindo de atingir sua meta. Assim, poderá substituir o comportamento de autoderrota por algo mais positivo e que satisfaça a intenção do inconsciente. Por exemplo, o fumante que deseja parar, mas continua porque, inconscientemente, deseja a companhia dos amigos que fumam, poderia satisfazer a sua necessidade de amizade ao fazer um novo grupo de amigos que não fumam ou fazer uma nova atividade que o ajude a desenvolver um círculo de amigos com estilo de vida mais saudável.

Tomando partido

Quando duas partes do seu inconsciente estão em conflito, seu consciente provavelmente escolha ficar do lado de uma delas, julgando a outra como ruim e suprimindo-a à força. O resultado é parecido com o que acontece quando apertamos um balão. Se ele não estiver completamente cheio, conforme for comprimido, o ar empurrará o balão em outra direção. Se o balão estiver cheio, ele estourará quando apertá-lo. De forma similar, quando você comprime uma parte de si, a parte comprimida mostrará um comportamento atípico, um sintoma físico (distorção do balão) ou um colapso (a explosão).

CASOS E CAUSOS

Fiona sofria tanto de eczema que achava necessário cobrir o corpo todo. Na terapia, percebeu que os sintomas eram consequência de ter sofrido bullying na escola, onde tudo o que ela queria era se esconder. Agora, seu inconsciente, de maneira singular, estava dando a ela os meios para se esconder.

No caso de Fiona, a parte que queria que ela se escondesse dos valentões criou um sintoma físico, ou seja, ela tinha que manter o corpo coberto. Quando a terapia lhe proporcionou percepção consciente, os tratamentos médicos que haviam fracassado anteriormente passaram a funcionar. No entanto, a eczema volta quando Fiona está estressada, então ela desenvolveu estratégias (veja o Capítulo 12 para mais informações sobre estratégias) para gerenciar melhor seu tempo e energia.

Tornando-se Inteiro: Integrando as Suas Partes

Nem todas as partes do inconsciente estão em conflito entre si. Contudo, você toma consciência das que estão em conflito quando se depara com problemas como querer ser saudável e ainda ter um desejo ardente de fumar ou querer emagrecer e ser incapaz de controlar o que come. Você pode lidar com essas partes em conflito no momento e no modo como surgem.

Mais partes inconscientes significam mais potencial para conflito; assim, o ideal a aspirar é a totalidade. Por exemplo, quando mais de duas partes estão envolvidas, você pode integrá-las em pares. Nesta seção, descreveremos duas das técnicas mais comuns para integrar partes conflitantes: o *squash visual* e a *reformulação.*

Experimentando a técnica do squash visual

A princípio, esse processo envolve a identificação das partes envolvidas em um conflito e a descoberta de suas intenções comuns antes de integrá-las.

DICA

Ao trabalhar para integrar as partes, lembre-se destas dicas:

- Lute para transformar uma resposta negativa em um resultado positivo. Por exemplo, se você quiser se exercitar mais e tiver a resposta negativa "eu não quero passar muito tempo me exercitando", siga para um resultado positivo, como "eu quero me exercitar de maneira compatível com meu estilo de vida".

» Trabalhe com um praticante treinado de PNL ou um parceiro que possa registrar e ajudar a lembrar suas respostas.

CASOS E CAUSOS

Sue queria superar sua resistência aos exercícios físicos. Ela fez o seguinte exercício com sua amiga, Gillian. A parte que Sue colocou em sua mão direita foi uma criança jovem, sem preocupações, espontânea e muito brincalhona. Algumas coisas importantes para essa criança eram a liberdade, brincadeiras, alegria e risadas, e divertir-se era o mais importante. A parte inconsciente que Sue colocou em sua mão esquerda foi um homem sisudo, um tanto obscuro e mais velho, cuja principal preocupação era a segurança. Durante o exercício, Sue não teve problemas em trabalhar com a hierarquia de intenções da criança (veja o ponto 7 no exercício a seguir). No entanto, quando ela foi trabalhar com a parte masculina de seu inconsciente, ela esquecia constantemente o que dizia no passo anterior e achou muito útil ter Gillian por perto, repetindo suas palavras. Como Sue não sentiu afinidade com a parte masculina de seu inconsciente, resistiu às respostas "dele".

O resultado desse exercício foi Sue perceber que uma parte de seu inconsciente achava que, se ela se exercitasse e ficasse saudável, pararia de cuidar bem de seu corpo. Assim que Sue descobriu, conscientemente, a intenção de cada parte, ambas as partes entenderam que seu propósito mais importante era o sucesso.

EXPERIMENTE

Para que este exercício funcione, é necessário descobrir qual é a intenção comum de cada parte antes de tentar integrá-las. Uma boa ideia é conversar com as partes e fazê-las reconhecer que ambas têm uma intenção positiva em relação à outra e que o conflito entre elas impede-as de atingir o propósito em comum.

1. **Identifique duas partes de si mesmo que podem estar em conflito.**

   Por exemplo, uma parte de você quer ser saudável, enquanto a outra parte resiste muito quando você quer se exercitar.

2. **Sente-se em um local tranquilo onde provavelmente não será perturbado.**

3. **Peça que a parte problemática se revele e fique em uma de suas mãos.**

   No exemplo do passo 1, essa seria a parte contrária ao exercício.

4. **Imagine a parte como uma pessoa: sua aparência, como ela fala e quais sensações tem.**

5. **Peça à parte não problemática que se revele e fique na outra mão.**

   No exemplo do passo 1, essa seria a parte que quer ser saudável.

6. **Imagine a parte como uma pessoa: sua aparência, como ela fala e quais sensações tem.**

7. **Começando com a parte problemática, pergunte a cada parte: "Qual é a sua intenção positiva e seu propósito?" Repita essa pergunta até que ambas as partes percebam que têm a mesma intenção.**

   A parte avessa ao exercício pode dizer coisas como "eu me canso fácil", "é importante economizar energia" ou "quero tornar o mundo um lugar melhor". Em contraste, a parte que quer ser saudável pode dizer: "eu gosto dos elogios que escuto", "eu tenho mais energia" ou "quero fazer do mundo um lugar melhor".

8. **Pergunte a cada parte quais recursos ela tem que a outra parte acharia útil para atingir o propósito positivo em comum.**

   A parte que não quer se exercitar pode dizer coisas como "eu tenho criatividade para projetar soluções melhores" ou "eu entendo os problemas que as pessoas podem vivenciar". Enquanto a parte que quer ser saudável pode dizer "eu tenho a energia para mudar o mundo" ou "eu tenho a disciplina necessária para mudar o mundo".

9. **Junte as mãos e integre as partes e seus recursos, vendo uma nova versão de você, ouvindo o que ela tem a dizer e reconhecendo suas novas sensações.**

10. **Usando as técnicas que aprendeu no Capítulo 13, volte para antes da sua concepção e viaje ao longo da sua linha do tempo para o presente, com a pessoa nova e integrada que você é agora, mudando a sua história ao longo da sua linha do tempo.**

Lembre-se de que as suas memórias são apenas uma construção da sua mente. Se, no passado, escolheu tomar uma decisão, como "o exercício é cansativo", toda a sua linha do tempo é baseada nessa decisão. Se você, então, resolve esse problema pela integração com a decisão que tomou para ser saudável, você pode mudar a sua linha do tempo para acomodar a nova pessoa saudável que você é.

Reformulando — Como se

O significado de uma interação depende do contexto no qual ela ocorre. Então, pela mudança do contexto, ao *reformular* uma experiência, é possível mudar seu significado. Por exemplo, se alguém o critica por ser muito subjetivo, você pode agradecer, porque sabe que pode significar que você é bom ao lidar com as pessoas ou em ter ideias.

ALERTA DE JARGÃO NA PNL

A estrutura *como se* é excelente para resolver conflitos, porque permite que você finja e, assim, explore as possibilidades que você, em outra situação, não teria pensado. Agir como se você tivesse os recursos agora ajuda a alterar quaisquer crenças que possam estar o impedindo de fazer algo.

Quando estiver em conflito, consigo mesmo ou com outro indivíduo, use as seguintes estruturas como se para ajudá-lo a resolver o problema:

» **Mudança de tempo:** Avance seis meses ou um ano no futuro, olhe de volta o hoje e pergunte-se o que fez para resolver o problema.

CASOS E CAUSOS

Alan tinha um emprego bem remunerado no qual era relativamente feliz. Contudo, o seu chefe tinha seus preferidos no departamento, e Alan estava sendo deixado de lado. Alan queria trabalhar para uma grande empresa multinacional há algum tempo, mas não acreditava que tivesse capacidade suficiente. Alan usou o processo de resultados bem formados (que descrevemos no Capítulo 4 e no Apêndice C) para planejar o seu emprego ideal. Ele, então, experimentou a mudança de tempo avançando cinco anos no futuro e fingindo que tinha o emprego perfeito. Ele percebeu que a sua meta de emprego era trabalhar para uma concorrente de sua empresa atual e dois anos depois se viu trabalhando no emprego de seus sonhos, na multinacional de sua escolha.

» **Mudança de pessoa:** Finja que é alguém que você respeita e pergunte-se o que faria se pudesse trocar de corpo com a outra pessoa por um dia.

CASOS E CAUSOS

Georgina admirava Emma Watson (a atriz que interpreta Hermione Granger nos filmes da série *Harry Potter*). Georgina fingiu trocar de corpo com Watson e descobriu que, embora o seu trabalho de suporte de TI pagasse a hipoteca, ele não a realizava pessoalmente. Como Emma Watson, Georgina descobriu que queria trabalhar em filmes e dar vida às histórias imaginárias das pessoas. Georgina percebeu que a vida no mundo dos filmes pode ser arriscada, mas deu o primeiro passo, matriculando-se em um curso de roteirista de meio período.

» **Mudança de informação:** Suponha que você tenha todas as informações necessárias para encontrar uma solução: qual seria o conhecimento e como suas circunstâncias mudariam?

CASOS E CAUSOS

Georgina usou a mudança de informação para planejar o que ela teria que fazer para viver o seu sonho de tornar-se roteirista. Consequentemente, ela começou o curso à noite e trabalhava aos finais de semana para uma faculdade local em projetos para estudantes. Ela agora está no estágio em que planeja trabalhar meio expediente para empresas de produção a fim de ter mais tempo para perseguir o seu sonho.

» **Mudança de função:** Imagine que pode alterar qualquer componente no sistema em que você experimenta uma restrição; por exemplo, você não está progredindo no trabalho ou o seu casamento está um pouco instável. O que você mudaria e como essa mudança afetaria o resultado?

CASOS E CAUSOS

Colin trabalhava como enfermeiro em uma clínica veterinária muito procurada; ele adorava o trabalho, mas sentia como se faltasse alguma coisa em sua vida. Ele parou e usou sua imaginação para ver qual elemento mudaria. Como resultado, o inconsciente de Colin lhe mostrou que ele queria atuar onde realmente fosse necessário para os animais e para pessoas que não podiam pagar por tratamentos veterinários caros. Colin agora trabalha em um santuário de animais na Índia, ama o que faz e se sente completamente realizado.

Resolvendo Conflitos Maiores

As seções anteriores deste capítulo lhe dão uma boa noção de conflitos *intrapessoais* (conflitos que ocorrem dentro da pessoa) e de como começar a resolvê-los. Você também pode pensar em estender esse modelo. Você pode aplicar as mesmas abordagens usadas para resolver conflitos intrapessoais de relacionamentos e negociações entre duas pessoas em uma equipe, família ou grupo social, e entre empresas e organizações diferentes. Veja alguns exemplos desse conflitos maiores:

- **Conflito interpessoal:** Quando duas ou mais pessoas têm necessidades diferentes que não podem ser satisfeitas ao mesmo tempo.
- **Conflito intragrupo:** Entre duas ou mais pessoas no grupo, por exemplo, membros de uma equipe ou departamento.
- **Conflito intergrupo:** Entre dois ou mais grupos de pessoas, como em uma gangue em guerra ou empresas batalhando pela liderança de mercado.

Em todas essas situações, você pode usar o processo esboçado no exercício a seguir para negociar um resultado de sucesso.

EXPERIMENTE

Este exercício é baseado no processo da PNL para integrar as partes conflitantes, como você pode ler nas seções "Experimentando a técnica do squash visual" e "Reformulando — Como se" anteriormente neste capítulo.

1. **Imagine que você seja um negociador tentando resolver um conflito entre indivíduos diferentes.**
2. **Pergunte a cada parte: "Qual é a sua intenção positiva?" Continue perguntando a ambos os lados até que descubra algumas necessidades centrais e fundamentais que ambos concordem (veja a seção anterior, "Experimentando a técnica do squash visual").**
3. **Peça a cada um para reconhecer o denominador comum entre eles e atenha-se a ele.**

4. **Usando a estrutura "como se", explore soluções alternativas para o problema (veja a seção anterior, "Reformulando — Como se").**

5. **Decida os recursos que cada parte pode oferecer para ajudar a resolver o conflito.**

6. **Mantenha sempre o objetivo comum em mente e objetive um resultado vantajoso para ambos.**

Parafraseando Einstein, é mais importante ter imaginação do que conhecimento, porque o conhecimento o confina a um terreno de saber, enquanto a imaginação o permite descobrir e criar soluções novas. Então, use a sua imaginação para encontrar soluções originais para conflitos.

4

Usando Palavras para Abrir Caminhos

NESTA PARTE...

Descubra o poder da linguagem usada pelos melhores comunicadores do mundo.

Varie sua linguagem para criar os resultados desejados.

Descubra como contar histórias com bons resultados ou para colocar a audiência em estado de transe.

Aprenda a fazer perguntas poderosas que atinjam o x da questão sem prejudicar o resultado para a pessoa com quem você fala.

NESTE CAPÍTULO

» Indo além das palavras que as pessoas usam

» Reconhecendo como as palavras podem limitá-lo

» Descobrindo o Metamodelo

Capítulo 15

Chegando no X da Questão: O Metamodelo

Você já convidou alguém, até mesmo a si próprio, a "dizer aquilo que pretende e realmente querer aquilo que diz"? Se ao menos fosse assim tão simples!

Você usa as palavras o tempo todo como ferramentas importantes para transmitir pensamentos e ideias — para explicar e compartilhar as suas experiências com os outros. No Capítulo 6, explicamos que, em qualquer comunicação cara a cara, apenas parte do significado apreendido pelas pessoas vem das palavras que saem da sua boca. A sua linguagem corporal, todos os movimentos e gestos e o tom da sua voz transmitem o resto.

FOI UM DIA DURO DE TRABALHO

A conversa à mesa de jantar na família de Kate geralmente ocorre assim: "Então, foi um dia de trabalho duro hoje?" Ao recontar os momentos de crise do dia, nossa conversa invariavelmente centra-se no que constitui um dia de trabalho duro. Doze longas horas limitado a um escritório confortável e agradável cercado de computadores de última geração e uma cafeteira se encaixam nisso?

A pergunta surgiu ao assistirem um documentário na televisão sobre homens que fazem manutenção de via expressa e trabalham substituindo os cones do tráfego no meio da noite. A família concordou que é, de fato, um trabalho duro comparando com o que significava um dia duro de trabalho para eles, bem como para a maioria de seus amigos e colegas de trabalho.

O que é um dia difícil para você? Em apenas uma frase, você pode evocar uma série de significados. As qualidades da experiência profissional, se está trabalhando em casa ou em um escritório, são muito diferentes em comparação com a realidade física de, digamos, um bombeiro lutando contra chamas ou um pedreiro construindo casas e exposto aos elementos de todas as condições climáticas.

Uma declaração como "um dia de trabalho duro" pode ser interpretada de diversas formas diferentes. Para chegar a qualquer significado preciso por parte de quem fala, é necessário ter acesso a mais informações — aos fatos que foram deixados de fora. Ao ler este capítulo, você verá como conseguir acesso fácil a informações relevantes para que não faça suposições erradas sobre a experiência de outra pessoa.

Um importante pressuposto da PNL é o de que "o mapa não é o território" (veja o Capítulo 2 para mais sobre pressupostos). Essa frase explica que o modelo que você tem na sua cabeça do mundo a seu redor não é o mundo propriamente dito, mas uma representação que você faz dele. Os filtros da sua experiência e de sua linguagem influenciam essa representação de mundo, assim como seu cérebro dinâmico é moldado pela experiência e não há dois cérebros com caminhos neurais idênticos.

As palavras oferecem só um modelo, um símbolo da sua experiência; elas nunca podem descrever a cena em sua totalidade. Pense em um iceberg — a ponta acima da superfície são como as palavras que você diz. A PNL diz que esta ponta é a *estrutura superficial* da linguagem. Abaixo da superfície fica o resto do iceberg, onde reside a sua experiência completa — que a PNL chama de *estrutura profunda*, ou seja, a forma como você representa o mundo internamente, em sua mente.

Este capítulo o leva da estrutura superficial à estrutura profunda, para que você possa ir além das palavras vagas do discurso do dia a dia e ser mais específico no que quer dizer. Você conhecerá o incrivelmente útil Metamodelo, uma das revelações mais importantes da PNL, que esclarece o significado do que as pessoas dizem. Lembre-se de que as pessoas nunca dão uma descrição completa de todo o processo de pensamento que se esconde por trás de suas palavras; se o fizessem, nunca terminariam de falar. O Metamodelo é uma ferramenta que permite que você tenha maior acesso à experiência que as pessoas codificam em discurso.

Reunindo Informações Específicas com o Metamodelo

Richard Bandler e John Grinder, os fundadores da PNL, descobriram que quando as pessoas falam naturalmente adotam três processos-chave que são rotulados como: *omissão/supressão*, *generalização* e *distorção*. Esses processos nos possibilitam explicar nossas experiências em palavras sem entrar em muitos detalhes desnecessários e matar todos de tédio.

Esses processos acontecem o tempo todo em encontros cotidianos normais. As pessoas *omitem* informações quando não contam toda a história, fazem *generalizações* quando extrapolam de uma experiência para outra, e *distorcem* a realidade ao permitir que a imaginação corra solta.

A Figura 15-1 demonstra o modelo da PNL de como você vivencia o mundo real através dos sentidos: visual (imagens), auditivo (sons), cinestésico (tato e sensações), olfativo (cheiros) e gustativo (paladar). A sua percepção da realidade é filtrada ou confrontada com o que você já sabe através dos processos de omissão, generalização e distorção (mais sobre esses filtros no Capítulo 8). Dessa forma, você cria seu mapa pessoal ou modelo mental do mundo real.

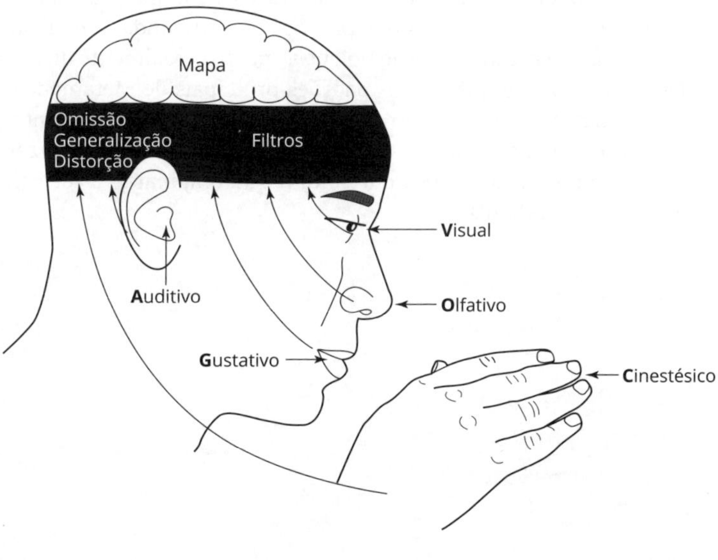

FIGURA 15-1: O modelo da PNL de vivenciar o mundo ao seu redor.

Ao olhar e observar dois terapeutas diferentes, altamente experientes no trabalho, conversando com seus clientes, Bandler e Grinder criaram o Metamodelo da PNL, como um caminho para explicar a ligação entre linguagem e experiência.

Bandler e Grinder estavam interessados em descobrir as regras que determinam como os humanos usam a linguagem para ajudar os outros a desenvolverem habilidades similares. Eles foram influenciados pelo seu próprio trabalho no campo da linguística, especialmente da *gramática transformacional* (que procura explicar a relação entre a estrutura profunda da experiência e a estrutura superficial da linguagem) e dão ideias de como as pessoas descrevem suas experiências em linguagem. Também foram fortemente influenciados e seguidores de dois terapeutas excepcionais com habilidades de comunicação notórias — Virginia Satir e Fritz Perls — e publicaram os resultados em 1975 em *A Estrutura da Magia*.

Embora o trabalho inicial venha do campo da psicoterapia — porque eles queriam enriquecer as habilidades dos "ajudadores de pessoas"—, os modelos funcionam igualmente bem para não profissionais em situações cotidianas, quando estamos simplesmente conversando com amigos, parentes e colegas.

O Metamodelo oferece uma série de questões que o capacitam a superar as omissões, distorções e generalizações que as pessoas fazem. É provável que você reconheça algumas das questões, pois são perguntas que você faz naturalmente quando quer esclarecer um significado. Mas talvez não tenha pensado nelas conscientemente antes. Se lhe perguntarem de forma gentil e com rapport, essas perguntas o permitirão reunir mais informações para definir uma imagem mais clara do que realmente significa. Ao trabalhar com este modelo você consegue se reconectar com as experiências que se perdem na linguagem.

A Tabela 15-1 resume alguns dos jeitos diferentes que podemos omitir, generalizar e distorcer uma experiência através da linguagem que adotamos. Não se preocupe com os nomes dos padrões da PNL ainda; é mais importante que você comece a prestar atenção no que as pessoas realmente dizem. Quando você descobrir como reconhecer os padrões principais de Metamodelos que prefere para si mesmo, e que os outros também preferem, estará pronto para responder apropriadamente. Oferecemos algumas sugestões do que dizer ao responder para reunir as informações que faltam que o ajudarão a ter certeza do que o outro quer de fato dizer.

TABELA 15-1 Padrões de Metamodelos

Os Padrões de Metamodelos da PNL	Exemplos de Padrões que Você Pode Ouvir	Perguntas para Ajudá-lo a Reunir Informações ou Expandir o Ponto de Vista de Outra Pessoa
OMISSÃO		
Omissão simples	Estive fora Ajude!	Onde especificamente você esteve? Em que você quer ajuda?
Verbos indefinidos	Ela me incomodou.	Como especificamente ela o incomodou?
Comparações	Ela é melhor do que eu.	Melhor do que você em quê?
Julgamentos	Você está errado.	Quem disse isso e quais são os fatos?
Nominalizações	Nosso *relacionamento* não está funcionando. *Mudar* é fácil.	De que forma não nos relacionamos um com o outro? Mudar o que é fácil?
GENERALIZAÇÃO		
Operadores modais de possibilidade	Não *consigo*... Não é possível.	O que o impede? Isso é verdade?
Operadores modais de necessidade	*Temos* que fazer isso... *devemos, precisamos.*	O que aconteceria se não o fizéssemos? Quem disse que devemos?
Quantificadores universais	Ele *nunca* pensa em meus sentimentos. Nós *sempre* fazemos desta forma.	Nunca, mesmo? Todas as vezes? O que aconteceria se fizéssemos de modo diferente?
DISTORÇÃO		
Equivalência complexa	Com um nome desses, ele deve ser popular.	Como ter esse nome significa que ele é popular?
Leitura mental	Você vai adorar isso.	Como você sabe? Quem disse isso?
Causa e efeito	A voz dele me deixa brava. Eu a fiz se sentir péssima.	Como a voz dele a deixa brava? Como exatamente você fez isso?

Omissão — Você é tão vago

Quando você está escutando, naturalmente ignora muitos sons extras, economizando o esforço de processar cada palavra. Quando você fala, economiza em todos os detalhes que poderia compartilhar. Isso é chamado de omissão, pois indica que alguma coisa foi removida. A Figura 15-2 mostra alguns exemplos cotidianos de omissão.

FIGURA 15-2: A linguagem da omissão.

LEMBRE-SE

O seu sistema nervoso central é alimentado por milhões de pedaços de informações a cada segundo. Se você precisasse avaliar conscientemente cada parte dessa informação, imagine o tempo e energia que seriam necessários!

Para ajudá-lo a operar com a máxima eficiência, a omissão oferece um mecanismo valioso de escaneamento crítico. Omissão é atenção seletiva. A omissão em nossa linguagem nos encoraja a preencher as lacunas — imaginar a informação que complete o que está faltando. Se alguém disser a você "comprei um carro novo", você começará a imaginar mais informações. Se não disserem a você qual carro compraram, você terá ideias próprias sobre a marca, a cor e o ano, baseado no que já sabe sobre o uso e sobre as preferências da pessoa. Se achar que se trata de uma pessoa animada, amante de diversão, pode decidir que comprou um carro esportivo. Se achar que se trata de alguém precavido, pode decidir que comprou um carro prático e convencional.

O desvantagem da omissão é que pode restringir e limitar nosso pensamento e compreensão. Por exemplo, podemos desenvolver o hábito de suprimir certas informações e sinais dos outros. Elogios e críticas são exemplos clássicos. Algumas pessoas são especialistas em suprimir os elogios que recebem e apenas observam as críticas. Assim, também, elas ignoram o sucesso e só prestam atenção no fracasso. Se você tem esse hábito, dê um jeito de rompê-lo agora.

CASOS E CAUSOS

Durante uma sessão de coaching, Meera confessou a seu coach: "sou extremamente preguiçosa". Essa declaração intrigou o coach, que havia ouvido sobre a quantidade exaustiva de trabalho de Meera como sócia em uma firma de advogados na cidade. O coach pediu que ela mantivesse um diário de "como especificamente ela era preguiçosa" por uma semana inteira. Ao final da semana, quando eles analisaram o diário juntos, Meera percebeu que as expectativas que ela depositava sobre si mesma eram altíssimas e levavam quase ao esgotamento. O que ela via como "preguiça" era, em verdade, o tempo de recuperação essencial que ela dava a si mesma. Ela precisava reformular sua percepção limitada para reconhecer seu valor, assim como um atleta de alta performance precisa de tempo longe do esporte para recompor energia.

SUBSTANTIVOS ABSTRATOS E O TESTE DO CARRINHO DE MÃO

O Metamodelo é muito útil para ajudá-lo a esclarecer declarações vagas. Se você diz a alguém "o amor é muito doloroso", essa pessoa precisa de mais informação para entender o que está acontecendo na sua vida.

Substantivos abstratos — como amor, confiança, honestidade, relacionamento, mudança, medo, dor, obrigação, responsabilidade, impressão — são particularmente difíceis de interpretar. A PNL chama essas palavras de nominalizações — quando um verbo (por exemplo, amar) se transforma em um substantivo (amor), que é difícil de definir de uma maneira que todos concordem. Para extrair mais sentido de suas declarações, uma outra pessoa precisa transformar o substantivo novamente em verbo para conseguir mais informação e então responder. Assim, a resposta dessa pessoa à sua declaração acima pode ser: "Como, especificamente, o jeito que você ama alguém é tão doloroso?"

Imagine um carrinho de mão. Se você pensa em um substantivo e consegue imaginá-lo dentro do carrinho, é um substantivo concreto — uma pessoa, um vaso de flores, uma maçã, uma mesa, são todos exemplos concretos. Nominalizações são os substantivos que não passam no teste do carrinho de mão. Você não pode colocar amor, medo, relacionamento ou dor no carrinho de mão! Em vez disso, quando você reformula essas palavras em verbos, coloca a ação e responsabilidade de volta na linguagem. Isso ajuda as pessoas que falam em nominalizações a se conectar com sua própria experiência e assim encontrar mais opções em vez de se distanciar dela.

DICA

Para coletar uma informação omitida, faça estas perguntas úteis:

» Quem? O quê? Quando? Onde? Como?

» O quê, especificamente?

» O que exatamente?

Repare que "por que" não está nesta lista de perguntas. A razão é que "por que" força as pessoas a questionarem seu julgamento e motivos pessoais em vez de recuperar informações perdidas.

Generalização — Cuidado com os "sempre", "preciso" e "devo"

Observe uma criança que anda em uma bicicleta de duas rodas pela primeira vez. Ela presta uma atenção tremenda em manter o equilíbrio e virar o guidão. Talvez precise de rodinhas por um tempo até que tenha dominado a habilidade.

Porém, algumas semanas ou meses depois, ela será competente e não terá que reaprender a cada vez que pedalar, pois fará a generalização de uma experiência para a próxima.

A sua capacidade de generalização de experiências passadas é outra habilidade importante, que economiza grande quantidade de tempo e energia no aprendizado sobre o mundo. Essas experiências generalizadas são representadas pelas palavras. Pense na palavra "cadeira". Você sabe como é uma e não tem dúvida de ter sentado em muitas e visto tipos diferentes. Quando criança, você aprendeu a palavra para representar uma cadeira específica. Então, você fez a generalização, e da próxima vez que vir uma cadeira poderá dizer o que é. Agora, sempre que vê uma cadeira, entende a sua função.

A capacidade de generalização também pode limitar a nossa experiência de opções e diferenças em outros contextos. Quando você tem uma experiência ruim, pode esperar que ela aconteça outras vezes. Um homem que experimentou uma sequência de encontros românticos infelizes pode concluir que "todas as mulheres são um castigo" e decidir que nunca encontrará uma mulher com quem possa viver feliz.

CASOS E CAUSOS

Ao voltar de uma reunião, Romilla e Kate estavam em uma rodovia, em uma tarde, quando Romilla, de maneira hábil, demonstrou sua habilidade natural de generalizar e disse: "Caramba, você notou como *todo mundo* está dirigindo o meu carro?" Surpresa, Kate perguntou como isso seria possível. Romilla chamou a atenção para o fato de que tinha visto 15 novos Mini Coopers nos últimos dez minutos. Ela estava apaixonada pelo carro e estava decidindo se deveria comprar um. Tudo o que ela conseguia ver eram as possíveis combinações de cores desse carro novo. Kate não havia notado nenhum carro desses e não estava interessada em carro novo; estava concentrada apenas em atravessar o trânsito e sair de Londres.

Podemos ouvir vários tipos de generalizações sobre culturas ou grupos específicos:

» Os americanos falam alto.
» Os ingleses bebem chá.
» Os italianos são motoristas violentos.
» Políticos não são confiáveis.
» Os escoceses são prudentes com dinheiro.
» Mães solteiras são ruins para a sociedade.

Tais pensamentos rígidos, em preto e branco, que não permitem uma escala de cinza, criam generalizações inúteis sobre outras pessoas e situações e são terreno fértil para descontentamento e preconceito. Pare e ouça o que você diz. Quando ouvir as dicas verbais sobre generalizações em palavras como "tudo", "nunca", "todos", "sempre" (a Figura 15-3 mostra alguns exemplos de generalizações cotidianas), desafie-se. *Todos* são assim? *Todos* os clientes fazem isso? Temos *sempre* que fazer desse jeito?

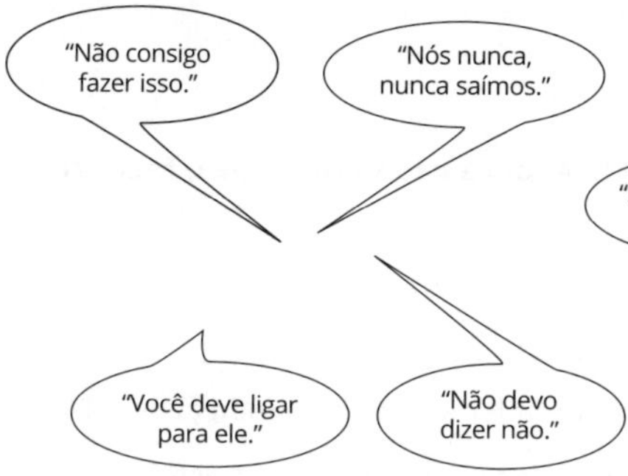

FIGURA 15-3: A linguagem da generalização.

Quando você ouvir alguém (ou você mesmo!) generalizando, faça as seguintes perguntas úteis. Elas o farão parar e pensar se você está limitando as suas escolhas desnecessariamente e o encorajarão a ter uma perspectiva mais ampla.

- Sempre? Nunca? Todos?
- Apenas imagine que você pudesse, então como seria?
- Então, o que acontece se você fizer...?
- O que o detém?

CASOS E CAUSOS

Charlie estava choramingando para Kate dizendo que estava lutando para perder peso apesar de ter uma boa alimentação e não gostar de açúcar. Quando Kate perguntou a sua amiga o que ela realmente comia, ouviu o seguinte: "Bom, eu sempre como mingau, tomo o mesmo café da manhã há 20 anos; então eu sempre como uma batata assada recheada com queijo ou feijão no almoço; e no jantar sempre tomo uma sopa com pão. Nunca como depois das sete da noite." Tendo ouvido as generalizações em sua linguagem, Kate perguntou o que aconteceria se ela experimentasse algumas comidas diferentes e Charlie foi investigar opções de refeições frescas. Um mês depois, Charlie havia perdido mais de três quilos e tinha se divertido explorando os corredores do supermercado local.

EXPERIMENTE

Para começar a explorar o seu próprio pensamento no que é possível e impossível, veja este exercício fácil para fazer em apenas dez minutos. Tenha cuidado, este exercício pode mudar a sua vida para sempre!

1. **Olhe as seguintes declarações e anote algumas das declarações que você fez (para si mesmo e para os outros) na última semana que começam com estas palavras:**

   "Eu sempre..."

   "Eu tenho que..."

"Eu devo..."

"Eu nunca..."

"Eu deveria..."

"Eu preciso..."

2. **Agora pare.**
3. **Volte para a sua lista e, para cada afirmativa, faça três perguntas a si mesmo:**

   "O que aconteceria se eu não fizesse...?"

   "Quando eu decidi isso?"

   "Essa declaração é verdadeira e útil para mim agora...?"

4. **Revise a sua lista à luz das perguntas que você fez.**
5. **Crie uma lista revisada para si mesmo que substitua os termos "sempre", "tenho", "devo", "nunca" e "preciso" por "eu escolho...".**

Ao completar esse exercício, você está examinando alguns dos tipos de generalizações que faz (que a PNL chama de *operadores modais* — como "deveria", "tenho que" e "preciso" — e *quantificadores universais* — como "sempre" e "nunca"; veja a Tabela 15-1). Então, no passo 3, você usa as perguntas do Metamodelo para explorar as suas escolhas. Ao revisar as afirmações no passo 5, você se coloca de volta no controle de suas próprias decisões e comportamento.

Distorção — Um toque de imaginação

Disraeli estava certo quando disse: "A imaginação governa o mundo". A distorção, o processo pelo qual você altera o significado da experiência contra o seu próprio mapa da realidade, é um exemplo. A Figura 15-4 mostra alguns exemplos cotidianos de distorção:

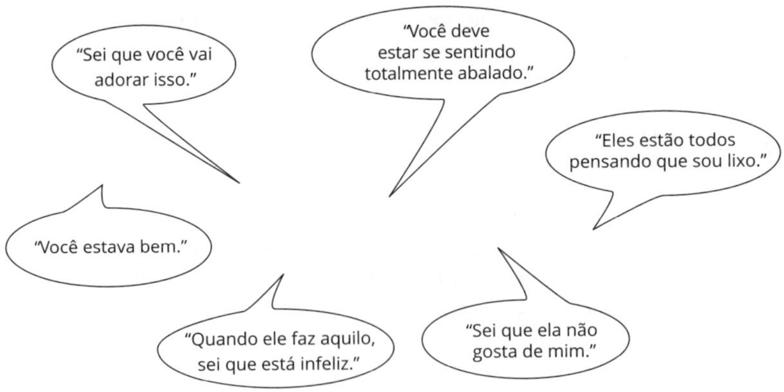

FIGURA 15-4: A linguagem da distorção.

A distorção incentiva sua habilidade de explorar seu mundo interior e deixa a sua imaginação correr solta. Não há problema nenhum, quando você quer explorar sua criatividade.

O problema com a distorção, entretanto, é que a maioria das pessoas não percebe que ela não representa necessariamente a verdade, mas somente a sua própria percepção. Por exemplo, você já participou de uma reunião com um grupo de pessoas e todas tiveram uma compreensão diferente do que acontecera? Ou esteve no cinema com um grupo de amigos e saiu com um ponto de vista completamente diferente sobre a mensagem transmitida? A distorção ocorre quando você toma um aspecto de uma experiência e a altera de acordo com o que está acontecendo com você no momento.

Outro exemplo de distorção é tentar ler os pensamentos das outras pessoas. Você nunca sabe o que a outra pessoa está pensando realmente, até mesmo quando elas dão dicas interessantes. Quando a distorção negativa é associada à generalização, o resultado pode ser bem debilitante. Por exemplo, uma criança chega da escola e diz: "Todo mundo olha para mim sempre que entro na sala de aula e todos eles pensam que sou burro."

LEMBRE-SE

Tenha cuidado ao julgar o que as outras pessoas pensam até que você tenha realmente reunido informações específicas e revisado os fatos.

DICA

Veja mais algumas perguntas úteis para quando quiser verificar significados distorcidos:

- "Como você sabe?"
- "Como exatamente X conduz a Y?"
- "Quem diz?"

ALGUÉM JOGA TÊNIS?

Há situações em que as pessoas querem tanto alguma coisa que acreditam ser verdade mesmo quando a evidência está contra elas. Como treinador de tênis, John Woodward acha que as pessoas mais frustrantes nas ligas de tênis amador são os pais competitivos.

Eles querem tanto que seus filhos vençam que ficam cegos diante dos fatos do jogo. Eles veem o que querem, mesmo que não seja verdade, e reclamam as faltas em favor de seus astros do tênis em ascensão.

Os avós são ainda piores! Eu vi, uma vez, um avô atacar o oponente do seu neto com um guarda-chuva porque estava convencido de que o neto havia acertado uma bola que todos viram cair fora.

Reproduzido com a permissão de John Woodward.

Usando o Metamodelo

As perguntas do Metamodelo são ferramentas verbais poderosas nos negócios, no coaching, na educação, na terapia e na vida. Elas o permitem usar a linguagem para ganhar esclarecimento e aproximar-se da experiência dos outros. Você pode adotar o Metamodelo quando quiser:

- **Esclarecer o significado da outra pessoa:** Para descobrir exatamente o que a outra pessoa tem em mente. Vocês estão na mesma sintonia ou fazendo suposições que você não entende realmente?
- **Conseguir mais informações:** Para entender os objetivos e a finalidade de um projeto novo, por exemplo.
- **Abrir seu leque de opções:** Para explorar formas diferentes de fazer as coisas para si mesmo e para os outros.
- **Identificar as suas limitações e as da outra pessoa:** Para lidar com as suas crenças e seus comportamentos habituais inúteis.

Dando dois passos simples

DICA

Ao usar o Metamodelo, desafie primeiro as distorções, depois as generalizações e, então, as omissões. Se começar pelas omissões, poderá receber mais informações do que consegue lidar.

Para usar o Metamodelo, siga estes passos simples:

1. **Ouça as palavras e identifique o padrão (distorção, generalização ou omissão).**

   Vá à seção "Reunindo Informações Específicas com o Metamodelo", anteriormente neste capítulo, para uma explicação das dicas de linguagem que o ajudarão a reconhecer qual modelo está sendo usado.

2. **Interfira com a pergunta correta.**

   Para distorção, pergunte:

   "Como você sabe?"

   "Qual é a prova?"

   Para generalizações, pergunte:

   "O caso é sempre esse? Toda vez? Nunca?"

   "E se...?"

   Para omissão, pergunte:

   "Conte-me mais ..."

   "O quê, quando, onde, quem, como?"

TUDO EM FAMÍLIA

Omissões e distorções podem ter um efeito perigoso em decisões comerciais. Como coach de negócios, Kate muitas vezes trabalhava em empresas familiares, onde tal pensamento filtrado pode levar a ilusões da parte do dono e também dos funcionários que não fazem parte da família.

Gostando ou não, as pessoas muitas vezes confiam erroneamente em seus próprios familiares, dando a eles cargos inadequados. Eles só esperam que as coisas funcionem para que o controle do negócio permaneça na família. Ou talvez o pai espera que o filho ou a filha mantenha o nome da família vivo e também realize seus sonhos que não foram vividos. Kate já viu o cargo principal de diretor financeiro dado a um familiar sem habilidades adequadas de contabilidade; aprender por tentativa e erro, infelizmente, limitou o sucesso do negócio.

Em comparação, às vezes, familiares muito competentes são menosprezados como o "filho/filha/sobrinho do chefe". Outros funcionários podem falhar em reconhecer que, em muitos casos, essas pessoas realmente foram contratadas porque são ideais para o trabalho e suprimem as informações sobre suas melhores qualidades. Funcionários não confiam neles por medo de que fofoquem com o resto da família.

Amanda é diretora em uma firma familiar de muito sucesso e de longa data. Ela diz: "Eu sempre quis trabalhar no negócio da família, mas meu pai e meu tio (assim como meu avô, antes deles) se recusavam a empregar qualquer um dos filhos até que comprovássemos nossas habilidades de negócios em outro lugar. Então eu tive que ganhar experiência com vendas farmacêuticas em outro estabelecimento. Meus primos e eu tivemos cortes de salário para entrar na empresa familiar e só começamos a colher as recompensas depois de muitos anos, quando finalmente tínhamos um desempenho acima da média. Então, ganhamos o respeito do resto dos funcionários, que viam que estávamos realmente comprometidos e contribuindo com a empresa. Foi um bom plano da geração mais velha para garantir que o negócio familiar fosse viável em longo prazo e que chegássemos com experiência extra. E quando as coisas complicam, como um negócio familiar, nós operamos com uma postura de preocupação profunda uns com os outros."

Lembrando alguns avisos

LEMBRE-SE

Você pode fazer perguntas de duas formas básicas: uma é atenciosa e valiosa e a outra parece mais com um interrogatório da Inquisição Espanhola. Então aqui estão alguns pontos importantes que devem ser lembrados (você não quer perder seu melhor amigo!):

» O rapport vem sempre em primeiro lugar. Sem ele, ninguém lhe dá atenção. Para informações sobre criação de rapport, veja o Capítulo 6.

» As pessoas precisam confiar em você antes de estarem prontas para esclarecer assuntos difíceis. Siga o ritmo delas. Você encontra informações sobre acompanhar e conduzir pessoas no Capítulo 6.

» Tenha certeza do que está tentando alcançar — seu resultado — quando fizer perguntas, caso contrário pode acabar sobrecarregado de informações irrelevantes e elas deixam de ser úteis.

» Suavize a sua voz e seja delicado em seu questionamento. Introduza as perguntas gentilmente durante as conversas e encontros, em vez de dispará-las como um pesquisador de mercado na rua.

» Experimente o Metamodelo em si mesmo antes de apressar-se em atacar seus familiares e amigos. Mantenha-se firme. Como Tom, no exemplo a seguir, eles podem ficar tentando entender o que está acontecendo e não lhe agradecer por seu interesse recente.

CASOS E CAUSOS

Nas noites de sexta-feira, Andrew relaxa depois de uma semana atarefada na cidade com uma cerveja no seu bar preferido da vila pitoresca onde mora. Depois de assistir às aulas no treinamento de PNL, ele estava entusiasmado para experimentar o Metamodelo. Seu parceiro de bar, Tom, um arquiteto, conversava sobre a semana que teve, especialmente sobre uma grande discussão com um colega sobre um projeto importante.

Como Tom começou a contar o fato ocorrido com "nunca mais trabalharei com ele", Andrew questionou a generalização: "O que é nunca? Tem certeza? O que aconteceria se trabalhasse com ele de novo?" Tom olhou perplexo e respondeu: "Nossa parceria não funciona, a comunicação acabou de ser interrompida."

Muito satisfeito por reconhecer não apenas uma, mas duas nominalizações em uma frase (confira o box "Substantivos abstratos e o teste do carrinho de mão" para uma descrição de nominalizações), Andrew perguntou: "Como você gostaria que esse rapaz fosse como parceiro? E como vocês poderiam se comunicar?" Tom ficou horrorizado e respondeu: "Olha, você normalmente fica do meu lado. O que está acontecendo?"

Em sua ânsia de experimentar a PNL, Andrew se esqueceu de acompanhar e conduzir seu amigo e acalmá-lo moderadamente com o uso sutil do Metamodelo. Tudo o que Tom realmente queria naquela noite era lamentar-se com um amigo que o escutasse e concordasse com ele.

LEMBRE-SE

O valor do metamodelo está em obter esclarecimento. Cuidado para não angariar mais informação do que pode lidar. Faça uma pausa para considerar qual é o resultado que está buscando antes de fazer a próxima pergunta.

NESTE CAPÍTULO

» **Descobrindo os seus transes diários**

» **Adotando a arte da linguagem "habilmente vaga" para um bom resultado**

» **Recorrendo à ajuda do seu inconsciente**

Capítulo 16

Libertando o Poder da Hipnose

Imagine a cena 1: você está dirigindo em uma estrada em um dia comum. É um trecho familiar da estrada; já passou por ele várias vezes, sabe aonde está indo. Você chega ao seu destino, estaciona o carro e percebe que não tem lembrança clara de ter viajado os últimos quilômetros.

Agora imagine a cena 2: você está sentado com um grupo de pessoas;. talvez em uma reunião ou uma aula. Você desperta com um sobressalto quando alguém se volta para você e pergunta: "O que você acha disso?" Oh, meu Deus! A sua atenção vagueava. Você não tem ideia do assunto que está sendo tratado.

Então, o que está acontecendo aqui? Nada demais. Você está em um transe comum, como se o seu cérebro estivesse operando como um computador no modo de segurança. Você está sonhando acordado, um excelente exemplo da capacidade que temos para suprimir os detalhes do que está ocorrendo à nossa volta e mergulhar no padrão de relaxamento do transe. Situações como essa acontecem no mundo inteiro, o tempo todo.

MILTON H. ERICKSON, O MESTRE EM AÇÃO

Como professor e terapeuta convincente, Milton H. Erickson (1901-1980) inspirou e encantou aqueles que chegavam para aprender com ele ou para serem curados. Sua autoridade nas habilidades terapêuticas trouxe resultados positivos para muitas pessoas e o tornou o hipnoterapeuta de maior influência do século XX.

Ele teve grande influência sobre John Grinder e Richard Bandler, os fundadores da PNL. Eles modelaram Erickson em 1974 e, então, publicaram vários livros que demonstravam os padrões de linguagem que eles observaram. Esses padrões constituem a base do Modelo Milton da PNL, que adota, deliberadamente, a linguagem em que o significado é vago. Ele é o oposto do Metamodelo, explicado no Capítulo 15, que objetiva elucidar mais informações específicas.

Erickson distinguia-se por sua habilidade de induzir o transe em seus pacientes e efetuar mudanças reais que curavam pessoas. Ele entrava no ritmo da realidade dos seus pacientes, pacientemente descrevendo o que eles deviam estar experienciando, antes de apresentar sugestões e conduzi-las a um novo pensamento. Seu estilo terapêutico era muito mais "permissivo" do que o dos primeiros hipnoterapeutas. Com isso, queremos dizer que ele adotava uma abordagem flexível, que funcionava com o mapa existente de seus pacientes, sempre respeitando suas realidades e usando-as como ponto de partida para seu trabalho. Ele suavemente levava os clientes ao transe fazendo comentários gerais, em vez de dizer "você entrará em transe agora". Ele acreditava que o cliente tinha os recursos necessários e via que o seu papel como terapeuta era de ajudar o cliente a acessá-los.

Neste capítulo, mergulharemos no mundo do transe e falaremos sobre como usá-lo em benefício de nós mesmos e dos outros. Especificamente, observaremos os padrões de linguagem que você pode escolher adotar para comunicar-se de forma muito mais eficaz com as outras pessoas ao entrar em contato com o inconsciente delas.

Descobrindo a Linguagem do Transe — O Modelo Milton

Como humanos, temos uma capacidade incrível de entender o que as pessoas dizem mesmo quando é algo completamente ininteligível. Há vezes em que ser habilmente vago é bom — quando não se é específico no conteúdo do que você diz, possibilitamos que outras pessoas preencham as lacunas sozinhas. Quando a construção da linguagem é habilmente vaga, as pessoas podem tirar aquilo que precisam das suas palavras de uma forma que seja mais apropriada para elas. E podem acessar os poderes criativos do cérebro, sobre os quais você pode ler no Capítulo 3.

ALERTA DE JARGÃO NA PNL

O *Modelo Milton* é um conjunto de padrões de linguagem que você pode usar para induzir alguém a um estado de transe, um estado alterado de consciência no qual possam acessar recursos inconscientes, fazer mudanças e resolver os próprios problemas. O Modelo Milton tem esse nome por causa de Milton H. Erickson, um dos hipnoterapeutas mais influentes de todos (leia mais sobre ele e sua técnica no box "Milton H. Erickson, o mestre em ação").

O Modelo Milton usa os mesmos padrões que o Metamodelo, mas de maneira inversa (veja o Capítulo 15 para mais detalhes sobre o Metamodelo). Enquanto o Metamodelo procura reunir mais informações, o Modelo Milton procura reduzir o detalhamento, adotando deliberadamente uma linguagem vaga que seja aceitável para pessoas diferentes. A Tabela 16-1 resume as principais diferenças entre esses dois modelos.

TABELA 16-1 **Modelo Milton X Metamodelo**

Modelo Milton	Metamodelo
Torna a linguagem mais geral	Torna a linguagem mais específica
Move-se da estrutura superficial para a estrutura profunda	Move-se da estrutura profunda para a estrutura superficial
Busca uma compreensão geral	Busca exemplos precisos
Visa acessar recursos inconscientes	Visa trazer a experiência para o nível consciente
Mantém o cliente focado internamente	Mantém o cliente focado externamente

Comparando os padrões de linguagem e o Modelo Milton

Na Tabela 16-2, destacamos alguns dos padrões de linguagem principais do Modelo Milton. Assim como no Metamodelo — a explicação mais antiga sobre a linguagem de Bandler e Grinder —, o Modelo Milton identifica três tipos de padrões. Você verá as mesmas omissões, generalizações e distorções que ocorrem no discurso normal (que são explicados na íntegra no Capítulo 15) — os meios pelos quais entendemos as nossas experiências diárias e as transformamos em linguagem.

TABELA 16-2 **Os Padrões do Modelo Milton da PNL**

Padrões	Exemplos de linguagem vaga que você pode usar para desafiar omissões, generalizações e distorções e levar uma pessoa a um estado receptivo.
OMISSÃO	
Omissão simples (deixa de fora parte da mensagem)	Você está pronto para ouvir.
Verbos indefinidos (não diz como a ação acontece)	Enquanto entende isso em seu próprio tempo...
Índice referencial indefinido (não diz a quem está se referindo)	Haverá pessoas importantes para você.
Comparações (não diz o que está sendo comparado com quê)	Você está se sentindo cada vez mais curioso.
Nominalizações (um substantivo abstrato que foi transformado em verbo; veja o Capítulo 15)	Você está conseguindo novos insights, construindo novas amizades.
GENERALIZAÇÃO	
Operadores modais de possibilidade (mostra o que você pode e é capaz de fazer)	Você pode tornar-se mais bem-sucedido... você é capaz de descobrir novas maneiras.
Operadores modais de necessidade (declara o que você precisa, o que deve fazer)	Você precisa levar isso adiante para onde tem que ir.
Quantificadores universais (tudo, todas as coisas)	Sempre que você se sente assim... Todas as habilidades de que precisa são fáceis de aprender.
DISTORÇÃO	
Equivalência complexa (uma situação significa a mesma coisa que a outra)	Isso significa que você está conseguindo toda a ajuda necessária.
Leitura mental (interpretar os pensamentos de outras pessoas)	Sei que você está ficando mais interessado.
Causa e efeito	A cada respiração, você pode relaxar um pouco mais.

Como mostrado na comparação dos dois modelos na Tabela 16-1, o Modelo Milton faz afirmações que são deliberadamente muito gerais; o efeito dessa abordagem é relaxar a pessoa com quem você está falando, enquanto o Metamodelo faz perguntas para conseguir detalhes específicos que faltam nas afirmações gerais.

Conhecendo outros aspectos do Modelo Milton

Assim como os padrões de linguagem descritos na seção anterior, Erickson também utilizou uma série de outros mecanismos para auxiliar a comunicação com seus clientes. Nós discutiremos três desses mecanismos nas próximas três seções.

Perguntas de confirmação (tag questions)

Uma pergunta de confirmação é adicionada ao final de uma declaração para incitar concordância. As perguntas de confirmação são artifícios muito eficazes, que distraem o consciente com algo que ele possa concordar. O efeito é que a declaração na frente da pergunta vai diretamente para o inconsciente e é colocado em prática:

- » Isso é fácil, não é?
- » A sua saúde é importante, você sabia?
- » Você pode, não pode?
- » É hora de relaxar, você não sabia?

DICA

Mesmo que você nunca tenha lido ou aprendido qualquer coisa sobre hipnose, permita-nos lhe dar uma das frases mais poderosas da língua portuguesa, que também é um exemplo de pergunta de confirmação: *é isso*. Não confie na gente; faça o teste; você verá que é praticamente impossível que alguém discorde de você.

Comandos incorporados

Comandos ou perguntas incorporados são frases criadas para conter nelas o resultado que Erickson queria do cliente, como as partes em itálico das frases a seguir.

- » "Estou curioso em saber se *você aprenderá a relaxar e ficará bem confortável* em alguns momentos."
- » "O que interessa é: *quando foi a última vez que você aprendeu com tanta facilidade?*"

O propósito do comando incorporado é enviar orientações diretamente ao inconsciente, sem o bloqueio do consciente. O tom de voz de Erickson destacava os comandos do resto da frase; por exemplo, deixando a voz mais grave para o elemento de comando.

DICA

Ao adotar lições de comunicadores como Erickson, lembre-se de que o que você diz é importante, mas a maneira como se comporta (linguagem corporal, tom de voz etc.) é responsável pela maior parte do efeito.

Duplo vínculo

O duplo vínculo dá escolhas às pessoas, mas as limita. Você cobre as opções e supõe que terá o resultado desejado.

A HISTÓRIA ESTÁ NA FORMA DE CONTAR

Parte da terapia de Erickson envolvia criar contos que ajudavam as pessoas a entenderem as suas situações sob novos ângulos. Erickson ficou confinado a uma cadeira de rodas, mas ainda conduziu uma extensa prática terapêutica, viajou muito, lecionou e ministrou seminários até o final da sua vida.

Vastas bibliotecas com transcrições dos contos e seminários de Erickson estão disponíveis para compra (veja `www.tranceworks.com` — conteúdo em inglês) e são uma leitura fascinante. Entretanto, os felizardos que conheceram Erickson pessoalmente destacam o fato de que a palavra escrita transmite apenas parte da abordagem intuitiva dele para com os clientes. Como revela a equação da comunicação no Capítulo 6 sobre a criação de rapport, as palavras representam apenas uma parte mínima da comunicação, algo em torno de sete por cento do efeito. Os sorrisos, os gestos e o tom de voz de Erickson, seu respeito instintivo e sua curiosidade sobre seus clientes são os ingredientes que faltam nas histórias escritas.

- "Quando você arrumará a sua bagunça, antes ou depois do almoço?" (Uma pergunta típica para usar com adolescentes ou companheiros de apartamento bagunceiros!)
- "O senhor gostaria do verde ou do azul?" (Que tal isso em situação de venda?)

Encontrando seu modelo preferido

EXPERIMENTE

Para ajudá-lo a entender as diferenças entre o Modelo Milton e o Metamodelo, faça esse exercício de interpretação de papéis com um amigo. Um de vocês será o vendedor e o outro, o cliente.

- **O vendedor:** Imagine que você seja um vendedor e a sua tarefa é vender um objeto ou um serviço ao seu parceiro. O seu trabalho é *persuadi-lo a comprar sem dar qualquer detalhe sobre o que você está vendendo de fato*. Veja como pode conseguir com que o seu parceiro se interesse enquanto você mantém o estilo habilmente vago do Modelo Milton.
- **O cliente:** Imagine que você é um cliente e a sua função é *conseguir mais informações específicas do vendedor*. Desafie a linguagem vaga, usando as dicas do Capítulo 15 sobre os padrões do Metamodelo, para extrair detalhes das conversas generalizadas.

Depois, pergunte-se qual papel foi o mais natural para você? Você prefere ver e discutir a amplitude da situação global ou sente-se mais confortável quando conversa sobre detalhes?

Entendendo a arte da imprecisão e por que ela é importante

Conforme se familiariza com o Modelo Milton, pode fazer o que outros fizeram antes de você: comece a notar a linguagem que as pessoas que encontra usam. Você observará que a maioria das pessoas domina a habilidade de comunicar-se em nível geral. Em outras palavras, a maioria delas domina a arte da imprecisão, que permite que você avance no assunto tão facilmente, não é?

A imprecisão está por todos os lados! Considere estas declarações:

- "Podemos fazer isso."
- "As coisas podem melhorar."
- "Não precisa ser assim."
- "Algum dia, todos seremos livres."
- "Cada um tem seus problemas."

Frases como essas estão na boca de políticos, artistas, clarividentes e editores. Você as ouve no rádio todas as manhãs e elas aparecem no jornal em seu horóscopo diário e páginas de anúncios dos últimos lançamentos em produtos. Elas o colocam em um estado de relaxamento. Você não consegue fazer outra coisa senão concordar com declarações de estrutura tão generalizada.

O poder da linguagem vaga está no fato de que você faz com que as pessoas mudem para um estado diferente. Isso distrai a pessoa de seu mundo externo, então, é mais fácil conectar-se com todos em um grupo de pessoas ou conseguir rapport com alguém que não conhece bem. Quando você é vago:

- Os seus ouvintes encontram as suas próprias respostas, que serão mais poderosas e duradouras para eles.
- Você não sugere as suas ideias nem faz sugestões inapropriadas.
- Os seus clientes sentem que têm mais controle, pois são livres para explorar possibilidades diferentes que você pode nunca ter pensado.

Além disso, ser vago também expande o seu mapa. Lembre-se de que a linguagem que você adota também afeta você, não apenas os outros. Assim, as pessoas geralmente impõem os seus próprios limites pela forma como falam de si mesmas e aqueles pensamentos virais teimosos, como "não sou bom o suficiente" ou "nunca serei capaz de fazer isso", os afastam ou bloqueiam a sua rota para o sucesso. O Modelo Milton possibilita que os coaches desafiem as crenças limitantes de seus clientes e os ajudem a:

- Despertar a sua curiosidade natural
- Descobrir mais formas eficazes de atuação

» Encontrar momentos em que você fez o melhor e retornar a esse estado cheio de recursos

» Pensar mais claramente

ALERTA DE JARGÃO NA PNL

A PNL adotou a ideia da *segmentação* do mundo da TI; o termo significa simplesmente dividir as coisas em partes. O conceito da PNL na Figura 16-1 ilustra que a informação precisa estar dividida em partes do tamanho certo para que você possa processá-la — detalhes mínimos ou a imagem geral, o que for adequado à pessoa com quem você fala. O Capítulo 15 sobre o Metamodelo, este capítulo e o Capítulo 17 sobre contar histórias exploram como dar informações às pessoas no nível certo de detalhes ou parte segmentada de diferentes maneiras auxilia a comunicação.

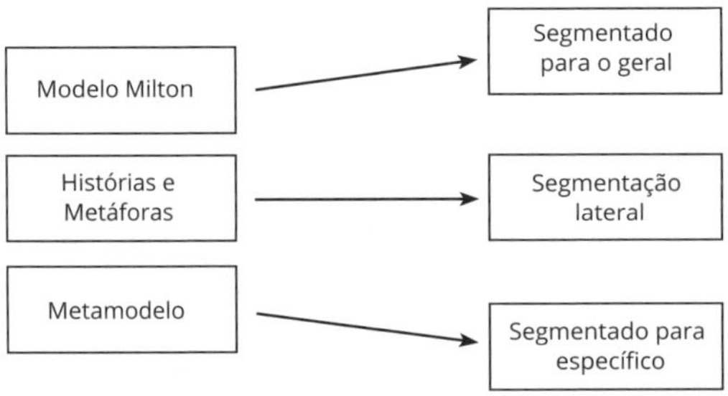

FIGURA 16-1: Segmentando a linguagem.

O Modelo Milton é um estilo de comunicação que se move para cima e concentra as ideias no nível geral mais alto; o Metamodelo tem uma direção descendente concentrada em detalhes muito específicos. Quando você usa histórias e metáforas, apenas se move para os lados, segmentando lateralmente, para combinar no mesmo nível de detalhes, mas usando histórias e metáforas para ajudar as pessoas a fazerem novas conexões.

Aprofundando-se na Hipnose

A hipnose existe desde o século XVIII — Franz Anton Mesmer é considerado seu fundador original (daí a origem da palavra *mesmerizar*). Hipnose — ou transe — é um estado natural de atenção focada, em que seu foco principal está em seus pensamentos e sentimentos internos em vez de no mundo exterior à sua volta.

Graças à influência mais recente de Milton Erickson (confira o box "Milton H. Erickson — o mestre em ação"), a PNL vê a hipnose e o transe diário como uma rota segura e valiosa para o seu *inconsciente* (que, neste contexto, significa diferente de consciente). Seu inconsciente dá significado aos pensamentos, sentimentos e experiências que normalmente não temos consciência.

Erickson disse que seus pacientes estavam tendo problemas porque estavam sem rapport com seus inconscientes, sugerindo que a boa saúde mental envolve o rapport entre o consciente e o inconsciente. Seu estilo de hipnose recorre à ajuda do inconsciente para facilitar a mudança de padrões de pensamento e comportamento e funciona com um terapeuta conversando com alguém de maneira que faz com que a pessoa se torne autorreflexiva. Nesse estado alterado ou irreal, a mente está relaxada. Assim que o inconsciente fica mais disponível, o terapeuta pode ajudar o paciente a fazer mudanças, seja para parar de fumar, perder uma fobia ou medo de realizar outras mudanças positivas para melhorar sua confiança e bem-estar.

No Capítulo 8, você pode ler sobre George Miller, um dos fundadores da psicologia cognitiva. Ele concluiu que o consciente pode lidar com apenas sete partes de informação por vez, com margem de erro de duas para mais ou para menos. Mudanças nos seus processos de pensamento e crença acontecem em um nível inconsciente. O Modelo Milton possibilita a mudança ao acompanhar a realidade da pessoa, e com isso queremos dizer verdadeiramente reconhecer e respeitar as qualidades da experiência de uma outra pessoa, que provavelmente são diferentes das suas. O modelo distrai a mente consciente e permite que as pessoas acessem o seu inconsciente.

Quando sob hipnose, algumas pessoas mergulham fundo nessa experiência, outras nem tanto. Seu cérebro se torna menos ativo e os movimentos musculares, a frequência do piscar dos olhos e os reflexos de deglutição todos ficam mais lentos. A meditação e o mindfulness são exemplos de estados hipnóticos autoinduzidos.

Ficando confortável com a ideia da hipnose

As palavras são poderosas — elas evocam todos os tipos de memórias e sensações e transformam imaginação em ação. Se disséssemos uma palavra para você, *hipnose*, o que a sua mente evocaria? Se lhe pedíssemos que nos deixasse hipnotizá-lo, você responderia "tudo bem" ou se afastaria sacudindo a cabeça? Que reação lhe vem à mente?

Se já experimentou a hipnose, você se lembrará do que é estar em um estado agradável e relaxante, parecido com o relaxamento da meditação ou da yoga. Caso não tenha experimentado, pode estar curioso ou mesmo aterrorizado. "Não comece a brincar com a minha mente", o ouviremos dizer!

Alguns hipnotizadores de palco dão uma forma pejorativa à hipnose, encorajando as pessoas a representarem todos os tipos de atos embaraçosos só para entreter os outros. Tais demonstrações geram medo do controle que um hipnotizador tem sobre a mente dos indivíduos. No entanto, há muitas pessoas céticas no que diz respeito à hipnose.

Se esse é o seu caso, talvez aprecie um outro modo de ver a hipnose. Pense nela como um estado de sonho, no qual a possibilidade de mudança torna-se mais acessível. O *Collins English Dictionary* define a hipnose como "um estado de relaxamento e concentração induzido artificialmente, no qual as partes mais profundas da sua mente tornam-se mais acessíveis".

LEMBRE-SE

Quando você está com um problema, a hipnose simplesmente acelera o processo de se chegar até a solução e ajudar você.

A verdade é que a hipnose só funciona se você estiver disposto a participar do processo. Kate certa vez estava em uma sala com mais de 100 pessoas que haviam entrado em transe através de um exercício grupal de hipnose e ela era, literalmente, a única pessoa que não estava seguindo os comandos do apresentador. Ela assistiu, surpresa, enquanto os outros moviam-se para o palco, levando suas cadeiras consigo. Mais tarde, ela percebeu que não havia sentido confiança na pessoa conduzindo a sessão e havia naturalmente se protegido de participar. Lembre-se de que apenas você tem o poder de controlar seus pensamentos, ações e palavras.

CUIDADO

Como em qualquer outra terapia ou serviço similar, verifique as qualificações profissionais do hipnoterapeuta e peça referências. Tome as mesmas medidas de segurança que tomaria se fosse a um encontro às escuras. Seja particularmente cuidadoso ao entrar em uma casa ou espaço privado em que ficará sozinho com a pessoa. Se estiver em dúvida, levar um amigo consigo pode ser uma atitude sábia.

LEMBRE-SE

Ao contrário do mito popular, sob hipnose, as pessoas estão no controle completo da situação. O hipnoterapeuta atua simplesmente como facilitador e o cliente rejeitará qualquer sugestão que não considere apropriada.

CRIANDO O LUGAR SEGURO

A hipnoterapeuta e coach de PNL Christina Bachini desenvolveu uma reputação de ajudar seus clientes a superarem seus medos. Ela utiliza várias habilidades de PNL com cada cliente, muitas vezes trabalhando com eles no estilo ericksoniano, usando os padrões de linguagem Milton para deixá-los em um estado relaxado e contar "histórias paralelas" em que eles se tornam pessoas com mais recursos. Ela pode usar buscas de linha do tempo para entrar em contato com experiências assustadoras antigas ou trabalho de submodalidades para mudar as experiências negativas.

Como ela explica: "Os clientes sabem, em um nível racional, que o medo de coisas como aranhas, desempenho esportivo e falar em público são irracionais. Então muito do meu trabalho é fazê-los se sentirem seguros e no controle da situação que os assusta. Quando preciso colocá-los em um transe leve, posso criar uma história no momento que seja similar à sua própria experiência e que o inconsciente deles poderá usar para superar o medo."

Ela também está ciente de que os medos podem oferecer um *ganho secundário*; isto é, algum tipo de benefício, como receber atenção da pessoa amada. Ela é muito cuidadosa ao reconhecer a realidade das pessoas em vez de apenas rejeitar seus medos.

Quando o dentista de Christina descobriu que ela era hipnoterapeuta, começou a enviar seus clientes que tinham fobia de dentistas para ela e ficou impressionado com os resultados. Claramente, perfurar o dente de alguém era muito mais fácil quando a pessoa tinha confiança e se sentia relaxada do que quando tremia e estava tensa. Um dia, quando Christina estava fazendo uma obturação, sua boca amorteceu e ela não conseguia falar, e o dentista recorreu a ela para obter ajuda para seus próprios problemas.

"Meu dentista me contou que tinha um medo muito debilitante de voar e que isso estava dificultando que fosse a conferências internacionais. Ele viajava com a esposa e apertava as pernas dela com tanta força, devido ao pânico, que ela chegava machucada e ele não falava nada inteligível. Eu trabalhei com ele no que chamo de "hipnose conversacional" para criar uma história paralela sobre o treinamento extensivo e as habilidades do piloto, em quem meu dentista podia confiar assim como seus clientes confiam nele como um par de mãos profissionais. Eu também pedi para que se lembrasse de quando experimentou sensações similares e ele se lembrou de várias ocasiões de quando era criança e seu pai insistia em colocá-lo sentado na roda gigante do parque de diversões: ele tinha muito medo de cair. Com o passar dos anos, a similaridade entre sentar-se na roda gigante e seu medo anual foi associado ao banco do avião, assim nasceu seu medo de voar."

Para que a superação do medo seja comprovada, os clientes precisam revisitar uma situação que os faria ter medo e descobrir que não há mais problemas. O dentista de Christina reservou um voo para Portugal e voltou para contar que havia realmente aproveitado seu tempo de voo. Claro que os clientes do dentista não voltarão para contar o quanto *gostaram* do tempo que passaram na cadeira durante uma cirurgia, embora o medo tenha claramente se aquietado em uma aceitação calma e eles tenham gostado do resultado final de seus belos dentes!

Reproduzido com a permissão de Christina Bachini

Experimentando transes diários

Ao longo do dia, passamos por várias experiências que são como transes. Você vai e volta naturalmente várias vezes por minuto. Os humanos têm um mecanismo de proteção fantástico para lidar com o excesso de informações!

A vantagem é que o seu transe o permite meditar, planejar, descansar e relaxar. Sonhar acordado o permite abrir a mente para ideias novas. Também intensifica a sua criatividade natural — é quando você faz novas conexões entre ideias e soluciona problemas sozinho.

A desvantagem vem quando você revive ansiedades e não reage ao mundo externo. Pode ser que você precise de algum tempo ou alguma ajuda exterior se isso está acontecendo com você. A terapia e o coaching ajudam as pessoas a romperem com transes negativos. Geralmente, a hipnose trabalha para tirar as pessoas do transe e trazê-las de volta à realidade.

EXPERIMENTE

O que você faz para relaxar de verdade? Para ficar naquele estado agradável e confortável em que tudo está bem no mundo? Faça a mesma pergunta para vários amigos, familiares e colegas e você terá sugestões diferentes. O relaxamento é um transe diário leve que dá a você algum tempo para se equilibrar.

Veja um caminho simples pelo qual você pode induzir o transe em si mesmo e em outros: junte um grupo de pessoas. Passem 20 minutos contando uns aos outros as coisas que vocês fazem pra relaxar. Enquanto você explica o que faz, fale em um tom de voz calmo e gentil, considere o que gostaria de tentar das sugestões dos outros e perceba que apenas falar sobre relaxamento dessa forma já cria um leve transe em todo o grupo.

O nosso desafio para você é perguntar a si mesmo se está passando o tempo relaxando e se permitindo sonhar acordado. Reservar um tempo para relaxar todo dia e a cada semana é como um tônico vital. Tenha consciência de seus próprios transes e escolha não se afogar naqueles que forem negativos.

CASOS E CAUSOS

Quando Kate perguntou a uma amiga, uma adolescente com um forte metaprograma de *afastar-se de* (veja o Capítulo 7 para mais sobre metaprogramas e como pessoas com tendências "afastar-se de" falam mais sobre o que não querem do que o que querem), o que ela mais gostava de fazer para relaxar, esta foi sua resposta:

> *Apenas ler um bom livro e fugir para algum lugar agradável e sossegado. É ótimo quando você está irritado com alguma coisa, porque você se distrai com a leitura, envolve-se com as personagens e, então, esquece o que o estava chateando.*

Umas duas horas depois de receber essa sugestão, Kate recebeu um telefonema complicado, tarde da noite, de um cliente ansioso. Ela sabia que não dormiria até que estivesse totalmente relaxada e não queria entrar no transe negativo de ficar repassando os problemas de seu cliente. Ela seguiu o conselho da amiga, pegou um romance novo, afundou-se no sofá e ficou tão absorta que, muito rapidamente, deixou toda a ansiedade para trás e teve uma boa noite de sono. Em termos da PNL, ela "segmentou" dos detalhes dos problemas do cliente para um sentido mais geral de que "tudo está bem no mundo", suprimindo os detalhes. Às vezes, as soluções mais simples para interromper transes são realmente as melhores.

DICA

Falar para alguém que tem um problema para dormir e que a solução será encontrada pela manhã é, na verdade, um bom conselho, pois há uma verdade essencial nele. Quando você permite que seu consciente descanse, o inconsciente recebe a oportunidade de processar ou acessar informações e, então, o cérebro pode realmente funcionar de modo construtivo. Então, quando estiver com um problema, ao ir para a cama, peça ao seu inconsciente que o ajude a encontrar a resposta e perceba o que surge pela manhã ao acordar.

PENSAMENTO DE GRUPO

Você já percebeu como reações de grupo a um evento são maiores e mais poderosas do que a soma das partes individuais? Talvez você já tenha ido a um show de rock, reunião religiosa ou um grande evento esportivo; talvez tenha experimentado um atraso muito grande de um voo. As pessoas têm a capacidade de entrar em um transe grupal; experimentam a histeria em massa — para a melhor ou para a pior, como o turbilhão religioso muçulmano.

O *pensamento de grupo* é um termo cunhado por Irving Janis para caracterizar situações em que as pessoas são arrastadas pelas ilusões e percepções do grupo. Como psicólogo social da Universidade Yale, ele era fascinado pela questão de como grupos de especialistas, principalmente na Casa Branca, eram capazes de tomar decisões tão ruins. Um dos mais famosos exemplos é a invasão fracassada de Cuba, na Baía dos Porcos, por 1.200 exilados anticastristas. Lançada em 17 de abril de 1961, pela administração Kennedy, quase levou a uma guerra. "Como fomos tão estúpidos?", o presidente Kennedy comentou. Em retrospecto, o plano parecia completamente desencaminhado, entretanto, na época, nunca foi seriamente questionado ou desafiado. Kennedy e seus conselheiros desenvolveram, inconscientemente, ilusões compartilhadas que os impediram de pensar criticamente e de comprometerem-se com a realidade.

A crença de Janis é de que, quando tomados por pensamento de grupo, chefes executivos ou seus assessores não são burros, preguiçosos ou maus. Ele os vê como vítimas de "uma forma de pensar na qual as pessoas se envolvem quando estão profundamente engajadas em um grupo coeso, quando o desejo de unanimidade se sobrepõe à motivação de pensar realisticamente em cursos alternativos de ação".

Quando as pessoas operam no modo de identidade grupal, elas automaticamente aplicam o teste do "vamos preservar a harmonia do grupo a todo custo" para cada decisão que enfrentam.

NESTE CAPÍTULO

» Descobrindo suas habilidades de contar histórias

» Falando para que as pessoas se lembrem da sua mensagem

» Entretendo enquanto informa e influencia

» Resolvendo problemas por meio de histórias e metáforas

Capítulo 17

Contando Histórias para Atingir o Inconsciente: Histórias, Fábulas e Metáforas

Há uma história sobre Nan-in, um mestre japonês na era Meiji, que recebeu um professor universitário que foi entrevistá-lo sobre o budismo Zen. Nan-in serviu chá para ambos. Ele encheu a xícara do visitante e, então, continuou despejando. O professor observou, até que não pode se conter: "Está cheio demais. Não cabe mais nada", disse o professor.

"Assim como esta xícara", disse Nan-in, "você está cheio das suas próprias opiniões e especulações. Como posso mostrar-lhe o Zen sem que esvazie a sua xícara?"

O que aconteceu com você quando leu esse texto? O que veio à sua mente? A sua resposta para essa historinha é única para você e, se perguntar a um grupo de pessoas sobre as reações delas a uma história, descobrirá reações totalmente diferentes. As histórias tocam partes que outras palavras não alcançam. Elas falam ao seu nível inconsciente.

Através das histórias, é possível transmitir uma mensagem de forma muito mais eficaz do que qualquer argumento lógico, pois se conectam às experiências pessoais, memórias e emoções das pessoas. Nos termos da PNL, as histórias ajudam a construir o rapport. Elas o habilitam a transmitir as informações indiretamente, acompanhar a realidade atual de alguém e, então, conduzi-la a uma realidade nova e mais saudável. Você pode se afastar dos problemas para resultados diferentes e abrir novas possibilidades. Então, quando estiver sentado confortavelmente, começaremos...

Processando Histórias e Metáforas

Seu cérebro é uma máquina natural de combinação de padrões (no Capítulo 3 você encontra mais detalhes sobre o que acontece na sua mente), e você está constantemente associando e classificando coisas. Quando ouve algo novo, você faz associações e diz: "Ahá! Isso é como *isto*. Isso me lembra *daquilo*". Seu cérebro naturalmente reconhece padrões e, por essa razão, histórias e metáforas o transportam para um lugar diferente e o colocam no tipo de transe que descrevemos no Capítulo 16 — um estado profundo de relaxamento em que você tem muitos recursos e seu cérebro se torna naturalmente responsivo aos padrões apresentados.

A PNL define as metáforas amplamente como histórias ou figuras de linguagem que promovem uma comparação. A PNL sugere que histórias e metáforas funcionam como ferramentas de comunicação valiosas, porque elas distraem a consciência e a sobrecarregam com processamento. Enquanto isso, o inconsciente interfere com soluções criativas e com os recursos necessários. Assim, você é capaz de criar novos significados e resolver os problemas.

Entendendo as Histórias da Sua Vida

Vivemos em um mundo de histórias e você é um contador de histórias talentoso. Não acredita? Considere o seguinte: quando você conta os eventos do dia para um amigo ou companheiro, está contando uma história. Quando posta suas façanhas no Facebook, fofoca ao telefone com colegas ou descreve um processo comercial para um cliente, está contando uma história. Os eventos não precisam ser um faz de conta para serem qualificados como uma história.

Entendendo o básico da narração de histórias

Boas histórias, quer se tratem de fatos reais ou imaginários, têm quatro ingredientes principais. Pense nos contos de fadas que atravessam gerações, como *João e Maria*, *Chapeuzinho Vermelho* ou *Cinderela*, e veja se reconhece estes elementos:

- **Personagens:** Há um herói, além dos bonzinhos e dos malvados ao longo da história.
- **Enredo:** A narrativa da trajetória do herói.
- **Conflito:** O desafio ou dificuldade que o herói enfrenta.
- **Resolução:** O resultado ou desfecho que acontece no final da história (esperamos que não termine em lágrimas!).

As histórias envolvem o cérebro todo em termos de processamento de palavras e sequências de enredo, bem como a imaginação, a visualização e a criatividade. Uma pesquisa realizada na Universidade Emory mostra que áreas no córtex relacionadas à recepção de diferentes sentidos são ativadas por palavras evocativas e sensorialmente ricas. Por exemplo, palavras relacionadas a sabores e aromas ativam caminhos no cérebro que lidam com o odor. Palavras e frases relacionadas ao toque e ao movimento disparam o córtex sensorial (toque) e motor (movimento).

Algumas histórias são narradas exclusivamente para entreter, mas podem ser usadas para diversos propósitos:

- Focar a concentração
- Ilustrar um ponto
- Ensinar uma lição para que as pessoas lembrem
- Disseminar ideias novas
- Levar as pessoas a reconhecerem os próprios problemas
- Simplificar uma ideia complexa
- Alterar o humor de uma pessoa
- Desafiar um comportamento
- Estimular uma ação
- Divertir

DICA

Ao criar uma história, pense sobre o que quer criar na mente do seu público e use uma linguagem sensorialmente rica em sua narrativa para evocar imagens, memórias e sentimentos.

Trabalhando na sua narrativa

As histórias e metáforas funcionam na comunicação comercial assim como no contexto social e religioso. Você aprende com as experiências de outras pessoas e extrai significado de metáforas. As empresas contam histórias para:

- » Comunicar uma informação
- » Transmitir os valores da empresa
- » Instruir pessoas
- » Influenciar clientes a escolherem seus produtos ou serviços
- » Ajudar as equipes a avaliarem as escolhas e tomarem decisões

As histórias atraem as pessoas de forma mais completa, e é por isso que os exemplos de clientes, testemunhos e estudos de caso funcionam tão bem para reforçar uma mensagem comercial. Elas são muito mais poderosas do que a simples promoção do produto.

Em muitas empresas, as narrativas envolvem o nascimento da empresa, que coloca as pessoas em contato com os valores fundamentais. No início dos trabalhos na Hewlett-Packard (HP), todos se relacionavam com a história de como Bill Hewlett e Dave Packard começaram em uma garagem na Califórnia, as lutas para sobreviver em seu caminho do sucesso em Palo Alto e a dedicação contínua em relação aos princípios centrais que eram anotados e contados a cada um dos 100 mil funcionários como *The HP Way* (O Modo HP).

Narrativas corporativas como essas cativam as pessoas e as tornam aliadas a um senso comum do propósito. Elas ajudam a manter o mesmo senso de equipe e unidade de um negócio menor, mesmo quando a empresa torna-se uma corporação gigante. Na HP, os funcionários respeitam os fundadores, porque se identificam com os dois seres humanos que se tornaram líderes empresariais renomados graças às suas habilidades, sua coragem e determinação. Eles sentiam que Bill e Dave continuavam a valorizar as pessoas, bem como o seu desempenho comercial, de maneira excepcional no exigente mundo dinâmico corporativo.

CASOS E CAUSOS

Lembramos também o ex-CEO, Lew Platt, falando em uma Conferência de Mulheres na HP e contando a história de criar os filhos como pai solteiro depois que a sua esposa faleceu. Ele contou sobre a preocupação com receber um telefonema avisando que o filho estava doente na hora em que estava indo a uma reunião importante de negócios. Lew sabia como atingir o coração da plateia ao falar da própria experiência.

Contar histórias não é uma habilidade exclusiva de líderes empresariais. No trabalho, você pode começar a desenvolver as suas próprias histórias como uma ferramenta para transmitir a sua mensagem aos colegas e clientes, bem como aos chefes. Mas não as torne muito longas nem surpreendentemente elaboradas.

Você pode começar a observar alguns dos seus sucessos ou suas experiências interessantes e transformá-las em anedotas relevantes para chamar a atenção no momento adequado.

As histórias da sua experiência podem animar radicalmente uma explicação de um assunto enfadonho, como atendimento ao cliente, controle de qualidade, programas de software ou procedimentos de segurança.

Em caráter similar, se você quiser influenciar um cliente a comprar o seu produto ou tomar a decisão certa, é mais provável que ele o ouça quando você conta como outro cliente resolveu um problema parecido. Essa abordagem menos direta ao ponto pode ser mais eficaz do que apresentar uma opinião direta do que gostaria que ele fizesse.

Assim, também, se você quer um direcionamento mais positivo no desenvolvimento da sua carreira, não espere o relatório de desempenho anual para que seu chefe saiba como você está se saindo. Como alguns de nossos clientes bem-sucedidos já descobriram, algumas histórias que demonstram realizações soltas em conversas durante um café ou almoço podem ser muito mais eficazes.

Fazendo uma contribuição para a próxima geração

A tradição de contar histórias — dos mitos gregos, lendas arturianas e fábulas de Esopo até os escritores modernos — constitui parte da nossa rica herança que liga gerações passadas, presentes e futuras. De maneira similar, as histórias que você conta sobre a própria vida (ou ouve sobre a vida dos outros na sua família) desempenham a mesma função: conectam as gerações.

Quais são as histórias que gosta de ouvir e contar sobre a própria vida? Talvez tenha ouvido histórias de família sobre quando você nasceu, o seu primeiro dia na escola, os fatos e as pessoas importantes no início da sua vida. A verdade pode ser mais estranha e mais divertida do que a ficção. E os casos são contados várias vezes e a cada vez com um novo adorno.

CASOS E CAUSOS

As histórias de família que passam pela oralidade vão se perdendo conforme as gerações mudam. Quando a vizinha de Kate, Margaret, se aposentou, levou seu interesse sobre seus ancestrais muito além da criação de uma árvore genealógica. O seu legado mais permanente para a família é uma fascinante coleção encadernada das histórias. Junto com a árvore, ela coletou anedotas de todos os membros vivos da família. Ela os publicou para que a família e as gerações futuras apreciem e entendam mais a respeito da sua herança. Se você fizesse o mesmo, que histórias gostaria de guardar para a posteridade?

EXPERIMENTE

Veja um jogo de anedotas que pode alegrar uma reunião de família: escreva cinco cartões com cada uma das seguintes palavras: farsa, suspense, comédia, tragédia, romance. Pegue um cartão, pense em uma anedota familiar e conte a história no estilo que está escrito no cartão.

Entendendo o Poder das Metáforas

Assim como as pessoas contam histórias todos os dias, as suas conversas diárias são ricamente recheadas de metáforas. Considere estes exemplos (com as metáforas em itálico):

- "Veja só, é uma *selva* lá fora!"
- "Ele *estava nas mãos deles*."
- "Ela é uma *chata de galochas*!"
- "Ele é uma *brisa*."
- "*Cortaríamos o ar com uma faca*."

Alguns diriam que, enquanto uma imagem vale mais do que mil palavras, uma metáfora vale mais do que mil imagens.

Usando metáforas na PNL

A palavra metáfora deriva do grego e significa "transferência". Metáforas fazem uma comparação, um paralelo entre dois termos às vezes não relacionados, e pode ser uma forma poderosa e inovadora de descrever uma situação; pode ajudar o ouvinte a refletir sobre si mesmo ou ver uma situação difícil sob novo ângulo, proporcionando um jeito original de resolvê-la.

ALERTA DE JARGÃO NA PNL

Na PNL, as metáforas são usadas em um sentido mais amplo do que aquele definido na gramática — são usadas para ajudar as pessoas a moverem-se de um contexto a outro. A PNL denomina esse movimento de *segmentação paralela*. Como explicado no Capítulo 16, trata-se de transitar entre níveis de detalhamento (para o quadro geral ou detalhes específicos) para comunicar-se com alguém no nível mais apropriado e eficaz.

Como Nick Owen descreve em seu livro *The Magic of Metaphor* (A Mágica da Metáfora, em tradução livre, Crown House Publishing, 2001): "As metáforas não são simplesmente adornos retóricos ou poéticos, mas artifícios poderosos para dar forma à percepção e à experiência."

CASOS E CAUSOS

Em um dos workshops de apresentação de Kate, uma participante, Janet, estava procurando formas criativas de animar a apresentação para um grupo de adolescentes. Como consultora vocacional, o trabalho de Janet é visitar escolas e inspirar grupos com esquemas de aprendizado interessantes.

Na primeira, ela ficou em pé e falou das escolhas para a garotada, na esperança de que eles a ouvissem por causa do seu enorme entusiasmo e vasto conhecimento. Mais tarde, conforme ela pensou nas formas de refinar sua apresentação com histórias e metáforas, teve a ideia de usar a metáfora de um telefone celular recém-lançado — algo com o que todos os adolescentes conseguiam se identificar. Ela comparou todas as atribuições das diversas carreiras com as funções sofisticadas do último modelo de celular e as demonstrou com imagens postadas em uma pasta do Pinterest. Dessa forma, construiu uma ponte entre a conselheira e o estudante e encontrou uma forma de desenvolver um diálogo mais convincente. Graças à metáfora atraente, ela descobriu uma abordagem nova para animar a história e inspirar os adolescentes.

EXPERIMENTE

Para praticar metáforas criativas e divertir-se ao mesmo tempo, experimente este exercício. São necessárias três pessoas: a pessoa A tem um assunto (como escrever um livro, por exemplo) que gostaria de comunicar de forma diferente. Siga estes passos:

1. **A Pessoa A diz: "[O assunto] é como..."**

   Usando o exemplo de escrever um livro, a pessoa A diria: "Escrever um livro é como..."

2. **A Pessoa B pensa em um objeto — qualquer objeto para completar a frase: "Escrever um livro é como..."**

   A Pessoa B, por exemplo, diria: "... um pão".

3. **A Pessoa C faz a conexão.**

   Por exemplo, ela diria: "... porque você pode colocar as mãos na massa".

Aplicando metáforas para encontrar soluções novas

Em seu livro *Sleight of Mouth*, Robert Dilts conta a história de um jovem em uma ala psiquiátrica que sofria da ilusão de ser Jesus Cristo. Ele passa os dias improdutivamente, resmungando, irritando e sendo ignorado pelos outros pacientes. Todas as tentativas dos psiquiatras e seus assistentes para convencer o homem de sua ilusão foram fracassadas.

Um dia, chegou um novo psiquiatra. Depois de observar silenciosamente o paciente por algum tempo, ele aproximou-se do jovem. "Sei que você tem alguma experiência como carpinteiro", disse. "Bem, sim, acho que sim", respondeu o paciente. O psiquiatra explicou ao paciente que estava construindo uma nova sala de recreação e precisaria da ajuda de alguém que tivesse habilidade de carpinteiro. "Poderíamos contar com a sua ajuda", disse o psiquiatra, "isto é, se você for do tipo de pessoa que gosta de ajudar os outros".

E assim a história termina bem. O paciente sente que suas crenças foram respeitadas e começa a interagir com as pessoas outra vez. Agora sua cura terapêutica pode começar.

Nessa história, o novo psiquiatra se conecta com o paciente, trabalhando dentro de sua própria metáfora de carpintaria. O paciente acredita ser Jesus Cristo, então o psiquiatra aceita e não tenta contradizê-lo. Ao contrário, o psiquiatra trabalha com a crença do paciente e adota a mesma metáfora — de Jesus, o carpinteiro — para colocar o paciente no caminho de sua cura.

Terapeutas capacitados de todas as áreas trabalham, com frequência, com as metáforas dos clientes para ajudá-los a solucionar os problemas. Da mesma forma, você pode trabalhar com as metáforas das outras pessoas para auxiliar o diálogo na comunicação diária. Por exemplo:

» Para transmitir más notícias, como atrasos de projetos ou mudanças de trabalho
» Para acalmar um adolescente ansioso em época de provas
» Para explicar um assunto complicado a um grupo de pessoas
» Para inspirar confiança ou coragem a uma criança
» Para reduzir a ansiedade de um amigo que enfrenta uma doença

DICA

Você pode usar jogos de palavras para aliviar a tensão, através de temas como o tempo e a natureza — mudando de chuvas e tempestades para sol e calma, ou comparando uma situação desafiadora com escalar uma montanha ou atravessar um rio. Também, relacionar a mensagem com os termos do esporte preferido de um amigo — golfe, tênis, vela ou futebol — pode ajudar a promover mudanças de pensamento.

Como exemplo, quando o seu colega de trabalho diz: "Esse projeto é um verdadeiro pesadelo", você pode suavemente inserir palavras sobre dormir e sonhar no diálogo para obter mais informações ou conduzi-lo a um estado de pensamento mais positivo. Assim, pode incluir alguns dos seguintes tipos de linguagem na discussão: "Quais aspectos do projeto estão lhe tirando o sono à noite?", "Há algumas partes assustadoras?", "Talvez as pessoas precisem descansar para pensar de vez em quando?", "Como você gostaria de passar a noite?" e "Então, nos seus sonhos mais selvagens, o que consegue ver acontecendo?"

CASOS E CAUSOS

Anthony é um terapeuta que trabalha com clientes com comportamentos que causam dependência. Ele nos disse:

> *Tenho um cliente que me falou sobre o prazer que sentia ao beber, até que isso saiu fora de controle. No início, ele descreveu o deleite da sua bebida preferida — a expectativa e o cheiro do primeiro copo, o quanto era atraente na garrafa, lindamente engarrafada e apresentada. Mas, quando descreveu os seus sentimentos de impotência conforme o vício foi tomando conta dele, o álcool havia se transformado em um espírito feio que o assombrava e apavorava. Ao longo de um período de tempo, fomos capazes de trabalhar com sua história, desenvolver um enredo e trabalhar nela para que tivesse um final feliz. Ele, então, pôde acreditar em um futuro no qual ficaria livre do vício que estava oprimindo sua vida.*

Empregando metáforas diretas e indiretas

A PNL faz distinção entre os tipos de metáforas diretas e indiretas.

- » Uma metáfora *direta* compara uma situação com outra em que há uma ligação óbvia nos termos do tipo de conteúdo. Um exemplo seria comparar o aprendizado de um novo aplicativo de software com aprender a dirigir. Ambos referem-se à aprendizagem.
- » Uma metáfora *indireta* compara o que não é imediatamente óbvio. Então, pode-se comparar a aprendizagem de um software com o preparo de uma refeição ou o planejamento de férias. Algumas metáforas indiretas formam a base das campanhas publicitárias mais criativas.

MODELAGEM SIMBÓLICA

James Lawley e Penny Tompkins, autores de *Metaphors in Mind* (Metáforas na Mente, em tradução livre, Developing Company Press, 2006) desenvolveram um processo chamado Modelagem Simbólica. Esse processo melhora a habilidade de pessoas treinadas em PNL e em outros métodos para trabalhar em um nível simbólico com os clientes. "Metáforas são particularmente valiosas para aqueles que acham difícil descrever o que está acontecendo com eles devido a um trauma, falta de autoconsciência ou vergonha", diz James. "Por exemplo, em uma reunião de negócios, um líder sênior pode não querer dizer que tem medo do caminho que a organização está seguindo. Contudo, ao usar o domínio simbólico, pode admitir prontamente que 'é como um mar bravio cada vez mais turbulento'. Isso o permite expressar seus medos sem expor si mesmo a um julgamento."

Trabalhar com símbolos e metáforas possibilita que os clientes sintam que têm mais recursos ao lidar com tópicos desafiadores. Como psicoterapeutas, Penny e James tinham experiência em trabalhar simbolicamente com clientes que passaram por traumas severos. Às vezes, um cliente pode achar doloroso demais falar sobre os detalhes do evento. "Trabalhar com as metáforas pessoais dos clientes", diz Penny, "honra sua experiência única e cria um contexto no qual a mudança pode ser implementada naturalmente. Isso acontece porque a Linguagem Clara de David Grove evita que os terapeutas adicionem ou mudem inadvertidamente a experiência simbólica de um cliente".

Nós fornecemos o conjunto de perguntas da Linguagem Clara no Capítulo 18 e você pode descobrir mais sobre Linguagem Clara e Modelagem no Capítulo 19.

Permissão de James Lawley e Penny Tompkins.

Criando as Suas Próprias Histórias

Em seus workshops de escrita "Passion to Publication", Kate encoraja os autores a criarem suas Histórias de Origem e, então, desenvolvê-las em um artigo, post de blog ou livro. Essas são as histórias pessoais que dispararam a paixão da pessoa pelo que ela está escrevendo e relatam os períodos em que o escritor sentiu extremos de emoção — de picos de excitação até crises de ansiedade. Enquanto cada pessoa do grupo compartilha uma história, isso inevitavelmente dispara novas histórias para os outros escritores, pois eles conectam a experiência do escritor com as suas próprias similares. A escrita mais convincente conta histórias atraentes, assim como os contos mais atraentes são os contados com o coração.

Comunicadores fortes reconhecem o poder da história para construir rapport mais prontamente e colocar sua plateia em transe — quer seja com uma pessoa ou com muitas. Na verdade muito do trabalho terapêutico depende da forma narrativa da comunicação. Nesta seção, nós reunimos ideias para você desenvolver seu próprio repertório de histórias e construir suas habilidades como um contador de histórias envolvente. Mesmo que você nunca tenha pensado em si mesmo como um contador de histórias, logo poderá ver como capturar suas próprias ideias de histórias e organizar seus pensamentos visando o máximo efeito.

Usando o diário de construção de histórias pessoais

Experiências diárias podem formar a base de suas próprias histórias convincentes. Eis uma forma de captar e gravar o enredo para que você possa adaptar depois:

EXPERIMENTE

1. **Encontre uma situação que tenha gerado uma emoção: anote a emoção gerada (foi alegria, satisfação, orgulho, medo, raiva, surpresa, confusão, culpa etc.?).**
2. **Quem são as pessoas envolvidas?**
3. **Conte o que ocorreu ao dar três pontos-chave do enredo.**
4. **Conte qual foi o resultado: em outras palavras, como terminou?**
5. **Descreva algo engraçado ou interessante que foi comunicado.**
6. **Explique o que aprendeu com isso.**
7. **Liste as suas ideias para desenvolver essa história: identifique onde, quando e para quem você a contará.**

A HISTÓRIA DA VULNERABILIDADE

TED é uma comunidade global, famosa por suas palestras disponíveis gratuitamente online e conferências que recebem pessoas de todas as disciplinas e culturas que buscam uma compreensão mais profunda do mundo. Em seu site (www.ted.com), a comunidade TED declara: "Acreditamos apaixonadamente no poder das ideias para mudar atitudes, vidas e, por fim, o mundo."

Uma das contadoras de histórias mais popular da TED é Brené Brown, cuja palestra "The Power of Vulnerability" (O Poder da Vulnerabilidade, em tradução livre) alcançou milhões de visualizações. Nela, ela descreve como sua pesquisa social desenvolveu-se para um trabalho inovador sobre a emoção da vergonha e transformou completamente sua própria vida e seu trabalho. Ela começou como uma acadêmica que achava que podia estudar, controlar e prever resultados e se transformou em alguém que descobriu a coragem de ser imperfeita. Hoje ela é conhecida como especialista no estudo da vergonha, da autenticidade e do pertencimento.

Das milhares de entrevistas, grupos de foco e dados coletados ao longo de uma década, ela aprendeu que algumas pessoas sentem que nunca são boas o suficiente, enquanto outras, "as sinceras", sempre sabem que são suficientes. As sinceras não têm vidas melhores do que as outras; o que as diferencia é que elas têm um senso profundo de amor e pertencimento e acreditam que são valiosas. Elas escolhem ativamente descansar e brincar em vez da exaustão como um símbolo de status. Elas também se envolvem em algum tipo de criatividade, e Brené argumenta que a criatividade não usada se transforma em pesar, julgamento, raiva e vergonha.

Por meio de suas palestras e livros, Brené tem inspirado pessoas de todos os níveis de vida a viver de maneira completa e reconhecer que é impossível resistir à vulnerabilidade. Enquanto podemos sentir que a vulnerabilidade é o centro de emoções obscuras de medo, culpa e pesar, é nela também que nasce a alegria, a esperança e a empatia. Ela diz "vulnerabilidade é o núcleo, o coração, o centro das experiências humanas significativas".

As histórias se desenvolvem e mudam ao longo do tempo. Volte ao diário em intervalos regulares para ampliar seu repertório. Ouça os locutores que o inspiram e divertem e observe que os enredos são relativamente simples. Sinta-se à vontade para lembrar de histórias que ouviu outros contarem e coloque a sua interpretação pessoal para torná-la sua.

DICA

Ao começar a criar suas histórias favoritas, pense nos seguintes aspectos:

- » Como *começará* e como *terminará* a história? Alguns grandes começos perdem o rumo (e os leitores) muito antes de chegarem ao final.
- » O que acontece no *meio* para causar um interesse dramático — quais são os marcos interessantes, as batalhas, os dilemas ou conflitos no caminho?

- Quem são as *personagens* — quem é o herói e o elenco de apoio? Como torná-los memoráveis?
- Como você pode se assegurar de construir o conteúdo em uma estrutura consistente?

Descobrindo mais meios de praticar suas habilidades de contador de histórias

DICA

Contar histórias de forma eficaz é uma habilidade fabulosa que vale a pena aprender — uma história bem contada captura o público e permanece com as pessoas muito tempo depois que outros detalhes de um evento são esquecidos. Veja algumas sugestões para você melhorar a sua técnica:

- Comece com histórias simples e, conforme desenvolve as suas habilidades, seja mais audacioso.
- Vá à seção infantil de uma biblioteca para todos os tipos de exemplos de folclore e contos de fadas que você pode adaptar bem a qualquer contexto. Um de nossos clientes descreve *Alice no País das Maravilhas* como o melhor livro de negócios já escrito.
- Lembre-se de que, quando conta uma história, o foco está em você. Pratique e viva com a sua história para que, quando contá-la, possa comandar a atenção da plateia e levar todos com você. Saiba o início e o final de cor e simplifique a estrutura para poucos pontos-chave.
- Conte uma história humorística com um semblante inexpressivo. O elemento surpresa é uma ferramenta poderosa e você criará muito mais impacto do que se sorrir maliciosamente no decorrer do conto.
- Prenda-se ao ingrediente essencial do rapport para manter as pessoas atentas (veja o Capítulo 6 para mais detalhes sobre criar rapport).
- Planeje o horário, lugar e a situação em que contará a história. Certifique-se de que as pessoas estão relaxadas e confortáveis. A ambientação em torno de fogueiras de acampamento reluzentes tende a resultar em momentos perfeitos para contar histórias — tanto quanto sentar embaixo da sombra das árvores em um dia preguiçoso de verão.
- Pense na sua voz como um instrumento musical bem afinado. Note como a respiração afeta sua voz e pratique uma gama de sons e volumes. Divirta-se explorando todas as suas habilidades vocais para dar vida à sua história.
- Veja o que consegue descobrir com as histórias dos outros e de como eles as contam. Veja TED Talks online para ver como os palestrantes trabalham com a voz, com a plateia e com o palco.

- Falar de cor em vez de ler de um livro ou roteiro é uma estratégia mais poderosa — e as pessoas não cobrarão tanta perfeição nas palavras.
- Estimule os sentidos da sua plateia para que seus membros possam ver imagens, ouvir sons, sentir emoções e até o cheiro e o gosto do conto delicioso que você está preparando para eles.
- Tenha um início bom. Para exemplos de aberturas memoráveis, veja o box "Fisgando pessoas".

Usando a persuasão sutil

Uma técnica poderosa de PNL para obter "suporte" à sua história enquanto supera qualquer argumento ou discordância em potencial é a *pré-significação*. Essa técnica é eficaz porque podemos usá-la para preparar o cenário para as mensagens que queremos que o público ouça. Ela permite a difusão de objeções e a abertura da mente do público para possibilidades que podem não ter sido consideradas. A pré-significação pode ser tão simples quanto estabelecer um itinerário para um programa de treinamento ou o cronograma de uma reunião. Por exemplo, se você estiver em uma situação de venda e suspeite que o preço pode ser um problema, pode dizer algo como: "Nossa empresa gostaria de trabalhar com sua organização porque fornecemos um serviço de alta qualidade. Eu sei que algumas pessoas preferem uma opção mais barata, mas nossos clientes se sentem valorizados porque sabem que prestamos atenção às *suas necessidades.*"

Usar a frase "suas necessidades" sugere para o inconsciente do cliente em potencial que suas necessidades, quando for seu cliente, também receberão atenção.

Em seu treinamento Beyond Distress™, Romilla dirá algo como: "Esta palestra é sobre estresse e eu percebo que vocês estão aqui em sua qualidade de empresários e estarão familiarizados com o termo 'equilíbrio pessoal–profissional'. Esse termo implica uma divisão, mas vocês não são uma dicotomia: o estresse que vocês experimentam no trabalho afeta a qualidade de sua vida em casa e o estresse que sentem em casa pode afetar seu desempenho no trabalho. Durante nosso tempo juntos, vocês descobrirão formas valiosas não apenas de superar o estresse, mas também de realmente usá-lo em benefício próprio. Assim, peço para que pensem em maneiras de aplicar o que descobrirem hoje para lidar com um adolescente difícil, criar um diálogo com um parceiro pouco comunicativo ou lidar com um chefe ou colega difícil."

FISGANDO PESSOAS

Era uma vez... Já notou como todas as grandes histórias intrigam leitor com esse início? Pense em como você começará a sua história para chamar a atenção e manter o interesse. Veja algumas linhas introdutórias para iniciantes:

- "Se eu devo me tornar o herói de minha própria história, ou se este lugar será ocupado por qualquer outra pessoa, estas páginas devem mostrar." Charles Dickens, *David Copperfield*
- "Podia ter acontecido em qualquer lugar, em qualquer época, e poderia certamente ter sido muito pior." Elizabeth Jane Howard, *The Sea Change*
- "'Pegue o meu camelo, querido', disse tia Dot quando desceu do animal em seu retorno da Missa Solene". Rose Macaulay, *The Towers of Trebizond*
- "José Palacios, seu serviçal mais antigo, o encontrou boiando nu, com os olhos abertos nas águas puras do seu banho e pensou que ele houvesse se afogado." Gabriel Garcia Márquez, *O General em seu Labirinto*
- "No início, havia um rio. O rio tornou-se uma estrada, e a estrada ampliou-se para o mundo todo. E por ter sido rio uma vez, a estrada estava sempre faminta." Ben Okri, *The Famished Road*
- "Estou condenado a me lembrar de um garoto com uma voz destruída, não por causa da sua voz ou por ele ser a menor pessoa que eu já conheci, ou mesmo porque ele foi o instrumento da morte da minha mãe, mas porque ele é a minha razão para acreditar em Deus." John Irvine, *A Prayer for Owe Meaney*

Acrescentando ciclos à sua história: E isso me lembra de...

Você já observou como, em um romance, um escritor abre vários ciclos ou enredos que correm paralelamente ao longo do livro?

Um dos maiores livros de histórias do mundo, *As Mil e Uma Noites*, narra o desagradável problema comportamental do Rei Shahryar. Ele adquiriu o hábito de matar uma sucessão de jovens noivas virgens depois da noite de núpcias.

No grau de velocidade que ele estava devastando a população feminina, a fonte das noivas potenciais começava a secar. Graças à esperteza de Sherazade, a filha do seu político mais antigo e a próxima vítima em potencial, o padrão foi quebrado. Conta-se que Sherazade colecionou mil e um livros de histórias e poesia, fascinada como era pelas vidas de reis e gerações passadas.

Na noite de seu casamento, ela distraiu o rei com um conto que ficou incompleto ao amanhecer. A curiosidade do rei o fez esperar a conclusão da narrativa e ele poupou sua vida mais uma noite — e outra, e outra —, conforme ela ia contando os mil e um contos. E ele perdeu o hábito de matar as novas noivas!

DICA

Você também pode adicionar ciclos de histórias ao seu conjunto de habilidades de contador de histórias. Esse dispositivo avançado pode ajudá-lo com as histórias que conta, seja em uma apresentação, em um treinamento ou em uma ocasião social.

O que você faz é começar uma história e, antes de completá-la, você diz: "Ah, isso me lembra...", ou "já contei uma sobre..." As histórias permanecem incompletas; as pessoas são deixadas na incerteza, imaginando o que aconteceu e como será o final. Esse artifício possibilita que você mantenha a atenção e concentração da plateia enquanto ela tenta criar ordem a partir do caos. Você pode fazer isso naturalmente, enquanto divaga de um assunto para o outro. Entretanto, certifique-se de dar fechamento às histórias em algum momento, ou você vai acabar simplesmente irritando a sua plateia.

E, FINALMENTE, SENTE-SE, RELAXE E APROVEITE UMA HISTÓRIA DA TRADIÇÃO SUFI

Era uma vez um garotinho que batia um tambor o dia todo e adorava cada momento. Ele não ficava quieto, não importava o que alguém fizesse ou dissesse. Muitas pessoas que se autointitulavam Sufis, e outros desejantes do bem, eram chamadas pelos vizinhos para que fizessem algo a respeito da criança.

O primeiro suposto Sufi falou ao menino que, se ele continuasse fazendo tanto barulho, perfuraria os seus tímpanos; essa razão era muito complexa para a criança, que não era nenhum cientista nem erudito. O segundo disse-lhe que tocar tambor era uma atividade sagrada e deveria ser tocado apenas em ocasiões especiais. O terceiro ofereceu tampões de ouvido aos vizinhos; o quarto deu um livro ao garoto; o quinto deu livros aos vizinhos que descreviam como controlar a raiva através do biofeedback; o sexto deu exercícios de meditação ao menino para torná-lo calmo e explicar-lhe que toda realidade era imaginação. Como todos os placebos, cada uma dessas soluções funcionou por algum tempo, mas nenhuma perdurou.

Finalmente, veio um verdadeiro Sufi. Ele observou a situação, entregou um martelo e uma talhadeira ao menino e disse: "O que será que há *dentro* desse tambor?"

NESTE CAPÍTULO

» Dando mais valor às suas perguntas

» Revelando as suposições limitadoras e vieses inconscientes

» Indo direto ao ponto

» Facilitando decisões difíceis

Capítulo 18

Fazendo as Perguntas Certas

Quando você sabe as perguntas "certas", consegue os resultados que quer mais rapidamente. No decorrer deste livro, no verdadeiro espírito da PNL, nós visamos deliberadamente não ser críticas; assim você pode, com total legitimidade, dizer que não há perguntas "certas" ou "erradas", apenas diferentes.

Então, vamos ser mais precisas. Quando falamos em perguntas "certas", estamos buscando especificamente as incisivas, aquelas que colocam o dedo no x da questão, que têm um efeito positivo no mais curto espaço de tempo possível. As perguntas "erradas" são aquelas que o afastam da rota, serpenteiam para um beco sem saída, reunindo informações interessantes, porém, irrelevantes.

Neste livro, explicamos e demonstramos que a sua linguagem é poderosa; ela provoca uma resposta emocional em você e nos outros. Essa é uma razão pela qual você pode fazer a diferença quando começa a escolher a linguagem cada vez com mais consciência. Neste capítulo, trouxemos juntas algumas das perguntas mais úteis que você pode fazer em situações diferentes, para que as coisas aconteçam para você e para os outros. Sabendo as perguntas "certas" você pode fazer a diferença quando quiser:

- Fazer sua vida seguir a direção certa
- Tomar as melhores decisões
- Ajudar os outros a ter mais responsabilidade
- Selecionar e motivar as pessoas
- Ajudar os outros a superar suas limitações

Dicas e Estratégias para Fazer Perguntas

Antes de correr para pergunta crucial que você provavelmente gostaria que fosse respondida — "quais são as perguntas mágicas que realmente fazem a diferença?" —, respire rapidamente para considerar *como* fazer as perguntas quando está trabalhando com outras pessoas, que é tão importante quanto *o que* perguntar.

Nesta seção, o encorajamos a desafiar o seu estilo pessoal e suas suposições e adaptar o seu próprio comportamento para funcionar no seu melhor, seja no lugar de cliente ou coach.

Limpando sua linguagem — Removendo os vieses

Você já imaginou quantas perguntas levam a suposições baseadas no que *você* quer e no *seu* mapa da realidade, em vez do que as outras pessoas querem? Como seres humanos, é muito difícil não projetar nossas ideias, necessidades, vontades e nosso entusiasmo nos outros — especialmente os mais próximos. Sua personalidade e experiências de vida o tornam inconscientemente enviesado em sua interação com os outros. Você influencia outras pessoas todo o tempo; não dá para evitar. Por essa razão, a maioria das perguntas não são o que chamamos de *limpas* — no sentido de que pressupõem alguma coisa, como no caso da pergunta: "Quando você parou de bater na sua esposa?"

LEMBRE-SE

Mesmo uma palavrinha como bater tem significados diferentes para cada um de nós. Você pensou em bater no contexto da violência física, ou pensou no sentido competitivo de vencer em um esporte ou jogo, ou algo completamente diferente?

Terapeutas passam por anos de treinamento para trabalhar com seus clientes como um espelho limpo, que pode simplesmente refletir as questões dos clientes discutidas por eles. Alguns brilham mais do que outros! Afinal de contas, você sabe o quanto pode comunicar só por um erguer de sobrancelha ou risadinhas abafadas. (Era por isso que Freud deitava os clientes em um divã enquanto ele, como terapeuta, sentava-se atrás da cabeça do cliente!)

DICA

Se você quer ser respeitoso em relação ao ponto de vista das outras pessoas, observe como pode evitar prejudicar o resultado de uma discussão. Você está dizendo a alguém o que fazer com base no que você faria?

Cuidado ao fazer generalizações ou decisões limitadoras como falamos no Capítulo 15. Preste atenção no que diz, e se você se vir listando instruções que comecem com as palavras como: "precisa", "deve", "deveria" e "não pode", então, é hora de parar de dirigir a ação e impor o seu ponto de vista aos outros.

Imagine que você seja um gerente e esteja treinando ou sendo o mentor de um colega ou de um funcionário no trabalho. Na sessão de coaching, é essencial começar com um objetivo claro em mente. Então, você poderia perguntar: "No que queremos trabalhar hoje?"

A pergunta é simples, direcione e foque a atenção no entendimento mútuo de que vocês estão *trabalhando* em algo. As suas palavras dão a intenção do tipo de interação que vocês estão tendo: isso não é apenas uma conversa amigável; nós temos trabalho a fazer hoje. Essa pergunta é uma abertura "melhor" no contexto desta seção do que perguntar "devemos conversar sobre por que você não terminou o projeto tão rápido quanto Fiona?", porque você está dando à outra pessoa um pouco de espaço para pensar e trazer desafios reais e vívidos à discussão.

PESCANDO RESPOSTAS

CASOS E CAUSOS

Um terapeuta estava trabalhando com uma cliente que disse ter tido um sonho. Tudo o que a cliente conseguia lembrar era que estava chovendo e ela estava em um restaurante. Quando acordava, sentia calor e ansiedade:

Terapeuta: "Oh, então o seu sonho era sobre peixe, não era?"

Cliente: "Não sei."

Terapeuta: "Mas você sabe que estava em um restaurante?"

Cliente: "Perfeitamente."

Terapeuta: "E é provável que houvesse peixe no menu?"

Cliente: "Sim, muitos restaurantes têm peixe no menu."

Terapeuta: "E estava chovendo; então isso poderia representar água e peixe nadando na água?"

Cliente: "Bem, sim, você está certo."

Terapeuta: "Parece que estamos nos aproximando. Talvez você esteja se sentindo como um peixe que foi fisgado e até mesmo assado? O que isso quer dizer?"

É óbvio que isso é ficção. Mas a história mostra o quão facilmente podemos nos pegar ouvindo um ponto de vista e então conduzir alguém à nossa interpretação subjetiva dos fatos.

O coaching trata de explorar e desafiar; ouvir, fazer ótimas perguntas e apontar o que você observa, possibilitando, assim, que os clientes assumam a responsabilidade e se comprometam com uma ação. Perguntas claras o ajudam a fazer isso. Qualquer sugestão que você incluir deve ser colocada de forma a levar as pessoas a pensarem por si mesmas, ao invés de serem influenciadas por você. Então, uma pergunta ainda mais clara que conduz um cliente a pensar sozinho e com cuidado poderia ser: "O que você gostaria que acontecesse nesta sessão?"

A curiosidade pode ter matado o gato, como diz o ditado, mas uma perspectiva diferente pode ser a de que a curiosidade é o caminho para a compreensão. Você é que escolhe qual ditado se encaixa melhor para você.

Descobrindo Perguntas de Linguagem Limpa

O psicólogo de aconselhamento David Grove criou um corpo de conhecimento chamado Linguagem Limpa, em que aperfeiçoou a arte de fazer perguntas limpas. Seu trabalho continua a ser desenvolvido e agora forma parte de alguns módulos de treinamento prático da PNL (você pode ler mais sobre o trabalho de David Grove e sobre as pessoas que pacientemente o modelaram por inúmeros anos, Penny Tompkins e James Lawley, no Capítulo 19).

Grove criou um conjunto de perguntas que podem ser usadas em uma série de questionários; em psicoterapia e coaching, claro, mas também na área de saúde, negócios e educação. As perguntas são de três tipos e funcionam de formas diferentes:

» **Questões de percepção atuais:** Para expandir o entendimento do cliente sobre uma situação.

» **Questões que lidam com o tempo:** Para trabalhar com o senso de tempo do cliente.

» **Questões de intenção:** Para se concentrar no resultado desejado pelo cliente.

O objetivo geral da Linguagem Limpa é remover os vieses inerentes na linguagem do questionador, explorando o modelo de mundo das pessoas a partir de sua própria perspectiva. Ainda que as perguntas possam parecer sem sentido quando fora de contexto, considere a diferença sutil entre fazer uma pergunta limpa como: "E há mais alguma coisa?", em comparação com: "O que você vai fazer agora?" A segunda pergunta claramente inclui a expectativa do questionador de que a pessoa deve fazer alguma coisa.

Começando o processo da Linguagem Limpa

Penny e James sugerem que um jeito de começar o processo de questionamento da Linguagem Limpa é colocar o cliente em um estado de recursos, desenvolvendo uma *metáfora de recurso*. Você pode dar início a este processo fazendo a pergunta a seguir:

> E quando você está no seu melhor, como é isso?

Você pode fazer essa pergunta de forma generalizada, como anteriormente, ou pode torná-la mais específica ao colocá-la em um contexto específico, como fazemos ao adicionar as seguintes palavras entre colchetes:

> E quando você está [trabalhando] no seu melhor, como é isso?
>
> E quando você está [colaborando] no seu melhor, como é isso?
>
> E quando você está [focando] o seu melhor, como é isso?

Ou tente adicionar uma qualidade pessoal:

> E quando você é mais [paciente], como é isso?
>
> E quando você é mais [amável], como é isso?
>
> E quando você está mais [satisfeito], como é isso?

TOMANDO DECISÕES COM A LINGUAGEM LIMPA

CASOS E CAUSOS

Uma aluna estava tendo grande dificuldade tentando descrever por que tomar decisões era um problema tão grande para ela. Penny Tompkins compartilhou este diálogo que teve com a aluna trabalhando com perguntas de Linguagem Limpa:

"E tomar decisões é como o quê?", perguntei.

Ela pensou por um momento e respondeu: "Você sabe, é como ir ao dentista. Eu estou na sala de espera e fico completamente apavorada por ter que entrar."

Depois de mais algumas perguntas limpas, pude perceber que ela havia mergulhado fundo em sua metáfora pelo tempo que ela levou pra responder, e então ela finalmente disse: "Eu realmente preciso de coragem."

"E que tipo de coragem é essa?", foi minha próxima pergunta.

"Uma coragem que me ajude a terminar isso ao invés de postergar ainda mais."

"E quando a coragem ajudá-la a terminar isso, onde está essa coragem?"

Ela tocou seu peito com sua mão direita e disse: "Dentro de mim. No meu coração."

Eu continuei fazendo perguntas de Linguagem Limpa para que ela pudesse desenvolver sua metáfora para coragem, "uma energia forte preenchendo meu coração".

(continua)

(continuação)

Ao final de nosso tempo juntas, ela disse: "Se você tivesse me dito quando começamos que um comentário como 'ir ao dentista' pudesse se conectar tão diretamente com minha tomada de decisões, eu não teria acreditado. Na realidade, não adiantaria me falar, eu precisava experienciar isso sozinha."

Agradecemos a Penny Tompkins e James Lawley por nos ceder este caso.

Quando a pessoa tiver criado uma metáfora de recurso, você pode então fazer a seguinte pergunta limpa que inicia o processo de desenvolver uma metáfora de resultado (meta, objetivo) desejado:

E o que você gostaria que acontecesse é como o quê?

Quando a pessoa tiver falado, escrito, ou desenhado uma metáfora em resposta a essas questões, você pode fazer as primeiras cinco perguntas de desenvolvimento listadas na próxima seção para dar vida à metáfora. Você quer que a pessoa esteja vivendo em sua paisagem metafórica pessoal (para usar várias metáforas!).

Desenvolvendo perguntas de percepção atuais

Aqui há alguns exemplos de perguntas limpas que aumentam o entendimento de uma pessoa sobre uma situação:

- **Atributos:** E há mais alguma coisa sobre...? E que tipo de...?
- **Localização:** E onde/em que redondeza fica...?
- **Relacionamento:** E há uma relação entre... e...? E quando o que acontece com...?
- **Metáfora:** E isso... é como o quê?

Experimentando perguntas de manipulação do tempo

Estas perguntas limpas são ótimas para trabalhar com o senso de tempo de uma pessoa:

- **Antes:** E o que acontece logo antes de...?
- **Depois:** E então o que acontece/o que acontece em seguida?
- **Raiz:** E de onde... poderia vir/vem?

Trabalhando em perguntas de intenção

As seguintes perguntas limpas são úteis para explorar o resultado desejado de uma pessoa:

- **Resultado desejado:** E o que você gostaria que acontecesse?
- **Condições necessárias:** E o que precisa acontecer para atingir o seu objetivo desejado? E pode...?

DICA

Para trabalhar bem com essas perguntas, você pode se beneficiar de treinamentos formais em Linguagem Limpa. Entretanto, pode começar a fazer pequenos ajustes para limpar suas perguntas sozinho, para agir como um facilitador neutro em vez de influenciar involuntariamente o pensamento de outra pessoa.

EXPERIMENTE

Imagine que alguém descreva um problema para você, como ter trabalho demais, e peça sua ajuda. Se perguntar para a pessoa: "E essa quantidade de trabalho é como o quê?", você a está convidando a trabalhar com sua própria metáfora. A pessoa pode criar uma metáfora como: "É como um tijolo nas minhas costas." Então, você pode perguntar: "E o que você gostaria que acontecesse quando há um tijolo nas suas costas?", para guiá-la a encontrar sua própria solução.

Assim como com todas as sugestões deste capítulo, experimente e veja como funciona.

Reconhecendo que o que conta é como você se comporta

Admita agora... Você já gritou com alguém dizendo: "Pare de gritar comigo!"? É uma tolice, não é, esperar que alguém faça o que você claramente não está demonstrando com seu próprio comportamento. Mas as pessoas fazem isso o tempo todo. É fácil ver no outro as qualidades negativas que você quer mudar em si mesmo.

A arte de encorajar alguém a mudar é você mesmo modelar o comportamento. Se quer que alguém seja curioso, então seja curioso. Se quer que os outros sejam positivos e prestativos, então você também precisa ser um modelo daquele comportamento. Se acha que alguém precisa se animar, introduza diversão aos procedimentos.

Em vez de esperar que as outras pessoas mudem, conduza essa mudança você mesmo. Uma das melhores lições que podemos passar é: "A forma como age com as outras pessoas determinará a forma como as pessoas lidarão com você." Então, quando fizer perguntas, faça-as consciente de como está se comportando, assim como do que está dizendo.

Aperte o botão de pausa

O silêncio vale ouro. É útil parar por um momento quando uma pessoa acaba de falar, pois lhe dá a chance de pensar antes da sua vez de falar.

CASOS E CAUSOS

O falecido apresentador britânico, Alan Whicker, criou uma fascinante série de televisão chamada *Whicker's World*, em que ele entrevistava todos os tipos de pessoas, de monges a gângsteres. Whicker era conhecido pelo seu estilo único de entrevistar as pessoas. Ele fazia uma pergunta e fazia uma pausa longa depois de receber uma resposta. Os entrevistados, sentindo a necessidade de preencher o silêncio, elaboravam detalhes que forneciam muito mais insights sobre suas personalidades do que a resposta original. De acordo com outro colega apresentador, Sir Michael Parkinson, a melhor pergunta de Whicker era a que ele nunca fazia: ele simplesmente ficava lá parado, levantava uma sobrancelha e concordava com a cabeça até que o entrevistado respondesse.

As pausas dão às outras pessoas um espaço crítico para processar o que você disse e considerar suas respostas. Simplesmente dar às pessoas um tempo sem pressa para pensar dentro de uma estrutura de questionamento é um grande benefício em todos os tipos de situações. Ouvir os outros é um ato generoso e uma habilidade que não é desenvolvida nem valorizada em muitas empresas, e é por isso que o coaching é tão poderoso. Coaches treinados compreendem o poder da escuta e a importância de um questionamento poderoso combinado com silêncio para que os clientes possam processar seus pensamentos. Eles escutam não apenas o que é dito, mas também a mensagem oculta pelas palavras, prestando muita atenção ao que veem. Eles conhecem a importância de colocar os clientes em seu estado de recursos para que resolvam seus próprios problemas.

LEMBRE-SE

Grandes ouvintes criam reuniões produtivas, constroem relacionamentos fortes e encontram os insights para resolver questões complexas.

Testando as suas perguntas

DICA

Se você tem alguma dúvida se a sua pergunta é apropriada para ajudar uma pessoa ou situação a encaminhar-se para um lugar melhor, pare e pergunte-se:

- "A minha próxima pergunta vai valorizar essa conversa? Ela nos aproximará de onde queremos chegar? Ela nos afastará mais?"
- "Qual é o efeito ou resultado que procuro aqui?"

Se estiver em dúvida, fique em silêncio até que uma pergunta mais poderosa venha à sua mente. Permita que toda a sua acuidade sensorial o guie. O que você sente, vê, ouve e cheira à sua volta? Você pode, então, se vir encorajando a pessoa a liderar perguntando algo como: "Qual é a pergunta mais útil a ser feita aqui?", ou até :"Você sabe me dizer qual é a pergunta mais útil que eu poderia lhe fazer?"

Faça das declarações positivas a norma

Quando lhe digo para tentar não pensar em um elefante rosa, o que acontece? Sim, claro, você imediatamente pensa em um elefante rosa, não consegue evitar! Da mesma forma, se você diz a uma criança: "Não coma doces antes do chá!", o que acontece? A criança é obrigada a *comer os doces* — você deu um comando inadvertidamente.

O cérebro não distingue as negativas, ele ignora o "não" e pensa em "fazer". É melhor dizer à criança: "O chá está chegando, então guarde o seu apetite para daqui a dois minutos."

Entendendo o que Você Quer

Saber o que quer pode ser o maior desafio, pois é uma festa em movimento constante. Às vezes, quando você consegue o que acha que queria, fica desapontado porque percebe que não era realmente o que queria! Para descobrir o que realmente quer, faça duas perguntas a si mesmo: "O que eu quero?" e "o que isso fará por mim?"

O que eu quero?

Se há uma grande pergunta que vem da PNL, é: "o que eu quero?"

DICA

Algumas vezes, você não sabe o que quer, mas sabe claramente o que não quer. Esse é um bom ponto de partida. Faça uma lista do que não quer, pegue item por item e pergunte a si mesmo: "Qual é o contrário?" E, então, estará pronto para verificar consigo mesmo mais uma vez: "Então, o que eu quero?"

LEMBRE-SE

Ao começar a articular as suas respostas, explore alguns detalhes e permita-se sonhar um pouco. Imagine-se no futuro; avance o seu filme pessoal para um tempo quando conseguiu o que queria, e talvez mais além disso. Empregue todos os sentidos e pergunte-se como se sente, ouve e como isso se parece. Há algum cheiro ou sabor associados com "conseguir o que quer"? Verifique em seu interior se parece certo. Isso o energiza e o anima? Se você se sentir ansioso ou exausto, é a dica de que há algo de errado. Possivelmente, focou no que "deveria" querer, e isso pode ser os planos de outra pessoa para você.

O que isso fará por mim?

Uma vez que tenha pensado sobre o que quer e tenha tido ideias, a próxima pergunta a fazer é: "O que isso fará por mim?" Você pode ter um objetivo — tentar um projeto comercial, praticar um novo esporte ou pedir demissão para fazer uma caminhada no Nepal.

Pergunte-se o que atingir esse objetivo fará por você. E repita a mesma pergunta três vezes — repita até que tenha atingido alguns valores centrais que façam sentido para você. Caso contrário, você pode estar escolhendo fazer coisas que o levem a rotas paralelas em vez de se manter no caminho de aonde realmente quer chegar.

CASOS E CAUSOS

Keith era um vendedor ambicioso e bem-sucedido que estava avaliando seu desempenho. Quando ele trabalhou pela primeira vez com um coach de PNL, a sua prioridade era concentrar-se no desenvolvimento de habilidades específicas que ele precisava. O seu foco primário era preparar-se para ser o próximo diretor de vendas na empresa.

Depois de umas poucas sessões, nas quais o seu coach perguntou o que ele queria e o que isso faria por ele, Keith investigou cada vez mais o que realmente queria, levando em conta todos os aspectos da sua vida e trabalho. Ele percebeu que, se alcançasse a sua meta de carreira, ele teria de abandonar muito da liberdade e flexibilidade que o seu cargo atual proporcionava. Ele percebeu que muito do novo cargo desejado significava ter que ir para a cidade na hora do rush e ficar preso, a maior parte do dia, em uma mesa na diretoria da empresa concordando com metas, orçamentos e todo tipo de legalidade dos esquemas de pensão da empresa. "Eu seria como um cachorrinho amarrado à mesa", ele disse.

De fato, ele prosperou com os clientes e fez negócios. A promoção não daria o que ele realmente queria. Com essa percepção, ele escolheu mudar a direção da sua carreira e usar suas habilidades em outra parte da empresa. A partir daí, ele foi capaz de usar a sua iniciativa para abrir novos territórios de venda internacional.

Durante um período mais longo alimentando o hábito de perguntar a si mesmo o que queria, ele fez outras mudanças significativas em sua vida, deixando a vida corporativa para abrir sua própria empresa de softwares. Esse passo deu a ele tempo para estar com sua família de uma forma que seu pai não havia sido capaz: Keith queria ver seus filhos crescendo.

Fazendo Perguntas para Ajudar a Tomar Decisões

Você toma decisões todo o tempo: se vai para o trabalho ou fica em casa; o que comerá no almoço e no jantar; se aceita um convite para assistir a um filme; quanto deve gastar no computador novo ou nas férias; passar o Natal com os parentes ou não?

Então, imagine um dia ensolarado em que você está feliz trabalhando e recebe um telefonema de um caça-talentos: há uma nova oferta de emprego, você é a pessoa que eles querem e, a propósito, isso significa se mudar para uma cidade litorânea a quase 500km de distância. Você não estava nem considerando uma mudança, mas fica lisonjeado, então conversa com a empresa. O negócio parece muito atraente e você pensa se não seria bom trabalhar perto do mar em um clima quente como esse. Mas há uma voz baixinha dentro de você dizendo: "É a coisa certa a ser feita? Tem certeza?"

Você deve ir ou continua fazendo o que sabe fazer de melhor? Como decidir? Para guiar a si mesmo ou outra pessoa no processo de tomada de decisão, veja quatro perguntas-chave que pode fazer:

- O que acontecerá se você fizer?
- O que acontecerá se não fizer?
- O que não acontecerá se fizer?
- O que não acontecerá se não fizer?

ALERTA DE JARGÃO NA PNL

As quatro perguntas acima são baseadas na lógica cartesiana, e você pode encontrá-las referenciadas como *coordenadas cartesianas*. Tudo o que precisa lembrar é que elas oferecem alguns modelos linguísticos poderosos que possibilitam examinar um assunto sob ângulos diferentes.

Geralmente, conversamos com os clientes sobre essas perguntas, frequentemente relacionadas a grandes decisões: devo comprar uma casa nova, mudar a direção da minha carreira, ter um filho, expandir a empresa? As perguntas focam a sua atenção e desafiam o seu pensamento. Quando você chega à última pergunta, pode parar e pensar: "Isso é confuso." Bom. Isso significa que você está chegando a um avanço em seu pensamento.

Se você fizer uma mudança em uma área da sua vida às custas de outra área, é provável que a mudança não dure. Então, por exemplo, se você mudar de emprego, mas tiver que desistir de interesses ou amizades importantes onde você vive, então a mudança não o fará feliz por muito tempo e você provavelmente não se aterá a ela. Não acredite em nós; experimente as perguntas agora em algo que você esteja ponderando. Você verá que as perguntas o encorajam a verificar suas decisões baseado no impacto em todo o seu ambiente, de uma maneira saudável — que chamamos de verificação ecológica (nós falamos mais sobre esse aspecto no Capítulo 4).

Desafiando Crenças Limitantes

Quando o pensamento de alguém o está impedindo de alcançar um objetivo muito desejado, há três perguntas simples que você pode fazer para desafiar esse tipo de pensamento. Para ajudar os outros (ou a si mesmo) a superar uma crença limitante, faça as três perguntas listada nesta seção.

Ao fazer estas perguntas, dê à pessoa bastante tempo para falar sobre uma questão e siga adiante apenas quando sentir que ela terminou:

- **Pergunta 1: "O que você supõe ou acredita sobre esse problema que restringe sua habilidade de alcançar a sua meta?"**

  Faça essa pergunta três vezes até que tenha certeza de que alcançou o x da questão — que a PNL descreve como uma crença limitante. Conforme você se aprofunda, pode dizer: "Tudo bem, e o que mais limita você sobre isso?"

  Por exemplo, a pessoa pode estar pensando "não sou bom o suficiente", ou "ninguém me permitiria", ou "simplesmente não sei como". Quando você sustenta uma posição negativa como essas, você se impede de fazer o que precisa para conseguir o que quer.

- **Pergunta 2: "O que seria uma crença mais fortalecedora, uma que fosse o contrário positivo da que o impede?"**

  Essa pergunta move a limitação para um lado positivo. Por exemplo, o contrário positivo das suposições e crenças anteriores seria "sou bom o bastante", "alguém me permitirá" ou "eu posso descobrir como"

  DICA

  Com a segunda pergunta, o seu colega ou cliente pode ficar confuso ou mesmo irritado, porque é uma pergunta difícil de responder. Todavia, essa é uma pergunta crítica à qual se agarrar se você quiser mudar de perspectiva e conseguir uma crença mais poderosa que ajude alguém a seguir em frente. Então, atenha-se a ela.

- **Pergunta 3: "Se você soubesse que [sua nova crença libertadora] ... que ideias você tem agora para ajudá-lo a ir em direção ao seu objetivo?"**

  Essa pergunta completa o processo. Nesse ponto, a pessoa tem ideias próprias de como seguir em frente: "Bem, se eu soubesse que era bom o bastante, faria X, Y e Z."

Esse questionamento funciona ao colocar alguém no modo de pensamento "e se". Se você age com a crença de que algo pode acontecer, consequentemente encontrará os comportamentos para chegar lá.

CASOS E CAUSOS

Kate trabalhou com uma diretora executiva que queria ser bem-sucedida em seus negócios e ainda estava lutando para tomar a decisão de ter um filho. Sua crença limitante era: "Não é possível ser uma boa mãe e uma mulher de sucesso nos negócios ao mesmo tempo." Ao trabalhar as três questões, ela avaliou a nova hipótese oposta que era: "É possível ser uma boa mãe e uma mulher de negócios bem-sucedida ao mesmo tempo."

Ao trabalhar nessa estrutura condicional "e se", isto é, operando como se fosse possível fazer bem ambas as coisas, ela encontrou muitas ideias de como a empresa poderia funcionar de forma diferente, a fim de persistir na maternidade e, ao mesmo tempo, ter êxito nos negócios. Ela não apenas continuou e teve dois filhos saudáveis e bem ajustados, como também implantou políticas mais flexíveis que beneficiaram tanto os homens quanto as mulheres na empresa.

Encontrando a Pessoa Certa para o Emprego: Uma Questão de Motivação

Encontrar as pessoas certas para o trabalho certo na hora certa pode ser complicado. Fazer as perguntas certas pode ajudar a associar as pessoas às qualidades necessárias para realizar o trabalho.

Para posicionar alguém alinhado ao emprego, é importante primeiro perguntar-se sobre as qualidades pessoais do funcionário que você precisa para realizar bem aquela tarefa, assim como a capacidade técnica envolvida. Como essa pessoa se comportará? As perguntas a seguir começam antes do recrutamento:

- Quais são os critérios essenciais para que alguém possa realizar bem esse trabalho? Liste cerca de cinco característica principais que a pessoa deve ter, como trabalhar bem em equipe, ter iniciativa, ser capaz de seguir processos claros, ter criatividade, ser aberto ao aprendizado, ter flexibilidade, ser organizado, ser ágil intelectualmente, ter uma mentalidade focada no cliente e gostar de um desafio.
- A pessoa precisa ser motivada para alcançar resultados ou solucionar problemas?
- A pessoa precisa estar primariamente automotivada ou chegar a um consenso dos clientes ou da equipe?
- O estilo de trabalho significa que ela deve seguir os processos ou terá muitas escolhas sobre como fará as coisas?

As próximas seções contêm perguntas que você pode usar na entrevista para obter informações específicas de como as pessoas provavelmente se comportam em dado contexto, assim como a capacidade técnica para realizar o trabalho que você tem em mente. Elas são baseadas nos metaprogramas da PNL, sobre os quais você pode ler no Capítulo 7.

As mesmas perguntas se aplicam aos membros da sua equipe, para ver como as coisas estão caminhando e quais ajustes pode fazer para manter as pessoas motivadas.

O que você quer no seu trabalho?

Essa pergunta o permite combinar os critérios que você procura com os que são importantes para o indivíduo. Quando você ouve que alguém quer ter muita liberdade e flexibilidade, ele pode trabalhar bem em um ambiente criativo, mas não se for requisitado para gerenciar rigidamente um projeto de implementação de um novo sistema. Se alguém for bom em mudar, pode ser alguém bom para um contrato curto, mas é improvável que fique mais de um ano ou dois, a não ser que você possa oferecer novos cargos.

Por que isso é importante?

Tomando cada critério por vez, pergunte: "Por que isso é importante?" Essa pergunta o permite identificar a direção na qual a pessoa está motivada, seja para se *afastar* de um problema ou *ir na direção* de uma solução. Uma pessoa com tendência a *afastar-se* pode dizer: "O salário é importante para que eu não tenha que me preocupar com não ser capaz de pagar minha hipoteca." Uma pessoa com preferência a *ir em direção* a pode dizer: "O salário é importante para que eu possa comprar minha casa própria facilmente."

LEMBRE-SE

As dicas para entender as pessoas estão no estilo de linguagem que elas adotam. Por exemplo:

- Se as pessoas estão motivadas *em direção a* algo, é possível ouvir palavras como: atingir, ganhar, alcançar, conseguir, incluir.
- Se alguém está motivado a *afastar-se de*, é provável ouvir palavras e frases como: evitar, excluir, reconhecer problemas.

Como você sabe que fez um bom trabalho?

Essa pergunta o permite identificar a fonte de motivação de uma pessoa.

Quando as pessoas estão *focadas internamente* — isto é, prestam mais atenção ao que está acontecendo com elas do que com outras pessoas — você pode motivá-las usando frases como "só você pode decidir", "você pode querer considerar" e "o que você acha?"

Se estão *focadas externamente* — isto é, precisam ser convencidas por outras pessoas e acessar fatos e imagens —, você pode motivá-las usando frases como "os outros notarão", "o feedback que você terá", e "fulano e sicrano dizem tal coisa".

Se você estiver empregando alguém em um serviço de atendimento ao cliente, essa pessoa precisa valorizar a aprovação externa ao invés de ser focada internamente. Contudo, se você quer dar um projeto a alguém para que o desenvolva por si, alguém com um foco externo pode enfrentar mais dificuldades sem a aprovação externa e envolvimento com outras pessoas.

Por que você escolheu o seu trabalho atual?

Essa é uma ótima pergunta se quiser saber se alguém está motivado a fazer escolhas ou receber ordens. Se uma pessoa tem um *estilo de opções*, você ouvirá palavras como: oportunidade, critério, escolha, possibilidades ilimitadas e diversidade. Por outro lado, se alguém tem um forte *estilo de procedimentos*, provavelmente dará a resposta passo a passo, contará toda a história de como conseguiu aquele emprego. É provável ouvi-lo falar sobre o processo e usar expressões como: "o jeito certo" e "provado e verdadeiro".

DICA

Ambos os estilos podem funcionar na mesma equipe e conviver muito felizes. Para motivar as pessoas que gostam de opções, ofereça tantas escolhas quantas forem possíveis. Faça-as realizarem um brainstorming de novas formas para fazer as coisas. Para motivar as pessoas de procedimentos da sua equipe, leve-as a focar os sistemas e processos necessários para trazer mais estrutura e controle para a equipe.

AUDIÇÕES ÀS CEGAS

O tópico do viés inconsciente veio à tona quando as organizações começaram a valorizar cada vez mais a diversidade. Mesmo assim, quando a maioria dos entrevistadores tem uma tendência a escolher a "mesmice", normalmente recrutam pessoas como eles mesmos. Eliminar seu viés inconsciente é muito difícil, precisamente porque você não percebe que o tem.

Ao longo dos anos, muitas orquestras têm usado audições às cegas como meio de ampliar seus membros do sexo feminino. Par evitar o viés, os músicos tocam atrás de um biombo. De acordo com um artigo de Curt Rice no jornal Guardian (de 14 de outubro de 2013), esse processo de seleção tem tido um impacto poderoso. Pesquisadores determinaram que somente isso já torna 50% mais provável que uma mulher avance para a fase final das audições. O biombo tem demonstrado ser a fonte do aumento do número de mulheres que recebem ofertas de cargos.

Embora possa parecer pouco prático entrevistar alguém e não ter ideia de seu gênero, as orquestras têm demonstrado que isso pode ser feito. A pergunta interessante é como essa abordagem pode ser aplicada mais amplamente? Que tipo de biombo seria necessário para criar um equilíbrio verdadeiro no trabalho em que as pessoas sejam recrutadas puramente com base em sua aptidão para o cargo?

Verifique Consigo Mesmo

Ter o hábito de fazer perguntas a si mesmo pode ser muito útil se quiser manter o controle do que quer alcançar. Veja alguma perguntas para fazer todos os dias:

- O que eu quero?
- O que isso fará por mim?
- O que é importante para mim aqui?
- O que está funcionando bem?
- O que está me atrapalhando?
- O que pode ser melhor?
- Que recursos me apoiarão?

LEMBRE-SE

Se você aceitar o pressuposto da PNL de que "não existe fracasso, apenas feedback", não terá medo de fazer perguntas por medo de receber respostas que preferiria não ouvir. Sintonize-se no feedback que recebe ao fazer as perguntas certas.

5

Integrando Seu Aprendizado

NESTA PARTE...

Descubra como usar as ferramentas da PNL para modelar qualquer um que seja excelente em alguma coisa, de falar em público ao trabalho doméstico, a construir relacionamentos.

Aproveite o poder da PNL em ponto de transição da sua vida e trabalho para facilitar a mudança.

Aprenda a não ter muito trabalho com tempos difíceis.

NESTE CAPÍTULO

» Descobrindo como replicar excelência

» Reunindo suas novas habilidades de PNL

» Revelando a estrutura mais profunda da experiência

» Descobrindo os bônus inesperados de tomar outras pessoas como modelos

Capítulo **19**

Mergulhando na Modelagem

Esta é uma história popular da PNL. Um grupo de mestres praticantes de PNL se dirigem a um local remoto para estudar um xamã em seu trabalho, um curandeiro reconhecido pelos resultados que atinge em circunstâncias extraordinárias. A missão deles é procurar pela "diferença que faz a diferença", a essência da habilidade do xamã, estudando seu comportamento enquanto trabalha com um paciente doente.

Há aparentemente muita "balela" em volta do trabalho do xamã: encantamentos, posturas dramáticas e poções que caracterizam os aspectos externos de seu trabalho com um paciente. Depois de seu período de observação, os praticantes de PNL aproveitam a oportunidade para questionar o xamã. Um deles pergunta: "Então, em que ponto a cura realmente começou?" Antecipando uma resposta como: "Quando coloquei minhas mãos sobre a ferida", o praticante fica surpreso ao ouvir como resposta: "Quando fui ao topo da montanha dias atrás e *defini minha intenção*".

Você pode tirar muitas mensagens dessa história. Uma é o poder de determinar sua intenção em qualquer situação e perceber o efeito que a intenção tem nos resultados que você obtém. Outra é reconhecer que o que você vê na superfície nem sempre é a história toda. No decorrer deste capítulo, convidamos você a estabelecer sua intenção de encontrar alguém que tenha excelência em alguma coisa que você tem interesse em fazer bem e ainda precisa melhorar, e começar a modelar essa pessoa, prestando atenção além dos comportamentos externos e óbvios. Mostramos a você como começar.

Não esperamos que você se torne um expert na modelagem da PNL apenas lendo este capítulo — isso leva muitos anos de observação paciente. Em vez disso, queremos que você se divirta enquanto aumenta seus poderes de acuidade sensorial usando a PNL conforme o levamos mais adiante nessa jornada. Nunca se sabe a que lugares maravilhosos a modelagem pode levar você, como muitos que o fizeram e que mencionamos neste capítulo descobriram. Você ganha o máximo ao modelar alguém quando já está confortável com os conceitos fundamentais da PNL que explicamos na Parte 1 e também achará útil familiarizar-se com o modelo dos níveis lógicos que explicamos no Capítulo 11.

Desenvolvendo Novas Habilidades Através da Modelagem

Quando a maioria dos cursos práticos de PNL chega ao fim, os alunos são convidados a se envolverem em um projeto de *modelagem* que integre seu conhecimento dos meses e anos anteriores de aprendizagem sobre PNL. Os projetos variam em seu nível de complexidade e podem variar desde modelar alguém que tem sucesso em criar uma quantidade substancial de seguidores no Twitter até alguém que seja excelente em conduzir reuniões de vendas.

ALERTA DE JARGÃO NA PNL

A *modelagem da PNL* é a habilidade de replicar completamente a competência desejada de outra pessoa ao atingir os comportamentos inconscientes por trás daquela habilidade e codificá-los em um modelo que você possa ensinar a outras pessoas, com o intuito de replicar os resultados.

Você pode adquirir novas habilidades indo para a aula, lendo livros, ouvindo CDs ou assistindo DVDs. Esses processos levam tempo até que você pegue o material, experimente, adapte e incorpore-o em sua vida. A modelagem oferece a você uma forma de acelerar suas habilidades aos trancos e barrancos. Em sua essência, a PNL é uma questão de entender o que é ser humano — como as pessoas fazem o que fazem —, e desde o início os desenvolvedores da PNL adotam técnicas de modelar o comportamento humano para aumentar seu entendimento e compartilhá-lo com os outros.

A PNL atrai pessoas que têm interesse em descobrir mais sobre pessoas. A sua própria modelagem dos outros começa com um desejo profundo de aprender e ser curioso sobre como as outras pessoas funcionam e obtêm resultados. Richard Bandler e John Grinder criaram o modelo Milton original e os Metamodelos graças à sua fascinação com as habilidades de comunicação dos terapeutas. Outros líderes na comunidade da PNL — incluindo Robert Dilts, Judith DeLozier, Todd Epstein, David Gordon, Stephen Gilligan, Tim Hallbom, Leslie Cameron-Bandler, Suzi Smith e muitos outros — empregaram princípios da modelagem do estudo abrangente de campos como liderança, gênios, desenvolvimento organizacional, criatividade, saúde, riqueza e relacionamentos.

ALERTA DE JARGÃO NA PNL

A modelagem envolve um *exemplar* — que é competente em um campo específico — e um *modelador* — que estuda o exemplar. Através de um processo de estudo e observação, o modelador cria um *modelo*: uma estrutura que explica como o exemplar funciona.

DICA

Para ver o que é realmente possível através da modelagem, você talvez queira dar uma olhada no site `www.nlpu.com` (conteúdo em inglês) e no trabalho de Robert Dilts sobre as estratégias dos gênios. Dilts estudou uma gama de exemplares, muitos dos quais não estavam mais vivos — como Mozart e Leonardo da Vinci. Pelo seu estudo de Walt Disney, Dilts criou um modelo de criatividade (conhecido na PNL como a Estratégia Disney) que explora a habilidade de Disney de transformar sonhos em projetos reais.

Quando começa a modelar, você busca identificar padrões inerentes explícitos no modo como seu exemplar opera, ouve suas crenças e valores e fica curioso sobre como as pessoas pensam e se comportam. Em última análise, o teste do modelo que você criou é se ele se sustenta a ponto de você poder ensiná-lo a outras pessoas e elas conseguirem replicar os resultados que seu exemplar conquista.

LEMBRE-SE

Como em qualquer campo de inquérito intelectual, a modelagem envolve querer resolver um problema, responder a uma questão, descobrir alguma coisa nova, e reunir a informação para apresentar uma hipótese informada e válida que se sustente em um exame minucioso quando testada. A literatura da PNL é rica em estudos interessantes de modelagem, incluindo o que você encontra neste capítulo e muito mais. A modelagem é o ponto crucial da PNL.

EXPERIMENTE

Você já olhou para alguém com um toque de admiração e se perguntou: "Como ele faz isso?", "Como ele consegue ter uma vida tão boa?" ou "Será que eu conseguiria..."

Se sim, isso é bom; você está pronto para aprender com os outros. Entretanto, para tornar as coisas simples para si mesmo, escolha um pequeno aspecto de sua habilidade para modelar. Em vez de olhar para a vida inteira de uma pessoa, identifique algo em que ela obtenha excelência, por exemplo, a forma como eles negociam um aumento ou como conversam com seus filhos sem se irritar. Comece considerando uma área de sua vida na qual você queira melhorar suas habilidades ou transformar sua experiência e faça a si mesmo as perguntas a seguir:

- **O que eu gostaria de ter mais na minha vida e em meu trabalho?** Por exemplo, você quer mais diversão, mais desafios ou um parceiro com quem dividir a vida? Você quer mais férias ou um trabalho que pague melhor?

» **O que eu gostaria de ter menos?** Talvez você queira estar menos envolvido com as políticas do escritório, não ter que insistir tanto para que seus filhos adolescentes façam sua lição de casa ou livrar-se de algumas tarefas domésticas. Você quer passar menos tempo viajando a negócios?

» **Quem eu conheço que já atingiu uma capacidade específica com que eu possa aprender?** Se você olhar em volta, é possível que encontre alguém muito próximo que tenha alguma habilidade que você ainda não foi capaz de desenvolver.

Mantenha essas informações em mente enquanto você escolhe seus assuntos para sua atividade pessoal de modelagem. De forma ideal, você deveria escolher três exemplares diferentes para poder desenvolver um modelo robusto.

CASOS E CAUSOS

A modelagem lembra você do poder de ter uma gama de exemplares em sua vida para mostrar o caminho em todo tipo de atividades. Kate estava fazendo aulas de yoga há muitos anos, estudando com muitos professores, e simplesmente presumiu que não era capaz de se apoiar sobre sua cabeça e realizar outras posturas mais avançadas, porque não tinha a flexibilidade natural de alguma de suas professoras mais flexíveis. Quando ela colocou seu colchonete ao lado de Yvonne, uma mulher de uma idade parecida com a sua, Kate encontrou um exemplar melhor. Ao observar como Yvonne se movia devagar e graciosamente para as posturas mais difíceis, Kate aderiu à abordagem de Yvonne sobre saúde (tanto nas aulas quanto fora delas), percebeu sua convicção de que não havia problema em levar anos para aperfeiçoar sua habilidade se necessário, observou pequenos ajustes posturais e percebeu que ela também poderia dominar a postura sobre a cabeça e sentir-se relaxada nela.

Esse pequeno sucesso mudou a ideia que Kate tinha sobre o que seu corpo era capaz de aprender. Ela prestou mais atenção aos pequenos detalhes de seus movimentos, ficou mais relaxada no desenvolvimento de sua própria prática e abandonou a ideia de que tinha que competir com outros alunos.

DICA

Se você quiser se tornar competente em uma habilidade comportamental relativamente simples, como um movimento de dança, encontre alguém que tenha aprendido recentemente a fazer o que você quer aprender como um de seus exemplares. Uma pessoa assim oferece um bom ponto de partida porque é *conscientemente competente*, ou seja, ainda consciente do processo de aprendizado pelo qual passou e capaz de lhe dar dicas práticas.

Reconhecendo que modelar é um talento humano natural

Modelar não precisa ser complicado. Como humano, você é um modelador natural desde o momento em que olha nos olhos de sua mãe pela primeira vez ainda bebê e reconhece o poder de um sorriso ou de uma palavra gentil, até quando você segue os passos de colegas adolescentes vestindo roupas parecidas ou de colegas de trabalho ligados no último dispositivo tecnológico.

Em termos de metaprogramas (veja o Capítulo 7 para mais detalhes), você está continuamente buscando similaridades e diferenças nas pessoas com quem se mistura, movendo-se ao encontro de alguns comportamentos e se afastando de outros, testando suas opções e procurando procedimentos para seguir. Você tem talentos extraordinários; andar sobre duas pernas, comer, falar e ler este livro, e todos esses comportamentos corriqueiros exigem uma multiplicidade de elementos de microprocessamento inconscientes. Ao modelar um exemplar, você desempacota, reconhece e modela os mínimos detalhes de tais processos no comportamento, pensamento e sentimento humanos.

Pense sobre quando descobriu uma habilidade nova: aprender o alfabeto, andar de bicicleta, dirigir um carro, praticar um esporte, conduzir uma reunião, cozinhar uma refeição, escolher roupas que combinem com você ou gerenciar suas finanças. Provavelmente, tudo o que você pode fazer bem agora envolveu o seu aprendizado a partir de um modelo que lhe mostrou como isso deveria ser feito. Você pode não ter sido ensinado conscientemente, mas absorveu o conhecimento ao conviver com alguém que já sabia fazê-lo, como seu irmão mais velho e os amigos dele que andavam em bicicletas de duas rodas na vizinhança enquanto você os seguia na sua bicicleta com rodinhas.

CUIDADO

Às vezes *modelos óbvios* como pais, amigos ou pessoas com quem você passa seu tempo são menos competentes do que um dia você pensou que fossem. O que aprende ao estar com eles pode não aumentar sua capacidade para o seu melhor, então você precisa escolher modelos que se encaixem melhor e que demonstrem a excelência que procura. Por exemplo, se sua mãe acreditava ser incapaz de fazer uma refeição sem queimá-la, você pode ter modelado o hábito dela de correr até o mercado mais próximo e comprar refeições congeladas para esquentar no micro-ondas. Ou, se seu pai não era confiável com dinheiro, gastando cada centavo, você pode inconscientemente ter modelado o hábito dele de deixar sua conta bancária chegar no vermelho. Os modelos de seus pais podem não ter sido dos mais úteis e você precisa encontrar um novo para evitar que repita os erros deles. Conforme escolhe os seus próprios *exemplares* novos, escolha os melhores a quem você realmente tenha acesso.

DICA

No Capítulo 4, observamos os resultados bem formados e os recursos de que você precisa para atingir seus objetivos. Encontrar exemplares apropriados que você possa modelar pode ser uma forma valiosa de acelerar sua habilidade de atingir seu resultado. Por exemplo, se seu objetivo é aprender asa-delta, mas você é impedido por seu medo de altura, então encontre três pessoas que tenham a capacidade de praticar asa-delta a despeito de qualquer medo. Ao modelar esses exemplares você também pode construir sua confiança.

Chegando a uma estrutura mais profunda

A modelagem da PNL procura trazer o intangível à superfície. O modelo que você cria da outra pessoa procura extrair os processos essenciais de pensamento e estratégias em um certo contexto, ainda que sempre seja uma descrição parcial de toda a complexidade daquele ser humano. Assim como quando você visita um sítio de uma ruína histórica e um modelo em miniatura clarifica a pilha de cascalho empoeirado e mosaicos quebrados à sua frente, um modelo da PNL procura penetrar sob a pele de um ser humano que obtém excelência em algum campo particular para identificar a essência do que está acontecendo lá dentro.

No Capítulo 2, apresentamos a você a pressuposição essencial da PNL de que "o mapa não é o território". Como todos os humanos, você tem seus mapas mentais e a modelagem procura entender esses mapas. A modelagem da PNL permite a você encontrar a estrutura profunda que há por trás do comportamento de uma pessoa bem-sucedida, para que você possa então explicitar seu processamento para outras pessoas e dar a elas a oportunidade de replicar os sucessos do exemplar. A modelagem tenta tornar consciente o que está acontecendo em um nível inconsciente mais profundo.

LEMBRE-SE

A PNL distingue a estrutura profunda da sua experiência da estrutura superficial da sua linguagem. Você pode encontrar mais sobre isso no Capítulo 15.

Mesmo dentro da PNL, não existe um consenso de qual seria o melhor caminho para penetrar na estrutura profunda através da modelagem, e conforme você explora a modelagem com mais profundidade, encontra muitas abordagens baseadas nas preferências do modelador. Desse modo, muito da modelagem é feito com uma base intuitiva, ao invés de uma abordagem lógica e bem documentada.

DICA

Você consegue muitas informações ao observar e ouvir o exemplar em ação, é claro, mas se não tiver fácil acesso ao seu objeto também descobre muito através de documentos e gravações. TED Talks e vídeos do YouTube oferecem muitos exemplares de apresentação e autoconfiança poderosas na comunicação.

LEMBRE-SE

Suponha que o que você vê e ouve na superfície em termos do comportamento e das palavras de alguém é apenas uma parte da história. Seja paciente e observe o que realmente pode estar acontecendo com aquela pessoa em termos de suposições, crenças e valores.

Se você está modelando um empreendedor, por exemplo, pode perceber o temperamento fervoroso que alguém como Donald Trump demonstrava na popular série norte-americana de TV *O Aprendiz*. O que você pode não compreender tão facilmente é como gerar a faísca para criar algo do nada, a motivação persistente ou as estratégias mentais para realizar uma negociação complicada. Quando você pega mais dois exemplares de empreendedores bem-sucedidos e observa como eles operam, pode então dizer se um atributo como o temperamento constitui ou não um fator essencial para o sucesso ou se é apenas uma característica que um exemplar tem.

Descobrindo Casos de Estudo da Modelagem

Parte da modelagem adotada por líderes da PNL envolve uma incrível paciência para entender habilidades complexas e construir os mapas comportamentais detalhados que beneficiam os outros. Muitas habilidades são feitas de subconjuntos de outras habilidades. Por exemplo, um terapeuta experiente pode reagir apropriadamente em situações altamente sensíveis, e um líder de negócios pode tomar decisões bem-sucedidas sob pressão enquanto mantém o rapport com uma rede de investidores. Grandes vendedores fazem muito mais do que assinar um contrato. Nesta seção, damos uma olhada em alguns casos de estudo informativos.

O Exemplar Relutante

Um dos maiores desafios ao modelar um expert é que os experts não têm consciência do que fazem: eles são *inconscientemente competentes* e por isso você precisa de tempo apenas para estar com eles. O problema pode aparecer se o seu exemplar não tiver interesse em ser modelado ou não quiser nenhuma intrusão em seu trabalho. Penny Tompkins e James Lawley enfrentaram esse dilema quando resolveram modelar o terapeuta neozelandês David Grove, criador da Linguagem Limpa (veja o Capítulo 18 para mais detalhes).

O trabalho inicial de Grove era na área do trauma, em que ele obteve resultados excepcionais trabalhando com uma base de clientes que incluía veteranos da Guerra do Vietnã e adultos que haviam sofrido abuso severo na infância. Dos anos 1980 até a sua morte em 2008, seu trabalho passou por uma série de inovações cobrindo quatro temas principais: Linguagem Limpa, Metáfora, Espaço Limpo e Conhecimento Emergente.

Penny diz: "Nós percebemos o quão valiosas as ideias de David seriam fora do campo terapêutico, mas não havia nada escrito sobre isso. Em um primeiro momento, David relutou em ser modelado."

Quando Penny o abordou com a ideia de ser um exemplar ele disse: "Não me importa o que você faça, mas eu não quero que você me faça nenhuma pergunta, não quero perceber a sua presença na sala." Felizmente, essa restrição não alterou a determinação de Penny e James para seguir com o projeto. A única questão era "como?"

ENCONTRANDO SEU PAR NO RIO

CASOS E CAUSOS

Como uma remadora recreacional perspicaz, o projeto de modelagem de Gillian Burn focava o entendimento de como conquistar um estado interior positivo para remar de forma eficaz visando a melhor performance possível. Ela escolheu três exemplares: o treinador de remo do clube; a remadora feminina mais desenvolvida; e o remador olímpico Greg Searle. O projeto dela culminou em apresentar sua pesquisa aos companheiros mestres praticantes de PNL, ao final do curso.

Sua apresentação começou ao alinhar grupos de pessoas como se elas estivessem em um barco de remo. Ela então ensinou a eles uma combinação de estratégias envolvendo os sentidos — o que eles veriam, sentiriam e ouviriam — e sua respiração, postura e movimentos no melhor estado para competir. Ela incorporou o modelo TOTS — testar, operar, testar, sair; descrito completamente no Capítulo 12 — ao processo de aprendizado. O teste era verificar se os remadores ainda estavam com todos os músculos prontos para a ação e um forte sorriso interior. Se sim, estavam prontos; se não, eles precisavam retomar o foco e repetir uma estratégia visual, auditiva e cinestésica.

Ao modelar os remadores, Gillian pôde identificar alguns temas comuns para a vida cotidiana — para criar um estado interno apropriado, um sentimento positivo e uma crença de que pode conquistar o que quer com a preparação certa, pensamentos interiores e autoconfiança.

Somado a isso, entretanto, Gillian descobriu um inesperado benefício extra muito especial ao entrevistar com profundidade o treinador do clube e descobrir muito mais sobre sua personalidade. "Através do processo da modelagem e de conversas subsequentes, nos tornamos excepcionalmente bons amigos e agora compartilhamos nossas vidas juntos e as alegrias de criar nossa jovem família", diz Gillian. "Quem sabe as oportunidades que as pessoas podem encontrar se derem a si mesmas o tempo de escutar e conhecer sobre uma outra pessoa sem preconceitos ou barreiras ou mesmo pensando que estão tentando encontrar um parceiro. Foi ao não procurar por um parceiro, que eu e John ficamos juntos: foi o resultado de uma conversa profunda sobre um interesse em comum.".

Um dos mistérios da PNL é a falta de descrição sobre como os seus criadores, Bandler e Grinder, modelaram os primeiros experts a partir dos quais a PNL nasceu. Para desvendar essa questão eles mesmos, Penny e James pegaram os cinco primeiros livros que eram o resultado da modelagem de Bandler, Grinder e outros, e fizeram uma "engenharia reversa" com o que eles mais provavelmente fizeram para chegar a esses modelos. Por meio de tentativa e erro, Penny e James criaram o seu próprio modelo para a modelagem da qual David Grove seria o primeiro exemplar.

Assim se iniciou um período doloroso enquanto eles tentavam descobrir como modelar David, sendo que ele estava no Reino Unido apenas periodicamente. O projeto levou quatro anos e envolveu frequentar os retiros terapêuticos de David como participantes, conseguindo acesso a gravações de seus trabalho mais antigo e passando horas e horas lendo transcrições de sessões. Como resultado de sua modelagem, Penny e James desenvolveram a *Modelagem Simbólica*, uma abordagem que fortalece a habilidade de um praticante da PNL de trabalhar com as metáforas das pessoas em um nível simbólico (veja o Capítulo 18 para mais sobre Linguagem Limpa e o trabalho de Penny e James).

O trabalho deles resultou no influente livro *Metaphors in Mind* (Metáforas da Mente, em tradução livre). Ao longo dos anos, a atitude de David Grove mudou e no prefácio para o livro deles ele elogia "o estilo obstinado de Penny de 'não aceitar um não como resposta'". Ele também disse: "Minha vida continua a ser enriquecida por suas subsequentes interações."

A dança da chuva

Como alguém com uma carreira de 24 anos como gerente de vendas, Rob Biggin era fascinado por conhecer gerentes seniores que obtinham excelência em criar oportunidades de vendas e ainda assim não haviam tido um treinamento formal na área: pessoas que são conhecidas por "fazer a dança da chuva". Ele convidou seus muitos exemplares para ensiná-lo como eles vendem e aprendeu muito do que agora informa em seus programas de treinamento em organizações de serviços.

Ele ficou intrigado com as palavras que ouviu de seu primeiro exemplar:

> *O camarada me disse que quando vai a uma reunião de vendas com um cliente em potencial, ele tem em mente que pode muito bem sair de férias com essa pessoa no futuro. (Na verdade, o exemplar estava prestes a sair de férias com um cliente.) Isso demonstra como ele lida com o encontro e trata a pessoa com o maior interesse possível porque quer conhecê-la bem. Isso definitivamente não era algo que eu poderia ter previsto e entretanto percebi que fazia uma diferença enorme em sua atitude com o cliente.*

Nos cursos que Rob ensina agora, ele sugere que os colaboradores comecem todas as reuniões determinando sua intenção de estarem muito interessados no cliente e conta a história do gerente bem-sucedido que se comporta "como se" fosse sair de férias com aquela pessoa no futuro.

Rob também tentou um exercício simples e divertido baseado no metaprograma da similaridade e diferença, e descobriu que todos os seus exemplares haviam optado pela similaridade e faziam o mesmo nos negócios — identificando as coisas que tinham em comum com seus clientes em potencial (veja o Capítulo 7 para mais sobre metaprogramas). Eles procuraram, muito rapidamente, formas de se conectar e construir rapport, como "vejo que ambos temos dois filhos" ou "eu também gosto de ler *The Economist*".

Como resultado de seu trabalho na modelagem, Rob desenvolveu seus programas de treinamento e a forma como agora treina profissionais para lapidar suas habilidades de gerar negócios.

Etapas-chave na Modelagem

Temos certeza de que você pode encontrar em sua vida alguém que já tenha demonstrado habilidades específicas que gostaria de ter à sua disposição. Nesta seção, o guiamos por um processo genérico de modelagem simples para que você possa assumir aspectos das habilidades de seu exemplar.

As etapas-chave são as seguintes:

1. **Conhecer o seu resultado.**
2. **Identificar seu exemplar.**
3. **Encontrar um método de modelagem com o qual você possa trabalhar.**
4. **Reunir seus dados.**
5. **Construir o seu modelo.**
6. **Testar seu protótipo.**
7. **Refinar visando à simplicidade.**

Descrevemos essas etapas nas seções seguintes para dar a você algumas dicas de como dar início a seu próprio projeto de modelagem.

Conhecendo o resultado de sua modelagem

A PNL tira você de estar preso a um problema e o leva a atingir resultados. Quando conhece o seu resultado em qualquer situação, você foca a sua atenção naquilo que quer, por exemplo, "eu quero ser um pai melhor" ou "gostaria de parecer confiante quando vou a encontros". Ser específico em relação à capacidade que você quer modelar é útil; por exemplo, "brincar com meus filhos quando volto do trabalho" ou "adotar um interesse profundo por uma pessoa quando a conhecer". Esse foco é especialmente útil na modelagem para ajudá-lo a saber quando parar, porque você reconhece que atingiu o seu resultado. Você sempre aprende mais quando pratica aquilo que descobre sobre e com o seu exemplar. Essa atenção ao resultado é muito mais importante do que ser preciosista ao extremo com sua metodologia nessa etapa de seu aprendizado.

EXPERIMENTE

Crie um resultado bem formado de modelagem passando por todos os passos que ressaltamos no Capítulo 4 e sumarizamos no Apêndice C. Você pode estar modelando como parte de um curso de treinamento de PNL ou para desenvolver seu próprio conhecimento de PNL, para ser melhor no seu trabalho, desenvolver uma habilidade com uma nova língua ou se tornar melhor no seu negócio.

Identificando seu exemplar

Ao escolher um exemplar, você procura por um e, às vezes, por muitos exemplos de pessoas que fazem exatamente o que gostaria de fazer bem no mesmo contexto ou em um contexto similar. Seus exemplares podem muito bem ter atingido o estágio de ser inconscientemente competentes no que quer que eles façam bem: eles são tão bons no que fazem que consideram difícil destrinchar os detalhes quando outros pedem por conselhos; eles simplesmente dizem "eu apenas faço", então você precisa fazer um trabalho de detetive para reaver a informação. Por exemplo, para seu exemplar você pode escolher alguém que seja bem-sucedido no seguinte:

- Construir uma rede social ativa
- Guiar clientes por transições de vida difíceis
- Criar um ambiente caloroso e acolhedor em casa
- Apresentar uma aptidão para aprender novas línguas
- Terminar projetos "faça você mesmo"
- Formatar documentos claros
- Abrir franquias de negócios
- Levantar fundos para caridade
- Permanecer saudável enquanto cuida dos outros

DICA

Mantenha sua modelagem simples no começo: quanto mais claramente definida a habilidade que você quer replicar e quanto mais acessível for o seu exemplar, mais fácil será sua tarefa. Tentar modelar Picasso ou uma celebridade muito reservada será extremamente difícil, ainda que alguns modeladores da PNL tenham feito um trabalho excepcional em modelar figuras públicas.

Considere um comportamento ou habilidade específica que o exemplar apresente e que queira replicar. Você não precisa capturar todos os comportamentos da pessoa.

CASOS E CAUSOS

Você está cercado de pessoas que podem fazer coisas que você não faz tão bem. Frequentemente alguém em sua rede de relações mais próximas tem uma especialidade valiosa na qual você pode tocar, mesmo dentro de sua família.

Enquanto frequentava seu programa para Mestres Praticantes da PNL, Rachel foi escolhida como exemplar para cinco projetos separados de modelagem por colegas estudantes que estavam muito interessados em modelar diferentes aspectos de sua abordagem com os negócios e a saúde. Eles estavam intrigados com como ela havia estabelecido um negócio bem-sucedido e mudado de carreira muitas vezes, de chefe de cozinha a gerente de eventos, para se tornar uma guru e autora independente em saúde e fitness com um estilo forte e uma personalidade exuberante. Alguns estavam interessados em mudanças de comportamento específicas, como seu sucesso em parar de fumar e em perder peso.

"Na verdade foi humilhante ser escolhida pelos meus colegas como exemplar. Apenas o fato de ser modelada me fez prestar mais atenção às coisas que eu negligencio na forma como levo meu negócio", ela diz. O ato de modelar também tem benefícios em potencial para o exemplar, porque você pode tornar as pessoas conscientes de sua experiência e das mudanças que podem fazer.

Encontrando um método de modelagem com o qual você consiga trabalhar

A modelagem é uma questão de descobrir, em um nível profundo, o que e como os exemplares experienciam o seu mundo que os permite fazer o que fazem de forma tão bem-sucedida, e de criar um entendimento do que estão pensando, sentindo e como estão se comportando em qualquer momento específico. Você está tentando entrar na cabeça de alguém e precisa adquirir a ferramenta mais apropriada para o trabalho. Inevitavelmente, a qualidade da ferramenta que você adota para reunir informações tem um efeito crucial no processo.

Esse aspecto levanta a questão fundamental do ovo e da galinha da modelagem. Você cria a estrutura para o seu modelo primeiro ou isso se desenvolve depois? Na nossa visão, é útil ter algum molde ou hipótese quando iniciamos na modelagem, assim como abandonar esse modelo, se apropriado. Por essa razão, a estrutura prática e clara dos níveis lógicos de Robert Dilt (que descrevemos no Capítulo 11) é um ponto de partida popular tanto para reunir informações quanto para analisar seus exemplares.

Veja alguns pontos iniciais para considerar sobre cada um de seus exemplares nos diferentes níveis:

- **Ambiente:** Onde, quando e com quem eles passam o tempo?
- **Comportamento:** O que eles fazem? Quais são seus hábitos e estratégias?
- **Capacidades:** Que habilidades eles têm?
- **Crenças e valores:** O que eles acreditam ser verdade? O que é importante para eles?

- **Identidade:** Qual é o senso que têm de si mesmos? Quem eles são neste contexto?
- **Propósito:** Qual é o senso de propósito e conexão com como se encaixam em um contexto mais amplo?

LEMBRE-SE

Você é humano, então vai para a modelagem com seu próprio conhecimento e ideias preconcebidas. O seu próprio modelo age como um filtro de que informações você observa e coleta.

Reunindo seus dados

Para se poupar de ficar sobrecarregado com dados, sugerimos que comece com uma mistura de duas abordagens para reunir informações:

- **Compreensão inconsciente:** Nessa abordagem, você passa todo o tempo que puder com seu exemplar para que você possa intuitivamente obter um senso de como a pessoa opera. Chegue sem muitas programações além de emular sua respiração e fisiologia e obtenha uma noção de como deve ser estar na pele dessa pessoa. Idealmente, você começa sem um modelo na cabeça e parte para a segunda posição perceptiva em que você tem um rapport profundo com seu objeto. Perceba o que você vê, ouve e sente. Veja o Capítulo 6 para mais sobre rapport e entendimento sobre outros pontos de vista.
- **Reunião analítica de informações:** Nessa abordagem, você pode estruturar toda a sua coleta de dados acerca de ferramentas como os níveis lógicos explicados no Capítulo 11. Esse processo é uma forma eficaz de construir informação, especialmente quando você tem tempo e acesso limitados a seu exemplar.

As ferramentas e técnicas da PNL que ressaltamos no decorrer deste livro podem ajudá-lo a desenvolver sua coleta de informações. Sua análise de dados e modelagem é uma oportunidade de atualizar seu conhecimento e afiar suas habilidades. Veja como:

- **Suposições e pressuposições:** A partir de que suposições o seu objeto opera? Veja o Capítulo 2 para mais detalhes.
- **Crenças e valores:** Que crenças você percebe no seu objeto — quais são as diretrizes-chave da pessoa? O Capítulo 3 pode ajudá-lo aqui.
- **Gerenciamento de estado emocional:** O que você pode descobrir sobre seu exemplar no que diz respeito a esse aspecto, que descrevemos no Capítulo 9?
- **Metáforas e histórias:** Que histórias o seu exemplar conta? A que histórias ele responde? O Capítulo 17 guia você nessa área.

» **Metaprogramas:** Você consegue identificar metaprogramas na linguagem da pessoa? Por exemplo, detalhes versus visão global, em direção a ou afastar-se de, opções ou procedimentos, foco externo ou interno? O Capítulo 7 tem mais sobre metaprogramas.

» **Posições perceptivas:** O seu exemplar assume as diferentes posições perceptivas exploradas no Capítulo 6? Tente passar você mesmo por três ou quatro perspectivas enquanto modelador.

» **Estratégias:** Você consegue identificar as estratégias que seu objeto adota e codificá-las como explicamos no Capítulo 12?

» **Tempo:** Qual é o senso de tempo dessa pessoa, como explicado nas opções de linha do tempo no Capítulo 13? Ela opera no momento ou é boa em planejamento?

» **Atributos visuais, auditivos e cinestésicos:** O que os padrões de linguagem revelam sobre como essa pessoa se comunica neste contexto particular? Discutimos esses itens no Capítulo 5.

DICA

O seu exemplar será bom em algumas coisas em que você já é competente também. Concentre a sua investigação em áreas que lhe sejam menos familiares para poupar tempo e energia.

Construindo o seu modelo

Quando tiver reunido seus dados, você terá tudo o que precisa para construir o modelo que demonstra os padrões que descobriu em seu exemplar. Essa estrutura é a descrição coerente dos padrões essenciais e demonstra a outras pessoas o que elas precisam copiar em suas tentativas de obter os mesmos resultados que o seu exemplar.

Você pode usar um modelo existente, como o modelo dos níveis lógicos, e estar disposto a construir o modelo do seu próprio modo, adicionando seu conhecimento único a ele assim como os modeladores fizeram na seção "Descobrindo Casos de Estudo da Modelagem".

CASOS E CAUSOS

Quando Kate escreveu seu guia de carreira e resiliência, *Live Life. Love Work* (Viva a Vida, Ame o Trabalho, em tradução livre), ela estava curiosa com as lições a serem obtidas de numerosos profissionais sobre o tempo em que atingiram um estado fluido de contentamento com suas vidas. Quando começou a modelagem, ela construiu um modelo para concentrar sua atenção e questionamento em alguns princípios essenciais sobre como profissionais direcionam suas vidas. Ela desenvolveu um acrônimo que julgou que seria memorável para seus leitores.

No entanto, quando começou a escrever a pesquisa e a usar a abordagem dentro de sua própria prática de treinamento, percebeu que, se ela se ativesse a seu modelo precioso, ele seria forçado. Então ela simplificou o modelo para um com quatro partes que incluísse o que ela tinha ouvido nas suas entrevistas. Esse se tornou um modelo mais claro e mais valioso para seus leitores seguirem.

Testando o protótipo

Quando tiver o modelo, esteja disposto a testá-lo e melhorá-lo continuamente. O Modelo TOTS da PNL o encoraja a Testar, Operar, Testar, Sair para testar o seu protótipo (veja o Capítulo 12 para mais informações). A melhor maneira de testar seu protótipo é ensinar o modelo a outros e ver o que acontece. Eles chegam aos mesmos resultados?

CASOS E CAUSOS

Como coaches treinados da PNL, Kate e seu colega Rob foram convidados por uma corporação global de TI para modelar Robin, um gerente interno de desenvolvimento pessoal, em ação e observar como ele guiava sua grande equipe de consultores para assumir a liderança de suas carreiras. Robin tinha interesse na PNL e sabia que era extremamente bem-sucedido no que fazia. Reconhecia aspectos de seu trabalho, e ainda assim achava difícil documentar completamente o que ele fazia e como fazia.

Como resultado de modelar Robin trabalhando, Kate e Rob foram capazes de capturar a essência da abordagem de Robin. Juntos, o trio converteu o trabalho de Robin em um modelo de treinamento de carreira e ensinou sua abordagem a outros gerentes seniores na organização. Kate e Rob tornaram o modelo original de Robin mais robusto ao incorporar conceitos fundamentais da PNL, como usar a construção de rapport para melhorar as relações nos negócios, posições perceptivas para fortalecer o desenvolvimento de uma marca pessoal e linhas do tempo e níveis lógicos para capturar informações sobre a jornada de carreira. Assim, o modelador ajudava o exemplar a se tornar ainda mais capaz, como acontece frequentemente.

Conforme o programa de treinamento se popularizava, os frequentadores perceberam que eles agora tinham uma metodologia simples e vitalícia para gerenciar suas próprias carreiras assim como as das pessoas que trabalhavam para eles. O que era particularmente poderoso na abordagem de Robin era o seu uso das metáforas e histórias para fazer a mensagem chegar a seus colegas gerentes de maneira criativa e inspiradora. Entretanto, as outras pessoas não precisavam contar as mesmas histórias; havia espaço para que elas contassem as suas próprias. Cada um dos gerentes que frequentou o treinamento tirou a estrutura essencial do modelo e a aplicou de sua própria forma. A prova-chave do modelo é que todos eles obtiveram resultados.

Refinando para obter simplicidade

O modelador deve decidir quais elementos do comportamento do exemplar são partes essenciais do modelo e quais são apenas informações interessantes. O ritual que o jogador de golfe faz antes da partida faz diferença para que ele dê a tacada vencedora? Você precisa isolar ao menos três ocasiões em que o comportamento desejado esteja presente para que possa identificar padrões comuns entre eles. Essa abordagem pode significar escolher ao menos três exemplares ou, se você quer a forma particular de alguém de fazer algo, ao menos três situações separadas.

Você tem que estar preparado para ficar mais tempo do que o normal no lugar do "não saber", absorvendo os detalhes que você reuniu, e então "segmentar" aos elementos essenciais do que precisa ser o seu modelo (você pode ler mais sobre isso no Capítulo 16). Quando tiver o seu modelo, experimente-o para ajustá-lo e entender o que é essencial e o que você pode seguramente deixar de fora. Você também precisa verificar se o modelo de outra pessoa se encaixa com seus valores e se talvez precise trabalhar um pouco em suas próprias crenças. Aqui, você pode usar o apoio de algum coach de PNL se estiver desenvolvendo um modelo para promover mudanças em sua própria vida.

Fran Burgess, coach e modeladora altamente respeitada da PNL, sugere que escrever um livro é exatamente como o processo de modelagem. Armado com os dados, você só tem a questão de como classificá-los, e a estrutura tem que emergir. Modeladores, como escritores, precisam estar dispostos a investigar uma quantidade tremenda de detalhes para encontrar a aparente simplicidade do que finalmente emerge em seu trabalho.

Escritores trabalham de seu jeito único e a parte da escrita propriamente dita — colocar as palavras no papel — é uma pequena parte do processo de publicação como um todo. Ainda assim, muitas pessoas não se dão conta desse fato quando tentam modelar um autor e extrair os elementos essenciais para o modelo. Quando Kate escreve livros, ela começa reunindo enormes quantidades de informação, lendo outros livros sobre o assunto e sobre assuntos relacionados, navegando na internet, indo a eventos, entrevistando pessoas e criando quadros de ideias e mapas visuais no computador que quebrem a estrutura em capítulos, antes de chegar a um plano de projeto com datas e resultados. O produto final bem acabado frequentemente engana em relação ao volume de livros, papéis e arquivos de computador envolvidos em seu escritório e em sua casa.

Quando Romilla escreve, ela faz algumas coisas do mesmo modo que Kate, saindo e conhecendo pessoas e fazendo brainstormings de ideias em um quadro, e outras de forma muito diferente. Ela gosta de ouvir CDs e fitas, e prefere gravar as conversas, absorvendo as informações antes de escrever. Nós duas ficamos antenadas por meses e muitos processamentos inconscientes acontecem quando estamos com um livro na cabeça.

Contudo, nossas formas de completar um livro são muito diferentes. É mais provável que Kate esboce suas ideias e as ilustre com histórias. Romilla joga suas ideias em seus mapas visuais no computador, usando o mesmo software que Kate, mas com a possibilidade de ver as ideias como tópicos flutuantes em vez de conectadas a uma ideia central, porque essa abordagem dá a ela a flexibilidade de encaixar títulos conforme ela os amplia. Ela usa um programa de captura de voz para "conectar-se e falar" com sua plateia imaginária. Ela aprendeu esse processo com seu bom amigo, Rintu. Quando ela começou a digitar, completar seu trabalho levava décadas porque sentia-se compelida a editar conforme avançava. Agora ela é uma "escritora" muito mais ágil e sua linguagem é mais natural.

A partir dos nossos dois exemplares, você poderia criar um modelo que incluiria alguns estágios principais sobre como escrever um capítulo de um livro, entretanto, existem diferenças entre os dois exemplares. Uma descrição do modelo principal (em outras palavras, as partes iguais) que você poderia obter ao modelar Kate e Romilla se pareceria com isso:

1. **Reunir informações de segundo plano — navegar na internet, conhecer pessoas, ler ou ouvir CDs.**
2. **Criar um mapa visual de ideias.**
3. **Esboçar o texto no Microsoft Word.**
4. **Revisar o texto.**
5. **Entregar os arquivos do computador dentro do prazo editorial (90 por cento das vezes!).**

Conforme você passa mais tempo com os exemplares, é provável que você precise pegar um aspecto específico de seu processo e dividi-lo em subprocessos e alongar-se um pouco nos detalhes. Você também pode começar a perceber coisas não explícitas, como estratégias para remoer ideias e o papel que atividades menos óbvias como caminhadas ou meditação exercem no trabalho de se conseguir clareza de pensamento. Você também pode perceber que um escritor rabisca uma série de longas anotações à mão em um café enquanto outro grava ideias em um gravador de fita como parte de seu processo de esboço. Se você fosse modelar um terceiro escritor, poderia notar o seu hábito de passar uma manhã inteira reorganizando uma página do texto com paciência infinita no estágio da edição. Cada escritor trabalha à sua própria maneira; o teste é se o modelo leva você ao resultado final desejado de entregar um manuscrito aceitável no prazo.

Um livro pode ficar na cabeça de um autor por muitos anos antes que atinja a publicação. Como uma especialista em modelagem que está atualmente ajustando seu próprio trabalho para publicação, Fran sugere que modeladores precisam de uma paciência inacreditável. Ela vem trabalhando com modeladores por mais de dez anos e só agora sente ter identificado as muitas estruturas por trás do processo de modelagem. A propósito, ela também reconhece que todos os modeladores que ela conheceu consideram difícil serem modelados eles mesmos dentro de qualquer metodologia da modelagem que não as suas próprias. "Eles não apresentam resposta. Modeladores tendem a viver seu modelo e são casados com ele", ela diz. Seus modelos mentais são centrais para sua identidade.

LEMBRE-SE

A diferença que faz a diferença provavelmente não é imediatamente visível. Grandes modeladores têm uma paciência tremenda e uma curiosidade sem limites. Continue curioso!

A modelagem dá a você a habilidade de melhorar o seu jogo em qualquer campo do aprendizado. Não há nenhuma promessa de que você possa se tornar um especialista e vencer em tudo; claramente, nem todo mundo pode ser o número um em um esporte particular ou uma celebridade estrela de cinema. Entretanto, se você conseguir identificar as estratégias da excelência em seu exemplar e replicá-las para si mesmo, é provável que obtenha resultados similares. O mais encorajador é que a modelagem lhe dá um método prático para melhorar cada vez mais no que você quer ser ou fazer; abrir opções para a sua vida e aprender do modo que for o melhor para você — simplesmente estando perto de pessoas competentes e mantendo todos os seus sentidos ligados.

NESTE CAPÍTULO

» Entendendo a estrutura da mudança

» Descobrindo a atitude mental para evitar a fadiga da mudança e continuar produtivo

» Mantendo o engajamento de empregados por meio da mudança

» Reunindo as ferramentas da PNL

Capítulo 20

Facilitando a Mudança

"Nada dura, exceto a mudança" é um ditado comumente citado. A mudança pode acontecer de duas maneiras:

- Você pode iniciar e planejar a mudança. Esse tipo de mudança pode ser algo relativamente pequeno, como comprar um carro novo ou redecorar a cozinha, ou pode ser uma mudança que altere toda a sua vida — por exemplo, quando você decide se casar, mudar de casa, ter filhos ou mudar de emprego; nesses casos, você sente como se tivesse algum controle, ainda que agentes externos possam lançar imprevistos no caminho e deixá-lo sentindo-se estressado e desamparado.
- Você pode ter a mudança imposta em sua vida, por exemplo, por seu empregador ou através de eventos como uma gravidez inesperada ou pela perda de um ente querido; a mudança é mais difícil de aceitar quando você se sente vítima dela.

A abordagem da PNL é que não existe um único mapa de mudança correto em qualquer momento único. Para sobreviver e ser bem-sucedido, você precisa reconhecer e aceitar o fato de que a mudança está acontecendo e colocar as estratégias para trabalhar em seu favor.

Como a PNL trata de como as pessoas pensam e se comportam, o foco deste capítulo está no aspecto pessoal da mudança e não no gerenciamento de projetos de mudança no local de trabalho. Queremos mostrar a você como lidar com a mudança de forma que seja possível manter o seu equilíbrio em tempos instáveis, seja a mudança iniciada por você ou imposta em sua vida. Caso cruze com uma pessoa para quem a mudança não esteja sendo tão amena quanto ela gostaria, esperamos que os insights que conseguir aqui possibilitem que você a ajude um pouco. Você poderia fazer isso simplesmente ouvindo de forma compreensiva, estendendo a mão para ajudar ou apenas explicando a ela o que ela está experienciando.

Para fazer tudo isso, reunimos ferramentas e técnicas da PNL do resto do livro para ilustrar como você pode aplicar a PNL às mudanças que acontecem na sua vida cotidiana, sejam relativamente pequenas ou transformadoras, sejam promovidas por você ou por outras pessoas. Por exemplo, pense na pressuposição "se o que você está fazendo não funciona, faça algo diferente" (o Capítulo 2 trata das pressuposições da PNL com mais detalhes). A mudança é uma questão de fazer algo diferente quando o que você está fazendo já não funciona.

A premissa para escrever esse capítulo é, seja qual for a mudança, que você pode lidar com ela de forma humana e com compaixão — por exemplo, ao lidar com redundâncias em uma corporação. Este capítulo também trata de capacitá-lo a facilitar a mudança para si mesmo ao entender o que você experimenta. Ao invés de bater a cabeça na parede, se você acha que poderia ter feito alguma coisa um pouco melhor, você pode ser gentil consigo mesmo e focar-se no que fez bem.

EXPERIMENTE

Mantenha um caderno à mão e, conforme lê este capítulo, anote o que você está passando ou como está antecipando a mudança e pense sobre como pode facilitar a mudança aplicando técnicas específicas da PNL.

Encontrando Clareza e Direção

Saber aonde você quer chegar é crucial, porque sem uma direção clara pode acabar gastando muita energia perseguindo o que você não quer e desperdiçar muito tempo para não alcançar nada. Para atingir o máximo de resultados, você precisa ter certeza de qual resultado exatamente quer extrair da mudança que escolher promover. Por exemplo:

- Eu quero estar pesando 63 quilos até o início do verão.
- Nossa taxa de atrito é de 27% e queremos reduzi-la para 15%.
- Queremos terceirizar nossos serviços.
- Quero que o dia do meu casamento seja perfeito.

O Capítulo 4 guia você pelo processo de obter clareza sobre seus objetivos e de revelar seus medos ocultos. Os exemplos que usamos no Capítulo 4 focam, primariamente, pessoas querendo criar objetivos em suas vidas pessoais usando a abordagem do resultado bem formado da PNL. Esse processo também é ótimo, no entanto, para mudanças envolvendo uma equipe ou um departamento de trabalho.

Imagine que você esteja experienciando uma mudança em seu trabalho. Você é um gerente que precisa manter um processo de mudança nos trilhos enquanto se assegura de que seu pessoal esteja engajado e motivado (para que a perda de produtividade seja mantida em um mínimo). Você também precisa garantir que se mantenha otimista e saudável. O grande problema de quando mudanças assim acontecem em uma organização é que as pessoas se sentem impotentes. Geralmente, as organizações fazem mudanças apressadamente, sem a consideração devida do impacto nas pessoas. A percepção da falta de controle leva os funcionários ao estresse e falta de motivação. Existe pouco espaço para manobra em objetivos de grandes mudanças estabelecidos pela gerência máxima. As pessoas que devem implementar a mudança podem ter algum senso de controle e manter-se engajadas no processo de mudança se conseguirem decidir quais passos devem dar para realmente implementar a mudança. Equipes e indivíduos podem aplicar as técnicas de estabelecimento de objetivos do Capítulo 4 e experienciar menos estresse.

EXPERIMENTE

Reserve um tempo para sentar com sua equipe em uma mesa e fazer um brainstorming das mudanças iminentes (e equipe aqui pode ser sua família ou um grupo social maior). Esse processo é uma boa forma para a equipe toda descobrir quais são as preocupações uns dos outros no que concerne à mudança. Se a equipe for grande demais para caber em volta de uma mesa, divida-a em vários grupos e dê um ponto para cada grupo. A equipe então se reúne e um grupo fala sobre o que discutiu, trazendo assim insights mais valiosos.

Entendendo a Estrutura da Mudança

Para facilitar o entendimento da mudança, usamos dois modelos para ilustrar o que você pode estar experienciando e o que pode fazer quando achar que a mudança o está fazendo se sentir desconfortável ou fazendo-o se comportar de maneira diferente da sua personalidade.

O ciclo do luto de Kübler-Ross

A dra. Elisabeth Kübler-Ross escreveu sobre os "Cinco Estágios do Luto" em seu famoso livro *Sobre a Morte e o Morrer*. Ainda que originalmente projetado para lidar com a morte, o seu modelo é útil para ajudar a entender a mudança.

Você não se depara com este modelo em cursos padrão de PNL. Entretanto, as pessoas estão bastante familiarizadas com os Cinco Estágios do Luto de Kübler-Ross aplicado especificamente a mudanças corporativas. A razão para o incluirmos aqui é compassar qualquer um que não saiba muito sobre PNL, mas que já tenha usado esse modelo para mudanças organizacionais, como um guia para aplicar a PNL às mudanças.

Quando a mudança ataca, as pessoas tentam manter o status quo porque é seguro e estável. Quando uma mudança ocorre no status quo de qualquer sistema, mesmo quando é esperada, as pessoas podem experienciar os diferentes estágios mostrados na Figura 20-1. Este modelo pode adverti-lo e precavê-lo para lidar com a mudança de forma mais eficaz e ajudar outras pessoas na organização a administrá-la melhor. Entender pelo que você está passando o ajuda a gerenciar a si mesmo ao controlar seu estado emocional; então, a Tabela 20-1 examina esses estágios mais a fundo. Ela oferece maneiras de ajudá-lo a se comportar de forma mais imaginativa ao ter rapport com outras pessoas através de uma consciência sobre como a mudança as está afetando.

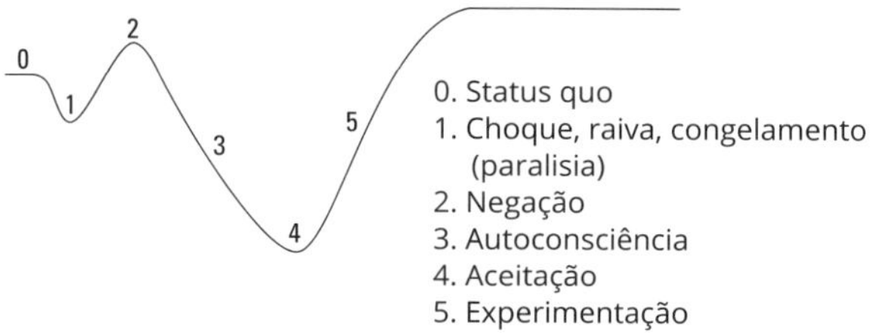

FIGURA 20-1: A curva da mudança.

Quando envolvido em uma mudança corporativa, o trabalho do gerente é manter a curva do gráfico o mais baixa possível e manter o prazo entre o ponto 1 (o começo da experimentação da mudança) e o ponto 5 (um novo status quo começa a emergir) o mais curto possível, porque isso coloca as pessoas de volta em modo de performance absoluta o mais cedo possível.

TABELA 20-1 **Os Estágios do Luto na Curva da Mudança para Mudanças no Local de Trabalho**

Estágios na Curva da Mudança	Como as Pessoas Podem Reagir	Que Atitudes Ajudam
1. Choque e Raiva	As pessoas podem procrastinar quando experienciam um choque. Sentimentos de choque e raiva podem ser efêmeros ou durar muito tempo, dependendo de quão resiliente é a pessoa em questão. As pessoas se sentem encurraladas e reagem com medo.	Permita que as pessoas desabafem e assegure-as de que a mudança é temporária e de que as coisas vão melhorar. *Enfatize que a mudança não é pessoal.* Trabalhe de maneira sutil para ajudar as pessoas a mudarem o seu mapa do mundo, porque elas reagem baseadas em seu mapa existente e a profundidade de sua reação depende do que o mapa delas diz para fazerem ou de como diz para reagirem.

2. Negação	As pessoas podem ter uma percepção falsa de sua habilidade para lidar com coisas difíceis. Elas podem achar que conseguem lidar com as coisas. Acham que a culpa é de todas as outras pessoas. As pessoas podem ficar presas aqui e tornarem-se dinossauros que não sabem lidar com a mudança, o que pode resultar em perderem o emprego ou em se tornarem marginalizadas.	O coaching ajuda. A ferramenta é dar feedback, porque sem feedback as pessoas não se dão conta de que estão em negação e iludindo a si mesmas.
3. Autoconsciência	As pessoas se sentem piores quando se dão conta de que seu kit de ferramentas de habilidades e conhecimento não é bom o suficiente para lidar com a mudança. Elas entram no modo de sobrevivência. O estado de sentir-se mal e inadequado pode se espalhar por outras áreas das vidas das pessoas.	Aqui as pessoas precisam de apoio e precisam saber onde estão na curva e por que estão se sentindo mal. Pessoas que estão se sentindo dessa maneira precisam conversar com seus cônjuges, colegas e gerente e pedir pela liberdade de sentirem-se indispostas e assustadas. Elas precisam ter a permissão de sentir-se mal e de se comportar de maneira insuficientemente imaginativa.
4. Aceitação	As pessoas começam a assumir responsabilidade pessoal para lidar com a mudança conforme percebem que finalmente pararam de resistir a ela. A percepção das pessoas sobre suas habilidades não é verdadeira porque elas se sentem inúteis.	Este estágio é onde se mostra às pessoas como outras pessoas lidaram com a mudança, dando-lhes casos de estudo, fornecendo treinamento e exemplares para modelar.
5. Experimentação	Este estágio é para aprender e integrar novas ferramentas, então as pessoas começam a modelar outras para ver como lidam com a mudança. Elas se sentem mais capazes e competentes.	Treinar pessoas para adquirir novas habilidades e dar espaço a elas para que cometam erros. Neste estágio, os gerentes devem ter feito análises de risco e planejamento de contingências suficientes para que os erros não sejam danosos para a empresa. Uma gerência de alto risco é necessária neste ponto para que se possa lidar com os erros adequadamente. Uma cultura de culpabilidade só joga as pessoas de volta ao estágio 2.

Conforme você emerge da mudança, a *integração* vem a seguir. Você se ajusta ao novo modo de fazer as coisas e se torna mais flexível porque teve que aprender a lidar com um novo ambiente. Sua percepção de sua própria competência aumenta e é mais provável que seja medida de maneira mais precisa. A mudança pode ser incorporada à identidade da empresa ao constantemente referir-se a ela, até que se torne inconsciente.

LEMBRE-SE

As pessoas reagem de maneiras diferentes à mudança. Cada pessoa passa quantidades de tempo diferentes em cada estágio e é preciso que os chefes de equipe e gerentes lidem de forma diferente com cada pessoa. O papel de um gerente, portanto, precisa mudar conforme lidam com os diferentes estágios em que as diferentes pessoas estão.

LEMBRE-SE

Quando você está liderando ou intermediando uma equipe, experienciar a emoção da equipe é muito normal. Por esta razão, gerentes podem sentir uma montanha-russa de frustração, medo e ansiedade conforme experienciam as diferentes fases eles próprios. Então eles podem precisar de treinamento, mentoria, sair para tomar uma cerveja ou o que quer que seja o seu mecanismo de relaxamento para ganhar espaço e perspectiva.

DICA

Quando as pessoas estão sob estresse, seu comportamento pode precisar ser desculpado. Antes de reagir a alguém, adote a segunda posição de, metaforicamente, "vestir a pele dessa pessoa" para conseguir um entendimento melhor de como essa pessoa está se sentindo. Esse processo dá a você a habilidade de olhar a situação de fora como se estivesse "sobrevoando o problema". O Capítulo 6 sobre rapport mostra como usar as posições de percepção e o metaespelho para explorar os comportamentos e motivações de outras pessoas que, por sua vez, lhe darão a oportunidade de adaptar como você se comunica e responde para criar resultados benéficos para todos. Confira os pressupostos no Capítulo 2 relacionados a fracasso/feedback, comunicação e comportamento.

Aplicando os níveis lógicos da PNL

Os níveis lógicos da PNL são uma forma poderosa de pensar sobre a mudança ao dividi-la em um modelo de diferentes categorias de informação (veja o Capítulo 11 para saber mais sobre níveis lógicos, que às vezes são conhecidos como níveis neurológicos).

Conforme começa a considerar os tipos de mudança que você experiencia, descobre que os níveis lógicos podem ajudá-lo a encontrar uma caminho a seguir em tempos confusos. Para fazer isso, ter alinhamento em todos os níveis lógicos de identidade, crenças e valores, capacidades e habilidades, comportamento e ambiente é especialmente importante, porque ter uma incongruência em um ou mais níveis impede que o resultado desejado aconteça. Este modelo pode ser útil tanto quando experienciando mudanças pessoais quanto para entender mudanças corporativas. O valor-chave do modelo é que ele proporciona uma abordagem estruturada para entender o que está acontecendo. Isso permite que as pessoas tomem uma decisão sobre escolher como elas querem se sentir em relação à mudança e como vão se comportar.

Em qualquer um dos casos, mudar nos níveis mais baixos do diagrama (Figura 11-1 no Capítulo 11) é mais fácil do que nos níveis mais altos. Então, por exemplo, uma empresa pode achar que fazer algumas mudanças no prédio (ambiente), como pintar as paredes de uma cor mais vibrante, é mais fácil do que mudar a cultura ou criar uma nova identidade para si. Mudanças como essas em um nível mais alto têm um impacto nas pessoas abaixo dele; mudanças em níveis mais baixos podem impactar as pessoas acima dele, mas isso não é uma certeza.

CASOS E CAUSOS

Jas, uma menina muito esperta e bem-educada em seus 30 e poucos anos, se inscreveu em um programa de treinamento focado em relacionamentos chamado Relationship Wizardry®, porque havia passado por uma série de relacionamentos, mas não conseguia se estabelecer em nada permanente. Jas é filha de pais muito bem-sucedidos e, como resultado do coaching, ela percebeu que havia se espelhado em sua mãe, que é forte e muito independente. Infelizmente, a sua identidade como uma mulher forte e independente a impedia de aceitar presentes, ajuda ou conselhos das pessoas, e essa independência afetou todas as áreas da sua vida. Ela admitiu que alguns de seus problemas de relacionamento existiam porque ela achava difícil aceitar amor e costumava afastar o parceiro (comportamento) se ele se aproximasse demais emocionalmente. Ela também se viu em relacionamentos com homens que não tinham o mesmo nível intelectual dela. Jas também percebeu que ela tinha alguns problemas de autoestima (crenças) porque não se sentia à altura do sucesso que sua mãe havia alcançado quando tinha a sua idade, e não sentia que merecia um homem bem-sucedido e dinâmico como o seu pai.

Romilla ajudou Jas a "projetar" o seu relacionamento ideal usando o processo do resultado bem formado (veja o Capítulo 4). Um dos primeiros passos que Jas tomou foi mudar o ambiente em que conhecia pessoas. Ela entrou para grupos em que fosse mais provável que ela conhecesse pessoas com quem tivesse interesses em comum. Antes do coaching, o desalinhamento nos níveis lógicos de Jas a impedia de alcançar seu objetivo de ter um relacionamento de longa duração.

Criando alinhamento nos níveis lógicos

O alinhamento em qualquer empreitada faz com que as coisas fluam mais facilmente e o ajuda a atingir sua meta mais rapidamente. Se você tiver alinhamento em todos os seus níveis lógicos (veja o Capítulo 11), encontrará o sucesso facilmente.

CASOS E CAUSOS

Elaine tem 45 anos, é casada e tem filhos, e está progredindo na carreira escolhida na indústria de serviços financeiros. Ela é extremamente perspicaz e muito ambiciosa (um aspecto de identidade). Ela também é muito apaixonada pela ideia de mulheres entenderem como obter segurança financeira (valores) e acredita em educá-las para esse propósito, porque ela "sabe" (crença) que toda mulher tem o direito de ter independência financeira.

Elaine tem muitas qualificações (capacidades e habilidades), mas está lutando para conseguir ainda mais. Esse objetivo é completamente congruente com sua ambição de para onde ela está encaminhando seu negócio e a forma como ela age e fala sobre as finanças das mulheres (comportamento) gera total confiança.

Ela tem um escritório adorável em casa (ambiente) onde ela pode ficar de olho em seus filhos. Quando precisa pensar, ela vai ao jardim para meditar um pouco. Como todas as áreas de seu trabalho estão alinhadas, ela está fazendo um bom progresso.

CASOS E CAUSOS

Apesar de este segundo caso ser um exemplo do que Jim experienciou quando sua esposa morreu, ele pode se aplicar a qualquer um que passe por uma perda: o fim de um casamento com a separação ou a perda de um emprego devido a doença, redundâncias, demissões ou aposentadoria.

Jim, um contador, e Alicia estavam casados há quase 30 anos. As primeiras semanas depois que Alicia morreu foram ocupadas pelos arranjos do funeral e Jim funcionou em piloto automático, mas então ele passou por um período de grandes mudanças:

- **Ambiente:** Jim descobriu que estava desconfortável com o quarto deles depois que levou as roupas de Alicia para doação. Uma cama que era confortável para dois passou a parecer muito grande e a colcha king size era muito pesada.

  Obviamente, dependendo da perda, aspectos diferentes se aplicam quando se trata de se ajustar ou criar um novo ambiente para uma nova vida.
- **Comportamento:** Jim sempre foi muito brincalhão e tanto homens quanto mulheres apreciavam sua companhia porque ele era muito divertido. Na verdade, Alicia o provocava por ser um paquerador descarado. Alguns meses depois que Alicia morreu e a vida começou a se estabilizar, Jim percebeu que seu senso de humor havia começado a retornar. Ele ficou surpreso ao perceber que sua interação com as mulheres que estava conhecendo havia mudado dramaticamente. Ainda que ele continuasse sendo o Jim brincalhão com as mulheres que eram amigas antigas e confiáveis dele e de Alicia, ele era muito mais reservado com as mulheres que estava encontrando pela primeira vez. Ele percebeu que ele via Alicia como uma guardiã contra mulheres que pudessem interpretar erroneamente suas gracinhas.
- **Capacidades e habilidades:** Alicia havia administrado todos os assuntos domésticos, porque ela apreciava o controle e o equilíbrio dos fundos e utilitários para conseguir as melhores taxas e negócios. Jim não queria pensar em números quando estava em casa. De repente, Jim precisou organizar a administração da casa assim como o seu trabalho.

  Jim era extremamente organizado no trabalho, mas tanto Alicia quanto ele haviam concordado tacitamente com que ele não fosse assim em casa. Jim decidiu levar suas habilidades organizacionais para sua vida doméstica; ele modelou sua manutenção do tempo e comportamento organizacional no trabalho para gerenciar a si mesmo em casa (para mais sobre modelagem, vá ao Capítulo 19).

Jim também percebeu que havia se perdido em relação a preencher seu tempo de lazer e feriados. Ele lentamente desenvolveu novas estratégias (confira o Capítulo 12 para mais sobre essa área) para decidir aonde ir e como organizar viagens. Inicialmente, ele escolheu passar as férias onde pudesse adquirir novas habilidades. Jim sempre havia gostado de cozinhar e, então, seu primeiro feriado foi uma semana na Toscana para aprender a autêntica culinária italiana. Por fim, ele pôde ir a excursões e ver partes do mundo que ele e Alicia não haviam conseguido visitar.

Jim teve que se forçar a fazer coisas sozinho, como ir ao cinema. Ele escolheu hobbies que o mantinham interessado na vida, mas seu maior entusiasmo era ajudar uma instituição de caridade com a contabilidade.

» **Crenças e valores:** Jim descobriu que suas crenças sobre o futuro haviam sido destruídas. Inicialmente, tudo o que ele viu quando olhou para o seu futuro foi escuridão e solidão. Conforme as semanas se transformaram em meses, Jim começou a ver pequenos feixes de luz conforme se forçava a manter-se ocupado e envolver-se com pessoas. Curiosamente, ele diz, ao reexaminar seus valores no que diz respeito a seu trabalho e relacionamentos, descobriu que eles não haviam mudado, ainda que seus valores sobre a "vida" tivessem mudado drasticamente. Antes, eles se resumiam ao que era importante para ele em sua vida com Alicia — companheirismo, amor, risadas, diversão. Ele descobriu que ainda que acreditasse intelectualmente no amor, ele estava muito apavorado para sequer contemplar as consequências de encontrá-lo novamente.

» **Identidade:** O que mais o apavorava era a perda de parte de sua identidade. Por 30 anos, ele havia sido o marido de Alicia. O seu papel na vida era cuidar dela e, agora, sentia-se à deriva. Esse estágio foi a parte mais difícil da reconstrução de sua vida, mas ele descobriu que precisa fazer isso um passo de cada vez. Dois anos depois, ainda existem buracos e ele ainda pode cair neles, mas ele recita a ladainha que descobriu que lhe dá conforto, "isso também passará", e sabe que conseguirá lidar com isso.

» **Propósito:** Jim decidiu que o que ele mais valorizava era deixar um legado que ajudará pessoas a viverem mais alegremente e "adicionará alegria ao inconsciente coletivo". Quando começou a experimentar com suas novas aventuras, ele percebeu que, mesmo sem Alicia ao seu lado, sua vida poderia ter um propósito novamente. Jim lembrou de seu bom amigo Paul falando: "Agora é a hora em que você aprenderá realmente a crescer e aprender." Isso não foi muito útil para Jim na época, mas ele percebeu que, apesar da dor emocional extrema, cresceu como pessoa e desenvolveu maior compaixão e tolerância no jeito que lidava com pessoas.

Oferecemos o caso de Jim para ajudá-lo a entender o que é provável que você experiencie quando encontrar uma mudança em sua vida, para que considere mais fácil trabalhar com a mudança ao invés de lutar contra ela e torná-la mais difícil.

EXPERIMENTE

Faça uma cópia da Tabela 20-2 e use-a para registrar os insights que você tiver como resultado da mudança que está acontecendo em sua vida e para escrever as coisas que você pode fazer de forma diferente para facilitar a mudança.

TABELA 20-2 Os Efeitos da Mudança em Seus Níveis Lógicos

Nível Lógico	Insights	O que Você Pode Fazer para Facilitar a Mudança
Propósito		
Identidade		
Valores e crenças		
Capacidades e habilidades		
Comportamento		
Ambiente		

Identificando o nível mais forte para a mudança

Dependendo de sua jornada ou circunstância, mudar um dos níveis lógicos pode ter um impacto maior no que você está tentando alcançar.

CASOS E CAUSOS

Anna era muito ambiciosa mas viu-se vivendo uma vida de mediocridade; ela estava extremamente frustrada e culpava tudo e todos por sua falta de sorte. Na verdade, ela teve a sorte de ter um gerente que contratou um coach para trabalhar com ela. Durante uma sessão de coaching que envolvia um exercício de linha do tempo, Anna descobriu que ainda era influenciada pelas emoções que experimentou com a morte de sua mãe, quando tinha 11 anos. Ela percebeu que tinha crenças muito enraizadas sobre a vida ser injusta e ela ser azarada. Trabalhar em sua linha do tempo (veja o Capítulo 13) no nível de suas crenças possibilitou que Anna deixasse suas crenças limitantes de lado e mudasse sua vida drasticamente.

Quando Anna transformou suas crenças sobre a injustiça da vida e revisou o seu senso sobre ser azarada, descobriu que sua identidade mudou da identidade de uma pessoa que se via como vítima para a de uma pessoa que era bem-sucedida. Sentiu coragem o suficiente para pedir para ir a um programa de treinamento de gerência (capacidades e habilidades) e envolveu seu gerente e colegas para compartilhar ideias (comportamento), o que era algo que ela teve muito medo de fazer no passado.

DICA

Ainda que você precise fortalecer algum nível, talvez ao adicionar novas habilidades ou ao redecorar o seu escritório, pode descobrir que precisa remover algo também. Por exemplo, se você está sempre atrasado para reuniões, pode precisar melhorar as suas técnicas de administração do tempo, mas, mais importante, pode precisar remover bloqueios emocionais inconscientes que estejam causando um comportamento nocivo, como no caso de Anna.

EXPERIMENTE

Onde você está experienciando a mudança na sua vida? Você quer promover uma grande mudança, mas continua adiando? Pense em Elaine no exemplo anterior. Ela recebeu cinco oportunidades em que poderia ter se tornado uma consultora financeira independente (ou IFA, no Reino Unido), mas se manteve em seu emprego como gerente de projetos porque era seguro. Finalmente, ela mergulhou quando o seu ambiente não amparava mais suas circunstâncias. Ela teve um filho e queria trabalhar em casa para passar mais tempo com ele. Fazer o seguinte exercício pode ajudá-lo a obter clareza sobre qual dos níveis lógicos você pode precisar desenvolver ou mudar:

1. **Anote a mudança pela qual você está passando ou quer promover.**
2. **Copie e complete a matriz do nível lógico (Tabela 20-3).**
3. **Identifique o nível lógico que terá mais impacto.**
4. **Escreva a mudança pela qual você está passando ou a mudança que quer promover.**

TABELA 20-3 A Matriz do Nível Lógico

Nível Lógico	Como Este Nível Ampara a Mudança	Como Este Nível Não Ampara a Mudança
Propósito		
Identidade		
Crenças e valores		
Capacidades e habilidades		
Comportamento		
Ambiente		

Agora faça uma lista do que você fará de forma diferente para facilitar a mudança ou para instigar a mudança. Por exemplo, Elaine (veja a seção anterior "Criando alinhamento nos níveis lógicos") percebeu que precisava adicionar qualificações IFA às suas capacidades e habilidades. Ela percebeu que, como uma mulher trabalhando em casa, ela estava em desvantagem em relação às outras IFAs que podiam facilmente viajar ao encontro dos clientes e algumas das quais tinham escritórios e uma infraestrutura de apoio. Ela queria se destacar sendo uma das IFAs mais qualificadas.

Elaine também reconheceu que uma das razões de ter adiado trabalhar em casa era porque tinha medo das consequências de "ser diferente", como resultado do seu gênero em um mundo dominado por homens. Ela usou a perguntas poderosíssimas no exercício fornecido na seção "Deixando o medo de lado", mais adiante neste capítulo, para ajudá-la a decidir trabalhar ou não em casa.

Apegando-se aos Valores

Seus valores são importantes porque sustentam a sua identidade (veja o Capítulo 3 para mais sobre valores); um valor de honestidade e bondade pode resultar em você saber que você é uma "boa pessoa". Você mede os seus valores através dos critérios que atribui a eles. Pessoas podem compartilhar um valor em comum, mas podem medi-los de forma diferente. Por exemplo, dois gerentes que adotem a eficiência como um valor corporativo podem medir a eficiência com critérios diferentes. Um pode ver a eficiência em termos puramente monetários e apenas olhar para os resultados finais. O outro pode medir a eficiência em termos dos níveis de comprometimento das pessoas.

Como os valores residem no reino da mente inconsciente, até que você os entenda conscientemente, você se agarra a eles com um fervor beirando a religião, que deixa muito pouco espaço para manobra. Você pode achar que essa força é boa, talvez para treinar cachorrinhos, crianças e maridos! Entretanto, no que diz respeito ao ambiente de trabalho, um pouco de flexibilidade pode ser eficaz. Os critérios para medir a eficácia dos valores podem dar espaço para negociação.

No exemplo dos gerentes com o valor da eficiência, um mediador pode ser capaz de mostrar como o engajamento dos empregados beneficia o resultado final ou como um balanço final saudável dá segurança de trabalho e leva a um engajamento mais completo dos funcionários. Entender como abordar os valores das pessoas facilita qualquer mudança, seja fazer com que todos os membros de uma equipe se reúnam ou fazer com que marido e mulher trabalhem por um objetivo comum.

Compreendendo a Importância da Comunicação Clara

Você não pode impor a mudança, a mudança deve ser aceita.

— Jayne Reddyhoff

O sucesso de qualquer programa de mudança depende de que todos em uma equipe se reúnam; a equipe pode ser a corporação toda ou parte de um departamento, ou mesmo uma família. Nesta situação, o rapport realmente mostra seu valor. A pessoa com rapport pode influenciar e trazer a bordo as pessoas que podem fazer o processo de mudança funcionar ou não. A ideia é que a sua comunicação atinja a todos para que eles entendam muito claramente o que você quer deles. Esta seção reúne técnicas dadas ao longo deste livro para construir rapport, especialmente na forma escrita.

Se você pensar sobre as posições perceptivas (que discutimos no Capítulo 6) e lembrar-se de criar a comunicação pela perspectiva da pessoa a quem você está se dirigindo, descobre que é muito mais fácil trazer as pessoas para o seu lado. Aqui, você precisa entender pelo menos alguns dos valores das pessoas envolvidas no processo de mudança (veja o Capítulo 8 para descobrir mais sobre valores).

Conhecer os seus próprios valores é importante ao escolher um emprego ou um parceiro, seja de trabalho ou para a vida. Você precisa entender os valores de outras pessoas quando tenta ser bem-sucedido ao atingir um objetivo em comum. Você pode fazer uma suposição sobre valores comuns em uma empresa se for cuidadoso com quem você emprega. Se os valores corporativos se repetem diversas vezes, as pessoas que ficam e florescem entendem esses valores e estão em sintonia com eles. Como gerente ou indivíduo querendo construir um relacionamento de longo prazo, conhecer os valores de uma pessoa que quer motivar é muito útil; às vezes, você só precisa perguntar: "O que é importante para você em relação a x?", onde "x" pode ser "trabalhar para esta empresa", "um relacionamento", ou "trabalhar juntos". Ter todos trabalhando para atingir valores comuns facilita muito mais a mudança do que se os indivíduos trabalham para suas próprias agendas ditadas por seus valores individuais.

LEMBRE-SE

Usar linguagem visual, auditiva e cinestésica (VAC) permite que seu público entenda mais facilmente a sua mensagem. O Capítulo 5 fala mais sobre esses aspectos.

Assim como os valores, os metaprogramas (que descrevemos no Capítulo 7) são alguns dos filtros mais abstratos que você usa para filtrar as informações que seus sentidos apreendem do mundo. Por conta de sua abstração, usar os metaprogramas com uma pessoa mostra uma preferência e o ajuda a construir rapport mais facilmente. Sugerimos que você comece com os metaprogramas "em direção a/afastando-se de" e "geral/específico".

DICA

Ao criar qualquer comunicação, mantenha uma folha de cola à mão com pontos para se lembrar de como escrever. Pode se parecer mais ou menos com isto:

- Valores
- VAC
- Em direção a/afastando-se de
- Geral/específico

Deixe espaço para inserir qualquer coisa que você ache que possa ser uma boa adição ao seu lembrete.

LEMBRE-SE

Lembre-se de que algumas pessoas se sentem sobrecarregadas se recebem muitas informações, então uma prática útil pode ser prover uma pequena visão geral seguida de mais detalhes. Por exemplo, se você fica facilmente sobrecarregado por muitos detalhes, comprar um carro novo ou uma máquina de lavar roupas, ou até mesmo escolher um destino para as férias pode ser difícil. Uma estratégia útil é pedir a alguém em quem você confie e que entenda as suas necessidades para lhe dar uma lista de dois ou três carros, máquinas de lavar ou destinos de férias que se encaixem em seus critérios "obrigatórios". Ter menos opções para escolher torna a tomada de decisão mais rápida e fácil.

CASOS E CAUSOS

Durante uma reestruturação do departamento de TI, o bem-intencionado gerente queria que o processo de mudança fosse uma experiência inclusiva para o departamento, então manteve todos informados dos mínimos detalhes que diziam respeito à mudança. Contudo, a produtividade caiu quase totalmente, porque os programadores estavam extremamente aflitos com a quantidade excessiva de informações que recebiam diversas vezes ao dia. A produtividade só voltou a subir quando o gerente se deu conta de que precisava filtrar a enxurrada de informações para apenas aquilo que afetaria os programadores.

Criando a Mentalidade para a Mudança

Nós o introduzimos ao conceito de flexibilidade comportamental como um dos pilares da PNL no Capítulo 1. Essa ideia é crucial para lidar com o que quer que a vida lhe imponha. Quando consegue desenvolver a mentalidade que possibilita que lide com essas variáveis, você tem os meios para manter o equilíbrio na maior parte do tempo. Por que na maior parte do tempo? Bom, nós temos consciência de que quando se lida com algo como a perda, a vida fica muito difícil e talvez tudo o que você possa fazer seja entrar no modo de sobrevivência. Mas lembre-se: até conseguir se arrastar ao longo do dia é um testemunho de sua habilidade de ser flexível em face de uma realidade tão dura.

CASOS E CAUSOS

Quando Mary estava se submetendo à quimioterapia, ficou tentada a se preocupar com o futuro e como sua família lidaria com isso. Depois de seis anos, ela recebeu alta da equipe médica. "Olhando agora para o passado", ela diz, "eu percebo que a coisa mais valiosa que fiz foi fazer meus pensamentos se voltarem ao que estava acontecendo diariamente ao invés de ter uma visão em longo prazo. Assim eu pude aproveitar boas conversas com amigos ou uma saída para um café, ou assistir a um filme, e isso já era o suficiente para pensar. Preocupar-me com voltar ao trabalho ou o efeito que minha doença teria na minha família era informação demais para digerir. Essa microvisão foi um comportamento novo para mim."

DICA

Todos os dias lembre a si mesmo de algo que você tenha conquistado, por menor que isso possa parecer para você.

Deixando o medo de lado

O medo incapacita. As pessoas não têm tanto medo de cometer um erro quanto têm das consequências dessa ação. O medo é as pessoas reagindo ao seu modelo existente do mundo (o Capítulo 2 trata dos pressupostos da PNL).

Então se você esteve em um ambiente onde foi constantemente criticado ou em que erros não eram tolerados, é provável que você tenha medo de ser criticado se suas ações não estiverem alinhadas com o que é esperado. Esse medo pode forçá-lo a um estado de procrastinação ou inatividade.

CASOS E CAUSOS

Considere a seguinte lenda urbana que se refere a um grande vendedor da IBM que supostamente perdeu uma quantidade muito grande de dinheiro em um projeto. Quando o vendedor foi convocado para ver Thomas J. Watson, um dos líderes mais influentes da IBM, ele pediu demissão, mas teve seu pedido rejeitado. Watson disse que a IBM tinha acabado de gastar uma vasta quantia de dinheiro no treinamento do vendedor e que não queria desperdiçá-la.

Se você está impedindo a si mesmo porque tem medo de fazer algo, por exemplo, de mudar para um emprego diferente, aceitar uma proposta de casamento, mudar de casa, aceitar uma promoção e assim por diante, o exercício a seguir pode ajudá-lo a descobrir seus medos ocultos.

EXPERIMENTE

Este exercício o ajuda com suas tomadas de decisão. Mesmo se depois você decidir não fazer nada, ainda tomou uma decisão consciente. Este processo por si pode dissipar muitos de seus medos:

1. **Faça a si mesmo as perguntas do exercício do resultado bem formado que descrevemos no Capítulo 4. Aqui "x" é relativo a tomar atitudes, como as que mencionamos acima.**

   O que acontecerá se eu fizer x?

   O que não acontecerá se eu fizer x?

   O que acontecerá se eu não fizer x?

   O que não acontecerá se eu não fizer x?

2. **Faça uma lista dos prós e contras da sua decisão.**
3. **Faça uma lista de tudo o que você acha que pode dar errado e como lidaria com os problemas que surgiriam.**
4. **Decida que você aprenderá com a situação, não importa o que aconteça.**
5. **Libere quaisquer medos que ainda não tenham sumido usando as submodalidades (veja o caso a seguir sobre David).**

No mundo dos negócios, o fato é que as companhias às vezes implementam programas de mudança para melhorar a eficiência como um meio de sobrevivência — o que geralmente significa cortes nos programas, nas horas ou de pessoal — ou para melhorar o resultado final. Departamentos podem ser fundidos ou fechados, ou um problema — como uma competição forte, altas taxas de atrito, moral baixa ou baixa produtividade — pode precisar ser abordado. As técnicas da PNL podem ajudá-lo nesses tempos difíceis.

CASOS E CAUSOS

Quando David e seus colegas enfrentaram outra onda de cortes no trabalho, ele sentiu o velho pavor de perder seu emprego perseguindo-o o tempo todo. Ele havia passado por várias mudanças e estados de sentir-se "mal" e percebeu que sua motivação e bem-estar haviam sido abalados. Ele decidiu que bastava e adotou as seguintes estratégias para manter-se produtivo:

1. **David aplicou o processo de ressignificação "e se" (que explicamos no Capítulo 14) e perguntou a si mesmo: "Qual é a pior coisa que pode acontecer?"**

   David sabia que ele poderia ficar sem trabalho por muitos meses, mas que como havia construído um " pé de meia" financeiro depois dos últimos cortes, ele poderia sobreviver por seis meses sem trabalhar. Essa constatação ajudou muito a aliviar o sentimento de pavor que ele tinha quando pensava em tornar-se desnecessário. Embora a frequência tenha diminuído, a intensidade ainda estava lá. David decidiu liberar o medo que sentia a cada vez que pensava nas mudanças que estavam sendo incorporadas (veja o ponto 3).

   Ele decidiu que não gostava de seu trabalho definindo sua identidade, como em "eu sou um vendedor". Ele perguntou a si mesmo o que faria se não fosse obrigado a trabalhar para pagar sua hipoteca e lembrou-se do quanto adorava trabalhar com madeira na escola. David decidiu que, independentemente do que acontecesse no trabalho, ele se matricularia em aulas de marcenaria.

2. **Ele reconheceu que tinha uma escolha sobre como lidar com a mudança.**

   Em vez de deixar a mudança atingi-lo, decidiu tratar cada dia como uma experiência de aprendizado. Ao final de cada dia, listava o que havia sido difícil. Ele então ressignificava a dificuldade perguntando a si mesmo: "O que eu posso aprender com isso?" e "Como posso usar isso nos dias que estão por vir?"

3. **O mais importante, David decidiu se encarregar da forma como reagia às conversas negativas a seu redor e do medo que sentia.**

   Ele começou a empregar uma interrupção de padrões (veja o ícone de jargão de alerta na PNL que está depois desta lista) a cada vez que seus colegas começavam a falar sobre os problemas que estavam experienciando. Ele aprendeu a diferenciar entre quando a conversa era negativa simplesmente porque seus colegas sentiam-se bem em sentir-se mal, e quando surgia uma necessidade de resolver um problema genuíno. Quando a fala era negatividade sem sentido, David levantava a mão e dizia algo como: "Vamos parar de chafurdar na lama; sabemos que as coisas estão difíceis e que devem piorar, mas precisamos nos manter fortes." Depois de um tempo, apenas levantar a mão já colocava os colegas no modo de resolução de problemas.

David descobriu que o pavor, para ele, tinha dois componentes. Ele sentia o medo como um peso descendente, caindo por seus ombros, e via um cubo preto e sólido revestindo seu torso. O cubo era uma metáfora para a forma como ele sentia o seu corpo (veja o Capítulo 17 para mais sobre metáforas). Cada vez que o pavor retornava, David mudava a figura do cubo ao introduzir bolsos de prata nele. O cubo virou uma colmeia cinza e então prateada até que desapareceu (confira o Capítulo 10 para mais sobre submodalidades). Enquanto trabalhava com a imagem, David também fazia alguns trabalhos de respiração, com uma afirmação que pronunciava em voz alta se estivesse sozinho. Ele inspirava profundamente até o centro do cubo e a cada expiração dizia: "Estou relaxado, forte e confiante, e me sinto bem.".

ALERTA DE JARGÃO NA PNL

Uma *interrupção de padrões* é quando uma quebra ocorre em um padrão de pensamento ou comportamento. Por exemplo, quando um coach pergunta a um cliente: "Como posso ajudar?", o cliente pode respirar fundo, fazer uma ligação com sentir-se mal em relação a um problema e cair em lágrimas. Esses passos constituem parte da sequência na programação que o cliente tem com relação ao problema. O coach pode quebrar esse fluxo no padrão ao fazer ou dizer algo inesperado. Curiosamente, dizem que Richard Bandler jogou água em uma cliente para quebrar seu padrão. O objetivo da interrupção inesperada é quebrar as ligações neurológicas que uma pessoa sequenciou.

Apesar de o emprego de David ainda estar ameaçado, ele não se permite mais sentir-se incapacitado. Ele sabe que tem uma vida fora do trabalho e prefere ter uma "vida completa" do que ficar esperando até que possa sair do trabalho no final do dia.

Um efeito colateral bastante interessante ocorreu como resultado da aceitação de David à mudança. Seu gerente percebeu que ele estava muito mais produtivo do que os outros funcionários e decidiu oferecer a ele uma promoção quando os cortes foram feitos. Agora David sente-se mais seguro caso/quando futuros cortes forem anunciados e está mais comprometido com seu trabalho. Sua produtividade está melhor agora e ele não sente o pavor que era seu companheiro constante antes de decidir mudar a sua forma de pensar. Ele recebe mais reconhecimento por seu trabalho, e então se envolve mais, e está em uma espiral ascendente.

Estando disposto a experimentar

Quando uma seção de um departamento de TI estava sendo terceirizada, algumas das pessoas que perderiam seus empregos se recusaram a encarar o problema e esperaram pelo inevitável. Duas pessoas, entretanto, estavam dispostas a experimentar novos jeitos de trabalhar e desenvolveram seus hobbies para virarem negócios em potencial. A diferença de pensamento deu a elas a flexibilidade para seguir em frente. O outro grupo estava preso na inatividade e no desamparo porque era incapaz de pensar além de "sempre trabalhei assim" e esperar que fosse encontrar trabalho em um mercado cada vez menor. O par mais empreendedor acreditava que "podia fazer melhor".

LEMBRE-SE

Parte desse pensamento saudável é aceitar que nada é permanente e que a pessoa com a maior flexibilidade em um sistema (veja o Capítulo 2 sobre pressupostos) sobrevive e pode até triunfar. Ter medo o impede de experimentar e criar opções para si mesmo.

Conseguindo Ajuda no Caminho

Você pode achar que administrar mudanças simples sozinho é fácil. Contudo, para introduzir mudanças maiores, conseguir ajuda facilita o processo. Para mudanças pessoais, você pode conseguir ajuda relevante, como a de um coach, um nutricionista, um consultor financeiro, um corretor de imóveis ou, se você pensa nas férias como uma mudança temporária, pode contratar os serviços de um consultor de viagens.

CASOS E CAUSOS

Para promover mudança no trabalho, é essencial usar *defensores da mudança*. Um departamento de 500 pessoas estava sendo reestruturado. O pessoal foi dividido em grupos de 20. Cada grupo recebia um gerente de pessoal e toda a informação era passada através daquele gerente. Os 20 gerentes compraram a ideia da mudança e a venderam para suas equipes. Eles eram, de fato, os "defensores da mudança". Essa reorganização veio a ser uma das mais bem-sucedidas, com interrupção e perda de produtividade mínimos. Outra razão para o sucesso do projeto foi que o time de gerência e as 200 pessoas principais, de 500, todas receberam sessões individuais de coaching. A gerência depositou um valor alto na comunicação clara e em sistemas de apoio oportuno para os funcionários.

Fortalecendo recursos

No decorrer deste livro falamos sobre a necessidade de ser flexível. Estar disposto a experimentar é um aspecto de ser flexível e é mais provável que você experimente se estiver em um estado de recursos. Quando você sente que tem recursos, pode encontrar meios de resolver os problemas mais facilmente. Esse estado, por sua vez, facilita muito lidar com a mudança do que se você se sentisse ressentido.

CASOS E CAUSOS

Amanda, uma vendedora, era invencível quando se sentia bem e com energia. Em outros dias, simplesmente não conseguia dar conta do recado. Ela decidiu fazer uma memória de si mesma em um de seus dias invencíveis. Para isso, escolheu um dia em que havia sido realmente bem-sucedida e escreveu, em detalhes, exatamente o que tinha visto, ouvido e feito para sentir-se com tanta energia e tão invencível. Ela usou suas anotações para criar uma *âncora* que a tornaria invencível (o Capítulo 9 tem todas as informações sobre como usar âncoras). Inicialmente, Amanda fez o exercício com uma amiga que a ajudou a seguir cada passo do exercício corretamente. Quando conseguiu se lembrar dos passos, foi capaz de fazer o exercício sozinha. Suas vendas subiram 15% nos três primeiros meses depois que começou a empregar sua "âncora de invencibilidade" antes de encontrar com um cliente em potencial.

Acompanhando o futuro

Mesmo quando você escolhe introduzir alguma mudança em sua vida, pode às vezes achar que sua determinação oscila. Um exercício útil para manter-se no caminho certo é mentalizar você mesmo no futuro em um tempo em que tenha atingido o seu objetivo para lembrar a si mesmo do que quer conquistar. Essa técnica é particularmente boa quando você começa um programa de dieta saudável e está sendo tentado por uma barra de chocolate que chama o seu nome. Você pode usar este processo para quebrar a estratégia nociva (veja o Capítulo 12 para descobrir mais sobre quebrar hábitos) da gratificação instantânea ao criar uma estratégia alternativa na qual desenvolve consciência do que come. Na verdade, você pode ficar consciente de todas as suas atitudes.

Planejando o caminho a seguir

Como disse Billy Wilder, "a retrospectiva é sempre uma visão perfeita". Uma forma de atingir seus objetivos é saber onde você está, para onde quer ir e então, logicamente, trabalhar as etapas pelas quais você precisa passar para chegar ao seu objetivo. Um jeito ainda melhor de fazer isso é fingir "como se" você já tivesse atingido seu objetivo e trabalhar de trás para frente, em retrospectiva, seguindo os passos deste exercício (veja o Capítulo 14 para mais sobre a "ressignificação e se"). O Capítulo 13 conta em detalhes como "viajar no tempo".

EXPERIMENTE

Este exercício é uma variação do exercício "Livrando-se da ansiedade" no Capítulo 13 e pode mostrar a você uma forma diferente de usar as linhas do tempo:

1. **Vá para um lugar seguro e silencioso para relaxar profundamente e pense sobre o seu objetivo.**
2. **Desenhe uma linha e escreva o ponto de partida e o ponto final de seu objetivo em cada extremidade da linha.**
3. **Pense sobre quais são os passos para levá-lo do início ao fim e anote-os na linha.**

4. Flutue para muito acima da sua linha do tempo para poder ver seu passado e seu futuro alongando-se abaixo de você.
5. Ainda acima de sua linha do tempo, flutue para a frente até que esteja sobre o tempo em que tiver atingido o seu objetivo de maneira bem-sucedida.
6. Vire-se e olhe para o agora e permita que o seu inconsciente preencha quaisquer lacunas sobre as quais não tenha pensado sobre o caminho a seguir e adicione-as ao papel que você criou.
7. Permita que esses eventos em sua linha do tempo se alinhem de forma a suportar o seu objetivo, percebendo quaisquer ações que precise realizar no caminho.
8. Quando estiver pronto, flutue de volta para o seu presente e de volta para a sala.

Dando um Passo à Frente

A *decisão* de promover uma mudança leva apenas um momento, mas a mudança em si pode levar de alguns poucos minutos a uma vida inteira. O importante é reconhecer que, para incorporar a mudança, você precisa fazer algo *ativamente*. Esta seção foca a importância do primeiro e último passos em um projeto de mudança.

Fazendo o movimento inicial

O primeiro passo é o mais importante porque dá início ao ímpeto que leva você ao segundo passo e aos passos subsequentes da jornada. Frequentemente, dividir um objetivo em pedaços menores e mais gerenciáveis o mantém motivado no caminho do sucesso.

CASOS E CAUSOS

Susan, viciada em drogas há muitos anos, estava caminhando para casa voltando de um clube noturno pela manhã bem cedo quando um encontro com um conhecido virou sua vida do avesso. Quando ela tentou conversar com ele, tudo o que ele lhe disse foi: "Vá para casa, olhe-se no espelho e faça algumas escolhas diferentes." Susan foi para casa e olhou-se no espelho por um bom tempo; percebeu que estava péssima. Sua pele estava cinza, ela tinha olheiras escuras debaixo dos olhos, estava enlameada e esquelética. Ela reconheceu que parecia e se sentia horrorosa.

Ela decidiu naquele mesmo momento: "Eu não quero mais fazer isso. Eu não quero mais ter essa aparência." Essa decisão, ainda que declarada no negativo (veja o Capítulo 4 sobre como criar resultados bem formados) foi o primeiro passo para retomar o controle de sua vida. Ela tinha um forte padrão motivacional de "afastar-se de", ou seja, reconhecia o que ela não queria (veja o Capítulo 7 para mais sobre o padrão motivacional de afastamento).

A próxima coisa que ela fez foi mudar seu ambiente. Ela parou de ver seus amigos usuários de drogas e arrumou um emprego. Durante sua fase de limpeza, um vizinho a convidou para participar do clube de conversação de francês. Por fim, Susan redescobriu a fluência que obteve na escola e mudou-se para Paris para trabalhar como intérprete.

Celebração e Fechamento

Muitos processos de estabelecimento de objetivos entram em muitos detalhes, falando de objetivos bem formados, planejando o caminho a seguir e dando o primeiro passo. Poucos falam sobre o último passo ou *fechamento*. Na realidade, o fechamento não é o último passo no grande esquema das coisas, mas integrar um último passo para sinalizar o fim de uma fase em um projeto em si pode ser muito útil.

Qualquer mudança requer foco e investimento de grandes quantidades de energia física e emocional; e coloca as pessoas sob estresse considerável. Esse estresse pode ser *distresse* (estresse ruim) ou *eustresse* (estresse bom, o que Mihaly Csikszentmihalyi, que escreveu diversos livros inspiradores, chama de *fluxo*). Em qualquer um dos casos você precisa de um período para recarregar as energias. Obter fechamento libera a tensão do trabalho concentrado, sinaliza o final de uma fase, e dá a você a permissão para seguir para o próximo desafio.

EXPERIMENTE

Termine um projeto — que poderia ser um trabalho em casa (como realizar um projeto de paisagismo em seu jardim) ou no trabalho (onde você está envolvido em melhorar a produtividade dentro de uma equipe) — com um questionário. Você poderia examinar o seguinte:

- O que correu bem?
- O que poderia ter sido melhor?
- Que lições foram aprendidas?
- O que você fará diferente da próxima vez?

Lembre-se de parabenizar a equipe (mesmo que a equipe seja apenas de um membro — você) e finalmente certifique-se de *celebrar*!

6

A Parte dos Dez

NESTA PARTE...

Descubra dez maneiras de aplicar a PNL na vida cotidiana.

Prove o grande impacto nas dez áreas da vida cotidiana, de criar os filhos e dar aulas ao sucesso com vendas e desenvolvimento pessoal.

Investigue dez ótimas fontes para aprofundar seu conhecimento de PNL, com livros e sites.

Aprenda a assistir a filmes de uma maneira diferente.

NESTE CAPÍTULO

» Levando suas habilidades recém-descobertas para o mundo

» Fazendo a PNL funcionar para você em todas as áreas da sua vida

Capítulo 21
Dez Aplicações da PNL

Encontramos aplicações diárias da PNL em nosso trabalho como coaches, consultores e treinadores profissionais. Em casa com a família e com os amigos, a PNL também influencia como pensamos e nos comportamos. Então, como você pode usar a PNL na sua vida? Neste capítulo, apresentamos dez sugestões práticas que esperamos que o deixem curioso sobre como você pode aplicar o conteúdo deste livro imediatamente. Lembre-se de que esses pontos são apenas sugestões: você escolhe o que faz a diferença para você e para as pessoas com quem você se conecta.

Desenvolvendo-se

O desenvolvimento pessoal é uma arena massiva porque as pessoas estão procurando por sentido e satisfação em um mundo imprevisível. Ao ler este livro, esperamos que você aprenda esta lição: a PNL oferece meios para você aprender, crescer e se desenvolver, e você pode escolher se as ideias se encaixam ou não às suas necessidades. Além disso, você também pode usar a PNL para treinar e ajudar os outros e, nesse caso, é preciso se manter forte e saudável para que possa ser um modelo autêntico.

A caixa de ferramentas da PNL oferece uma coleção de modelos e exercícios, assim como encoraja uma atitude questionadora, que permite a você:

- Escolher o seu estado de maior recurso emocional e usar *âncoras*, uma técnica mental para acessar e assegurar aquele bom estado mental quando se sentir desafiado. Você progride mais quando sente-se seguro o bastante para experimentar algo novo. Para explorar como estabelecer e usar âncoras, veja o Capítulo 9.
- Orientar o seu pensamento de diferentes maneiras usando as suposições nas quais a PNL é baseada — mais sobre os pressupostos da PNL, no Capítulo 2.
- Descobrir o que o faz funcionar melhor — reunindo informações sobre a forma como reflete a sua experiência através dos sentidos, o que a PNL chama de *sistemas representacionais*. Você pode compreender esses sistemas representacionais (às vezes chamados de *modalidades*) no Capítulo 5.
- Responsabilizar-se pela própria aprendizagem ao invés de esperar que alguém o faça para você.
- Esclarecer o que realmente quer em todos os aspectos da sua vida. Os resultados bem formados que introduzimos no Capítulo 4 são fundamentais para observar o que você quer. Confira também a lista de verificação no Apêndice C.
- Aprender a fazer a mudança no nível lógico mais apropriado de experiência, para aumentar a sua habilidade e autoconfiança — seja sobre meio ambiente, comportamento, capacidade, crenças, identidade ou propósito. Esse aspecto é discutido com mais profundidade no Capítulo 11.
- Prestar atenção ao que está acontecendo com você no que diz respeito a seus níveis de energia, para garantir que você não se pressione demais.
- Descobrir como construir o rapport mais facilmente; nós dedicamos todo o Capítulo 6 ao desenvolvimento dessa habilidade importante.

Administrando os Seus Relacionamentos Pessoais e Profissionais

"Socorro! Esse relacionamento não está dando certo!" Ter um relacionamento ruim com alguém pode ser uma experiência horrível. É como se fechassem uma porta na sua cara. Uma declaração muito ouvida na PNL é: "Se o que você está fazendo não está funcionando, faça alguma coisa diferente." Felizmente, a PNL oferece algumas formas para você destrancar e abrir a porta com mais possibilidades. Veja alguns métodos para começar:

- **O Metamodelo:** Este modelo fornece uma maneira para investigar abaixo da superfície da linguagem vaga diária, como "não sou feliz com isso", com perguntas úteis que reúnem informações específicas e desafiam suposições que atrapalham o caminho dos relacionamentos felizes e recompensadores. Sabendo como se comunicar mais precisamente, você chega ao ponto do que você e do que os outros realmente querem dizer. O Metamodelo é descrito em detalhes no Capítulo 15.
- **O Metaespelho na PNL:** Esta técnica o encoraja a assumir diferentes posições perceptivas. O metaespelho é o método preferido para explorar situações desafiadoras ao observar como você se relaciona com as outras pessoas. Ao levar em consideração pontos de vista diferentes, terá ideias novas para seguir em frente com os relacionamentos — ou dizer adeus de forma educada. O metaespelho é descrito em detalhes no Capítulo 6.

Negociando uma Solução de Ganho Mútuo

Suponha que você entrará em uma importante negociação em sua vida — talvez tenha encontrado a casa dos seus sonhos. A PNL pode ajudá-lo a obter o melhor negócio quando é confrontado por agentes imobiliários pressionando-o para comprar ou alugar a casa nova pelo preço mais alto. A PNL ajuda a realizar seu objetivo fornecendo princípios e estratégia que você pode usar em benefício de todos. Dê uma olhada nas técnicas da lista a seguir que, apesar de relacionarmos com a compra de uma casa, você pode aplicar se estiver negociando um emprego, comprando um carro, contratando os serviços de pessoal no trabalho ou envolvido em qualquer resolução de conflitos:

DICA

- Busque um resultado positivo — comece com o seu resultado desejado em mente. Use uma linguagem positiva. Foque sempre o que quer, esqueça o que não quer. Para a história completa sobre resultados, veja o Capítulo 4.
- Use os seus sentidos — torne o seu resultado mais específico ao perceber com que ele se parece, como ele soa e qual é a sensação de quando tiver atingido uma negociação bem-sucedida. Você pode ter uma noção desta técnica no Capítulo 5.

- Anote os seus *botões quentes* (seus critérios preferidos) — foque cinco elementos-chave que são importantes para você ao realizar o movimento. Classifique em ordem de prioridade e continue retornando a eles para verificar se está conseguindo o que quer.
- Anote os botões quentes do ponto de vista dos donos atuais — o que é importante para eles? Imagine como deve ser estar na pele deles e lembre-se do que eles querem a cada vez que tiverem contato.
- Lembre-se dos subprodutos positivos que você tem com a casa que já possui e não quer perder. Poderia ser o número de banheiros, o jardim onde bate o sol ao sul ou um bom transporte público local.
- Conheça seu ponto principal. Esteja preparado para ir embora sem fechar negócio ao invés de ser levado pelo momento apenas para fechar um negócio decepcionante.
- Controle seu estado de espírito. Ficar calmo e relaxado quando a negociação chegar até você o ajuda a dar o melhor próximo passo possível. Dê uma olhada no Capítulo 9 sobre âncoras.
- Use a técnica da *segmentação* — a capacidade de substituir a visão do todo de alguém para qualidades específicas. A segmentação é uma habilidade-chave em qualquer negociação. Se você discorda de alguns detalhes, segmente o seu contrato das partes específicas para o geral para obter concordância sobre pontos principais; depois, você pode segmentar o assunto em partes menores, uma vez que ele tenha alcançado um acordo. O Capítulo 15 o ajudará a ser específico quando necessário, enquanto o Capítulo 16 mostra como falar em termos gerais que são fáceis de se concordar. Com essa flexibilidade em sua abordagem, você aumenta as chances de a outra pessoa ouvir a sua mensagem de forma clara.
- Mantenha o rapport com todos na corrente. Mesmo quando você discordar do que estão dizendo, associe e espelhe a linguagem corporal e o tom de voz deles. Tudo progride com mais facilidade quando todos estão ouvindo! Nós cobrimos todas as habilidades de construção de *rapport* importantes na PNL no Capítulo 6. Além disso, o Capítulo 5 fornece mais formas de construir rapport ao reconhecer se alguém tem uma preferência visual, auditiva ou cinestésica para que você possa usar a linguagem para acompanhar a preferência daquela pessoa.

Motivando e Liderando Funcionários

Empregar pessoas e mantê-las envolvidas, interessadas e trabalhando o melhor possível é um negócio caro. Gerentes e líderes podem realmente obter benefícios de compreender um pouco de PNL para melhorar o envolvimento dos funcionários. Um ponto inicial poderoso é revisitar os quatro pilares da PNL esboçados no Capítulo 1:

- **Rapport:** A base de toda a motivação. O trabalho acontece em comunidade, com outras pessoas — clientes, fornecedores e empregados. Criar relacionamentos fortes é, então, mais importante em longo prazo do que apenas a excelência técnica.
- **Consciência sensorial:** Desenvolva habilidades de escuta para realmente sintonizar-se ao que acontece no local de trabalho. Bons gerentes têm um sexto sentido a respeito de coisas que estão indo bem — ou não; eles quase conseguem cheirar os desafios, bem como ver, ouvir e senti-los. Líderes de negócios excepcionais ouvem seu sexto sentido. Eles não só estão sempre ligados no que acontece mundialmente e agem de acordo com sua intuição, mas também fazem tudo diferente do comum, criando novas direções.
- **Pensamento de resultado:** Tal tipo de pensamento possibilita que você saiba o que quer em vez de ficar preso a problemas cotidianos. Permite que você desenvolva uma estratégia clara do que pode ser alcançado ao longo da sua linha do tempo.
- **Flexibilidade comportamental:** A flexibilidade é crucial se você precisa ser inovador e obter os melhores resultados das outras pessoas. Ser capaz de se colocar no lugar dos funcionários e realmente entender de onde vêm é algo muito benéfico, pois assim você pode adaptar sua abordagem de acordo.

Grandes líderes sabem que pessoas não são altamente motivadas pelo dinheiro; além de um certo nível prático, o dinheiro não é um valor central. As pessoas querem trabalhar com aqueles em quem confiam e receber confiança de volta. Quando perguntamos sobre suas melhores experiências no trabalho, as pessoas destacam a importância de critérios como aceitação, reconhecimento, honestidade, justiça e trabalho significativo. O Capítulo 3 trata de como alinhar pessoas com seus valores.

O Capítulo 11 mostra como você pode usar o modelo de níveis lógicos para aumentar a motivação e a coesão da equipe dentro de uma organização. Ele oferece insights para encontrar um propósito comum e possibilitar que as pessoas entendam como sua identidade se encaixa com a da organização na qual trabalham. Você pode descobrir que trabalhar com o modelo de níveis lógicos com seus colegas é um exercício ótimo para fortalecimento de equipes. No Capítulo 18 falamos sobre *omissões* e *vieses inconscientes*, pelos quais é muito fácil recrutar pessoas parecidas com você sem nem mesmo saber que você está ignorando pessoas que não se encaixam. Gerentes fortes têm a prudência de contratar pessoas diferentes deles mesmos. Como o Capítulo 7 explica sobre os metaprogramas da PNL, você precisa alcançar um equilíbrio de pessoas com qualidades diferentes: algumas que sejam mais empreendedoras e proativas; outras mais atenciosas e reativas; algumas que encontram várias opções criativas equilibradas por outras que favorecem o estabelecimento de processos; algumas que verão o geral e outras que seguirão para os detalhes.

Criando Apresentações Poderosas

A habilidade de se comunicar bem é fundamental para o seu sucesso. Na realidade, você pode descobrir que é a única habilidade mais importante que afeta o seu futuro. Quando você sabe fazer uma boa apresentação, está à beira da liderança em muitas áreas da vida, quer sua paixão seja ser um político, esportista, professor, apresentador de TV, líder de torcida ou líder de negócios do ano. Você tem a autoconfiança de sair e defender aquilo em que você acredita? Você realmente quer sentar em um jantar de celebração apavorado por ter que fazer o discurso de agradecimento no final? Se souber fazer uma boa apresentação, você pode chegar à frente. Ou simplesmente relaxar e se divertir.

Então o que o está impedindo de fazer apresentações poderosas? Em uma palavra: você!

Infelizmente, muitas pessoas que conhecemos morrem de medo de fazer apresentações. E se não têm medo, certamente preferem ficar nos bastidores do que ficar diante de uma plateia.

A PNL pode fazer a diferença para você de três maneiras:

- Ela mostra a você como provar seu propósito ao apresentar de forma cristalina.
- Ela mostra a você como tocar a todos em uma plateia através do uso da linguagem.
- Ela mostra a você como sentir-se confiante ao ficar diante de qualquer grupo.

EXPERIMENTE

Imagine que você foi convidado para falar no encontro anual de seu clube local de jardinagem. (Substitua jardinagem por seu próprio hobby, como jogos online, treinar hamsters ou praticar asa-delta.)

Usando a PNL, sua primeira tarefa é envolver o seu cérebro para decidir qual é o resultado de sua apresentação. Qual resultado, ou ação, você quer que aconteça quando as pessoas forem inspiradas pelo seu discurso? Mapeie esse resultado claramente para si mesmo, mantendo em mente o que a plateia gostaria de descobrir com você.

Conforme você começa a construir o conteúdo de sua fala, pense nos estímulos VAC — visuais, auditivos e cinestésicos (veja o Capítulo 5 para dicas sobre como envolver os sentidos dominantes das pessoas). Como você vai se conectar com as pessoas que gostam de imagens, aquelas que ouvem as palavras e aquelas que seguem apenas sua intuição? Ao desenvolver seu roteiro, lembre-se de que algumas pessoas precisam apenas das linhas gerais e que outras gostam de tudo nos mínimos detalhes.

Lembre-se de que a PNL dá a você as ferramentas para preparar-se mentalmente para qualquer apresentação. Tenha clareza de como quer parecer na apresentação — sorridente e jovial, cheio de seriedade ou talvez algo no meio disso? Encontre um tempo em que você foi assim no passado, para que possa usar essa experiência como âncora e reconquistar esse sentimento para si mesmo. Veja o Capítulo 9 para saber tudo sobre estabelecer âncoras para palcos.

DICA

Aqui está a dica mais importante — o Santo Graal: não se apoie nas dicas e técnicas de outras pessoas. Todos nos apresentamos de maneiras diferentes e ser você mesmo pode ser inovador. Quando você fala sinceramente sobre alguma coisa pela qual é apaixonado, as pessoas se conectam com sua autenticidade e seu senso de propósito. O Capítulo 11 guia você pelo modelo de níveis lógicos para articular seu senso de propósito.

Administrando o Seu Tempo e os Recursos Preciosos

Todo mundo tem a mesma quantia de tempo na semana: 168 horas. Então por que algumas pessoas passam a vida correndo contra o relógio enquanto outras movem-se tranquilamente? A diferença está em como as pessoas usam esse tempo.

Entender como você se relaciona com o tempo faz uma grande diferença para a sua experiência diária. A PNL distingue as pessoas entre as que operam *no tempo* — onde você vive no momento e pelo momento — e as pessoas que operam *através do tempo* — onde você se afasta para olhar para o passado, presente e futuro como um espectador. Estar no momento é mais fácil quando você está *no tempo*. Planejar o tempo é muito mais fácil quando você está *através do tempo*. Dicas de viagens no tempo estão esperando por você no Capítulo 13.

Como coach de PNL, Kate encoraja seus clientes a perceberem como eles se relacionam com o tempo e a gastá-lo de forma sábia, para entender o impacto de gastar o tempo no que não querem fazer e liberando sua energia para o que realmente os motiva. Seu tempo é precioso e uma vez que você o gastou, não pode tê-lo de volta.

DICA

Comprometer-se demais para agradar os outros tem o efeito oposto quando você os decepciona. A PNL lhe mostra como dizer "não" mantendo o rapport com amigos e colegas.

Sendo Treinado para o Sucesso

Você quer fazer alguma coisa, uma coisa específica em que vem pensando por muito tempo, mas que ainda não começou ou não atingiu? Se sim, um coaching de PNL pode ajudá-lo a dar o primeiro passo da ideia — o desejo inicial de promover uma mudança — para fazê-la acontecer.

Quando você trabalha com um coach que abraça os princípios da PNL com habilidade, essa pessoa usa as pressuposições da PNL e acredita em seu potencial ilimitado. O coach o apoia para atingir objetivos que pareciam impossíveis ao ajudá-lo a esclarecer seus valores e crenças e mudar a interferência que o atrapalha. E isso pode ser seriamente relaxante e divertido. Sem brincadeira!

O coaching de PNL foca a sua atenção nos resultados que você quer e interrompe sua hesitação ao longo do caminho, dissipando a energia de todas as coisas que você não quer. A PNL ajuda você a superar ou remover as barreiras que o atrapalham. O coaching fecha essa lacuna de onde você está agora para aonde quer chegar — de seu *estado presente* para seu *estado desejado.*

DICA

Ações transformam o sonho em realidade. Uma razão-chave para o coaching obter resultados é que você se compromete com a ação. Outra razão é que você divide seus objetivos em etapas menores e mais realistas. Ao trabalhar com um coach, você se compromete com uma outra pessoa, como se alguém estivesse ao seu lado com um cronômetro e uma prancheta conferindo em intervalos regulares se você está no caminho certo.

Os princípios da PNL podem ser aplicados para atingir o sucesso nos esportes, então você geralmente encontra treinadores esportivos usando técnicas de ancoragem para ajudar um jogador a estar confiante antes de um grande jogo ou apresentação.

Coaching geralmente é uma questão de capacitar as pessoas a recuperarem seu equilíbrio e harmonia. Acreditamos que o coaching é muito mais do que simplesmente obter excelência no curso de golfe ou em batalhas de salas de reuniões. Adotar uma visão holística — considerando todos os aspectos de sua vida — permite que você crie seu próprio futuro. Nós damos coaching a executivos extremamente bem-sucedidos que querem se destacar em seu trabalho. Ao examinar o panorama geral de suas vidas assim como seus padrões de trabalho, essas pessoas liberam sua própria energia e escolhem o próprio caminho a seguir para conseguir o que querem.

LEMBRE-SE

Se você obtém excelência em um aspecto de sua vida em detrimento de todos os outros — digamos que em seu trabalho —, sua vida no trabalho pode estar ótima, mas sua vida em casa vai muito mal. Você então tem uma existência desequilibrada e potencialmente não saudável. Clientes que têm muito sucesso nos negócios podem prejudicar sua própria saúde ou relacionamentos importantes no caminho. E aqueles que têm uma vida muito confortável em casa podem negligenciar seu potencial profissional. Se esses cenários o descrevem, encontrar um coach de PNL pode ajudá-lo a restaurar o equilíbrio e a harmonia em sua vida.

Usando a PNL para Favorecer a Sua Saúde

Em inglês, a palavra "stressed" (estressado) se soletrada ao contrário torna-se "desserts" (sobremesas). Deve ser por isso que fazer dieta é tão estressante quando você vê pudins à frente de seus olhos — pudins podem ser muito atraentes quando se está estressado!

Mas falando sério, a PNL tem muito a oferecer se você quiser manter-se saudável, porque ela reconhece a conexão intrínseca entre o corpo e a mente. A PNL vê uma pessoa como um sistema que precisa manter-se equilibrado para estar saudável.

Você já passou por alguma época em que tivesse muito para fazer, pouco tempo para fazê-lo e pouca voz ativa sobre quando e como fazê-lo? Talvez você tenha se sentido como um hamster numa roda, indo a lugar nenhum? A maioria das pessoas passa por tempos difíceis — altos e baixos são normais. A zona de perigo é quando as pessoas não reconhecem o que está acontecendo e suas vidas entram em uma espiral fora de controle. Quando isso acontece, o corpo entra com um mecanismo de trava. Fadiga crônica, dores de cabeça por causa da tensão, dores no pescoço e na coluna, assim como explosões de raiva e ansiedade podem ser sinais de alerta do seu corpo de que você não está no controle da própria vida.

A PNL ajuda as pessoas a manterem-se centradas e focadas em seus valores essenciais e em sua autoconsciência e, assim, permanecerem sintonizadas com a própria saúde.

CUIDADO

Usar ferramentas como o Modelo Milton (veja o Capítulo 16), metáforas e histórias (veja o Capítulo 17) e âncoras (veja o Capítulo 9) pode ajudar a reduzir o estresse e o medo em relação a doenças. A não ser que você tenha treinamento médico, seja muito sensível ao usar a PNL com qualquer pessoa com problemas de saúde crônicos. Nunca tente "consertar" alguém ou passar por cima dos sintomas físicos, que são mensagens importantes que precisam de atenção profissional.

CASOS E CAUSOS

Cassy, uma encarregada no workshop "Beyond Di-Stress" de Romilla, chegou à exaustão tentando dar conta de seus comprometimentos no trabalho, no qual ela havia sido recentemente promovida, e tentando satisfazer as demandas de sua família. Durante o workshop, Cassy se deu conta de que ela estava se dobrando às demandas de seu chefe e de sua família porque tinha uma necessidade profunda de amor que vinha do fato de ter sido adotada. Apesar de ter tido pais adotivos muito amorosos e uma infância feliz e estável, Cassy sempre sentiu como se fosse uma rejeitada pela vida, porque sua mãe biológica havia desistido dela.

Outro encarregado ouviu história de Cassy e ressignificou sua perspectiva dizendo "mas você é, na verdade, uma das escolhidas". A mudança em Cassy era palpável e agradável de se ver, conforme processava essa inclinação positiva em sua identidade. Depois do workshop, Cassy foi capaz de dizer "não" a muitas pessoas em sua vida e um dos benefícios inesperados foi que seus filhos se tornaram mais responsáveis por suas próprias vidas.

Conectando-se com Sua Plateia: Conselhos para Treinadores e Educadores

A PNL expandiu seu alcance na educação com especialização em programas de PNL para professores e educadores. Pessoas que querem liderar workshops de negócios também podem se beneficiar de um treinamento de PNL.

A PNL reconhece que os indivíduos aprendem de formas muito diferentes e que apenas o aluno sabe qual é o melhor jeito. Bons professores assumem a responsabilidade de ensinar de forma que os alunos possam se beneficiar — eles realmente se conectam e inspiram. Os neurocientistas também estão demonstrando o quanto é importante entender a neuroplasticidade de cérebros adolescentes (veja detalhes no Capítulo 3). A PNL muda a ênfase de ensinar para aprender e faz as pessoas começarem a perceber como elas aprendem melhor. Um trabalho sendo feito recentemente com técnicas simples como a Spelling Strategy, explicada no Capítulo 12, está transformando a educação para as crianças e, em última análise, a qualidade de suas vidas em longo prazo.

O processo de aprendizado envolve muitas ricas dimensões além de simplesmente receber ensinamentos ou as respostas corretas. Para aprender a se conectar e durar, as pessoas precisam ser colocadas em um estado positivo e receptivo. Colocar o treinador e o grupo em um estado receptivo é muito mais importante do que cobrir todo o currículo.

Ao descobrir uma nova habilidade, torne-se curioso sobre como fazer aquilo funcionar para você. Pense em sua melhor experiência de aprendizado — uma época em que sentiu-se bem aprendendo. Por exemplo, Kate sabe que ela aprende melhor quando está se divertindo, estando com pessoas e sentindo-se bem para experimentar e cometer erros. Esses itens não serão os mesmos para outras pessoas e, quando dá workshops, ela presta atenção às necessidades de cada um de seus alunos e adapta seu treinamento a eles.

A PNL mostra a você como descobrir as preferências das pessoas para absorver informação — como professor, você precisa reconhecer que algumas pessoas respondem a imagens, algumas a palavras e outras ao toque ou aos sentimentos. Usar uma linguagem altamente genérica no começo de uma sessão permite que você se conecte com os diferentes níveis de especialidades em um grupo. Então sua introdução pode ser algo como:

> *Cobrimos muitos aspectos do assunto hoje. Alguns de vocês já terão muito conhecimento na área e têm suas próprias ideias, opiniões e experiências para contribuir.*
>
> *Para alguns de vocês, os conceitos vão apenas reforçar o que já sabem e dar a vocês tempo de sentar e considerar as implicações do que já fazem.*
>
> *Para outros haverá novas perspectivas e, no decorrer do dia, teremos a oportunidade de explorar algumas novas formas de agregar valor e poder ao que vocês estiverem usando atualmente.*
>
> *Vocês mesmos vão decidir como essas ideias serão aplicadas.*

Lembre-se, também, dos vários estágios do aprendizado. Quando você adquire uma habilidade nova, como dirigir um carro, você se move por vários níveis de competência. Quando começa, você é alegremente ignorante — *inconscientemente incompetente.* Você não sabe o que não sabe. Então você muda para uma *incompetência consciente* e agora você tem consciência do que não sabe. Conforme constrói sua capacidade se torna *conscientemente competente* até que se torna *inconscientemente competente* quando, como um motorista experiente, você se esquece de como era ser um aprendiz. Esse processo pode fazer com que seja difícil aprender com especialistas, porque eles podem estar tão distantes de quando eram aprendizes que dizem "apenas faça" e são incapazes de dividir a habilidade em passos fáceis.

Conseguindo o Melhor Emprego

Existe uma grande competição por empregos bons em tempos econômicos desafiadores, o que significa que abordar sua mudança de carreira estrategicamente em entrevistas de trabalho é mais importante do que nunca. Trocar de empregos simplesmente porque você está entediado — como mudar o papel de parede ou fazer compras e voltar pra casa com mais uma camiseta azul — pode ser contraproducente. Você pode trocar de emprego e então perceber que a mudança é que era atraente e não o emprego em si.

Trabalhar com um coach de carreira treinado em PNL pode guiá-lo para obter o emprego que levará sua vida na melhor direção (em vez de simplesmente um emprego diferente) e a apresentar-se em seu melhor em uma entrevista. O planejamento de carreira deve ser feito proativamente ou você pode acabar como Alice no País das Maravilhas: não tão preocupado com o lugar aonde vai chegar, contanto que seja em algum lugar. Tomar decisões informadas, baseadas em seus valores e no seu futuro desejado, garante que você não deixe um emprego perfeitamente bom para acabar em um lugar onde ficará muito infeliz ou, na melhor das hipóteses, tão chateado quanto estava em seu emprego anterior e ainda procurando pela grama mais verde do vizinho.

Torne a sua pesquisa de emprego um resultado bem formado usando a lista no Apêndice C. Faça sua lição de casa sobre a pessoa com o poder de designá-lo a seu emprego dos sonhos e decida como funciona o mapa de mundo dessa pessoa. O Capítulo 6 contém uma lista para ajudá-lo a pensar sobre as pessoas que você precisa influenciar.

Seja criativo em como se destacar da multidão. Para ganhar perspectiva, mude para a segunda e terceira posições (que nós descrevemos no Capítulo 6) e pense em si mesmo como um produto; quais seriam suas características e seus benefícios? Na frente de um espelho, pratique ser a pessoa que seu empregador dos sonhos quer empregar — verifique a informação da comunicação no Capítulo 7 para garantir que suas palavras, gestos e tom de voz apresentem uma visão consistente. Como você se vestiria e falaria? O que diria sobre si mesmo e sobre suas capacidades?

LEMBRE-SE

Você precisa acreditar em si mesmo para que os outros confiem em você — e o comprem.

NESTE CAPÍTULO

» **Recomendações de livros para experientes e novatos**

» **Ampliando os horizontes de seu conhecimento de PNL através da palavra impressa**

Capítulo 22

Dez Livros para Adicionar à Sua Biblioteca

Nós lemos vorazmente. Esse traço nos permitiu expandir nosso conhecimento de desenvolvimento pessoal e da PNL. Aqui oferecemos dez livros relacionados à PNL que tiveram um grande impacto em nosso desenvolvimento; use-os como um atalho para o seu crescimento. Esperamos que eles enriqueçam sua vida e as vidas daqueles que o cercam.

Changing Belief Systems with NLP

Robert Dilts, o autor de *Changing Belief Systems with NLP* (Mudando Sistemas de Crenças com a PNL, em tradução livre), é um dos treinadores e autores mais criativos do mundo da PNL e uma das pessoas que realmente faz o que diz. Neste livro, ele descreve como suas crenças podem impedi-lo de alcançar o que você quer e de viver uma vida totalmente satisfatória. O livro ajuda você a explorar suas crenças e dá exercícios para mudá-las para que consiga alinhamento em todos os níveis de sua personalidade para uma mudança permanente.

The User's Manual for the Brain

Em *The User's Manual for the Brain* (O Manual do Cérebro Para Usuários, em tradução livre), Bob G. Bodenhamer e L. Michael Hall, dois dos mais prolíficos escritores no campo da PNL, produziram um livro para alguém que deseja chegar a um nível profissional da PNL sem passar por um curso. Diferente de alguns outros livros de PNL para iniciantes, este é muito fácil de acompanhar e dá a você uma base realmente boa para antes de frequentar um curso prático. Além disso, profissionais mestres da PNL têm a certeza de que este é um livro brilhante para revisar seu conhecimento já existente.

Transformação Essencial

Transformação Essencial oferece técnicas da PNL descobertas e desenvolvidas por Connirae Andreas e projetadas para trazer mais totalidade ao leitor com o objetivo de facilitar a mudança pessoal. A técnica da Core Transformation (Transformação Essencial) é baseada na premissa de que partes conflitantes existem no inconsciente de toda pessoa ansiando por atingir um estado essencial e, assim, a totalidade. Este livro é um divisor de águas no campo do desenvolvimento pessoal, porque permite o uso de suas limitações como um trampolim para atingir estados essenciais como a paz interior.

Sapos em Príncipes

Sapos em Príncipes é um dos livros seminais no campo da PNL. O livro é, na verdade, a transcrição de uma sessão de treinamento ao vivo conduzida pelos fundadores da PNL, John Grinder e Richard Bandler, belamente editada por Steve Andreas. Ainda que tenha havido maiores desenvolvimentos na PNL desde a primeira publicação deste livro, este título é uma leitura obrigatória para iniciá-lo no caminho da descoberta da PNL.

Influencing with Integrity

Em *Influencing with Integrity* (Influenciando com Integridade, em tradução livre), Genie Z. Laborde faz uso de muitos desenhos e cartoons para criar um livro fácil de ler e entender. Ela simplifica um assunto complexo para dar ao leitor um conjunto de habilidades de ponta para usar em todas as áreas da comunicação. A abordagem direta, com foco nas aplicações para os negócios, torna este livro especialmente útil para as pessoas no mundo corporativo.

An Insider's Guide to Sub-Modalities

An Insider's Guide to Sub-Modalities (Um Guia do Perito para Submodalidades, em tradução livre), de Richard Bandler e Will MacDonald, é um livro relativamente curto que explica como as submodalidades dão significado às informações que você recebe através dos sentidos. Não seja enganado pela meras 116 página deste livro; elas incluem transcrições das sessões dos autores trabalhando com clientes e 20 exercícios para que você trabalhe sozinho. Um texto-chave da PNL, mostra como você pode mudar uma experiência mudando as imagens, os sons e as sensações com os quais se associa.

The Magic of Metaphor

Em *The Magic of Metaphor* (A Mágica da Metáfora, em tradução livre), e na sequência *More Magic of Metaphor*, Nick Owen reúne uma coleção de histórias para animar o leitor e promover sentimentos positivos e confiança. Elas também desafiam as bases de suas ideias, atitudes e crenças para motivá-lo e inspirá-lo, fornecem informações que motivam e lhe oferecem estratégias para a excelência. Este livro é extremamente útil para pessoas em diversas profissões como consultoria, psicologia, palestrantes profissionais, gerência e educação.

Metaphors We Live By

Geroge Lakoff e Mark Johnson fizeram um trabalho brilhante em ir além da mera descrição de como usar metáforas. *Metaphors We Live By* (Metáforas em que Vivemos, em tradução livre) explica os diferentes tipos de metáforas, a teoria por trás delas e como as metáforas que você usa influenciam os resultados que você cria em sua vida. Os autores apresentam um material muito complexo de maneira fácil de entender, que ajuda a levar sua habilidade de aplicar metáforas a um novo nível. Você terá uma compreensão melhor do "mapa do seu mundo", bem como dos mapas das outras pessoas. Você pode achar esse conhecimento útil em várias áreas, como criação de rapport, dissolução de conflitos e ficar mais consciente de como algumas das maneiras que você pensa podem atrapalhá-lo.

Persuasion Skills Black Book

Persuasion Skills Black Book (O Livro Negro das Habilidades de Persuasão, em tradução livre), de Rintu Basu, é um livro prático, escrito para ajudá-lo a dominar a linguagem da persuasão pouco a pouco. As técnicas tornam-se mais claras com o uso de exemplos cotidianos. Este livro é útil para uma gama de pessoas, de professores a vendedores ou pais tentando lidar com adolescentes teimosos.

Presenting Magically

Se você é um treinador ou apresentador, este livro elegantemente escrito por David Shepard e Tad James é uma leitura obrigatória para você. As técnicas em *Presenting Magically* (Apresentando Magicamente, em tradução livre) usam a PNL, aceleram o aprendizado e mostram a você como cativar sua plateia desde o princípio. Pratique os exercícios do livro para modelar apresentadores "natos" e eleve as suas habilidades de apresentação para um nível de autoridade.

NESTE CAPÍTULO

» Descobrindo os processos de PNL escondidos nos filmes

» Explorando suas habilidades de PNL através dos filmes

Capítulo 23

Dez Filmes que Incluem Processos de PNL

Neste capítulo, selecionamos dez filmes para você assistir. Consideramos estes filmes animadores, inspiradores e frequentemente provocadores, mas acima de tudo identificamos aspectos da PNL em cada um deles. Nas próximas seções, mostramos algumas características da PNL em cada filme para ilustrar o tipo de coisas que você pode buscar para afiar suas habilidades de PNL, mesmo quando estiver relaxando no cinema.

Avatar

Antes de falar sobre as características da PNL neste filme, queremos sugerir que James Cameron é um homem muito irracional, porque assim como disse George Bernard Shaw: "Pessoas sensatas se adaptam ao mundo. Pessoas irracionais tentam adaptar o mundo a elas. Portanto, todo o progresso depende das pessoas irracionais."

Avatar levou dez anos de dedicação e foco para ganhar vida. James Cameron levou mais de uma década vislumbrando-o em sua cabeça. Ainda mais impressionante é que ele e sua equipe desenvolveram uma câmera virtual que levou o processo de captura da performance a um outro nível — criando e adaptando o mundo do filme às suas necessidades e progredindo com a ciência do cinema não apenas para eles próprios, mas para futuros cineastas. Se você tiver uma preferência visual (como descrevemos no Capítulo 5), este filme é um verdadeiro tesouro, especialmente se assisti-lo em 3D. Aqui estão os dois temas principais que queremos ressaltar:

- » A vida é muito mais satisfatória quando todos os seus níveis lógicos estão alinhados (confira o Capítulo 11 para tudo sobre níveis lógicos). Especialmente eficaz é quando todas as comunidades têm esse alinhamento, porque essa situação leva a um poço de energia para a mudança que é rápida e para o bem de todos. O povo Na'vi são os indígenas habitantes de uma lua, Pandora. Sua conexão espiritual com a lua e todos os seus habitantes faz com que vivam cautelosamente, apenas colhendo o que eles precisam para a sua sobrevivência. Essa identidade espiritual alinha os Na'vi com o ambiente de Pandora, o que proporciona a força para combaterem seus inimigos humanos, a despeito do poder de fogo superior dos humanos.
- » Valores (veja o Capítulo 3 para detalhes) condutores muito poderosos. Conforme Jake Sully (Sam Worthington) começa a entender a riqueza da cultura de Pandora, seus valores entram em conflito com os de seus compatriotas, os outros visitantes humanos que querem apenas explorar os recursos de Pandora. Neste caso, Sully está disposto a morrer por seus valores.

Estrelando: Sam Worthington, Zoe Saldana e Sigourney Weaver. Diretor: James Cameron. Estúdio: Twentieth Century Fox Film Corporation (2009).

Curtindo a Vida Adoidado

Um filme completamente divertido sobre um adolescente, Ferris Bueller (Matthew Broderick), que acredita que: "A vida passa rápido demais. Se você não parar e olhar em volta, pode perdê-la." Com essa crença em mente ele decide matar aula e persuadir seu melhor amigo, Cameron (Alan Ruck), a se juntar a ele. Ferris pretende usar o dia para ajudar Cameron a ganhar um pouco de autoestima. Este filme é sobre crenças e sobre assumir responsabilidade por suas ações. Ferris acredita em si mesmo e é adorado por todos, por seus pais, amigos e colegas de escola e pelo pessoal da cidade em geral. A única exceção é o diretor da escola, Ed Rooney, interpretado com intensidade maníaca por Jeffrey Jones, e sua irmã, Jeanie Bueller, interpretada por Jennifer Grey.

Curtindo a Vida Adoidado é uma ilustração brilhante de alguns dos pressupostos da PNL que você encontra no Capítulo 2. A visão liberal que Ferris tem da vida viola o "mapa do mundo" seguido por seu diretor e sua irmã; ou seja, como eles acreditam que as pessoas devem se comportar e se adaptar. Como consequência, eles são tão focados em fazê-lo parar que perdem a oportunidade de adaptar seus comportamentos, descobrir novas experiências e aprender a relaxar. O ponto interessante é perceber no que as pessoas se concentram e em como isso afeta suas vidas. Ferris se concentra em curtir a vida, ajudar Cameron e derrotar o sistema, e ele passa por esse dia atingindo seus objetivos. Em contraste, seu diretor e sua irmã são consumidos por seu ódio por Ferris, e o primeiro certamente acaba tendo um dia terrivelmente doloroso, de muitas maneiras. Ele é incapaz de reconhecer que o dia ruim que está tendo é resultado de seu próprio comportamento e continua a reagir às ações de Ferris de acordo com o seu "mapa do mundo". Se tivesse maior consciência, poderia ter compreendido a diferença entre fracasso e feedback.

Jeanie supera sua raiva durante uma conversa hilária com um garoto na delegacia, interpretado por Charlie Sheen, durante a qual ele sugere que Jeanie precisa focar mais em si mesma e menos no que seu irmão está fazendo.

A maior transformação acontece com Cameron. No início do filme Cameron é uma vítima, completamente à mercê das pessoas em sua vida; seu pai, de quem ele morre de medo e, particularmente, Ferris, a quem Cameron não consegue dizer não. No final do filme, quando Cameron "matou" o carro esportivo de seu pai, ele admite que se permitia se deixar levar por Ferris e poderia ter dito não a qualquer momento. Cameron percebe que sempre teve liberdade de escolha e que se tivesse reconhecido isso antes, não teria sido vítima de nenhum de seus medos ou de seu pai. A melhor parte é que Cameron tem coragem de enfrentar o seu pai quando ele lhe conta sobre o carro. Talvez "ter uma escolha seja melhor do que não ter escolhas".

Estrelando: Matthew Broderick, Alan Ruck, Mia Sara, Jeffrey Jones e Jennifer Grey. Diretor: John Hughes. Estúdio: Paramount Pictures (1986).

Duna

Duna conta a história da trajetória de um herói, em que Paul Atreides (Kyle MacLachlin), o filho de Duke Leto (Jürgen Prochnow), viaja de seu mundo familiar para Arrakis, um mundo que é quase sobrenatural para os padrões que ele conhece. Ele encontra os indígenas de olhos azuis "azul dentro do azul", que são indígenas para Arrakis, e descobre os segredos dos vermes de areia e o tempero Melange — "o maior tesouro do Universo".

Com esse conhecimento, Paul Muad'dib, como é conhecido, liberta as pessoas de Arrakis do Imperador corrupto, vinga o seu pai e completa seu destino. Embora os efeitos especiais deste filme pareçam datados para o século XXI, eles eram incríveis para 1984. E além de ser muito interessante, você pode tirar algumas lições úteis deste filme, como a mudança é inevitável, especialmente para dar lugar ao crescimento:

> *... mas uma pessoa precisa de novas experiências... elas armazenam algo bem fundo, permitindo que cresça. Sem a mudança, algo dorme dentro de nós... e raramente acorda... O adormecido deve despertar.*
>
> — Duke Leto

O Capítulo 20 tem mais informações sobre a mudança. Enquanto isso, a amada concubina de Duke e mãe de Paul (Francesca Annis) demonstra seu senso de poder pessoal assumindo total responsabilidade por suas escolhas, quaisquer que sejam as consequências:

> *Eu jurei nunca me arrepender de minha decisão.*
> *Pagarei por meus próprios erros.*
>
> — Jessica

Duna demonstra o poder da mente e como ele pode dominar o medo. Particularmente, quando Paul Atreides é testado pela Reverenda Mãe Gaius Helen Mohiam (Siam Phillips), ele precisa controlar conscientemente o medo que o pressiona para sobreviver ao teste. O medo de que falamos aqui não é daquelas coisas que podem colocar a vida ou a integridade física em risco, como cobras venenosas e prédios em chamas. A maioria dos medos é um resultado do significado que atribuímos a experiências passadas e da crença limitante que podemos ter criado como resultado. O Capítulo 10 traz um exercício poderoso para ajudá-lo a mudar uma crença limitante para uma que você pode preferir ter que seja mais fortalecedora e possa lhe dar mais opções.

Estrelando: Kyle MacLachlin, Jürgen Prochnow e Francesca Annis. Diretor: David Lynch. Estúdio: Universal Studios (1997).

Melhor É Impossível

O retrato de Jack Nicholson do recluso, avarento e obsessivo-compulsivo Melvin Udall, é hilário. Este filme tem lições sobre rapport — ou melhor, de como não estabelecer rapport!

Udall se comporta de forma terrível. Ele não liga para como trata as pessoas e é um ás em quebrar rapport, até sem perceber. Greg Kinnear interpreta um gentil artista gay, Simon Bishop, que enfrenta o peso da desagradabilidade de Melvin. Infelizmente, Simon é espancado e acaba em um hospital e Melvin é forçado a cuidar de Verdell (Jill, o cachorro), o cão de estimação de Simon. O modo como Verdell treina Melvin para construir rapport vai encantar os amantes de animais. Um dos padrões de comportamento de Melvin é evitar pisar nas divisórias da calçada. O vínculo entre homem e cachorro é selado quando Verdell segue o exemplo de Melvin e delicadamente evita pisar nas rachaduras também.

No Capítulo 2, discutimos uma pressuposição da PNL de que "todo comportamento tem uma intenção positiva". Melvin acaba realizando bondades que são realmente apreciadas pelos que as recebem, entretanto, a intenção positiva é geralmente manter Melvin preso em seu comportamento obsessivo-compulsivo. Um exemplo é quando Melvin contrata um médico particular para tratar o filho de sua garçonete (Helen Hunt), pois não quer ser servido por qualquer outra pessoa quando ela falta o trabalho para cuidar de seu filho.

Estrelando: Jack Nicholson, Helen Hunt e Greg Kinnear. Diretor: James L. Brooks. Estúdio: Columbia/Tristar Studios (1997).

Driblando o Destino

Este filme delicioso fala sobre o poder feminino, amizade e sobre realizar sonhos e aspirações apesar dos obstáculos. Ele também mostra como achismos podem prendê-lo na infelicidade até que você tenha a coragem de quebrar as restrições que lhe são impostas.

Jess (Parminder Nagra), uma garota britânica filha de pais indianos, só quer jogar futebol. Infelizmente ela está presa a uma cultura que desaprova esse tipo de atividades "não femininas" e precisa sair escondida para jogar o belo jogo, o que leva a alguns subterfúgios interessantes. Jess é extremamente infeliz até que vem à público e admite sua paixão pelo futebol. Ela faz amizade com uma garota inglesa caucasiana chamada Juliette "Jules" Paxton (Keira Knightley), o que provoca mal-entendidos hilários. Quando Jules deixa Jess em um ponto de ônibus e elas são vistas por uma família asiática se abraçando, a família imediatamente vê o inocente abraço com olhos preconceituosos e presume que a pessoa branca de cabelos curtos é um garoto, o que realmente causa a maior confusão.

Juliet Stevenson interpreta a mãe homofóbica de Jules, Paula Paxton. Ela é diversão garantida enquanto luta para entender e aceitar o jeito masculinizado de Jules e o que ela pensa ser uma relação homossexual entre Jess e sua filha.

Suas tentativas de ser politicamente correta e fingir compreender os costumes asiáticos para deixar Jess confortável em sua casa são extremamente tocantes e engraçados.

O Capítulo 14 examina alguns dos conflitos que surgem quando a hierarquia dos níveis lógicos (veja Capítulo 11) está desalinhada, seja em um indivíduo ou em um grupo de pessoas. O conflito está presente em *Driblando o Destino*, porque a família de Jess e a comunidade têm certas crenças sobre o papel das meninas. As garotas que se adequam às normas de saber cozinhar e ter filhos são aceitas no seio da família e da comunidade. De certa forma, a identidade da comunidade é ameaçada pelo comportamento de não conformidade de Jess. Paula Paxton também permite que o comportamento de Jules afete seus sentimentos.

Estrelando: Parminder K. Nagra e Keira Knightley. Diretor: Gurinder Chadha. Estúdio: Twentieth Century Fox Home Video (2002).

Campo dos Sonhos

Este filme clássico fala da satisfação que vem em realizar nossos sonhos e da ânsia que fica quando não são realizados. Quando você foca o que você ama em vez daquilo que acha que "tem" que focar, suas ambições são realizadas mais facilmente.

Kevin Costner interpreta Ray Kinsella, um fazendeiro que decide construir um campo de beisebol no meio do nada porque ouve uma voz que diz: "Se você o construir, ele virá." O filme emprega uma série de referências sensoriais para aumentar a atmosfera — sons, cheiros e sentimentos, a importância do que discutimos no Capítulo 5 — assim como usa metáforas à enésima potência.

Kinsella e sua família são uma metáfora para você e para as pessoas que você pode conhecer em sua vida: seu médico, os parentes que você tem que tolerar, os conflitos que encontra na vida e como você lida com eles. Perceba como Ray fala sobre seu pai. Ele parece bravo pelo pai ter envelhecido porque se permitiu ficar desgastado pela vida. Sua resposta à voz é quase uma reação à mediocridade da vida de seu pai e o medo de que essa seja a sua última chance de conquistar algo. Curiosamente, Kinsella está operando em um metaprograma de *afastar-se de* para se mover *em direção ao* seu sonho (o Capítulo 7 tem mais sobre esses metaprogramas).

Estrelando: Kevin Costner e Ray Liotta. Diretor: Phil Alden Robinson. Estúdio: Universal Studios (1989).

Gattaca — Experiência Genética

Este filme de ficção científica inspirador diz respeito à situação em que a determinação supera "falhas" genéticas e prova que ter tudo de mão beijada não necessariamente garante o sucesso. Este filme ilustra como focar o seu objetivo pode ajudá-lo a superar até mesmo as dificuldades mais intransponíveis. Vincent Freeman, interpretado por Ethan Hawke, é um "inválido", um filho de Deus, significando que ele foi filho do amor e não geneticamente projetado. Ele é canhoto, o que é considerado uma deficiência, e possui um risco de falência cardíaca, então tem que viver com a crença de todos em sua vulnerabilidade. De acordo com a forma como ele é tratado, o único modo de ele chegar perto de um programa espacial é como faxineiro. Portanto, Vincent "pega emprestada" a identidade de Jerome Eugene Morrow (Jude Law) para ganhar acesso.

Este filme demonstra o poder das crenças. Todos veem Jerome quando olham para Vincent porque essa é a pessoa que eles foram programados para ver. A convicção inabalável de Vincent de suas habilidades o ajuda a realizar seus sonhos, assim como sua recusa em acreditar no que o mundo em geral não considera ser possível. Alguns momentos pungentes rondam a aceitação de Jerome de que mesmo com tudo trabalhando em seu favor ele ainda era o segundo melhor, e de que ele realmente só encontrou um real propósito na vida, mesmo que por um tempo curto, quando Vincent "emprestou-lhe o seu sonho". O foco e a determinação de Vincent deram a Jerome um propósito na vida, que ele não tinha, apesar de ter tido todas as vantagens que Vincent não teve. Apesar de todas as vantagens, Jerome estava em um caminho de autodestruição até que começou a trabalhar com Vincent.

Estrelando: Ethan Hawke, Uma Thurman e Jude Law. Diretor: Andrew Niccol. Estúdio: Columbia/Tristar Studios (1997).

Matrix

Uma excitante ficção científica de exploração da realidade e o que você pode vir a ver e alcançar quando começa a acreditar em si mesmo. Este filme tem muitas lições de PNL a oferecer, desde o uso da linguagem até as crenças que residem por trás das ações.

Em um certo ponto, o agente Smith (Hugo Weaving) diz "estamos dispostos a começar do zero" e enfatiza a metáfora de suas palavras ao deslizar a ficha de Neo (Keanu Reeves) para o final da mesa: palavras auditivas para uma ação cinestésica. A cena realmente interessante é quando Morpheus (Laurence Fishburne) explica que a realidade é simplesmente a interpretação que o cérebro faz de impulsos elétricos que são produzidos pelo que você recebe com seus sentidos. Em um outro momento do filme, Morpheus e Neo estão lutando e

Morpheus diz a Neo para parar de "tentar" bater nele e realmente fazê-lo. Tentar fazer algo pode na verdade dar a pista de uma dúvida, porque se a dúvida não existisse, você realizaria a ação ao invés de apenas tentar.

Um outro ponto para reparar é depois que Neo falha ao pular na realidade virtual, mas se vê realmente sangrando; Morpheus ressalta que a mente faz com que os ferimentos sejam reais. Inicialmente, Neo é apenas uma pessoa recuperada da Matrix, mas gradualmente, conforme sua confiança cresce, sua crença em si mesmo aumenta e ele alcança proezas que surpreendem até ele mesmo.

Estrelando: Keanu Reeves, Laurence Fishburne e Hugo Weaving. Diretores: Lana Wachowski e Andy Wachowski. Estúdio: Warner Studios (1999).

O Preço do Desafio

Nada a ver com a banda Adam and the Ants, mas um filme incrível baseado em uma história real de um professor de segundo grau motivando os alunos de sua classe em um bairro ao leste de Los Angeles a acreditarem em si mesmos e a superar os estereótipos.

O que é realmente interessante e adiciona humor é como Jamie Escalante, interpretado por Edward James Olmos, acompanha o ritmo de seus alunos para levá-los a aprender cálculo (confira o Capítulo 6 para saber mais sobre como acompanhar as pessoas com sucesso). Ele usa linguagem corporal e gestos similares aos dos estudantes e usa o rap para ensiná-los matemática básica. Com um resultado bem formado em mente, Escalante mostra flexibilidade considerável em seu comportamento.

Quando Escalante não consegue ensinar computação por falta de computadores, ele escolhe ensinar matemática. Como há suspeitas de que a classe tenha colado na prova, pois todos foram muito bem, Escalante demonstra flexibilidade em seu comportamento e persuade a classe a refazer o teste. Curiosamente, outros professores são contra os estudantes aprenderem matemática ou aspirarem melhorar a si mesmos. Eles são guiados pelo medo de falhar. Os outros professores têm medo de que se os alunos falharem, vai ficar claro que têm uma autoestima muito baixa.

Uma lição-chave para aprender com este filme é ter cuidado ao tentar proteger pessoas do que você pode ver como sua fraqueza. Você pode, na verdade, estar conspirando para mantê-las aprisionadas em sua zona de conforto e impedir que elas cresçam por causa do filtro que você está aplicando à situação (veja o Capítulo 8 para mais sobre comunicação).

Estrelando: Edward James Olmos. Diretor: Ramón Menéndez. Estúdio: Warner Studios (1988).

Philomena

Baseado no livro *Philomena: Uma Mãe, Seu Filho e Uma Busca que Durou Cinquenta Anos*, o filme conta a história de Philomena (Judi Dench), forçada a dar seu filho Anthony para a adoção e seu desejo de reencontrá-lo a vida toda. Cinquenta anos mais tarde, ela conta sua história ao jornalista político Martin Sixsmith (Steve Coogan), que não consegue evitar ficar atraído pela investigação de descobrir o que realmente aconteceu com o filho de Philomena. Ele descobre que Anthony foi adotado por um casal americano que mudou seu nome para Michael e seguiu o rastro da carreira de Michael como advogado e funcionário sênior nas administrações de Reagan e George Bush. Sixsmith percebe que, na verdade, já havia conhecido Michael através de seus contatos políticos em comum.

A história mostra Philomena e Sixsmith como companheiros de viagens improváveis para a Irlanda e para a América, desenvolvendo um laço baseado em seu desejo compartilhado de descobrir o que aconteceu com Michael. Eles têm "mapas de mundo" muito diferentes. Dois aspecto da PNL são destacados.

Em uma cena muito engraçada, Philomena se entusiasma com um romance que começou a ler, que claramente não é do gosto de Sixsmith. Ela então demonstra o metaprograma clássico da PNL geral/detalhado descrito no Capítulo 7. Com grande atenção ao detalhe, Philomena relata a história passo a passo para um Sixsmith nada receptivo. Quando ela o pressiona a ler o livro, ele recusa pois, como a faz lembrar, já conhece a história.

Philomena também demonstra o pressuposto da PNL (Capítulo 2) de que "por trás de todo comportamento há uma intenção positiva". Ela vê a bondade inata nas pessoas que parecem se comportar mal. Sixsmith acha difícil compartilhar esse ponto de vista, especialmente quando seu valores centrais de verdade, justiça e liberdade parecem ser violados.

Este filme ilustra dois pontos muito poderosos sobre valores (Capítulo 3). Primeiro, o conflito e a dor que podem surgir quando os valores são violados. Os valores de Christian foram violados pelas pessoas que têm filhos fora do casamento, o que criou um trauma emocional profundo para as mulheres e criança envolvidas. O segundo é que os valores podem evoluir com o tempo, assim como os costumes sociais e as normas culturais mudam.

A diferença entre a habilidade de perdão dos protagonistas ilustra um ponto interessante. Quando as pessoas ficam presas a emoções, essas emoções são tão associadas com uma experiência específica que elas acabam presas pelo evento. Se suas reações emocionais se provam inúteis, veja o Capítulo 10, no qual pode descobrir como distanciar-se delas.

Não estragaremos o final de *Philomena* para você; apenas diremos que é um conto extremamente emocional de perda, persistência e perdão, bem como um insight sobre a história social da década de 1950. Não se esqueça da caixa de lenços.

Estrelando: Judi Dench e Steve Coogan. Diretor: Stephen Frears. Distribuidora: Pathé (2013).

A PNL no Cinema

EXPERIMENTE

As seções anteriores dão a você um gostinho dos aspectos da PNL presentes em um filme, então por que agora você não tenta aperfeiçoar as suas próprias habilidades de PNL? Sempre que assistir a um filme, veja se você consegue identificar alguns dos itens da lista de sugestões a seguir:

- Que pressupostos da PNL são mostrados nesse filme?
- O que você observa sobre *rapport* nesse filme?
- Que mapas de mundo são retratados — como eles combinam com a sua realidade?
- O que você percebe sobre as palavras que os personagens dizem, o seu uso da linguagem e os metaprogramas que operam?
- Qual é o efeito da trilha sonora em diferentes pontos do filme no seu *estado de espírito*?
- Que mensagens há no filme sobre sonhos, metas e realizações?
- Os personagens são vítimas das circunstâncias? Se sim, qual é o processo através do qual eles obtêm controle sobre suas vidas?
- Quais são as crenças e valores demonstrados no filme?
- Como os personagens se alinham e guiam uns aos outros?
- Quais personagens, se houver, demonstram flexibilidade em seu comportamento?
- Qual é o impacto visual do filme? Como você experiencia as dimensões cinestésicas dos sentimentos e toque, junto com uma sensação gustativa ou de olfato?

7

Apêndices

NESTA PARTE...

Aproveite alguns recursos que o ajudarão a aumentar seu conhecimento de PNL.

Trabalhe com modelos que o ajudarão a criar relacionamentos com pessoas e estabelecer resultados bem formados em tudo o que você faz.

Apêndice A

Lista de Recursos

Neste apêndice, reunimos uma seleção de recursos disponíveis sobre PNL para ajudá-lo quando tiver lido tudo o que deseja neste livro. Não é uma lista completa e, com certeza, você encontrará muitas pessoas e empresas conceituadas conforme aprofunda o seu interesse.

Brasil

INAP – Instituto de Neurolinguística Aplicada

Praia do Flamengo, 278 — 2º andar — Rio de janeiro/RJ
Tel.: (21) 25511032/25517647
Site: www.pnl.med.br

SBPNL – Sociedade Brasileira de Programação Neurolinguística

Centro de Treinamento
Rua Fernandes Borges, 120 – Jardim Paulista São Paulo/SP
Tel/fax: (11) 38874000
Site: www.pnl.com.br

Reino Unido

Association of NLP (ANLP) (Associação de PNL)

Arlingham House
St Albans Road
South Mimms
Hertfordhsire
EN6 3PH
Tel: (+44)020 30516740
Site: www.anlp.org

International NLP Trainers Association (Associação Internacional de Instrutores de PNL)

PO BOX 187
Gosport
Hampshire
PO12 9AE
Tel: (+44) 02392 588887
Site: www.inlpta.co.uk

Frank Daniels Associates

103 Hands Road
Heanor
Derbyshire
DE75 7BH
Tel: (+44) 01773 532195

International Teaching Seminars (ITS)

ITS House
Webster Court
Websters Way
Rayleigh
Essex
SS6 8JQ
Tel: (+44) 01268 777125
Site: www.itsnlp.co.uk

Performance Partnership

11 Acton Hill Mews
310 Uxbridge Road
Acton
London
W3 9QN
Tel: (+44) 0 20 8992 9523

PPD Learning Ltd.

17 Cavendish Square
London
WIG 0PH
Tel: (+44) 0870 7744321
E-mail: enquiries@PPDLearning.co.uk
Site: www.ppdlearning.co.uk

Awaking Consulting

Tel: (+44)0845 8732036
Site: www.awakeconsulting.co.uk

Beyond Partership Ltd

2 Holbrook
Bromham
Whiteshire
SN15 2DH
Tel: (+44) 01380 859106
Site: thebeyondpartnership.com

Lazarus Consultancy

Tel: (+44) 020 83492929
Site: www.thelazarus.com

Mind for Business

Tel: (+44) 01604 881581
Site: www.mindforbusiness.com

NLP Conference, London

Site: www.nlpconference.co.uk

NLP Research Conference

Site: www.nlpresearchconference.com

Northern School of NLP

Station House Training Centre
Station Road Whalley
BB7 8RT
Tel: (+44) 01254 824504
Site: www.nlpand.co.uk

The NLP Company

Ground 2
50 Hopehill Road
Glasgoro
G20 7JP
Tel: (+44) 0141 5608714
E-mail: info@thenlpcompany.com
Site: www.thenlpcompany.com

Estados Unidos e Canadá

Canadian Association of NLP (CANLP)

Site: www.canlp.com/welcome.htm

Success Strategies

1264 Lemonville Road
Burlington
Ontario
Canadá
L7R 3X5
Fax +1 (905) 6394220
Site: www.successstrategies.com

NLP Comprehensive

PO Box 648
Indian Hills
CO 80454 0648
Tel: (+1) 800 233 1657
E-mail: learn@nlpco.com
Site: www.nlpco.com

Michael Neill

Tel: +1 (818) 3404464
E-mail: michael@successmadefun.com
Site: www.successmadefun.com
Para a Dica da Semana sobre o Treinamento de Michael toda segunda-feira de manhã, envie um e-mail em branco com a palavra "subscrevo" para: subscribe@successmadefun.com

Robbins Research International (Pesquisa Internacional Robbins)

9191 Towne Centre Drive
San Diego
CA 92122
Tel: (+1) 800 466 7111
Site: www.tonyrobbins.com

Advanced Neuro International

Site: www.nlp.com

NLP Institute of California

1534 Plaza Lane, #334
Burlingame
CA 94010
Tel: (+1) 800 767 6756
Site: www.nlpca.com

NLP University — Robert Dilts and Judith DeLozier

Tel: (+1) 831 336 3457
Site: www.nlpu.com

Dinamarca

Mindstretch, Copenhagem

Lindevangs All 3
2000 Frederiksberg
Tel: (+45) 7020 4401
Site: www.mind-strech.dk

Apêndice B

Construção de Rapport

Este formulário é uma cópia do formulário do Capítulo 6. Você pode usá-lo quando tiver pessoas importantes com quem queira construir relacionamentos mais fortes — em casa ou no trabalho. Pedimos que mantenha um registro escrito para que tenha tempo para pensar sobre esses indivíduos. Por sua vez, este processo dá a você a oportunidade de focar o que você quer da interação para atingir um resultado benéfico para todos. Sinta-se à vontade para tirar cópias e completar este formulário como e quando quiser.

Preencha este formulário para qualquer pessoa com quem você queira manter um rapport melhor:

Nome: ______________________________

Empresa/grupo: ______________________________

Qual é a sua relação com esta pessoa?______________________________

Especificamente, o que você gostaria que mudasse no seu relacionamento com esta pessoa?

____

____

Que impactos esta mudança teria sobre você? ______________________________

____

____

Que impactos esta mudança teria sobre a outra pessoa? ______________________________

____

____

Vale a pena investir tempo e energia nesta mudança? ______________________________

____

____

Com que tensões esta pessoa tem de lidar? ______________________________

____

____

O que é mais importante para a pessoa neste momento? ______________________________

____

____

Quem você conhece que tenha estabelecido rapport de forma bem-sucedida com esta pessoa e que você possa procurar? E o que você pode descobrir com esta outra pessoa? ______________________________

____

____

Que outras formas de ajuda você pode conseguir para criar rapport? ______________________________

____

____

Que ideias você tem neste momento para levar esse relacionamento adiante? ______________________________

____

____

Qual é o primeiro passo? ______________________________

____

____

Apêndice C

A Lista do Resultado Bem Formado

A lista abaixo é um resumo do processo de criação de resultados bem formados, que é descrita por completo no Capítulo 4.

Fique à vontade para copiar esta lista e completar as perguntas sempre que quiser estabelecer metas muito claras para si mesmo.

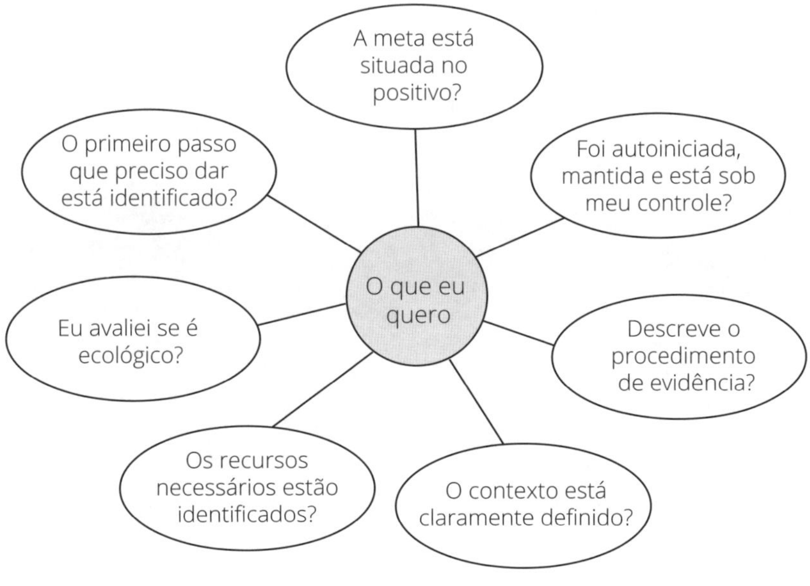

Apêndice D

Planilha de Submodalidades

Neste apêndice, oferecemos uma lista das diferentes submodalidades que você pode encontrar no final do Capítulo 10. Ela fornece as submodalidades diferentes para uma consulta rápida, que você pode usar, consolidar e transferir para seu inconsciente e aplicar com facilidade e habilidade em todas as áreas da sua vida. Sinta-se à vontade para fazer uma cópia e usar este formulário como e quando quiser.

Planilha de Submodalidades

Submodalidades Visuais	Descreva o que Você Vê
Localização	
Cor/preto e branco	
Associado ou dissociado	
Tamanho	
Bi ou tridimensional	
Brilho	
Parada ou em movimento	
Forma	
Emoldurada ou panorâmica	
Focada ou embaçada	

Submodalidades Auditivas	Descreva o que Você Ouve
Localização	
Palavras ou sons	
Volume	
Tom	
Altura	
Mono ou estéreo	
Constante ou intermitente	
Ritmo	
Tempo	
Melodia	
Submodalidades Sinestésicas	**Descreva o que Você Sente**
Localização	
Forma	
Pressão	
Tamanho	
Qualidade	
Intensidade	
Parada ou em movimento	
Temperatura	
Constante ou intermitente	
Textura	

Índice

Este livro foi impresso nas oficinas gráficas da Editora Vozes Ltda.,
Rua Frei Luís, 100 – Petrópolis, RJ.